轨道交通工程建设地下水治理典型案例集

（上）

殷立锋 主编

晏 姝 宋翔东 张 佝 陈 玮 王彭宇 冯恒北 副主编

同济大学出版社
TONGJI UNIVERSITY PRESS
·上海·

图书在版编目(CIP)数据

轨道交通工程建设地下水治理典型案例集. 上 / 殷立锋主编；晏姝等副主编. --上海：同济大学出版社，2024.12. -- ISBN 978-7-5765-1410-0

Ⅰ. U239.5

中国国家版本馆 CIP 数据核字第 20240V420V 号

轨道交通工程建设地下水治理典型案例集（上）

殷立锋　主编

晏　姝　宋翔东　张　侗　陈　玮　王彭宇　冯恒北　副主编

责任编辑：金　言
责任校对：徐逢乔
封面设计：张　微

出版发行	同济大学出版社　www.tongjipress.com.cn
	(地址：上海市四平路1239号　邮编：200092　电话：021-65985622)
经　　销	全国各地新华书店、建筑书店、网络书店
排版制作	南京文脉图文设计制作有限公司
印　　刷	上海安枫印务有限公司
开　　本	710mm×1000mm　1/16
印　　张	27
字　　数	454 000
版　　次	2024 年 12 月第 1 版
印　　次	2024 年 12 月第 1 次印刷
书　　号	ISBN 978-7-5765-1410-0
定　　价	140.00 元

版权所有　侵权必究　印装问题　负责调换

本书编委会

顾　问　顾国荣　杨石飞
主　编　殷立锋
副主编　晏　姝　宋翔东　张　侗　陈　玮　王彭宇　冯恒北
编　委　(按姓氏拼音排序)
　　　　董小黑　冯胜文　胡棂重　况　颖　李　星　李明道
　　　　刘胜鑫　毛喜云　聂景伟　牛　磊　秦才军　瞿成松
　　　　尚广旭　苏　烨　万学远　王　静　王　瑞　王朝阳
　　　　王俊淞　薛映凯　杨砚宗　姚武松　张勤羽　章银涛
　　　　赵志银　朱雪周

序　言

在 21 世纪的城市发展蓝图中，轨道交通以其高效、便捷的特点，成为城市公共交通网络的核心力量。随着技术的进步和城市化进程的加速，轨道交通建设在全球范围内呈现出迅猛发展的态势。在中国，这一趋势尤为显著，众多城市积极投身于轨道交通网络的规划与建设中，以期缓解日趋严峻的城市交通压力，提高市民的出行效率，进而推动城市的经济繁荣和区域一体化发展。

然而，轨道交通工程的建设并非易事，它涉及诸多复杂的工程技术问题，其中地下水治理是关键环节之一。由于轨道交通线路通常需要在地下深处施工，因此，有效控制和管理地下水，防止基坑突涌、保障施工安全，是工程中的重要方面。此外，随着人们环境保护意识的提高，工程对周边环境的影响，尤其是对地下水资源的影响，受到了更为广泛的关注。

截至 2024 年 11 月，31 个省（区、市）和新疆生产建设兵团共有 54 个城市开通运营城市轨道交通线路。上海长凯岩土工程有限公司作为地下水治理行业的领军单位，参与了其中 46 个城市的轨道交通地下水治理工程。在这一过程中，上海长凯岩土工程有限公司积累了大量宝贵的经验和丰富的案例数据，并愿意以案例集的形式分享。本人谨代表相关从业人员对上海长凯岩土工程有限公司表示感谢。

本书详细分析了轨道交通工程建设中地下水治理工程的案例，旨在为工程技术人员提供全面、系统的技术参考。这些案例涵盖了从工程概况、地质和水文地质条件的详细分析，到降水设计、施工方法和环境影响评估的全过程。通过这些案例，我们可以了解不同城市、不同地质条件下，地下水治理工程的多样性和复杂性。

在大量轨道交通地下水治理工程的实践过程中，上海长凯岩土工程有限公司依据不同地区工程的工程地质和水文地质特点与难点，持续创新，研发适合不同地层的降水技术与工艺，取得了良好的经济和社会效益。针对长三角、珠三角深厚淤泥质土低渗透性、高压缩性，其研发了的超级压吸联合降水工艺，相较原有的疏干工艺，单井出水量提升10%，节电30%，疏干深度增至30 m。为确保济南市轨道交通建设期间工程正常施工，并保护泉城地下水资源，其研发并改进了抽灌一体化技术，成功解决了济南市轨道交通建设过程中地下水资源、地下泉水保护的难题，实现了超大基坑涌水量条件基坑降水量100%回灌，为轨道交通建设过程提供了地下泉系保护的新方法。轨道交通沿线大多处于城市繁华地区，降水安全要求高，周边环境容许降水引发的沉降量小，其研发的数字降水控制系统，能够自动实时监测、及时报警、瞬时控制，有效保障降水施工安全，减少降水对周边环境的影响。

希望本书中有关轨道交通地下水治理的案例分享，能够为城市轨道交通工程建设领域的技术人员提供实际帮助，促进我国城市轨道交通建设的可持续发展。同时，也希望这些案例能够为全球范围内的轨道交通工程建设提供参考，共同推动城市交通建设的进步。凭借持续总结与经验分享，我们将能够更好地应对未来城市轨道交通建设中可能面临的各种挑战，为建设更加美好的城市交通环境贡献力量。

顾国荣

全国工程勘察设计大师

全国劳动模范

上海勘察设计研究院（集团）股份有限公司资深副总裁

前　言

本书编写单位上海长凯岩土工程有限公司是上海市高新技术企业、上海市专新特精企业、上海市文明单位、上海市杨浦区双创小巨人企业。企业前身为上海岩土工程勘察设计研究院工程承包公司，原隶属上海市住房和城乡建设管理委员会。2002 年，按照国家建设部要求，将施工资质从勘察设计单位划出另列，由上海岩土工程勘察设计研究院组建而成，至今已有 67 年历史。

上海长凯岩土工程有限公司是国内知名的深基坑降水勘察设计施工及咨询一体化的头部单位，拥有一支长期从事地下水绿色低碳治理的优秀专业技术团队，在深基坑降水设计与施工方面业绩斐然，承担了上海市陆家嘴金融贸易区绝大部分超高层建筑的降水设计与施工，包括上海中心大厦、上海环球金融中心等。在轨道交通工程建设方面，公司立足上海，辐射全国，先后参建了天津、哈尔滨等城市的轨道交通工程建设项目，实现了对地下水的有效控制。自 2004 年上海市轨道交通 4 号线董家渡修复工程起，公司开始对承压水全过程风险管控与应急处理技术进行研究。针对基坑开挖深度较深、环境要求高、承压水风险大、基坑突涌后发展迅速且影响广泛等问题，研发出了一套涵盖从成井施工到后期运行监测的承压水全过程风险管控与应急处理技术。

《轨道交通工程建设地下水治理典型案例集》分为上、下两册，共收录了 31 个城市的 52 个降水设计与施工案例。本书主要为华东地区的轨道交通降水设计与施工案例，包括上海、南京等城市的案例。本书旨在系统总结和分析我国轨道交通工程建设中地下水治理的实践经验和技术挑战，通过对多个城市轨道交通工程案例的深入研究，揭示地下水治理的关键技术和管理策略，为工程技术人员提供参考和指导。

本书的编写得到了众多轨道交通工程建设者、地质水文专家和学者的大力支持。希望通过本书的出版，能够为我国轨道交通工程的地下水治理技术提供科学指导，为城市轨道交通的可持续发展作出贡献。

目　录

序言
前言

上海市轨道交通及水文地质概况 ························· 1
上海市轨道交通崇明线浦东大小盾构转换段降水工程 ·············· 8
上海市轨道交通 21 号线高斯路站降水工程 ······················ 21
上海市轨道交通 13 号线季乐路站降水工程 ······················ 45
上海市轨道交通 13 号线下南路站降水工程 ······················ 57
上海市轨道交通 21 号线浦东足球场站降水工程 ·················· 74

南京市轨道交通及水文地质概况 ························· 87
南京市轨道交通 5 号线夫子庙站降水工程 ························ 90
南京市轨道交通 10 号线松花江路站降水工程 ···················· 100

苏州市轨道交通及水文地质概况 ························· 110
苏州市轨道交通 8 号线人民路站降水工程 ······················· 113
苏州市轨道交通 6 号线拙政园站降水工程 ······················· 121
苏州市轨道交通 7 号线莫阳站降水工程 ························· 130

常州市轨道交通及水文地质概况 ························· 140
常州市轨道交通 1 号线奥体中心站降水工程 ····················· 143

徐州市轨道交通及水文地质概况 ·· 150
徐州市轨道交通2号线九里山站基坑降水工程 ································ 153

南通市轨道交通及水文地质概况 ·· 160
南通市轨道交通1号线深南路站降水工程 ·· 164
南通市轨道交通1号线汽车站站降水工程 ·· 177
南通市轨道交通2号线体育公园站降水工程 ···································· 187
南通市轨道交通2号线南通东站降水工程 ·· 198

杭州市轨道交通及水文地质概况 ·· 209
杭州市轨道交通6号线SG6-1-2标市政隧道降水工程 ························ 211
杭州市轨道交通7号线7工区、8工区、9工区降水工程 ···················· 222

宁波市轨道交通及水文地质概况 ·· 252
宁波市轨道交通4号线白鹤站降水工程 ·· 255

绍兴市轨道交通及水文地质概况 ·· 261
绍兴市轨道交通2号线大学路站降水工程 ·· 266
绍兴市轨道交通2号线兴业路站降水工程 ·· 275

台州市轨道交通及水文地质概况 ·· 284
台州市轨道交通S1线万昌路站降水工程 ·· 287

合肥市轨道交通及水文地质概况 ·· 296
合肥市轨道交通5号线北二环路站降水工程 ···································· 298

青岛市轨道交通及水文地质概况 ·· 305
青岛市轨道交通8号线少海北站降水工程 ·· 309

济南市轨道交通及水文地质概况 ························ 316
济南市轨道交通 6 号线梁王站降水工程 ························ 319
济南市轨道交通 1 号线王府庄站降水及回灌工程 ················ 344
济南市轨道交通 6 号线王舍人站降水及回灌工程 ················ 359
济南市轨道交通 9 号线路家站降水及回灌工程 ·················· 368

南昌市轨道交通及水文地质概况 ························ 378
南昌市轨道交通 2 号线沈桥站降水工程 ························ 381

福州市轨道交通及水文地质概况 ························ 388
福州市长乐机场城际铁路及福州 6 号线滨海新城站降水工程 ······ 391
福州市轨道交通 2 号线金祥站降水工程 ······················· 407

参考文献 ·· 420

上海市轨道交通及水文地质概况

上海市轨道交通 1 号线于 1993 年 5 月 28 日正式运营。据 2023 年 12 月上海地铁官网显示，上海地铁运营线路共 20 条，共设车站 508 座，运营里程共 831 km（含磁浮线，不含金山铁路）。截至 2023 年 12 月，上海地铁在建线路共有 15 条，在建里程共 335.81 km，上海市轨道交通线路见图 1。根据规划，上海市城市轨道交通 2030 年线网总长度约 1 642 km，其中地铁线 1 055 km，市域线 587 km。

上海属于北亚热带海洋性季风气候，是典型的海洋性气候，具有温和湿润、四季分明、日照充足、雨水充沛、无霜期长等海洋性气候特点。

上海地区大地构造单元属于扬子准地台浙西—皖西台褶带和下扬子台褶带的北东延伸部分，在地质历史时期总体表现为隆起状态，构造活动以断裂为主，辅之缓慢升降，为断裂分割而成的正向隆起断块。

按地基土地质时代、成因类型、分布发育规律及工程地质特征，可将其划分为 8 个工程地质层。根据工程地质性质，各主要工程地质层又划分为若干个地质亚层，由上至下依次发育的土层为：①$_1$ 层人工填土、①$_2$ 层浜填土、②$_3$ 层褐黄—灰黄色粉质黏土、③层灰色淤泥质粉质黏土、③$_1$ 层灰色黏质粉土、④层灰色淤泥质黏土、⑤$_1$ 层灰色黏土、⑤$_{11}$ 层灰色砂质粉土夹粉质黏土、⑤$_{12}$ 层灰色粉质黏土、⑥层暗绿—草黄色粉质黏土、⑦$_{11}$ 层灰黄色黏质粉土夹粉质黏土、⑦$_{12}$ 层灰黄色砂质粉土、⑦$_2$ 层灰黄—灰色粉细砂、⑧$_2$ 层灰色粉质黏土夹砂质粉土。上述土层②、③、④、⑤层为全新世 Q_4 沉积物，⑥、⑦、⑧层土为上更新世 Q_3 沉积物，上海主要地层特性见表 1。

轨道交通工程建设地下水治理典型案例集（上）

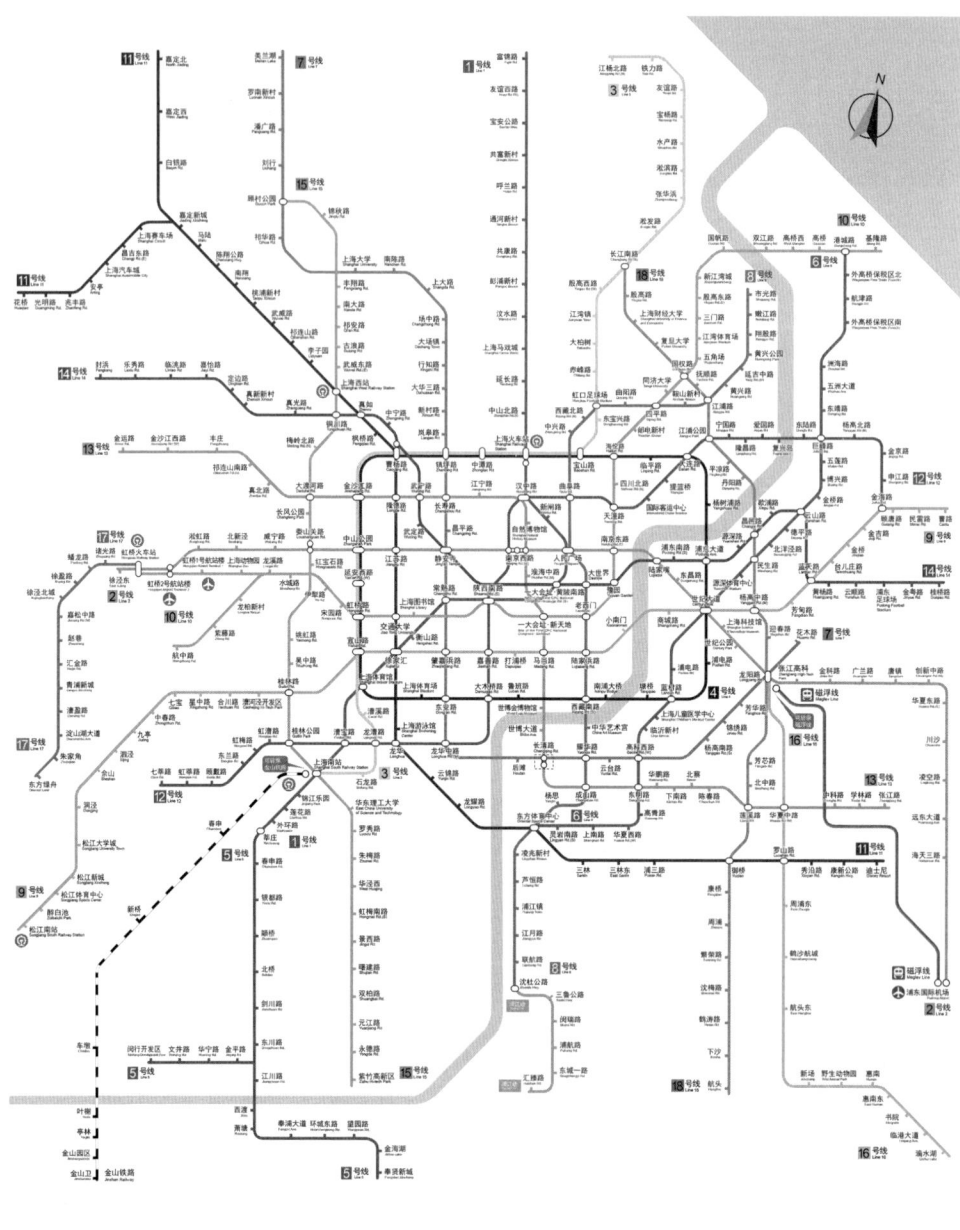

图 1　上海市轨道交通线路

表 1　　　　　　　　　　上海主要地层特性

年代	工程地质层组	地层序号		土层名称	分布状况
Q_4^3	填土层	①	①₁	人工填土	遍布
			①₂	浜填土	仅分布于明浜、暗浜（塘）区
			①₃	灰黄—灰色粉土	仅分布于黄浦江沿岸
	硬壳层	②	②₁、②₂	褐黄—灰黄色黏性土	广泛分布，明、暗浜区缺失
	第一粉土、砂土层		②₃	灰色粉土	分布于吴淞江故道及其他零星地区
Q_4^2	第一软土层	③	③	灰色淤泥质粉质黏土	广泛分布，吴淞江故道及黄浦江沿岸缺失。局部夹粉土或粉砂多，可分出③₂层或③夹层
		④	④	灰色淤泥质黏土	遍布，局部缺失。局部底部分布粉土或粉砂层，可分为④₂层
Q_4^1	第二软土层	⑤	⑤₁	灰色黏土	遍布，局部缺失
	第二粉土、砂土层		⑤₂	砂质粉土、粉砂	主要分布于古河道地区
	第二软土层		⑤₃	灰色粉质黏土	古河道区分布
			⑤₄	灰绿色粉质黏土	古河道内零星分布
Q_3^2	第一硬土层	⑥	⑥	暗绿—草黄色粉质黏土	分布较广，古河道区缺失
	第三粉土、砂土层	⑦	⑦₁	草黄—灰色粉土、粉砂	分布较广，古河道区缺失或较薄
			⑦₂	灰黄—灰色粉细砂	遍布，仅局部缺失
	第三软土层	⑧	⑧₁	灰色黏性土	分布较广，市区南部呈条带状缺失
			⑧₂	灰色粉质黏土夹砂质粉土	
Q_3^1	第四砂土层	⑨	⑨₁	青灰色粉细砂夹黏土	分布较稳定
			⑨₂	青灰色粉、细砂夹中、粗砂	

根据区域资料，上海地区地下水主要为浅部黏性土、粉性土层中的潜水，部分地区为深部粉土、砂土层中的（微）承压水。上海地区水文地质条件存在显著的区域特征，浅部②₃层和③₂层饱和砂土、粉性土层，埋藏浅，结构疏松，为可能液化土层。分布于沿海地带、河口砂嘴、砂岛地区及市区的北部。

⑥层粉质黏土为硬土层，属不透水层，土的抗剪强度大，对于控制承压水突涌和环境影响作用巨大，层顶标高一般为24～28 m，在市区西北部埋藏较浅，层顶标高15～20 m。一般厚度为2～5 m，渗透系数一般为 $10^{-7} \sim 10^{-8}$ cm/s，当底部夹粉土稍多时，渗透系数为 10^{-6} cm/s。有⑥层分布区，抽取⑦层承压水时，周边环境影响相对小。

根据上海地区主要承压含水层、隔水层的分布情况，可将上海地区水文地质条件分为7类，水文地质条件分类见表2。

表2　　　　　　　　　　水文地质条件分类

分区		土层组合特征
正常地层区域有⑥层	Ⅰ	②～⑨层普遍存在；⑦层层顶埋深20～30 m
	Ⅱ	⑦层层顶埋深30 m；⑦、⑨层相连
古河道区域⑥层缺失	Ⅲ	无⑤₂层分布；⑤₃层局部夹粉土、砂土透镜体；⑦₂层顶板埋深约40 m；有⑧层分布
	Ⅳ	有⑤₂层分布；⑤₂层顶板埋深约22 m；⑤₃层黏性土中局部有粉土、砂土透镜体；⑦层埋深变化较大；有⑧层分布
	Ⅴ	无⑤₂层分布；⑦层埋深约40 m；⑦、⑨层相连
	Ⅵ	有⑤₂层分布，埋深约20 m；⑦层埋深变化较大，40～50 m；⑦层与⑨层相连

对于正常地层区（分布⑥），上海地表20 m深度以下分布有五个承压含水层，不同区域的承压水对工程建设及周围环境的影响存在较大差异性，对应的土层分别为⑦、⑨、⑪、⑬和⑮层。第Ⅰ层（⑦）和第Ⅱ层（⑨）承压含水层分布区，减压降水影响范围较广，减压降水引起基坑变形范围广，⑦、⑨层的水文地质特性较为稳定。虽然有的含水层在局部地区缺失，但总厚度大、水量丰富。不同地层组合的承压水风险不同，⑤₂、⑦、⑨层相连地层组合（Ⅶ区）风险最大。

对于古河道区域（缺失⑥层）而言，微承压含水层分布区，对（微）承压层减压，上部软土层、微承压层固结沉降速度较快，减压降水引起基坑变形量较大,上海下伏分布的微承压含水层对地下空间的建设有较大的影响,微承压层通常渗透系数相对较小,通常呈现水平渗透系数与垂向渗透系数差别较大,且微承压水层在不同区域水文地质特性呈现较大差异。⑤$_2$层微承压含水层,以砂质粉土和粉砂为主,渗透性能较差。中心城区苏州河以南普遍分布,以北分布不连续,以透镜体状零星分布。

根据以往工程经验,积累了上海各含水层水文地质参数,见表3。

表3　　　　　　　　上海各含水层水文地质参数

层序	水平渗透系数 (cm/s)	垂直渗透系数 (cm/s)	与⑤$_2$层水平渗透系数比例	单井出水量 273井(m³/h)
⑤$_2$层砂质粉土、粉砂	$(1.0\sim10.0)\times10^{-4}$	$(1.0\sim10.0)\times10^{-5}$	1	5~15
⑦$_{1-1}$层黏质粉土	$(2.0\sim10.0)\times10^{-4}$	$(4.5\sim10.0)\times10^{-5}$	1	5~10
⑦$_{1-2}$层砂质粉土	$(5.5\sim55.0)\times10^{-4}$	$(5.5\sim55.0)\times10^{-5}$	5~10	10~30
⑦$_2$层灰黄—灰色粉细砂	$(3.5\sim9.0)\times10^{-3}$	$(7.0\sim17.0)\times10^{-4}$	10~100	20~50
⑨$_1$层青灰色粉细砂夹黏土	$(4.0\sim7.0)\times10^{-2}$	$(1.0\sim1.5)\times10^{-2}$	100~200	80~125
⑨$_{2-1}$层粉细砂夹中粗砂	$(5.0\sim8.0)\times10^{-2}$	$(1.0\sim2.0)\times10^{-2}$	150~300	
⑨$_{2-2}$层中粗砂	$(7.0\sim9.0)\times10^{-2}$	$(2.0\sim2.5)\times10^{-2}$	200~600	>200

目前,上海市轨道交通主体基坑工程多为地下二层~地下四层,开挖深度15~33 m;附属基坑多为地下一层,开挖深度约10 m。各水文地质分区类型对地铁基坑影响参照见表4。

表4　　　　各水文地质分区类型对地铁基坑影响参照

水文地质条件分区		涉及含水层	层顶埋深 (m)	临界开挖深度估算 (m)	影响基坑范围
正常地层区域有⑥层	Ⅰ	⑦	30	14.2	基本所有基坑
		⑨	65	31.8	地下四层
	Ⅱ	⑦	20	10.0	所有基坑
		⑨	65	31.8	地下四层

（续表）

水文地质条件分区		涉及含水层	层顶埋深（m）	临界开挖深度估算（m）	影响基坑范围
正常地层区域有⑥层	Ⅲ（连通）	⑦	30	14.2	基本所有基坑
		⑨	65	31.8	地下三、四层
古河道区域⑥层缺失	Ⅳ	⑦	40	18.2	地下三、四层
		⑨	65	31.8	地下四层
	Ⅴ	⑤$_2$	22	10.9	所有基坑
	Ⅵ	⑦	45	20.5	地下三、四层
		⑨	65	31.8	地下四层
	Ⅷ（连通）	⑤$_2$	18	9.2	所有基坑
		⑦	40	18.4	
		⑨	65	31.8	

上海地处长江三角洲，地下水资源丰富，且地质条件复杂。上海地铁建设的过程中，地下水的存在给工程带来了不小的风险与危害。在地铁隧道挖掘过程中，突涌的风险较高。突水事故不仅会导致工期延误，还可能对周边环境造成严重影响，地铁建设过程中的地下水抽取和排放可能导致周边地下水位下降，引发地面沉降和建筑物变形。这些问题可能对居民的生活和周边环境造成长期影响，如房屋裂缝、道路破损等（图2—图5）。

图2　地面建筑物倾斜

图3　格构柱、井壁冒水

图 4　隧道突涌　　　　　　　图 5　旁通道突涌

上海市轨道交通崇明线浦东大小盾构转换段降水工程

1 工程概况

上海市轨道交通崇明线是连接上海中心城和崇明两岛（长兴岛、崇明岛）的市域轨道交通线，浦东大小盾构转换段为连接凌空北路站和长兴岛站的盾构转换段，根据上海市轨道交通崇明线盾构筹划，本转换段小盾构端头井上、下行线均为接收井；大盾构端头井上、下行线均为接收井。转换段概况见表1。

表1　　　　　　　　　　转换段概况

基坑型式	开挖深度（m）	止水帷幕	施工方式	备注
地下二层箱型结构（局部三层）	21.96（小盾构端头井）	小盾构段地下连续墙 46 m	明挖顺作法	凌空北路站及长兴岛站盾构转换段
	16.63～20.00（标准段）	标准段地下连续墙 48 m		
	23.68～25.43（大盾构端头井）	大盾构段地下连续墙 51 m		

2 基坑围护概况

主体基坑采用地下墙作为围护结构，并作为使用阶段侧墙的一部分承受侧向荷载，与内衬墙按照叠合墙设计，主体基坑1～3轴采用1 000 mm地下连续墙，墙深46 m；3～12轴采用1 000 mm地下连续墙，墙深48 m，12～15轴采用1 200 mm厚地下墙，墙深51 m。

基坑周边建筑物较多,且距离基坑较近,西北侧6层砖混建筑距离基坑最近约10.23 m,东南侧多层建筑距离基坑最近约22.6 m。基坑周边为机动车道,交通繁忙,地下管线较多,基坑安全等级一级,环境保护等级一级。基坑平面及剖面见图1、图2。

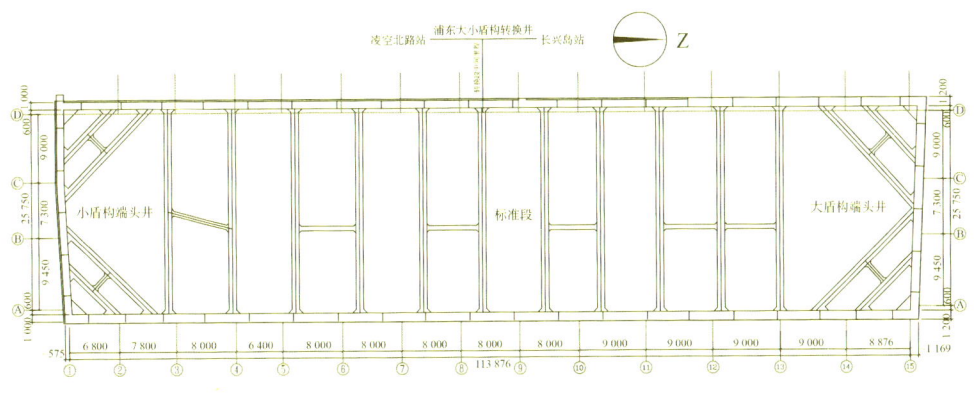

图1 基坑平面示意

3　工程地质情况

拟建场地82.3 m深度范围内的地基土属第四纪全新世及上更新世沉积物,主要由饱和黏性土、粉性土及砂性土组成,一般呈水平分布。根据其沉积年代、成因类型及其物理力学性质的差异,本场地地基土可划分为8个主要层次。典型地质剖面见图3。

①层人工填土,土质不均,结构松散,上部以杂填土为主,上部20 cm左右为水泥地坪,夹碎石、砖块,下部为素填土,以黏性土为主,夹植物根茎。

①$_2$层浜填土,土质不均,结构松散,流塑状态,主要为黑色淤泥,含腐烂物、草根、树叶及生活垃圾,有臭味。

②$_1$层粉质黏土,可塑状态,中等压缩性,含氧化铁斑点,偶夹薄层粉性土,土层自上而下变软,无摇振反应,稍有光泽,韧性中等,干强度中等。

②$_3$层黏质粉土,松散状态,中等压缩性,含云母,土质不均匀,局部夹薄层黏性土,摇振反应迅速,无光泽反应,干强度低,韧性低。

③层淤泥质粉质黏土,流塑状态,高等压缩性,含云母、有机质,夹少量薄

—9—

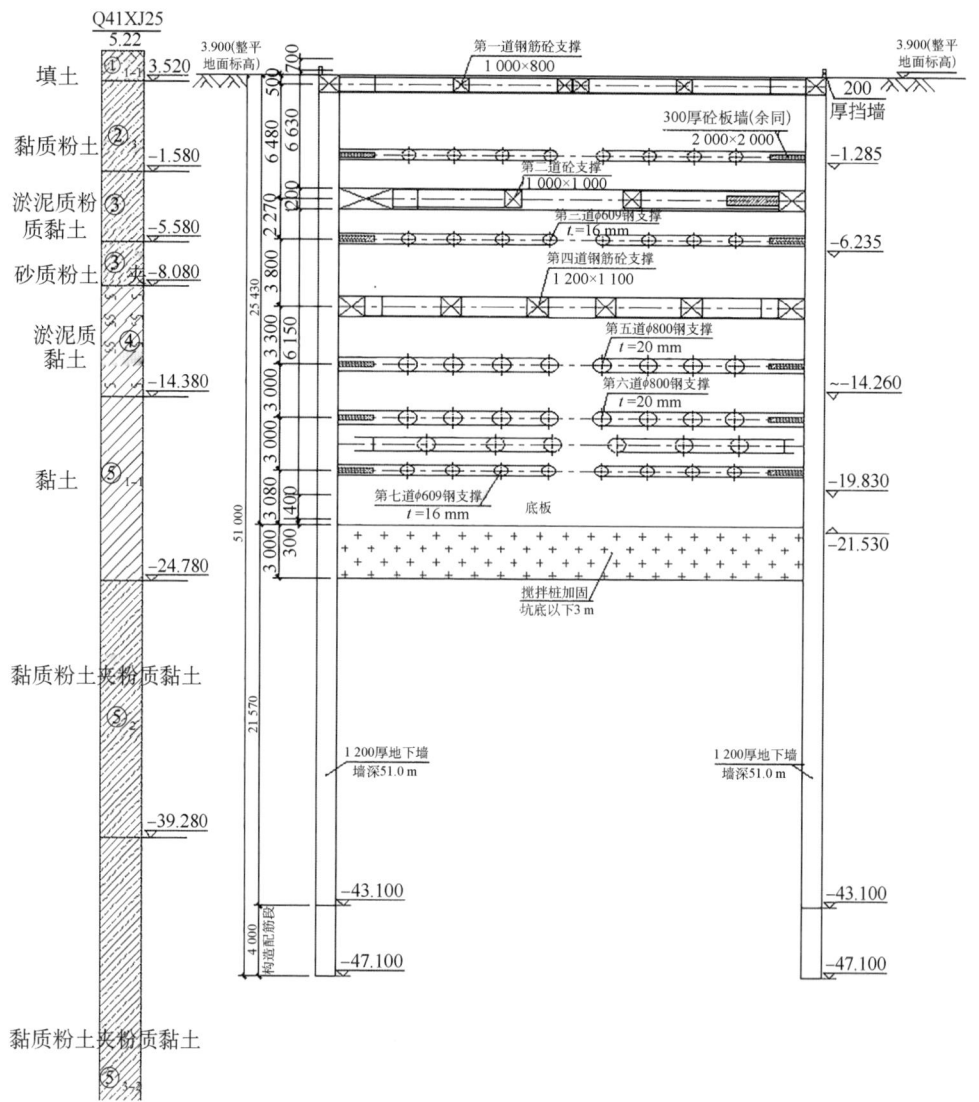

图 2 基坑剖面示意

层粉性土，土质不均匀，无摇振反应，稀有光泽，韧性中等、干强度中等。

④层淤泥质黏土，流塑状态，高等压缩性，含云母、有机质、少量贝壳碎屑，土质较均匀，无摇振反应，有光泽，韧性高，干强度高。

⑤$_{1-1}$层黏土，软塑状态，高等压缩性，含云母、有机质、夹泥、钙质结核，土性自上而下逐渐变好，土质较均匀，无摇振反应，有光泽，韧性高，干强度高。

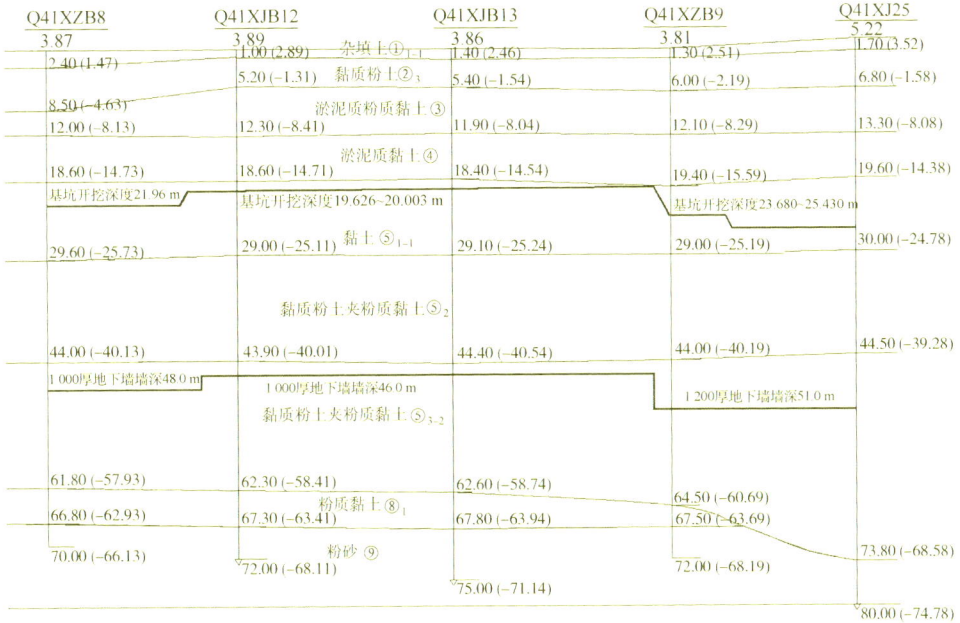

图 3 典型地质剖面

⑤₂层黏质粉土夹粉质黏土，中等压缩性，含云母，局部为砂质粉土，夹黏性土较多，土质不均，摇振反应中等，无光泽，干强度低，韧性低。

⑤₃₋₁ₐ层黏质粉土，软塑状态，中等压缩性，含云母、有机质，局部夹薄层粉性土，土质不均，无摇振反应，稍有光泽，韧性中等，干强度中等。

⑤₃₋₂层黏质粉土夹粉质黏土，中等压缩性，含云母，夹黏性土较多，土质不均，摇振反应中等，无光泽，干强度低，韧性低。

⑦₁₋₂层砂质粉土，中等压缩性，含云母，夹薄层黏性土，土质不均，摇振反应迅速，无光泽，韧性低，干强度低。

⑦₂层粉砂，中等压缩性，含云母、石英、长石等矿物质，夹少量薄层黏性土，土质不均。

⑧₁层粉质黏土，可塑状态，中等压缩性，含云母、有机质，该层下部夹少量粉性土，土质不均，无摇振反应，稍有光泽，韧性中等，干强度中等。

⑧₂层粉砂与粉质黏土互层，中等压缩性，含云母、石英、长石等矿物质，局部以粉质黏土为主，具有交错层理，土质不均。

⑨层粉砂，中等压缩性，位于 70 m 以下，未钻穿，含云母，石英，长石，沙颗粒不均。

4 水文地质情况

对本工程设计及施工有影响的是潜水、⑤$_2$ 层和⑤$_{3-2}$ 层微承压水及⑨层承压水。潜水静止水位埋深为自然地面下 0.80~2.30 m，其绝对标高在 2.36~3.90 m。承压水分布有⑤$_2$ 层（与⑤$_{3-2}$ 层微承压水连通）。根据详勘（微）承压水位连续观测 7 天的实验数据进行汇总，⑤$_2$ 层（与⑤$_{3-2}$ 层连通）微承压水水位埋深为 4.85~5.47 m，对应水位标高为 -0.26~-0.73 m。下部分布有第⑨层承压水，层顶埋深约 66.50 m，为承压含水层，与⑤$_{3-2}$ 层部分连通，构成厚度巨大的承压含水层组，含水量丰富。各含水层地质参数见表 2，各含水层单井涌水量见表 3。

表 2　　　　　　　　各含水层水文地质参数

层号	土层名称	渗透系数平均值 (m/d)		导水系数 (m^2/d)	贮水率 (1/m)
		水平	垂直		
⑤$_2$	黏质粉土夹粉质黏土	0.16	0.02	2.40	2.0×10^{-4}
⑤$_{3-2}$	黏质粉土夹粉质黏土	0.18	0.02	3.28	2.0×10^{-4}

表 3　　　　　　　　各含水层单井涌水量

井深 (m)	过滤器埋深 (m)	过滤器长度 (m)	动水位降深 (m)	试验期间平均流量 (m^3/h)	单位涌水量 [L/(h·m)]	预估单井最大出水能力 (m^3/h)
44	32~43	12	27.12	0.78	29	1.18
51	46~50	5	27.01	0.49	18	0.86
53	46~52	7	33.71	0.46	14	0.69

⑤$_2$、⑤$_{3-2}$ 层抽水降深与沉降对比见表 4。

表4　　　　　　　　　　抽水降深与沉降对比

地层	标高（m）	地层厚度（m）	深层土体沉降（mm）	含水层稳定降深（m）	实测最大沉降量（mm）	每米降深的沉降（mm/m）
⑤$_2$	−25.2～−30.2	5.0	15.4	6.5	7.35	1.13
	−30.2～−40.2	10.0	34.6			
⑤$_{3-2}$	−40.2～−43.1	2.9	7.3	4.5	6.94	1.54
	−43.1～−46.1	3.0	6.8			
	−46.1～−50.1	4.0	7.5			
	−50.1～−58.4	8.3	10.4			

⑤$_2$层至⑤$_{3-2}$层群井抽水—水位降深观测数据见表5。

表5　　　　　　⑤$_2$层至⑤$_{3-2}$层群井抽水—水位降深观测数据

层位	井类型	到抽水井的距离（m）	水位降深（m）
⑤$_2$	抽水井（44 m）	—	29.61
⑤$_{3-2}$	抽水井（49 m）	—	28.48
⑤$_{3-2}$	抽水井（53 m）	—	40.37
⑤$_2$	观测井	12.04	4.58
⑤$_{3-2}$	观测井	3.77	4.78

5　降水重难点

基坑突涌稳定性分析见表6、表7。

表6　　　　　　基坑开挖深度与⑤$_2$层安全水头埋深对应关系

基坑区域	开挖阶段	基坑开挖深度（m）	安全水位（m）	水位降深（m）	参考钻孔
南端头井（1～3轴）	临界状态	12.78	3.00	不需降压	Q41XZB8（29.6 m）
	基坑挖深	21.96	17.51	14.51	

(续表)

基坑区域	开挖阶段	基坑开挖深度(m)	安全水位(m)	水位降深(m)	参考钻孔
标准段 (3～12轴)	临界状态	12.56	3.00	不需降压	Q41XJB12 (29.00 m)
	基坑挖深	19.62	14.16	11.16	
		20.00	14.76	11.76	
落深段 (12～13轴)	临界状态	12.56	3.00	不需降压	Q41XZB9 (29.00 m)
	基坑挖深	23.68	20.58	17.58	
北端头井 (13～15轴)	临界状态	12.56	3.00	不需降压	Q41XZB9 (29.00 m)
	基坑挖深	25.43	23.35	20.35	

表7 　　基坑开挖深度与⑤$_{3-2}$层安全水头埋深对应关系

基坑区域	开挖阶段	基坑开挖深度(m)	安全水位(m)	水位降深(m)	参考钻孔
南端头井 (1～3轴)	临界状态	18.04	3.00	不需降压	Q41XJB14 (43.90 m)
	基坑挖深	21.96	9.19	6.19	
标准段 (3～12轴)	临界状态	18.04	3.00	不需降压	Q41XJB12 (44.30 m)
	基坑挖深	19.62	5.49	2.49	
		20.00	6.09	3.09	
落深段 (12～13轴)	临界状态	18.08	3.00	不需降压	Q41XZB9 (44.00 m)
	基坑挖深	23.68	11.86	8.86	
北端头井 (13～15轴)	临界状态	18.19	3.00	不需降压	Q41XZB12 (44.30 m)
	基坑挖深	25.43	14.45	11.45	

降水重难点分析如下。

（1）基坑开挖范围内存在较厚的粉土、粉砂等土层，土质不均匀，渗透性及含水量较大，基坑开挖时易产生流砂、坍塌等现象。

（2）潜水疏干井按照井间距15 m布置，并尽可能增加预抽水时间，标准段井深26.0 m，端头井深28.0～28.5 m。井深均不进入微承压含水层。

（3）根据抗突涌验算结果得知，主体基坑开挖需针对⑤$_2$层微承压水进行减压降水。下伏⑤$_2$层与⑤$_{3-2}$层连通，止水帷幕虽已隔断⑤$_2$层，但未隔断⑤$_{3-2}$

层,基坑减压形式为悬挂式减压降水。

(4)为保证基坑安全,在坑内布置适量的备用观测井,平时作为水位观测井观测基坑中的水位,指导基坑降水运行,同时可兼作备用井抽水。

6 降水设计

6.1 坑内减压井设计

减压降水深井孔径 650 mm,井管及过滤器外径 273 mm。减压井井深 42～44 m,过滤器长度 10～12 m。共布置 11 口减压井及 2 口观测兼备用井。

经过计算,开启降压井,降水运行后预测基坑水位降深等值线见图 4。

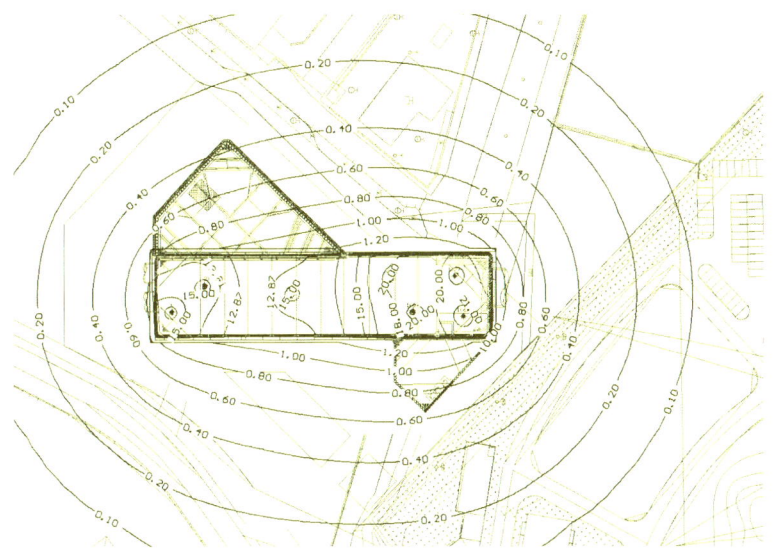

图 4 坑内减压降水运行后预测⑤$_2$层水位降深等值线(单位:m)

6.2 坑内疏干井设计

由于主体基坑为狭长形基坑,疏干管井按照井间距 15 m 布置。基坑内共布置 16 口疏干井,井深 26.0～28.5 m,井底均控制不进入微承压含水层。

6.3 坑外回灌及观测井设计

坑外水位观测井按照约 50 m/口布置,在靠近管理用房位置按照约 13 m/口布置回灌兼观测井,井深 44 m。

7 现场降水及周边情况

为判断止水帷幕绕流效果,验证降水方案的可行性,止水帷幕和降水井完成后,进行验证性抽水试验。验证试验结果见图 5。

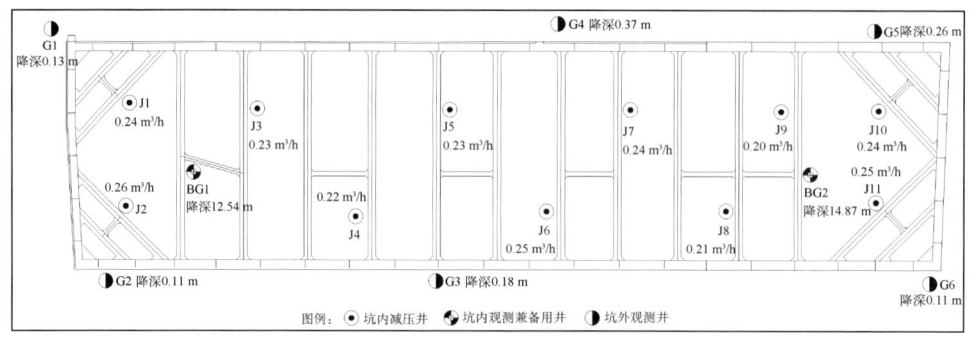

图 5 验证试验结果

验证试验期间,坑内观测井水位降深 11.54~14.87 m,抽水试验坑内能够降到满足基坑抗突涌稳定的需要。试验期间坑外水位下降幅度较小,坑内外降深比约 1∶0.02。

7.1 降水运行及回灌运行

基坑开挖过程中,基坑东侧管理用房沉降变化较为明显,启动减压深井抽水后,沉降变化速率及累计沉降量有明显增加趋势,为缓解沉降变形,坑外及时开启地下水回灌,缓解沉降变形。

基坑开挖过程中坑内外降水运行数据见图 6、图 7。

(1)在第五层土方开挖前开始承压水降水,在后续开挖过程中,坑内控制降水井出水量,控制坑内水位基本位于安全水位以下,确保基坑安全且不超降。

(2)在基坑开挖至底板时,由于地下水绕流以及长时间抽水的影响,坑外水位最大降深 0.98 m。

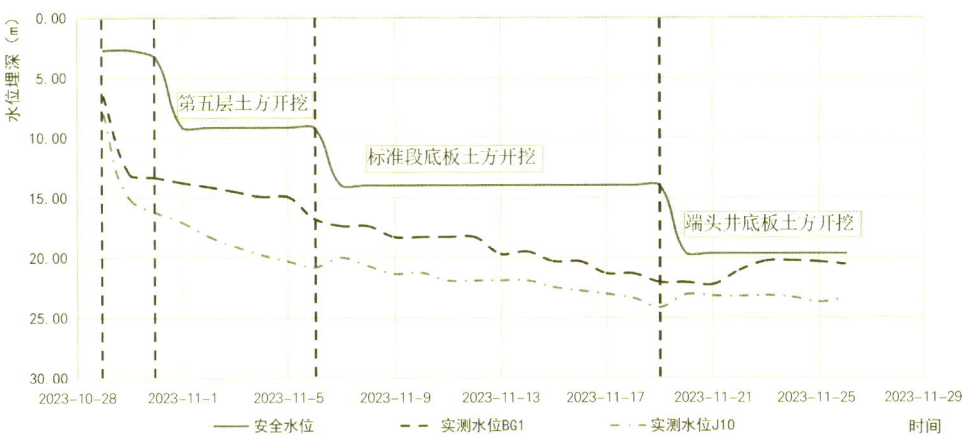

图 6　开启坑内承压水降水后坑内承压水安全水位与实测水位变化历时曲线

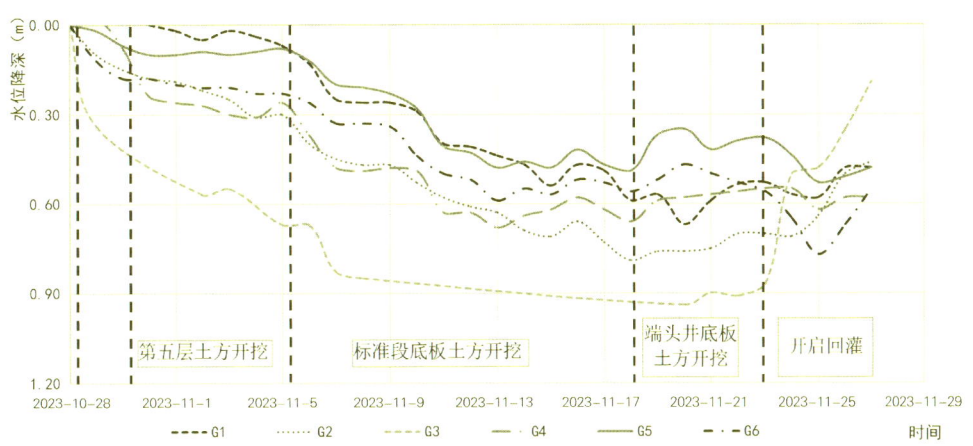

图 7　开启坑内承压水降水后坑外承压水水位降深变化历时曲线

在降水运行期间，坑外水位最大降深为 0.98 m，为保护周边环境安全，在坑外靠近管理用房位置开启回灌井运行，通过地下水回灌，人为抬升地下水水位，缓解由于地下水下降引起的地面沉降。回灌运行期间，前期各回灌井单井回灌量约 0.5 m³/h，随着回灌周期的加长，单井回灌量逐步减小，回灌运行 60 天后，各回灌井单井回灌量约 0.3 m³/h。回灌运行期间，常压回灌可使坑外水位抬升约 1.5 m，加压回灌可使坑外水位抬升约 3.1 m。地下水水位变化情况见图 8。

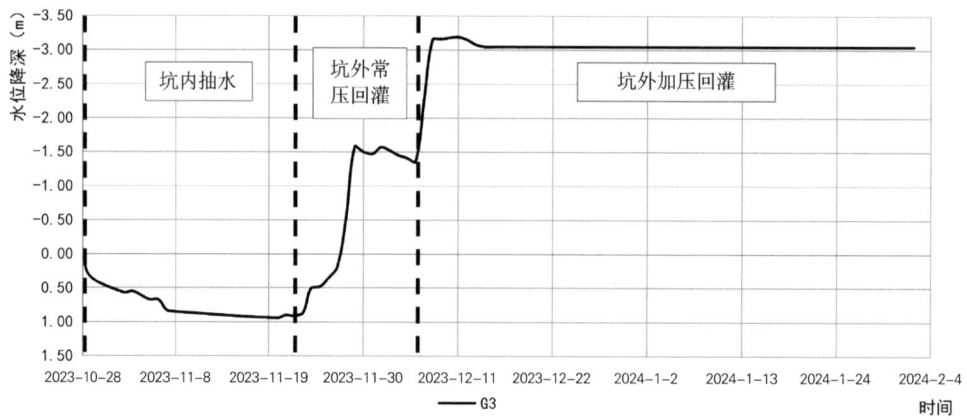

图 8　降水运行及回灌运行期间坑外承压水水位降深变化历时曲线

7.2　沉降数据分析

周边沉降情况见图 9 和表 8。沉降监测点位置见图 10。伴随基坑开挖过程，坑外地面沉降监测点持续下降，各监测点沉降趋势大体一致，自基坑开挖起，地面沉降持续下降，在坑外开启回灌井运行后，坑外地面沉降趋于稳定。说明基坑周边因回灌后水位稳定，地表的沉降也趋于稳定，故坑外人工回灌在一定程度上控制了地面沉降。

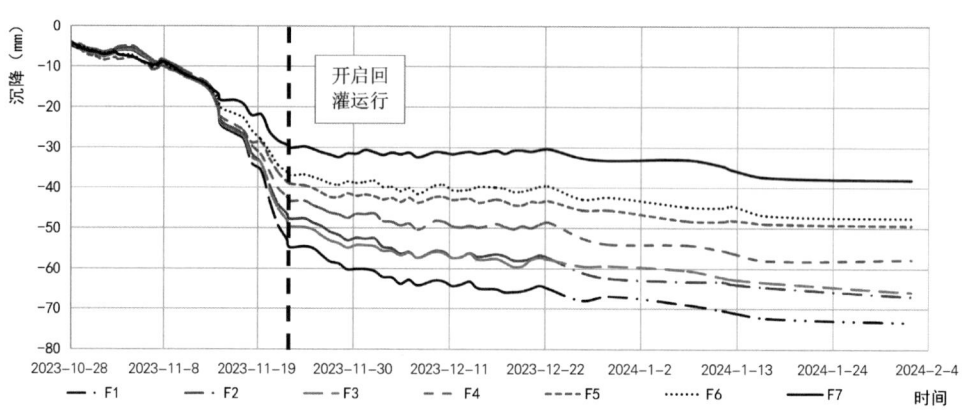

图 9　管理用房沉降变化历时曲线

表 8　　　　　　　　　开启减压井后监测数据

监测项目	累计最大变化量		警戒值	
	点位	数值	日变量	累计值
地表深层竖向位移	DB10	-81.15 mm	±2 mm（连续两天）	35.1 mm（南端头井） 31.4 mm（标准段）
地表断面竖向位移	D10-1	-87.32 mm	—	40.6 mm（北端头井）
建（构）筑物竖向位移	F27	-51.13 mm	±2 mm	±20 mm
赵家沟驳岸水平位移	FS2	3.00 mm	±2 mm	±10 mm
远期为水闸管理用房	F1	-73.38 mm	±2 mm	±20 mm
远期为水闸管理用房倾斜	QX1（东南）	0.76‰	倾斜增量 2‰	
涵管竖向位移	GH6	-19.03 mm	±2 mm	±20 mm
墙顶竖向位移	QC7	-20.19 mm	±2 mm（连续两天）	35.10 mm（南端头井）
墙顶水平位移	QS8	6.00 mm		31.40 mm（标准段）
立柱竖向位移	LZ6	35.69 mm		40.60 mm（北端头井） ±20 mm
坑外潜水水位	SW7	-896.90 mm	±300 mm	±1 000 mm
墙体深层水平位移监测	P15	93.15 mm	±2 mm（连续两天）	52.70 mm（南端头井） 47.50 mm（标准段） 56.83 mm（北端头井） （分层报警值）

8　项目总结

（1）场地基坑开挖范围内存在较厚黏土层，基坑为狭长形基坑，潜水真空疏干深井按照井间距约 15 m 布置，并尽可能增加预抽水时间能够有效对潜水含水层进行疏干。

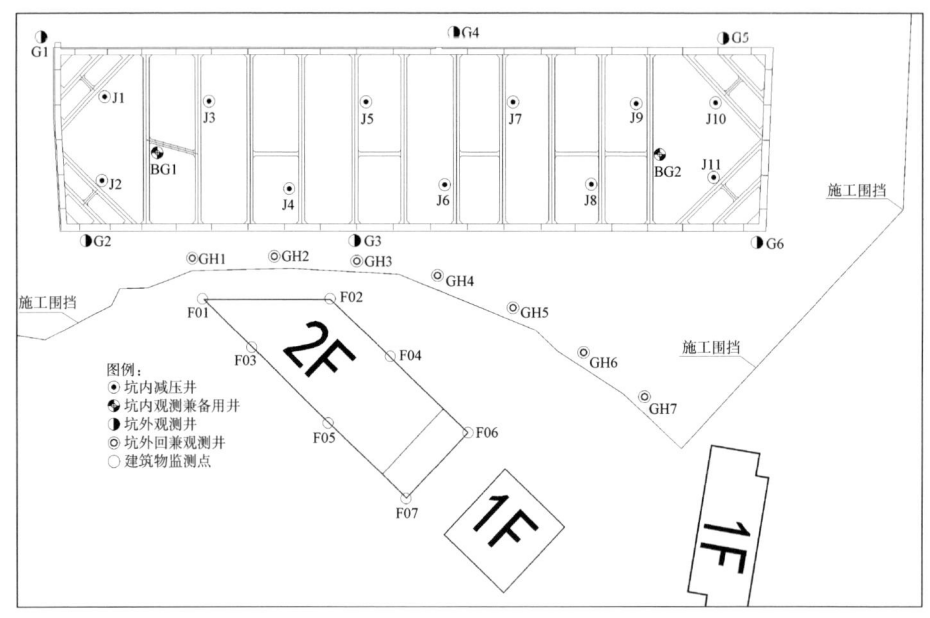

图 10 沉降监测点位置

（2）场地在降水设计施工前进行了专项水文地质勘察，专项水文地质勘察结果得到的水文地质参数、各层水力联系情况以及依托专项水文地质勘察结果进行的基坑围护与降水一体化评估有力地指导了基坑设计与施工，节省了围护施工工期，节约了围护费用。

（3）为了确保基坑水位数据的准确性和可靠性，基坑开挖期间实施自动远程监控系统，实时观测地下水水位，配备软件对所采集的数据及时换算成地下水位，并绘制成实时曲线观测地下水水位，此项核心技术也为上海长凯岩土工程有限公司（以下简称"我司"）专有技术。

（4）采用我司专有技术，自动回灌专利，使项目的基坑地面沉降得到有效控制，减少基坑开挖过程中对周围环境的影响，减小地面沉降量。

上海市轨道交通 21 号线高斯路站降水工程

1 工程概况

上海市轨道交通 21 号线高斯路站，地处上海市浦东新区高斯路与紫薇路交叉口，为地下三层岛式车站，主要位于紫薇路地下，车站概况见表 1。

表 1　车站概况

分区		开挖深度（m）	围护形式	支撑形式	地基加固形式
主体基坑	标准段	22.34	采用 1 000 mm 地下连续墙，墙深 50 m	2 道混凝土支撑 + 4 道钢支撑	第四道支撑以下 3 m 及坑底以下 3 m 采用三轴搅拌桩抽条加固
	端头井	23.95～24.11		2 道混凝土支撑 + 5 道钢支撑	

2 基坑围护概况

基坑围护结构选用采用 1 000 mm 地下连续墙，墙深 50 m。标准段采用六道支撑，端头井段采用七道支撑，其中第一、四道为砼支撑，其余均为钢支撑。高斯路站主要沿紫薇路呈西南向东北敷设，周边道路下已敷设有各种市政管线；西北侧 12 m 为 6 层砖混结构住宅楼；西北侧为紫薇景苑和张江新苑小区，与主体结构最近距离约 10.23 m；东南侧为紫薇公园；东北侧为紫薇路与古铜路交叉口，邻近古桐公寓，与主体结构最近距离约为 22.66 m。基坑安全等级为一级、环境保护等级为一级。基坑周边环境、基坑平面及剖面见图 1—图 3。

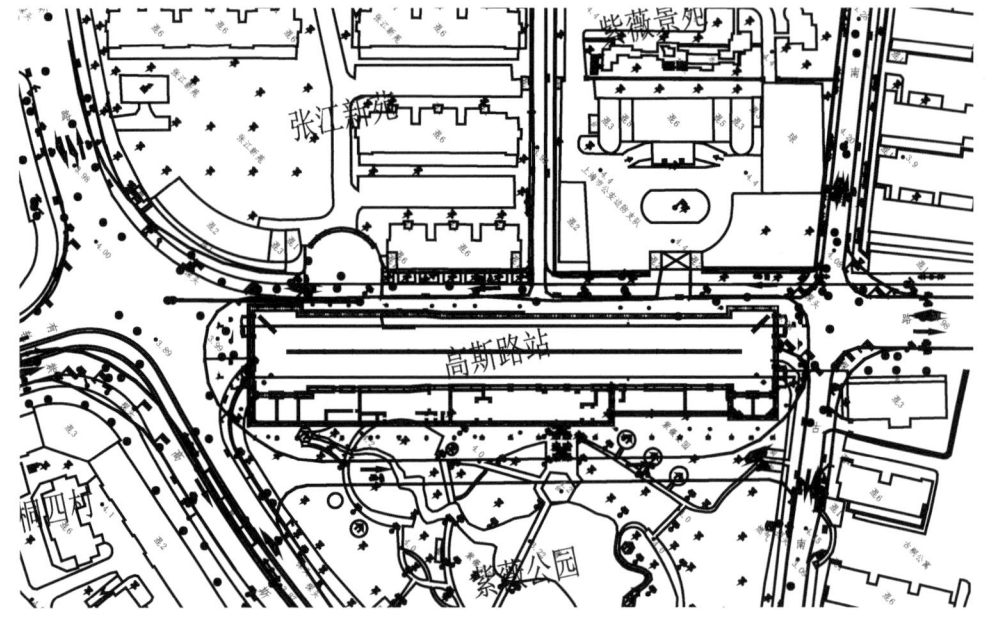

图 1 基坑周边环境示意

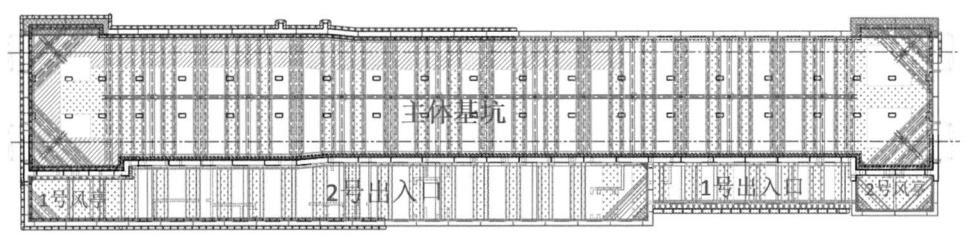

图 2 基坑平面示意

3 工程地质情况

场地位于古河道地层区，在深度 65.30 m 范围内地基土属第四纪晚更新世及全新世沉积物，主要由黏性土、粉性土和砂土组成，分布较稳定，一般具有成层分布的特点。典型地质剖面见图 4。地层描述如下。

①$_1$ 层杂填土，表层为钢筋混凝土地面、沥青混凝土路面或人行道地砖，厚 0.3～0.4 m，其下含碎砖、碎石、砼块等杂物，局部夹少量生活垃圾，夹黏性土；该层厚度主要在 1.50～4.00 m，下部以黏性土为主，含少量植物根茎、

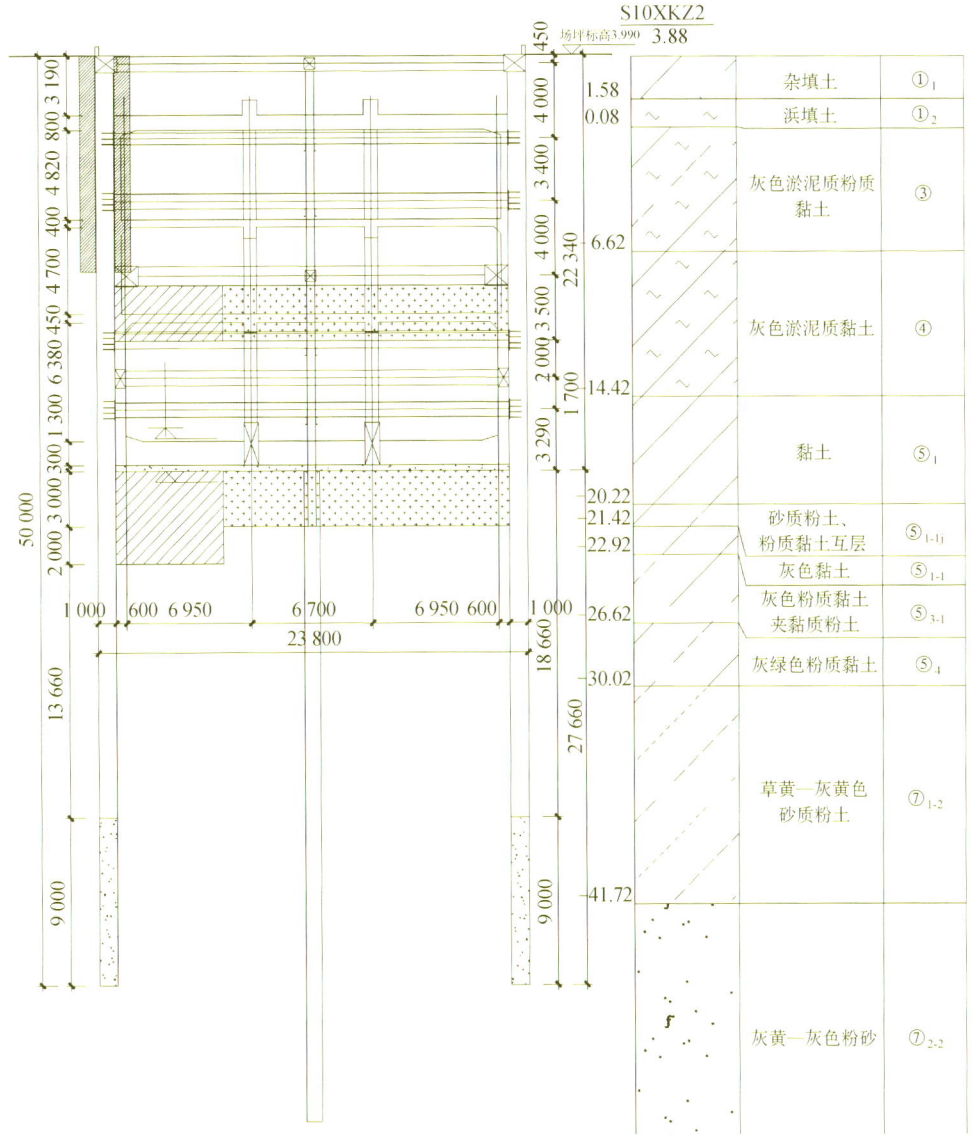

图3 基坑剖面示意

碎小石子等杂物及有机质。

①₂层浜填土,由浜底淤泥、黏性土团块、建筑垃圾、碎石子等组成,土质极差,压缩性高等。局部分布。

②₁层灰黄色粉质黏土,层顶标高为3.16～0.92 m,层厚为0.60～2.40 m,

静力触探 P_s 平均值约 0.56 MPa，含氧化铁斑点及铁锰质结核，土质自上至下逐渐变软。呈可塑—软塑状态，属中等压缩性。该层在场地内局部缺失。

③层灰色淤泥质粉质黏土，层顶标高为 1.48～-0.18 m，层厚为 5.10～7.00 m，静力触探 P_s 平均值约 0.49 MPa，含云母、有机质，夹薄层粉性土，土质不均。呈流塑状态，属高等压缩性。该层在场地内遍布。

④层灰色淤泥质黏土，层顶标高为 -4.52～-6.48 m，层厚为 6.90～9.30 m，静力触探 P_s 平均值约 0.62 MPa，含云母、有机质，偶见贝壳碎屑及少量薄层粉砂，土质均匀。呈流塑状态，属高等压缩性。该层在场地内遍布。

⑤$_{1-1}$ 层灰色黏土，层顶标高为 -11.84～-14.01 m，层厚为 4.60～8.70 m，静力触探 P_s 值约 0.91 MPa，含云母、有机质及少量腐殖物、泥钙质结核，局部为粉质黏土或淤泥质黏土，土质均匀。呈软塑状态，高等压缩性。拟建场地遍布。

⑤$_{1-1j}$ 层砂质粉土、粉质黏土互层，层顶标高为 -11.84～-14.01 m，层厚为 4.60～8.70 m，静力触探 P_s 值约 0.91 MPa，含云母及贝壳碎屑，夹黏性土薄层，土质不均匀。呈松散—稍密状态，中等压缩性。拟建场地遍布。

⑤$_{3-1}$ 层灰色粉质黏土夹黏质粉土，层顶标高为 -18.41～-22.71 m，层厚为 12.00～18.20 m，静力触探 P_s 值约 1.87 MPa，含云母及泥钙质结核，夹较多粉性土夹层，局部为黏土，土质不均。呈软塑状态，中等压缩性。拟建场地遍布。

⑤$_4$ 层灰绿色粉质黏土，层顶标高为 -34.00～-37.34 m，层厚为 3.00～5.00 m，静力触探 P_s 平均值约 2.65 MPa，含氧化铁斑点，土质较均匀。呈硬塑状态，局部可塑，属中等压缩性。该层在场地内遍布。

⑦$_{1-2}$ 层草黄—灰黄色砂质粉土，层顶标高为 -25.03～-30.75 m，层厚为 3.30～8.80 m，静力触探 P_s 平均值约 6.60 MPa，含云母及贝壳碎屑，土质不均匀。呈中密状态，属中等压缩性。该层在场地内遍布。

⑦$_{2-2}$ 层灰黄—灰色粉砂，层顶标高为 -38.21～-40.34 m，层厚为 16.40～17.50 m，静力触探 P_s 平均值约 15.71 MPa，颗粒成分以石英、长石、云母为主，颗粒级配良好，局部为砂质粉土，土质较均。呈密实状态，属中等压缩性。该层在场地内遍布。

⑧$_1$ 层灰色粉质黏土夹砂质粉土，层顶标高为 -55.41～-56.24 m，层厚为

13.9～14.90 m，静力触探 P_s 平均值约 3.39 MPa，含云母、贝壳碎屑，夹较多粉性土夹层，土质不均。呈可塑状态，中等压缩性。拟建场地遍布。

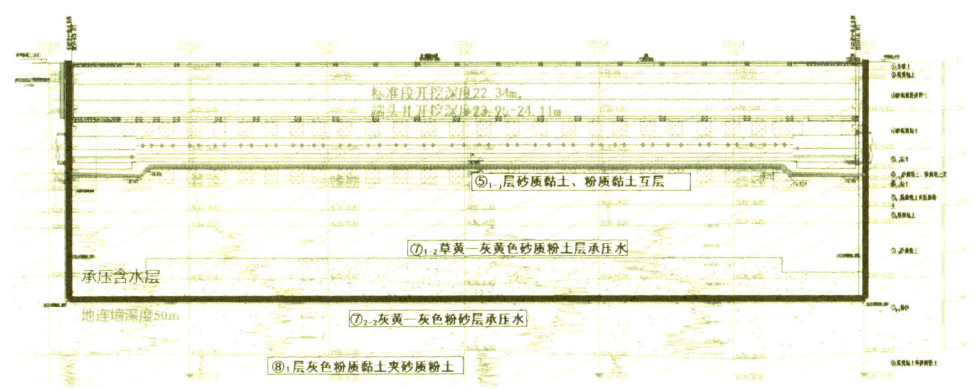

图 4　主体基坑典型地质剖面

4　水文地质情况

场地地下水类型主要为松散岩类孔隙水，孔隙水按形成时代、成因和水理特征可划分为潜水含水层、承压含水层。本工程勘探深度范围内地下水主要为赋存于浅部土层中的潜水、⑤$_{1-1j}$ 层的微承压水、⑦$_{1-2}$ 层和⑦$_{2-2}$ 层中的承压水（⑦$_{1-2}$ 层和⑦$_{2-2}$ 层之间无隔水层，可视为同一含水层）。

潜水分布于浅部土层中，补给来源主要有大气降水入渗及地表水径流侧向补给，其排泄方式以蒸发消耗为主。上海地区浅部土层中的潜水位埋深，一般离地表面 0.3～1.5 m，年平均地下水水位埋深离地表面 0.5～0.7 m。由于潜水与大气降水和地表水的关系十分密切，故水位呈季节性波动。勘察期间测得的潜水稳定水位埋深一般为 0.80～1.54 m，绝对标高为 2.72～3.86 m，平均稳定水位标高为 3.40 m。

本场地中下部普遍分布有⑤$_{1-1j}$ 层微承压水和⑦层承压水。其中⑦层为上海地区第Ⅰ承压含水层。本工程基坑最大开挖深度 24.14 m，其影响深度范围内主要涉及⑤$_{1-1j}$、⑦层（微）承压含水层。各含水层水文地质参数见表 2。

表 2　　　　　　　　　各含水层水文地质参数

地层	土性	水平渗透系数（m/d）	垂直渗透系数（m/d）	贮水率（1/m）
⑦$_{1-2}$	草黄—灰黄色砂质粉土	5.0	0.7	3.1×10^{-5}
⑦$_{2-2}$	灰黄—灰色粉砂	7.3	1.0	2.1×10^{-5}

5　降水重难点

基坑突涌稳定性分析见表3—表5。

表 3　　基坑开挖深度与⑤$_{1-1j}$层微承压水层安全水头埋深对应关系

序号	开挖区域	开挖深度（m）	安全水位埋深（m）	水位降深（m）	抗突涌安全系数
1	临界状态	10.65	3.00	不需降压	1.05
2	标准段	22.30	23.30	20.30	已揭穿
3	大里程端头井	23.82	24.82	21.82	
4	小里程端头井	24.13	25.13	22.13	

表 4　　基坑开挖深度与⑦$_{1-2}$层承压水层安全水头埋深对应关系

序号	开挖区域	开挖深度（m）	安全水位埋深（m）	水位降深（m）	抗突涌安全系数
1	临界状态	17.31	4.43	不需降压	1.05
2	标准段	22.30	13.34	8.91	0.73
3	大里程端头井	23.82	16.06	11.63	0.63
4	小里程端头井	24.13	16.61	12.18	0.61

表 5　　基坑开挖深度与⑦$_{2-2}$层承压水层安全水头埋深对应关系

序号	开挖区域	开挖深度（m）	安全水位埋深（m）	水位降深（m）	抗突涌安全系数
1	临界状态	22.20	4.43	不需降压	1.05
2	标准段	22.30	5.00	0.57	1.04
3	大里程端头井	23.82	7.68	3.25	0.97
4	小里程端头井	24.13	8.23	3.80	0.95

降水特点分析及相应对策如下。

（1）基坑内分布有较厚淤泥质粉质黏土、淤泥质黏土，土层含水量高、孔隙比大，土质软弱、高压缩性，具有高灵敏度、低强度的特点，且在开挖范围内存在较厚的③层黏质粉土，在水头差的作用下，易产生流砂或管涌现象。针对该情况，采用"超级压吸联合抽水系统"进行疏干降水，保证真空度不低于65 kPa，并尽可能增加预抽水时间。

（2）主体基坑开挖需针对⑤、⑦层承压水进行减压降水，基坑区域减压降水幅度较大，外围止水帷幕已隔断⑤$_{1-1}$层，但未完全隔断⑦层，⑤$_{1-1}$层为封闭式减压降水，⑦层为悬挂式减压降水。对此针对⑤$_{1-1}$层进行混合疏干。

（3）附属基坑1号出入口需要对⑤$_{1-1}$层进行减压降水，止水帷幕未进入⑤$_{1-1}$层，为敞开式减压降水。附属基坑1号风亭2号出入口和2号风亭需要对⑤$_{1-1}$层进行减压降水，止水帷幕隔断⑤$_{1-1}$层，为封闭式减压降水。

（4）基坑开挖深度大，基坑面积较小，支撑结构复杂，施工延续时间较长，实际施工时降水井需要根据现场实际情况对坑底加固、支撑、结构、桩等进行有效避让。施工过程中降水井维护要求较高，需要加强对降水井的保护。

（5）基坑周边环境复杂，邻近区域为住宅区，建筑物距离基坑较近，面临地下水处理问题，基坑需要长时间、大幅度、大范围抽水，基坑降水势必对周边敏感环境有一定的不利影响；坑内减压降水开启后，需要重点关注基坑外水位变化和周边构建筑物监测沉降数据。针对这种情况，减小降压井降水运行时间、减小最大水位降幅持续时间。

（6）本工程开挖深度大，施工延续时间较长，基坑排水周期较长，排水设施要求高，需要制订与本工程实际相符的排水措施，降水井结构与井平面布置设计时需考虑与地下结构协调。

6 降水设计

6.1 坑内减压井设计

坑内减压降水深井孔径650 mm，井管及过滤器外径273 mm。⑦层减压井深度为45 m，过滤器长度9 m，共布置8口；承压水备用兼观测井深度为45 m，过滤器长度9 m，共布置3口；⑦$_2$层减压井深度为49 m，过滤器长度3 m，共布置2口；坑内⑤层观测兼备用井深度31 m，过滤器长度3 m，共布置3口。附属坑内共10口⑤层减压、观测兼备用井，井深31 m，过滤器长8 m。

坑外⑤层观测井6口，井深31 m，过滤器长7 m；坑外⑦层水位观测井按40～50 m/口布置，共布置7口，井深45 m，过滤器长7 m；在邻近居民房区域按照井间距10～15 m布置坑外⑦层回灌井10口，井深45 m，过滤器长9 m。

减压降水运行过程中，需要时刻关注坑外水位变化情况，根据围护设计要求及时启动实施回灌，对地下水位进行补给，人为抬升地下水位，减小或补偿由降水引起的地表沉降，保障基坑及周边环境安全。

经过计算，开启降压井，车站主体基坑⑦层减压降水运行完成后由承压水引起的地面沉降预测等值线见图5—图7。

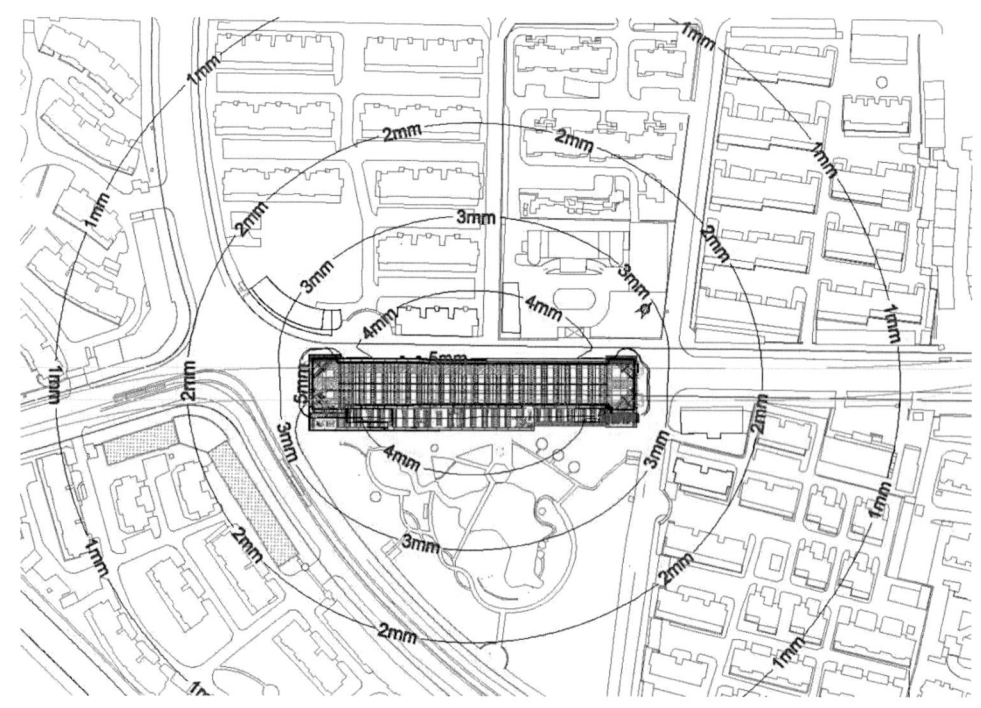

图5 车站主体基坑⑦层减压降水运行完成后由承压水引起的地面沉降预测等值线

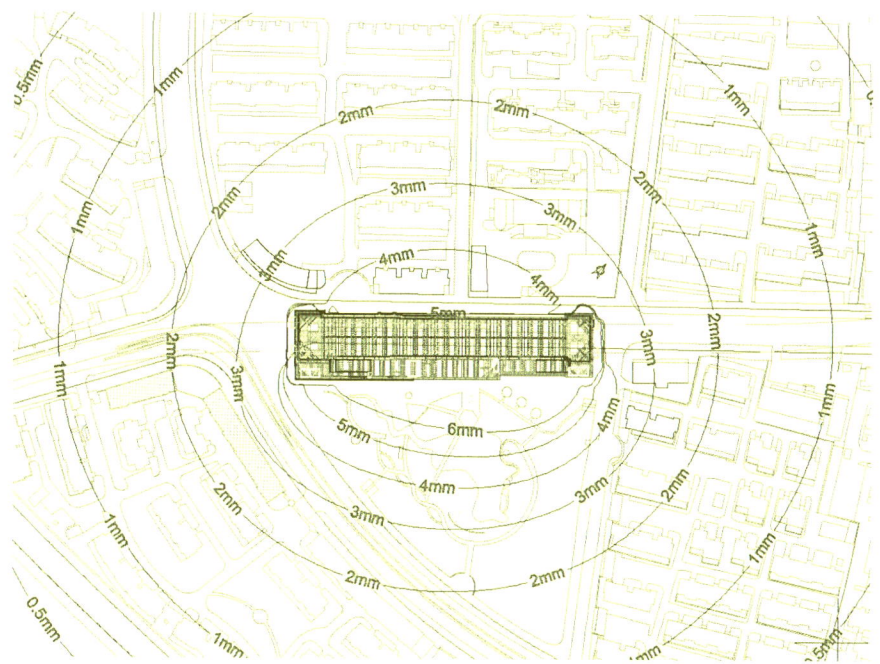

图 6　车站主体和附属基坑减压降水运行完成后由承压水引起的地面沉降预测等值线

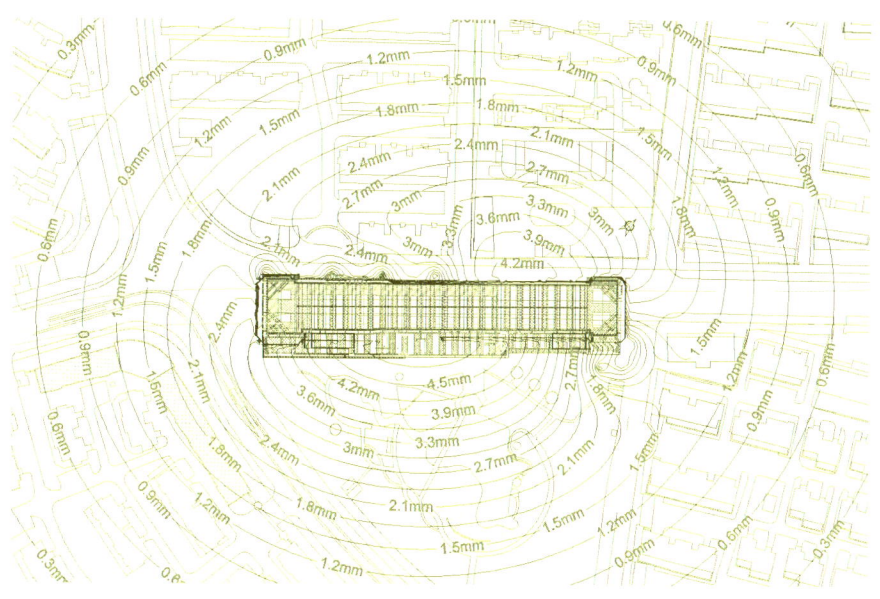

图 7　回灌一体化运行后由承压水引起的地面沉降预测等值线

6.2 坑内疏干井设计

疏干井单井有效疏干面积按约 200 m² 布置,在主体基坑内布置 19 口深 30 m 的疏干井。

6.3 坑外水位观测井设计

坑外⑦层承压水水位观测井按照约 50 m/口布置,共布置 12 口井深 36 m 的⑦层水位观测井。

7 现场降水及周边情况

7.1 验证性试验降水井布置情况

为判断止水帷幕绕流效果,验证降水方案的可行性,止水帷幕和降水井完成后,进行验证性抽水试验,验证性抽水试验井平面及剖面见图 8、图 9。

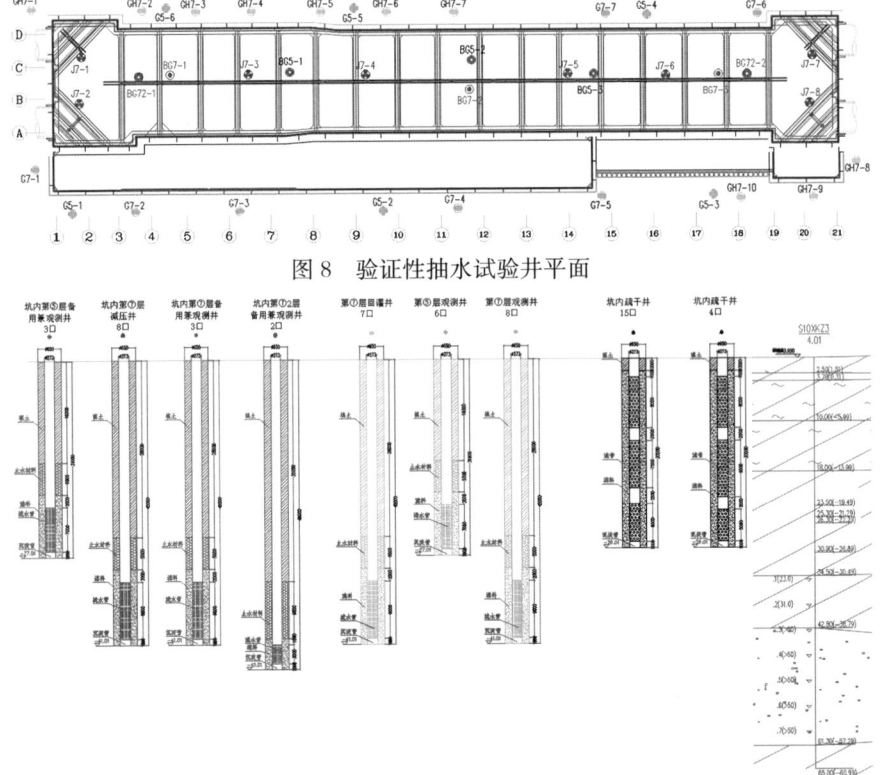

图 8 验证性抽水试验井平面

图 9 主体基坑降水井剖面

7.2 主体基坑验证试验过程

在前期试抽及试验过程中，发现坑内降水对坑外影响较大，坑内水位降幅满足设计安全水位埋深的情况下，坑外水位降幅为 3.50～5.95 m，对控制基坑降水引起的坑外环境沉降不利。2023 年 10 月 18—21 日，现场进行了群井抽水试验。为减少坑内减压降水对坑外水位下降的不利影响，本次试验主要采取以下三项措施共分为 6 个阶段：①经咨询相关专家，对 45 m 减压井进行管内沙包回填至 42 m，可增加绕流路径。②各区域严格按需降压，按照南、北端头井及标准段的安全水位要求，控制减压井开启数量及流量。③开启张江新苑位置的回灌井，抽灌一体化试验。试验各阶段自动水位监测变化曲线见图 10。

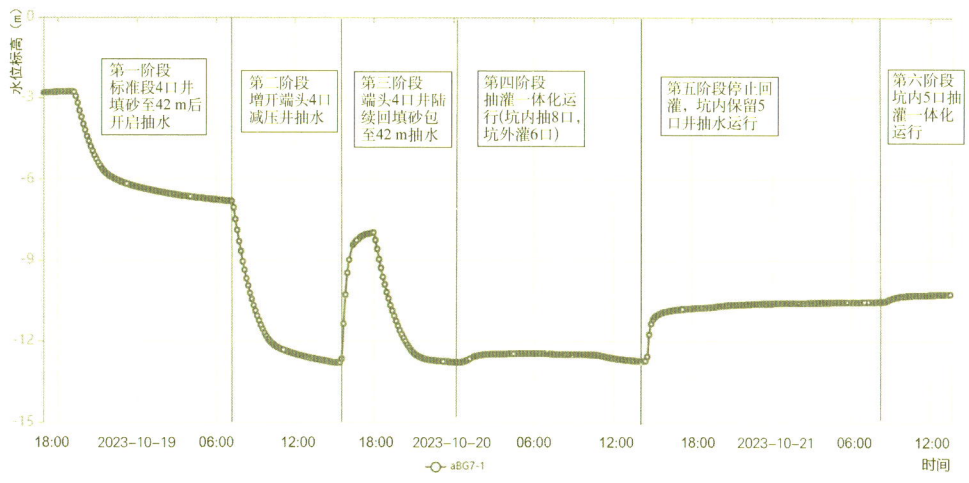

图 10　群井试验各阶段自动水位监测 BG7-1 水位变化曲线

2023 年 10 月 18 日 19：00 至 2023 年 10 月 21 日 12：00 进行群井抽水试验，对坑内、外的观测井进行同步观测并记录数据，至水位稳定；随后进行群井抽水试验，至水位稳定，进行水位恢复，试验期间同步进行水位观测，并测定出水量，实验过程中重点观测了前四个阶段的出水量，各阶段抽水井流量/出水量数据见表 6。

表6　　　　　　　　　　群井试验流量/出水量统计

试验阶段	井号	累计出水量（m³）	累计运行时间（h）	单井平均流量/出水量（m³/h）	该阶段平均流量/出水量（m³）
第一阶段	J7-3	138.72	12.0	11.56	12.26
	J7-4	148.44	12.0	12.37	
	J7-5	171.00	12.0	14.25	
	J7-6	130.32	12.0	10.86	
第二阶段	J7-2	117.90	7.5	15.72	14.01
	J7-3	110.70	7.5	14.76	
	J7-4	86.85	7.5	11.58	
	J7-5	84.30	7.5	11.24	
	J7-6	88.27	7.5	11.77	
	J7-7	118.12	7.5	15.75	
	J7-8	129.37	7.5	17.25	
第三阶段	J7-2	64.22	9.5	6.76	7.72
	J7-3	47.79	9.5	5.03	
	J7-4	59.38	9.5	6.25	
	J7-5	83.03	9.5	8.74	
	J7-6	92.34	9.5	9.72	
	J7-8	93.29	9.5	9.82	
第四阶段	J7-2	103.80	15.0	6.92	8.45
	J7-3	108.15	15.0	7.21	
	J7-4	137.25	15.0	9.15	
	J7-6	157.80	15.0	10.52	

第一阶段试验期间，对各观测井的水位变化进行了跟踪测量并记录，各观测井水位变化统计见表7，各观测井水位变化情况平面布置见图11。

表7　　　　　　第一阶段群井试验各观测井降深一览

井号	初始水位埋深（m）	抽水稳定后水位埋深（m）	水位降幅（m）	部位
BG7-1	6.77	10.83	4.06	基坑内

（续表）

井号	初始水位埋深（m）	抽水稳定后水位埋深（m）	水位降幅（m）	部位
BG7-2	7.17	13.29	6.12	基坑内
BG7-3	7.05	12.68	5.63	
BG72-1	6.83	10.08	3.25	
BG72-2	6.89	11.81	4.92	
GH7-1	6.86	9.14	2.28	基坑外
GH7-2	6.96	9.53	2.57	
GH7-3	6.93	9.21	2.28	
GH7-4	6.91	9.80	2.89	
GH7-5	6.92	9.98	3.06	
GH7-6	6.92	10.11	3.19	
GH7-7	6.86	10.36	3.50	
G7-7	6.98	9.94	2.96	
G7-6	6.97	9.73	2.76	
G7-1	6.88	8.71	1.83	
G7-2	6.97	9.48	2.51	
G7-3	7.09	9.66	2.57	
G7-4	7.08	10.32	3.24	
GH7-10	7.13	10.05	2.92	
GH7-8	7.02	9.57	2.55	

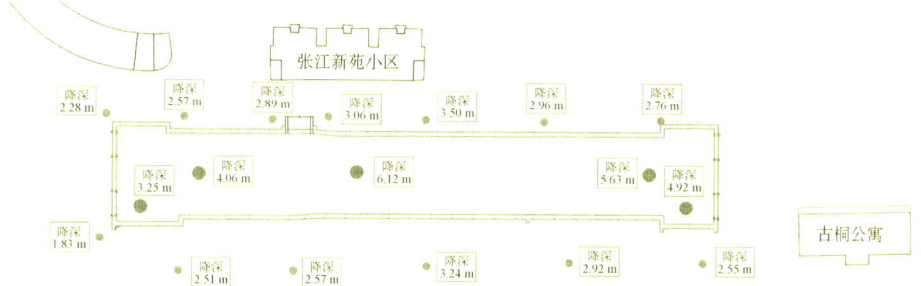

图 11　群井试验第一阶段水位降幅情况

2023年10月18日19：00开启标准段4口减压井，持续抽水至19日7:00，第一阶段试验结束。试验数据表明，在开启坑内减压井J7-3—J7-6的情况下，坑内标准段水位降深为6.12 m，此时标准段水位埋深为13.29 m，基本处于设计安全水位，此时坑外水位降深为3.5 m，坑内外降深比约为2∶1。随后进入第二阶段试验。

第二阶段各观测井水位变化统计见表8，各观测井水位变化情况平面布置见图12。

表8 第二阶段群井试验各观测井降深一览

井号	初始水位埋深（m）	抽水稳定后水位埋深（m）	水位降幅（m）	部位
BG7-1	6.77	16.71	9.94	基坑内
BG7-2	7.17	15.68	8.51	
BG7-3	7.05	16.79	9.74	
BG72-1	6.83	15.41	8.58	
BG72-2	6.89	16.16	9.27	
GH7-1	6.86	11.52	4.66	基坑外
GH7-2	6.96	11.92	4.96	
GH7-3	6.93	12.18	5.25	
GH7-4	6.91	12.11	5.20	
GH7-5	6.92	12.28	5.36	
GH7-6	6.92	12.34	5.42	
GH7-7	6.86	12.61	5.75	
G7-7	6.98	12.10	5.12	
G7-6	6.97	11.94	4.97	
G7-1	6.88	10.64	3.76	
G7-2	6.97	12.02	5.05	
G7-3	7.09	12.16	5.07	
G7-4	7.08	12.62	5.54	
GH7-10	7.13	12.37	5.24	
GH7-8	7.02	12.04	5.02	

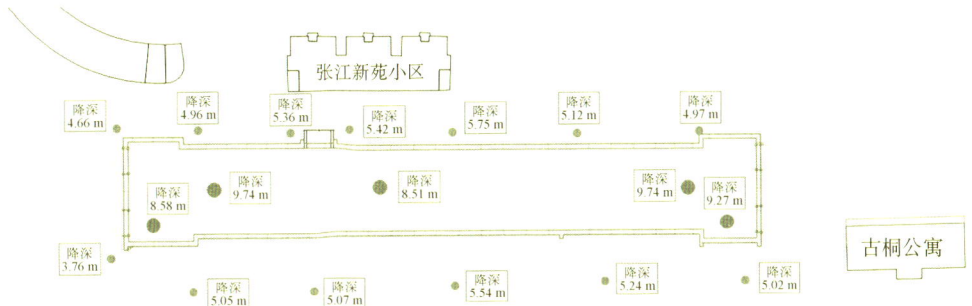

图 12　群井试验第二阶段水位降幅情况

2023 年 10 月 19 日 7:00 增加开启端头 4 口减压井,累计开启坑内 8 口减压井,持续抽水至 14:30 水位基本稳定,坑内南端头井水位埋深 16.71 m,北端头井水位埋深 16.79 m,标准段水位埋深 15.68 m,此时可以发现标准段水位已经超降约 2 m,端头井区域满足设计安全水位要求。坑外水位降幅约为 5.75 m。随后进行回填沙包,试验进入第三阶段。

第三阶段各观测井水位变化统计如表 9 所示,各观测井水位变化情况平面布置见图 13。

表 9　　　　　　　第三阶段群井试验各观测井降深一览

井号	初始水位埋深（m）	抽水稳定后水位埋深（m）	水位降幅（m）	部位
BG7-1	6.77	16.75	9.98	基坑内
BG7-2	7.17	15.61	8.44	
BG7-3	7.05	15.85	8.80	
BG72-1	6.83	15.32	8.49	
BG72-2	6.89	14.98	8.09	
GH7-1	6.86	11.70	4.84	基坑外
GH7-2	6.96	11.99	5.03	
GH7-3	6.93	12.29	5.36	
GH7-4	6.91	12.29	5.38	
GH7-5	6.92	12.32	5.40	

(续表)

井号	初始水位埋深（m）	抽水稳定后水位埋深（m）	水位降幅（m）	部位
GH7-6	6.92	12.40	5.48	基坑外
GH7-7	6.86	12.58	5.72	
G7-7	6.98	12.00	5.02	
G7-6	6.97	11.61	4.64	
G7-1	6.88	11.13	4.25	
G7-2	6.97	12.13	5.16	
G7-3	7.09	12.30	5.21	
G7-4	7.08	12.60	5.52	
GH7-10	7.13	12.23	5.10	
GH7-8	7.02	11.52	4.50	

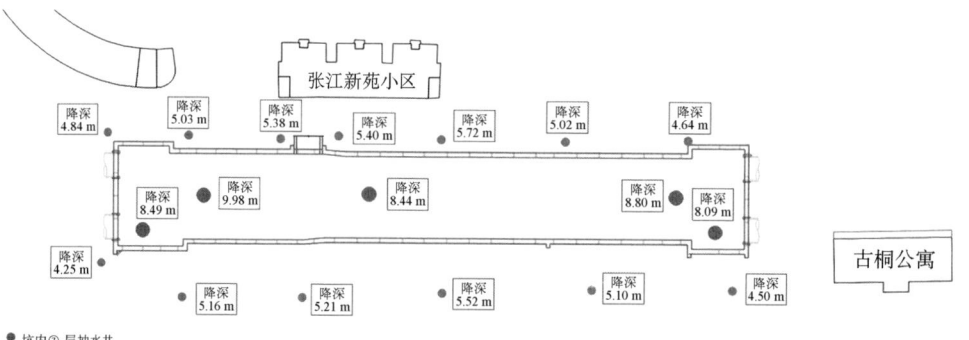

图 13 群井试验第三阶段水位降幅情况

2023 年 10 月 19 日 18:00 端头井回填沙包完成，坑内开启 7 口减压井，持续抽水至 24:00 水位基本稳定，坑内南端头井水位埋深 16.83 m，标准段水位埋深 15.61 m。坑外水位降幅 4.64～5.72 m。对比第二阶段、第三阶段坑内外水位降幅变化情况见表 10。

将第二阶段与第三阶段试验结果进行对比，坑内外水位降深比的变化不大，表明试验过程中井深 42 m、45 m 对坑外水位降深的差异不大。

表 10　　　　坑内两次不同井深群井抽水试验水位降深对比

区域	第二次试验			第三次试验第三阶段		
	坑内 8 口井（45 m）			坑内 7 口井（42 m）		
	坑内水位降深（m）	坑外水位降深（m）	坑外/坑内降深比	坑内水位降深（m）	坑外水位降深（m）	坑外/坑内降深比
南端头	12.10（BG7-1）	5.75	0.48	9.98（BG7-1）	5.03	0.50
标准段	9.24（BG7-2）	5.92	0.64	8.44（BG7-2）	5.72	0.68
北端头	9.81（BG7-3）	5.34	0.54	8.80（BG7-3）	4.64	0.53

第四阶段各观测井水位变化统计如表 11 所示，各观测井水位变化情况平面布置如图 14 所示。

表 11　　　　第四阶段抽灌一体化试验各观测井水位抬升一览

井号	第三阶段结束后水位埋深（m）	抽水稳定后水位埋深（m）	水位抬升（m）	部位
BG7-1	16.75	16.45	0.30	基坑内
BG7-2	15.61	15.40	0.21	
BG72-1	15.32	15.03	0.29	
GH7-3	12.29	11.40	0.89	基坑外
G7-7	12.00	11.76	0.24	
G7-6	11.61	11.51	0.10	

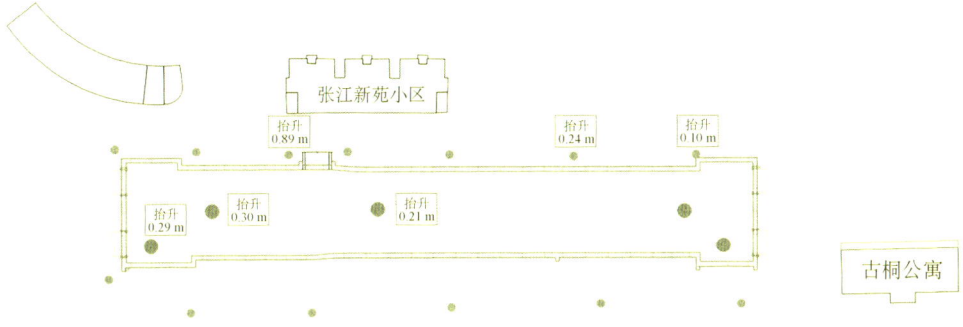

图 14　群井试验第四阶段开启回灌运行后水位抬升情况

2023年10月20日00:00进行抽灌一体化试验，坑内7口减压井抽水，西侧坑外6口回灌井回灌（其中GH7-3作为观测井），持续运行至20日10:00水位基本稳定，回灌井运行后，西侧坑外回灌井群中间GH7-3观测到水位抬升约0.9 m，远离回灌井群外水位抬升0.24 m和0.10 m。第一至第四阶段坑内外观测井水位变化情况如图15、图16所示。

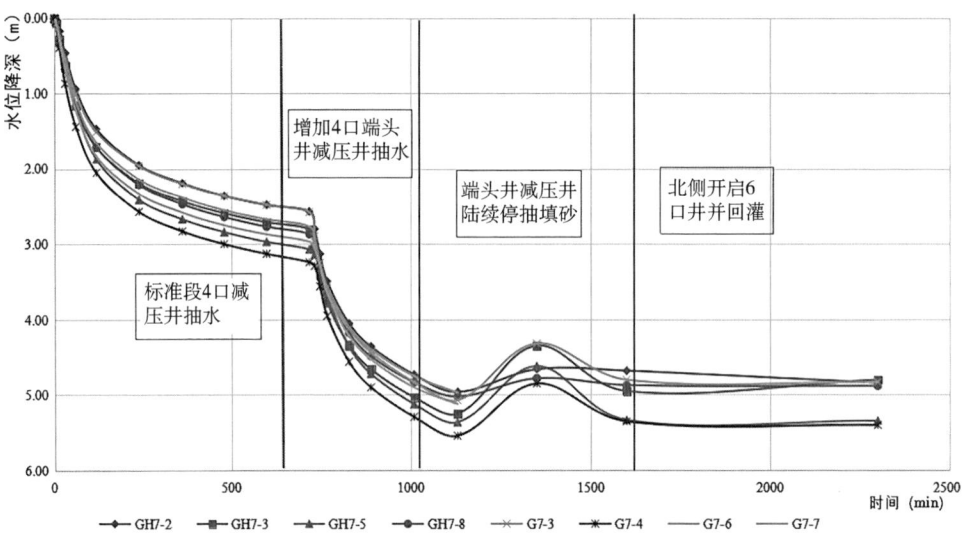

图15　群井试验坑外观测井水位变化历时曲线

图16　群井试验坑内观测井水位变化历时曲线

第五阶段各观测井水位变化统计见表12，各观测井水位变化情况平面布置见图17。

表12　　　　　　　　第五阶段群井试验各观测井降深一览

井号	初始水位埋深（m）	抽水稳定后水位埋深（m）	水位降幅（m）	部位
BG7-1	6.77	14.60	7.83	基坑内
BG7-2	7.17	13.41	6.24	
BG7-3	7.05	14.10	7.05	
BG72-1	6.83	13.76	6.93	
BG72-2	6.89	13.11	6.22	
GH7-1	6.86	10.85	3.99	基坑外
GH7-2	6.96	11.19	4.23	
GH7-3	6.93	11.50	4.57	
GH7-4	6.91	11.28	4.37	
GH7-5	6.92	11.51	4.59	
GH7-6	6.92	11.36	4.44	
GH7-7	6.86	11.04	4.18	
G7-7	6.98	11.17	4.19	
G7-6	6.97	11.06	4.09	
G7-1	6.88	10.77	3.89	
G7-2	6.97	11.41	4.44	
G7-3	7.09	11.53	4.44	
G7-4	7.08	11.68	4.60	
GH7-10	7.13	11.41	4.28	
GH7-8	7.02	10.92	3.90	

2023年10月20日14:30停止回灌，保留坑内5口减压井持续抽水至21日7:00，各观测井水位已基本稳定，坑内南端头井水位埋深16.37 m，标准段水位埋深13.41 m，北端头水位埋深16.68 m，各区域降深满足要求。

第六阶段各观测井水位变化统计见表13，各观测井水位变化情况平面布置见图18。

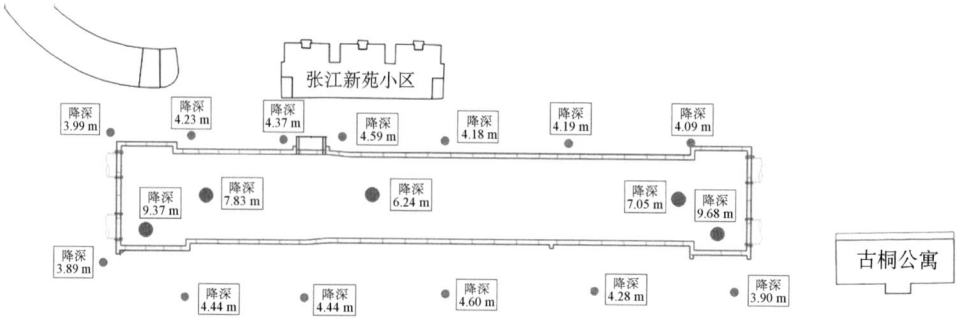

图 17　群井试验第五阶段水位降幅情况

表 13　　　　　第六阶段抽灌一体化试验各观测井水位抬升一览

井号	水位抬升（m）	部位
BG7-1	0.30	基坑内
BG7-2	0.21	
BG72-1	0.29	
GH7-3	0.89	基坑外
G7-7	0.24	
G7-6	0.10	

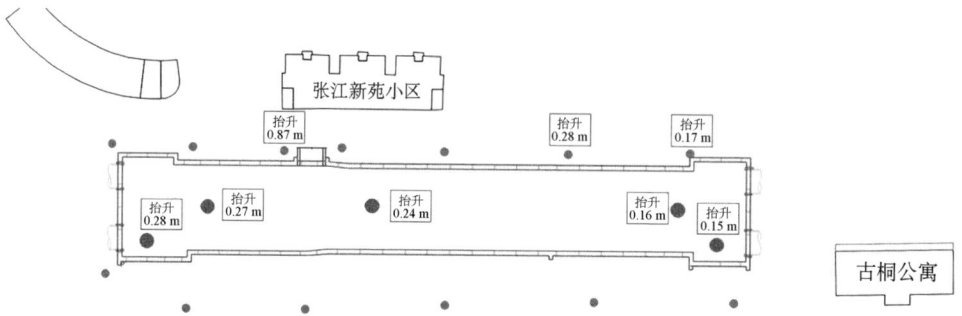

图 18　群井试验第六阶段水位抬升情况

2023 年 10 月 21 日 8：30 开启回灌井，坑内 5 口减压井持续抽水，坑外回灌井群中间观测井水位抬升 0.87 m，西侧其余区域抬升 0.17~0.28 m；坑内观测井水位抬升 0.5~0.28 m，坑内水位基本满足安全设计水位要求。

根据以上情况得出结论汇总如下。①坑内减压井有能力将水位降至安全水位。②根据疏干降水情况可知，当前阶段止水帷幕对潜水和⑤$_{1-1j}$层微承压水的隔水效果较好；坑内减压降水过程坑内外观测井水位同步下降，考虑为悬挂式减压降水绕流引起，对比 42 m 与 45 m 减压井抽水过程坑内外观测井水位降幅比接近。③坑外常压回灌稳定后，单井回灌量约 1.3 m³/h，观测井水位可抬升约 0.9 m；考虑回灌井邻近基坑，采用加压回灌将对围护地连墙可能产生不利影响，后期采用常压回灌方式。④试验停抽后观测井水位恢复相对较快，坑内观测井水位 9 min 恢复约 10%。为保证基坑安全，减压降水运行期间对降水运行配备独立的供电系统，保证停电后在 9 min 内恢复供电。

7.3 现场生产过程精细化控制

（1）全面落实"按需降压"和"精细化控制理念"，根据本项目情况，结合开挖工况，控制标准段满足设计安全水位要求，结合端头井的加固措施，尽量减少端头井水位降深，以减少对坑外周边环境的影响。

（2）技术人员蹲点现场，实时对现场操作人员进行交底和技术支持，随着基坑开挖深度的增加和开挖区域的扩大，分批次分区域开启降水井，适当控制降水井流量，分梯度降水，实现开挖面降水的精细化管理。

（3）上马物联网感知设备和智慧降水系统。把水位控制、流量控制、回灌控制等重要环节的参数与项目现场匹配，对水泵开启和停止进行自动操控，数字基坑降水井监测报警平台如图 19 所示。

7.4 运行监测情况

降水运行期间，根据开挖工况制订降水运行精细化控制计划，减小降压井降水运行时间、减小最大水位降幅持续时间，从而从最大程度上降低基坑降水对坑外环境的影响。降水运行期间，坑外最大水位降幅约为 4.33 m，最大降幅持续时间约为 10 天，整体降水峰值时间约为 25 天，有效减少坑内降水对坑外的影响。电脑端远程控制界面如图 20 所示，现场数据采集、控制、监测报警终端如图 21 所示。

现场安装的监测报警平台

图19　监测报警平台

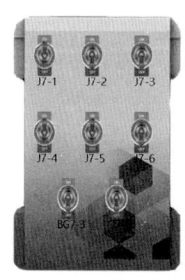
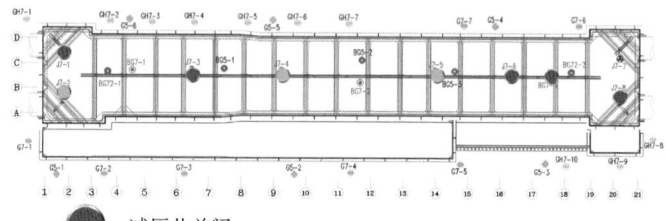

图20　电脑端远程控制界面

图 21 现场数据采集、控制、监测报警终端

基坑开挖阶段减压井运行期间坑内外观测井水位曲线见图 22。

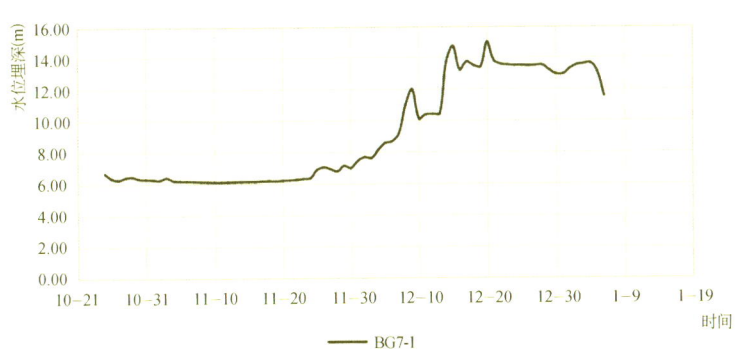

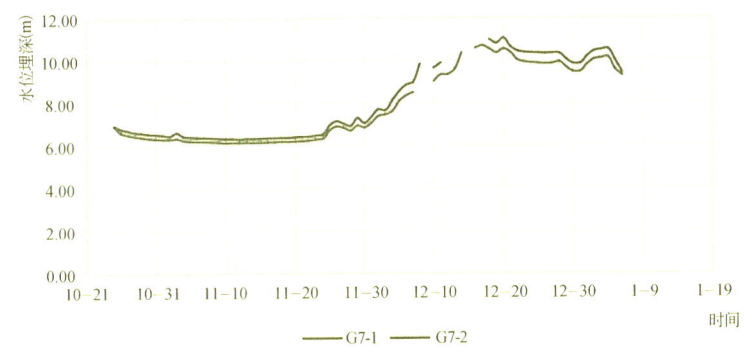

图 22 减压井运行期间坑内外观测井水位曲线

8 项目总结

（1）降水设计阶段要充分考虑周边环境、围护情况和各种工况，降水井的结构、位置，以及坑外观测、回灌井的布置。

（2）施工成井阶段，要严格控制成井质量；制订详细的降水运行计划，尤其是减压井运行计划，降低对周边环境的影响。

（3）验证试验要做细、做扎实，这样既可以验证降水设计的合理性，也对后续运行有很大的指导作用。

上海市轨道交通13号线季乐路站降水工程

1 工程概况

季乐路站为13号线西延伸第三座车站，车站沿联友路南北向设置站位，设置于规划诸光路下立交敞口段正下方，为地下二层（局部三层）岛式车站。车站总长度190 m（内净），标准段宽度19.8～25.4 m（内净），基坑南侧规划诸光路下立交敞口段与车站主体相接，南端头宽度约为31.8 m（内净），场平标高+4.50 m。车站概况见表1。

表1 车站概况

车站形式	开挖深度（m）	止水帷幕	施工方式	备注
地下二层（局部三层）	23.23（南端头井）	标准段1 000 mm厚地下连续墙，墙长40.50～42.50 m	明挖顺作法	地墙未进入承压含水层，敞开式降水
	21.45（标准段）	南端头井1 000 mm厚地下连续墙，墙长43 m		
	22.85（北端头井）	北端头井1 000 mm厚地下连续墙，墙长44 m		

2 基坑围护概况

围护结构选用1 000 mm厚地下连续墙，十字钢板接头。标准段及端头井均采用六道支撑，其中第一道、第四道为砼支撑，其余均为钢支撑。车站地下连续墙墙深40.5～44.0 m。基坑安全等级为一级，环境保护等级为二级。主体基坑总面积约 4 750 m²。

本项目车站周边基本为新建地块，东南侧为惠群广场、东北侧为诚信绿国际建筑、西南侧为新建百汇医院，均为桩基础，东侧建筑物距离主体基坑 17~20 m，西侧百汇医院距离主体基坑约 41 m。基坑平面及剖面示意见图 1、图 2。

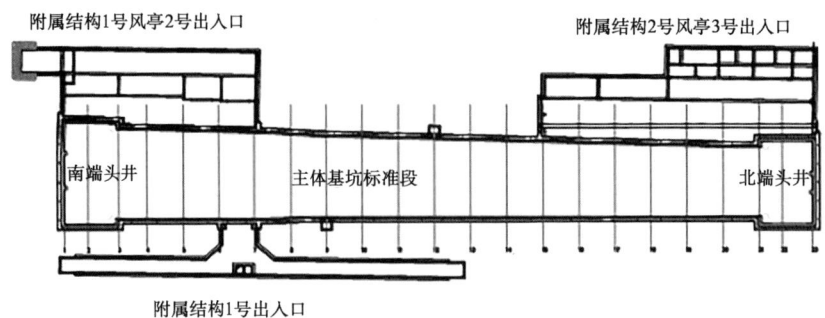

图 1　基坑平面示意

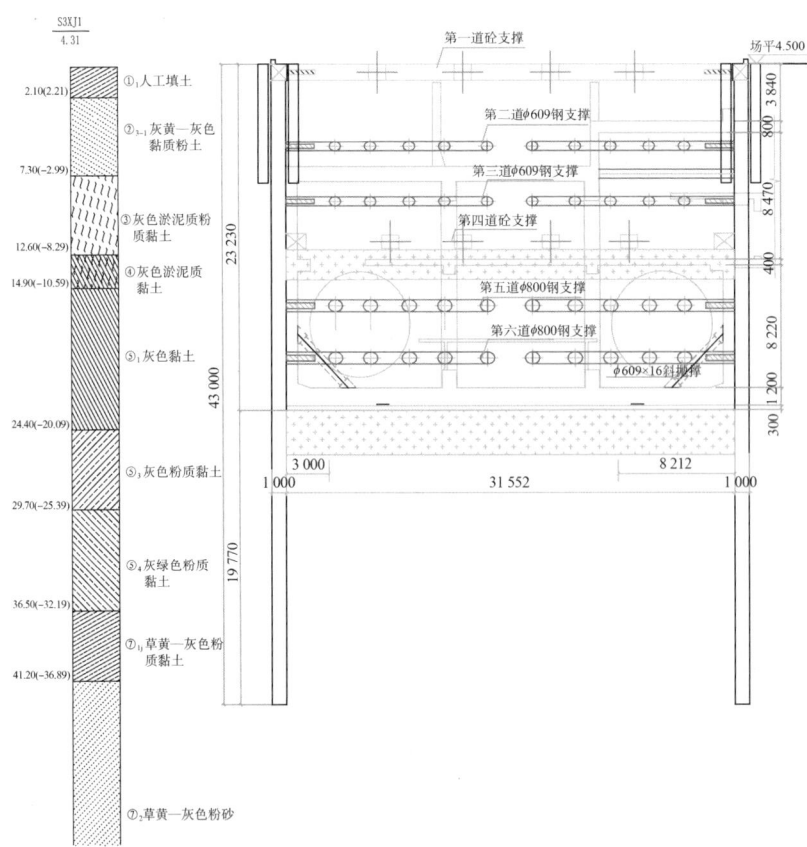

图 2　基坑剖面示意

3　工程地质情况

拟建场地属长江三角洲下游滨海平原地貌类型，沿线第四纪地层发育。勘探深度范围内自上而下划分为7个大层，各岩土层按物理力学性质不同又可分为若干亚层。拟建场区受古河道切割影响，⑥层暗绿—草黄色黏性土缺失，沉积了溺谷相的⑤$_3$层灰色粉质黏土和⑤$_4$层灰绿色粉质黏土，属古河道沉积区。工程场地地层分布较不稳定、局部区域层位起伏较大，典型地质剖面见图3。现对各土层的土性描述自上而下概述如下。

①$_1$层人工填土，遍布。结构松散，土质不均。上部主要为杂填土，含碎石、碎砖和建筑垃圾等，道路表层为沥青或混凝土路面；下部以素填土为主，主要成分为黏性土，含植物根茎及少量碎石等。

②$_1$层褐黄—灰黄色粉质黏土，局部揭示。可塑状为主，层底多呈软塑状，尚均匀，含铁锰质及氧化铁斑点，由上而下土质渐软，局部夹黏质粉土，中压缩性，干强度和韧性中等。

②$_{3-1}$层灰黄—灰色黏质粉土，饱和，稍密，欠均匀，含云母、有机质及少量贝壳碎屑，夹薄层黏性土，局部为粉质黏土或砂质粉土，中压缩性，干强度和韧性低。

③层灰色淤泥质粉质黏土，流塑，欠均匀，含云母，夹薄层粉性土，局部为淤泥质黏土或黏质粉土，高压缩性，干强度和韧性中等。

③$_1$层灰色砂质粉土，呈透镜体局部分布。饱和，稍密，欠均匀，含云母，夹薄层黏性土及少量粉砂，局部为黏质粉土或粉砂，中压缩性，干强度和韧性低。

④层灰色淤泥质黏土，均有分布。流塑，尚均匀，含少量有机质，夹极薄层或团状粉性土，偶见零星贝壳碎屑，高压缩性，干强度和韧性高。

⑤$_1$层灰色黏土，均有分布。软塑，尚均匀，含泥钙质结核、腐殖质、有机质，层底多为粉质黏土，夹点状粉性土，高压缩性，干强度和韧性高。

⑤$_3$层灰色粉质黏土，均有分布。软塑，不均匀，含云母、有机质，夹较多层状粉土或粉砂，局部为黏质粉土，中压缩性，干强度和韧性中等。

⑤$_4$层灰绿色粉质黏土，均有分布。可塑—硬塑，尚均匀，含少量氧化铁、

有机质，夹薄层粉土，局部为黏土，中压缩性，干强度和韧性中等。

⑦$_1$层草黄—灰色砂质粉土，局部缺失。饱和，中密，不均匀，含云母及氧化铁斑点，夹少量黏性土，局部为黏质粉土或粉砂，中压缩性，干强度和韧性低。

⑦$_{1j}$层草黄—灰色粉质黏土，局部缺失。软塑，欠均匀，含云母、有机质，夹薄层粉性土，中压缩性，干强度和韧性中等。

⑦$_2$层草黄—灰色粉砂，深孔均有揭示。饱和，密实，尚均匀，由云母、石英、长石等矿物颗粒组成，中偏低压缩性，该层为本项目主要承压含水层。

⑧$_1$层灰色黏土，局部分布。可塑，欠均匀，含云母、有机质，夹少量粉土，中压缩性，干强度和韧性高。

⑧$_{2-2}$层灰色砂质粉土夹粉质黏土，仅车站北侧深孔局部揭示。中密—密实，不均匀，含云母，具交错层理，夹粉质黏土较多，局部呈黏砂互层状，中压缩性，干强度和韧性低。

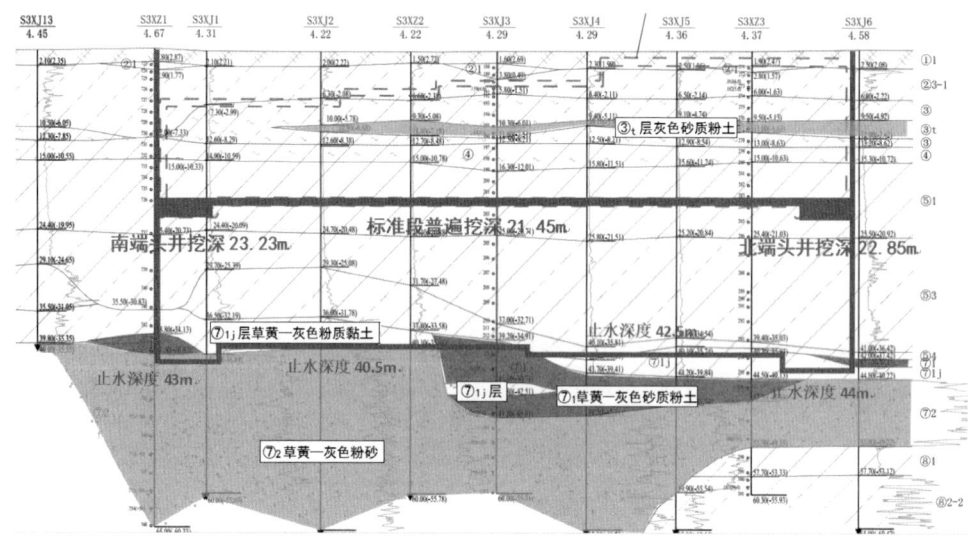

图3　典型地质剖面

4 水文地质情况

拟建场地浅部土层中的地下水类型为潜水，主要赋存于浅部填土、粉土、粉黏、黏土层中，其中填土透水性相对较好，具各向异性，富水性较好；而赋存于黏性土层中的孔隙潜水因地层渗透性微弱，富水性、透水性较差，水量相对较小。潜水主要接受大气降水的垂直补给和地表水体侧渗补给，以自然蒸发为主要排泄途径，水位随季节性变化明显。勘探期间测得潜水稳定水位埋深为 1.20~2.00 m（绝对标高为 2.49~3.75 m），平均埋深为 1.50 m（平均标高为 3.01 m）。

在建场地⑦（含⑦$_1$、⑦$_2$ 层）和⑧$_{2-2}$ 层为承压含水层，其中⑦层为上海地区第一承压含水层，勘察揭示其顶板埋深为 37.6~45.2 m、顶板标高为 -33.45~-40.90 m；该层含水层层顶埋深有一定起伏，层厚不一，透水性和富水性较好。根据勘察资料，拟建场地⑦层承压含水层水位埋深为 4.71~5.03 m（标高 0.21~0.80 m）。各含水层水文地质参数见表2。

表2　　　　　　　　各含水层水文地质参数

层号	土层名称	室内渗透试验（m/d）		现场注水试验（m/d）	建议值（m/d）
		垂直（m/d）	水平（m/d）		
③	灰色淤泥质粉质黏土	$1.45×10^{-4}$	$3.35×10^{-4}$	$2.43×10^{-3}$	$6.91×10^{-3}$
③$_t$	灰色砂质粉土	—	—	—	$4.32×10^{-1}$
④	灰色淤泥质黏土	$6.12×10^{-5}$	$8.40×10^{-5}$	—	$1.73×10^{-4}$
⑤$_1$	灰色黏土	$1.42×10^{-4}$	$1.98×10^{-4}$	$2.82×10^{-4}$	$5.18×10^{-4}$
⑤$_3$	灰色粉质黏土	$2.53×10^{-4}$	$4.47×10^{-4}$	$1.82×10^{-3}$	$2.59×10^{-3}$
⑤$_4$	灰绿色粉质黏土	$3.16×10^{-4}$	$3.28×10^{-4}$	$1.63×10^{-4}$	$1.73×10^{-4}$
⑦$_1$	草黄—灰色砂质粉土	$1.11×10^{-1}$	$1.50×10^{-1}$	—	$4.32×10^{-1}$
⑦$_{1j}$	草黄—灰色砂质黏土	$2.69×10^{-3}$	$3.59×10^{-3}$	—	$4.32×10^{-3}$
⑦$_2$	草黄—灰色粉砂	$2.95×10^{-1}$	$4.06×10^{-1}$	$4.35×10^{-1}$	$8.64×10^{-1}$
⑧$_1$	灰色黏土	—	—	—	$1.73×10^{-4}$
⑧$_{2-2}$	灰色砂质粉土夹粉质黏土	$5.08×10^{-2}$	$6.44×10^{-2}$	—	$1.73×10^{-1}$

5　降水重难点

基坑突涌稳定性分析见表3。

表3　　　　　　　第⑦层基坑开挖深度与安全水头埋深对应关系

开挖区域	基坑开挖深度（m）	安全水位埋深（m）	水位降深（m）
临界状态	18.38	4.40	不需降压
1～3轴南端头	23.20	12.18	7.78
3～9轴标准段	21.45	7.93	3.53
9～14轴标准段	21.45	9.66	5.26
14～21轴标准段	21.45	6.29	1.89
21～23轴北端头	22.85	9.94	5.54

降水重难点分析如下。

（1）基坑开挖范围内存在较厚的黏质粉土、淤泥质粉质黏土、淤泥质黏土等土层，且存在对基坑降水较为不利的③$_t$层灰色砂质粉土，土质不均匀，渗透性及含水量较大，基坑开挖时易产生不利现象。

（2）潜水疏干井按照 200 m²/口布置，并尽可能增加预抽水时间，标准段井深 27 m，端头井深 29 m。为保证顺利开挖，潜水水位控制在开挖面以下 1 m。

（3）场地存在⑦层承压含水层，根据抗突涌验算可知，基坑开挖过程中需针对该层进行减压降水，地层起伏较大，不同开挖区域水位降幅差异较大。围护结构未进入⑦层承压含水层，为敞开式降水，基坑降水过程中，对坑外影响较大。

（4）⑦层承压含水层渗透系数较大，含水量丰富，且该层层厚较大。地层起伏明显，地层差异性较大，而本项目场地未进行专项水文地质勘察，地层渗透系数、贮水系数、补给情况等与室内试验均存在较大差异。

（5）场地周边建筑物距离主体基坑较近，基坑东侧建筑物距离主体基坑为 17～20 m，基坑西侧建筑物距离主体基坑约为 41 m，周边管线大部分搬迁至围挡外侧，距离主体基坑 5 m 以上。基坑降水过程中，易对周边环境造成较大影响。

（6）场地条件较为有限，基坑西侧为主要重载道路，基坑东侧围挡距离主体地墙约为 3 m，敞开式降水的情况下，较难通过坑外回灌措施减小基坑降水对周边环境的影响，坑外回灌反而对基坑降水不利。因为场地条件的限制，邻近建筑物周边区域也较难设置回灌井，所以本项目不采取回灌措施。

（7）降水过程中需在保证基坑安全的情况下，严格落实按需降水，并应合理安排基坑开挖顺序，结合相应工况细化减压降水运行计划，实施减压降水精细化运行。

（8）本项目单井出水量大，在基坑降水运行过程中，施工现场应有双电源保证措施，应配置足够功率的备用发电机组。

6 降水设计

6.1 坑内减压井设计

坑内⑦层减压降水深井孔径650 mm，井管及过滤器外径273 mm。减压井井深50～52 m，过滤器长度6 m，主体基坑共布置9口减压井，同时坑内布置⑦层水位观测兼备用井，井深52 m，过滤器长度8 m。

经过计算，开启降压井，降水运行预测基坑水位降深等值线见图4。

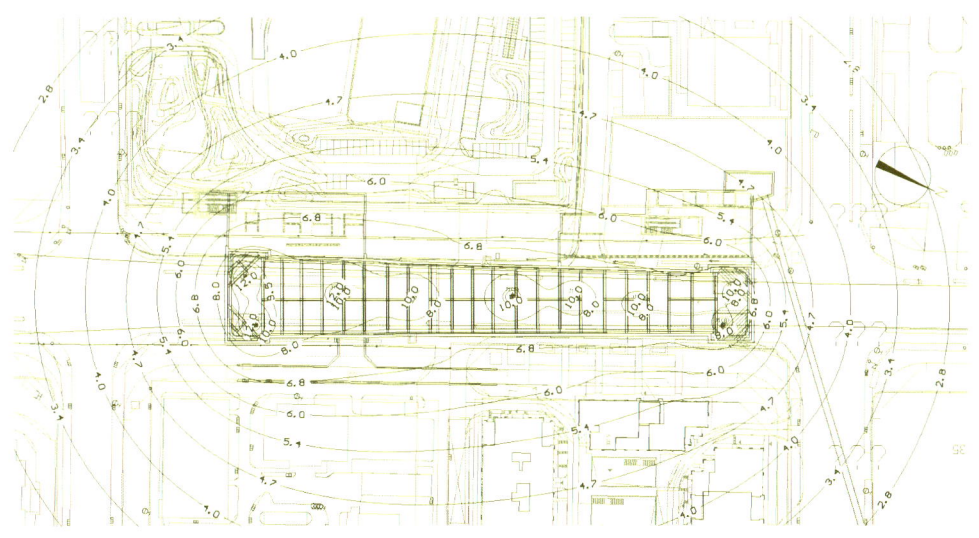

图4 基坑内减压降水运行后预测⑦层水位降深等值线（单位：m）

6.2 坑内疏干井设计

考虑疏干管井单井有效疏干面积按约200 m² 布置。在端头井布置5口29 m的疏干井，标准段布置20口27 m的疏干井。采用"超级压吸联合抽水系统"进行疏干降水，在基坑开挖前15～20 d进行预降水，保证抽水系统内真空度不低于 65 kPa，保证降水效果。

6.3 坑外水位观测兼应急井设计

坑外⑦层水位观测兼应急井按照间距约 50 m/口布置，主体基坑周边共布置 10 口，井深 52 m，过滤器长度 6 m。降水过程中作为观测井观测水位变化情况，当出现降水不到位等紧急情况时，临时作为应急备用井进行应急抽水。

7 现场降水试验情况

为验证降水方案的可行性，降水井完成后，进行验证性抽水试验。试验分为三个部分，首先是南端头单井抽水试验，利用 JY-2 抽水，BG-1、JY-1 作为观测井，第一次验证性抽水试验结果见图 5。

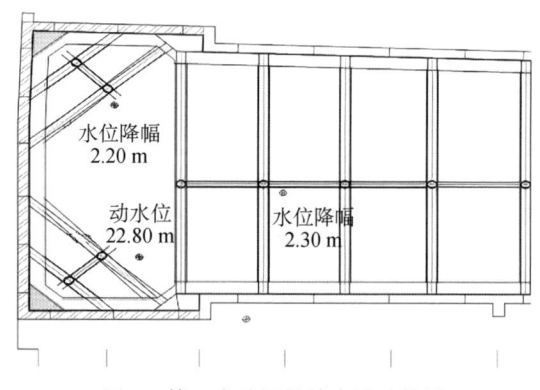

图 5 第一次验证性抽水试验结果

试验持续约 30 h，坑内抽水井动水位 22.80 m。观测井 JY-1 水位下降 2.20 m，BG-1 下降 2.30 m。水泵满负荷运转，单井出水量 50 m³/h，水量较大。

随后进行南端头局部群井试验，选取坑内南端头区域减压井 JY-1—JY-4 作为试验抽水井、观测井 BG-1 及坑内井 JY-5、JY-6 作为试验观测井，进行局部群井抽水试验，抽水井内均安放额定出水量 50 m³/h 水泵，第二次验证性抽水试验结果见图 6。

最后进行整体群井试验，坑内降水井全部参与运行，观测坑内外水位变化情况，第三次抽水试验分为两个阶段，第一阶段验证坑内降水井最大降水能力，第

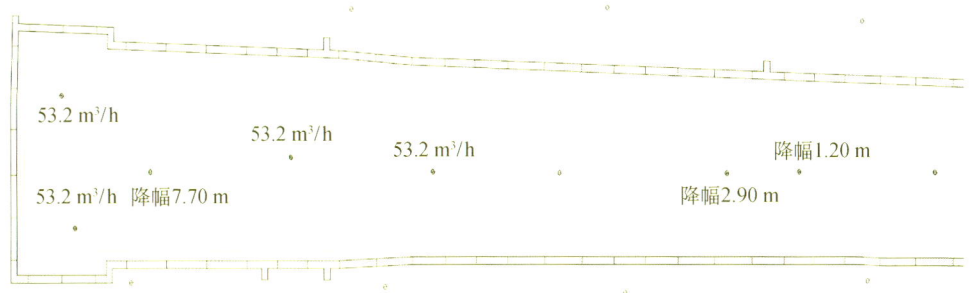

图 6　第二次验证性抽水试验结果

二阶段是根据设计安全水位埋深进行精细化控制，以减小降水对坑外环境的影响，试验结果见图 7、图 8。

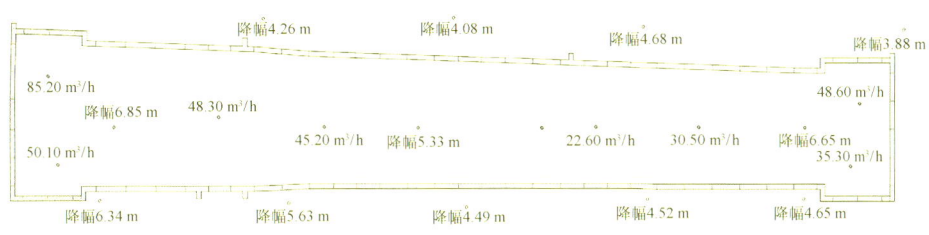

图 7　第三次验证性抽水试验第二阶段精细化管控试验结果

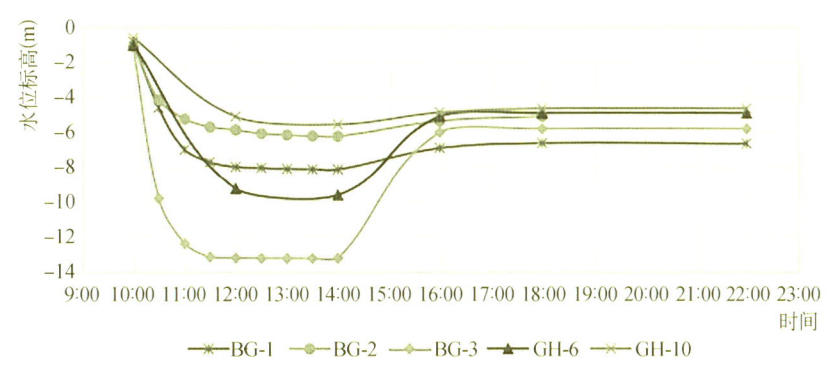

图 8　第三次验证性抽水试验水位变化情况历时曲线

群井抽水试验期间，基坑满足设计安全水位降深要求，第一阶段试验南端头井观测井 BG-1 水位标高 -8.68 m（安全水位标高 -7.68 m），降水余量 1.00 m，标准段观测井 BG-2 水位标高 -6.28 m（安全水位标高 -5.16 m），降水余量

1.12 m，基坑北端头观测井 BG-3 水位标高 -13.26 m（安全水位标高 -5.44 m），降水余量 7.82 m；第二阶段通过调整坑内抽水井开启数量、抽水井流量等，在满足安全水位要求的情况下控制各区域实际降深最小，从而减小坑外水位降幅。

与各单位密切配合，优化调整开挖顺序，结合基坑开挖工况，制订实施性减压降水运行计划精细化控制表，缩短基底暴露时间，减小最大水位降幅持续时间，满足安全要求的前提下，精细化控制各降水井降水运行启停时间、抽水流量、分阶段运行，从最大程度上减小基坑降水对周边环境的影响，实现本项目基坑安全顺利开挖。

减压降水深井精细化运行计划见表 4。

表 4　　　　　　　　减压降水深井精细化运行计划

开挖区域	阶段	挖深（m）	安全水位埋深（m）	安全水位标高（m）	水位降深（m）	开启井数
南端头	临界状态	18.66	4.40	0.10	不需降压	—
	第五道支撑底	16.46	—		不需降压	—
	第六道支撑底	19.96	6.62	-2.12	2.22	1口/JY-1
	底板底	23.20	12.18	-7.68	7.78	2口/JY-1-JY-2
标准段	临界状态	18.38	4.40	0.10	不需降压	—
	第五道支撑底	15.65	—		不需降压	—
	第六道支撑底	18.55	4.69	-0.19	0.29	1口/JY-1
	底板底	21.45	9.66	-5.16	5.26	4口/JY-3-JY-5、JY-7
北端头	临界状态	19.62	4.40	0.10	不需降压	—
	第五道支撑底	16.47	—		不需降压	—
	第六道支撑底	19.97	5.01	-0.51	0.61	1口/JY-9
	底板底	22.85	9.94	-5.44	5.54	2口/JY-8-JY-9

结合基坑开挖不同工况下水位降幅情况，按照各阶段降水运行持续时间，综合计算整体降水施工引起的地面沉降情况，模拟计算沉降情况见图 9，坑外南端头区域沉降最大为 1.9 cm，标准段区域为 1.1～1.6 cm，北端头区域沉降较小，

为0.9~1.0 cm。东侧惠群广场建筑物周边区域沉降为1.5~1.6 cm，诚信国际建筑物周边区域沉降为0.8~1.1 cm，西侧百汇医院主体建筑物区域沉降1.2~1.3 cm。

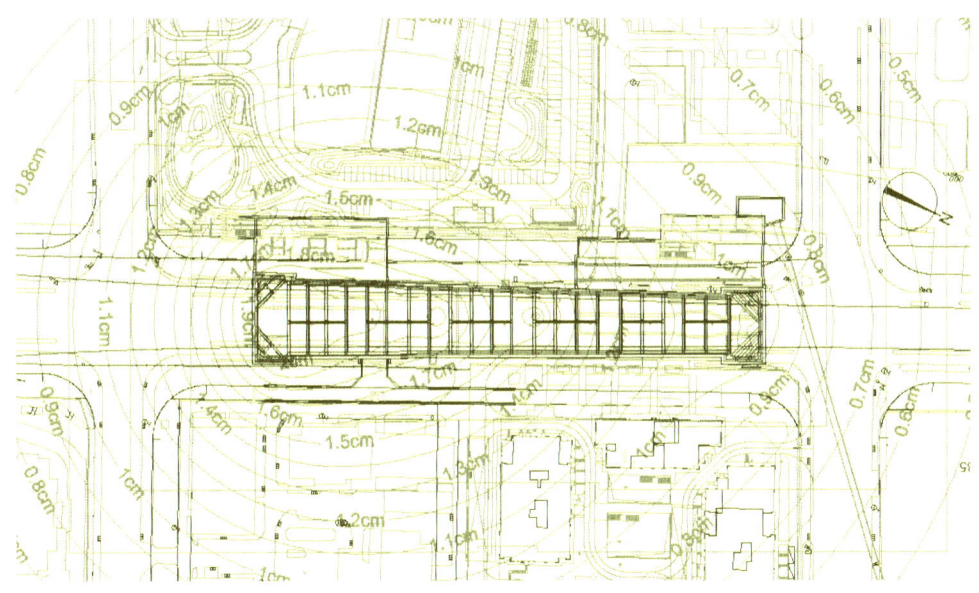

图9　实施精细化降水运行坑外地表沉降模拟计算等值线

8　项目总结

（1）在上海地区轨道交通项目中实施敞开式抽水的情况相对较少，降水目的层为⑦$_2$层，水量丰富，项目难度和风险性较大，降水对周边环境影响大。本项目基坑安全等级一级，环境保护等级二级，但实际实施过程中应提高认识，加强管理，提级管控，确保基坑安全顺利施工。

（2）本项目场地条件较为有限，地层情况复杂，围护结构未进入承压含水层，周边建筑物较近，回灌实施的条件难以满足，现场可采取的针对环境影响的控制措施较为有限，环境风险是本项目又一重大风险点，为减压降水精细化运行提出更大的挑战。

（3）结合本项目地层情况，南端头区域⑦$_2$层承压含水层厚度较大，勘探孔未揭穿该层，标准段中部至北端头区域，⑦$_2$层承压含水层厚度越来越薄，北端头区域⑦$_2$层厚度仅为 10 m，且层顶存在⑦$_1$层分布，整体地层差异性较大。受地层性质及承压含水层厚度的影响，承压水的补给速率存在差异，因此在降水井结构相似、水泵功率相同的情况下，出水量明显不同，南北端头井水位降幅也相差较大。降水方案在设计时，应充分考虑地层差异性的影响，综合考虑不同区域地层情况、降幅要求、开挖深度、基坑尺寸等情况，优化降水井平面布置及剖面结构，做到按需布置、按需降水，实现降水方案设计的最优化。

上海市轨道交通 13 号线下南路站降水工程

1 工程概况

下南路站位于下南路与锦绣路之间，主体沿成山路东西向布置。周边均为已建成居住区，成山路北侧为乐购超市、大华锦绣华城小区，南侧为锦华东南苑居住小区。本站为地下二层岛式车站。车站概况见表1。

表1　　　　　　　　　　车站概况

车站形式	开挖深度（m）	止水帷幕	施工方式
地下二层	17.50（标准段）	标准段 800 mm 厚地下连续墙 35 m	明挖法
	19.50（端头井）	标准段 800 mm 厚地下连续墙 40 m	

2 基坑围护概况

标准段采用 800 mm 厚地下连续墙 + 400 mm 厚侧墙双层衬砌结构，墙长 35 m（其中素砼 3.5 m），端头井采用 800 mm 厚地下连续墙 + 600 mm 厚侧墙双层衬砌结构，端头井墙长 40 m。沿基坑深度方向设置五道水平支撑，第一道为钢筋砼支撑，其余四道为钢管支撑。标准段基坑坑内采用高压旋喷桩深度 3 m 的抽条加固，抽条宽度为 3 m，墙缝每侧 1.5 m 布置，端头井基坑内采用深度 4 m 的裙边加抽条加固。

下南路站南侧紧邻已建锦华东南苑高层住宅楼及沿街商铺，车站主体结构距离锦华东南苑高层住宅楼及沿街商铺 16～18 m；北侧邻近大华锦绣华城 12 号及 19 号地块住宅楼、乐购超市，车站主体结构距离大华锦绣华城 12 号及 19 号地块住宅楼约 23 m，距离乐购超市约 27 m。此外，东端头井距离世博电力隧道最近约 86 m。基坑安全等级为一级，基坑环境保护等级为一至二级。车站平面及剖面见图1—图3。

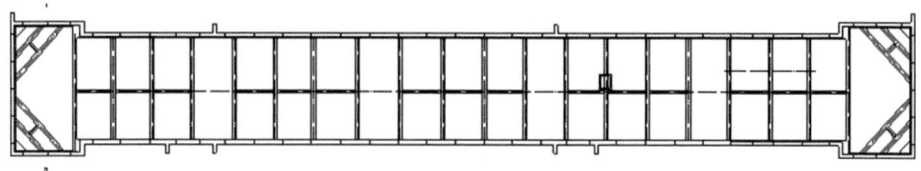

图 1 车站平面示意

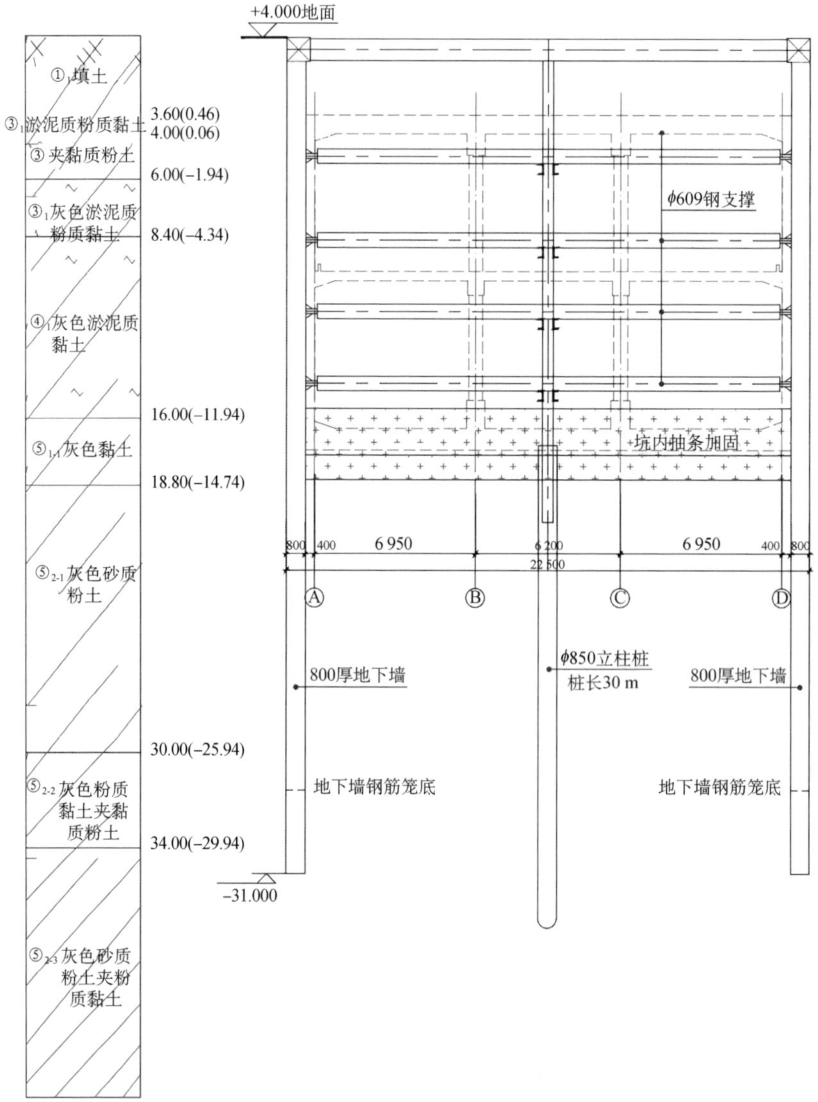

图 2 车站横向剖面示意（标准段）

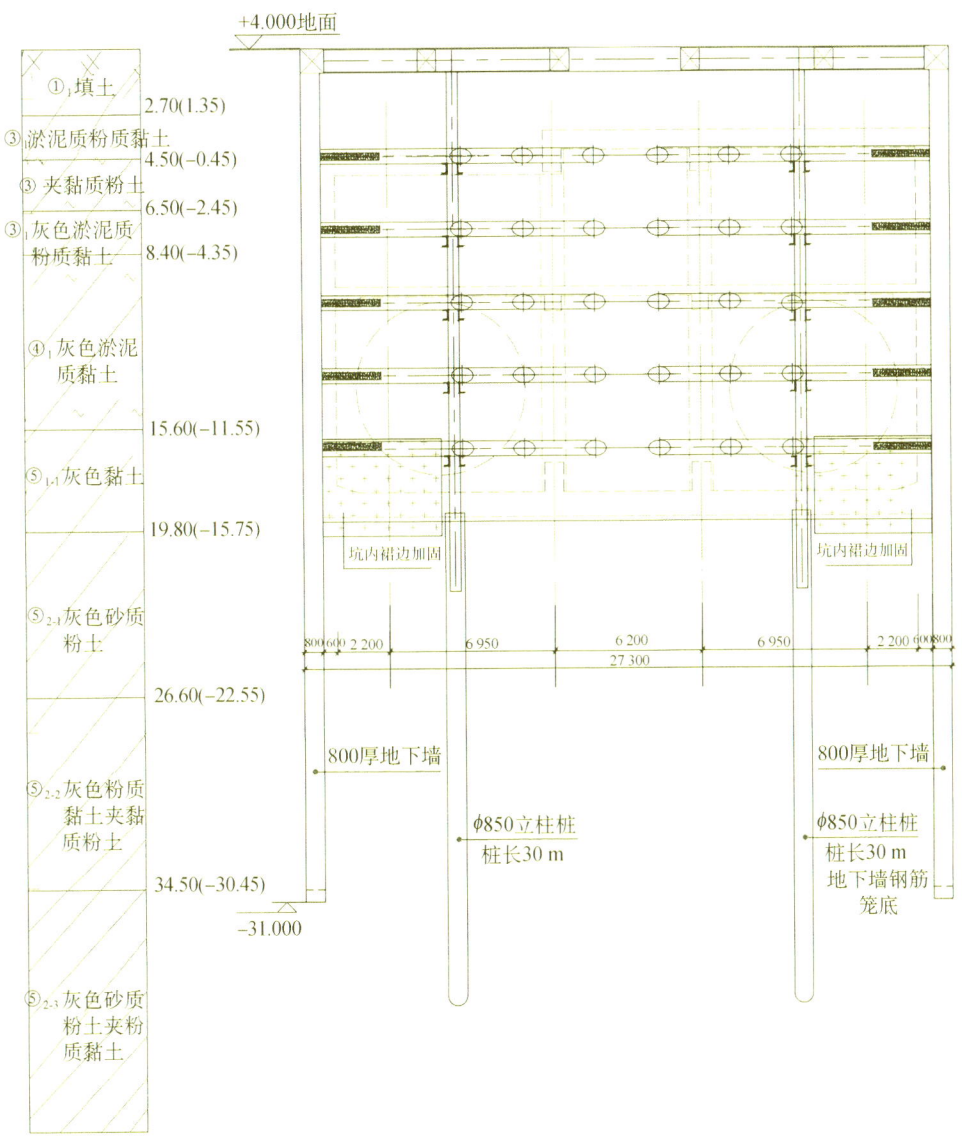

图 3　车站横向剖面示意（端头井）

3　工程地质情况

场地位于上海市浦东新区成山路（下南路—锦绣路），属滨海平原地貌类型，地貌形态单一。车站位于古河道沉积区。在勘察深度 70.45 m 范围内主要由饱和黏性土、粉性土、砂土等组成，按其沉积时代、成因类型及其物理力学性质的差异可划分为6个主要层次。其中，⑤层可分为2个亚层，⑤$_2$层分为4个次亚层，此外，③层一般可划分出③夹层黏质粉土。拟建场地缺失上海统编地层⑥层暗绿色硬土层。典型地质剖面见图4。

①$_1$层填土，松散，层厚1.30～3.90 m，上部以杂填土为主，混夹多量碎砖、碎石等建筑垃圾，下部约1 m以下以黏性土为主，夹少量碎石等杂质；表层一般为道砖、沥青路面、混凝土地坪等。

②层褐黄—灰黄色粉质黏土，可塑—软塑，层厚0.80～1.80 m，含氧化铁条纹和铁锰质结核，土质自上而下逐渐变软。局部缺失。

③$_1$层灰色淤泥质粉质黏土，流塑，层厚2.50～3.90 m，含云母、有机质，夹薄层粉性土，土质不均；该层中夹有第③夹层黏质粉土，层厚0.50～2.50 m，呈松散状。

④$_1$层灰色淤泥质黏土，流塑，层面埋深7.60～9.80 m，层厚6.70～8.70 m，含云母、有机质、贝壳碎屑，夹少量薄层粉砂。

⑤$_{1-1}$层灰色黏土，软塑，层面埋深15.60～17.40 m，层厚0.70～4.20 m，含云母、有机质、少量贝壳碎屑，夹少量薄层粉砂，夹粉质黏土。

⑤$_{2-1}$层灰色砂质粉土，稍密—中密，层面埋深17.80～20.30 m，层厚5.70～11.80 m，含云母、少量贝壳碎屑，夹薄层黏性土，土质不均。

⑤$_{2-2}$层灰色粉质黏土夹黏质粉土，可塑，层面埋深24.40～30.00 m，层厚2.40～10.70 m，含云母、少量贝壳碎屑，局部夹砂质粉土或多量黏质粉土，土质不均。

⑤$_{2-3}$层灰色砂质粉土夹粉质黏土，稍密—中密，层面埋深28.30～35.30 m，层厚16.40～23.20 m，含云母，局部夹多量粉质黏土，土质不均。

⑤$_{2-4}$层灰色粉砂，中密—密实，层面埋深50.40～52.80 m，层厚9.10～11.70 m，含云母，颗粒组成成分主要为石英、长石等，夹粉性土，偶夹细砂。

其中，③$_1$、④$_1$、⑤$_{1-1}$层具有高含水量、高压缩性、高灵敏度、低强度的特性。

⑦$_2$层灰黄—灰色粉砂，密实，层面埋深61.00～63.70 m，至70.45 m未钻穿，含云母，颗粒组成成分以长石、石英为主，夹薄层粉性土，局部夹细砂。

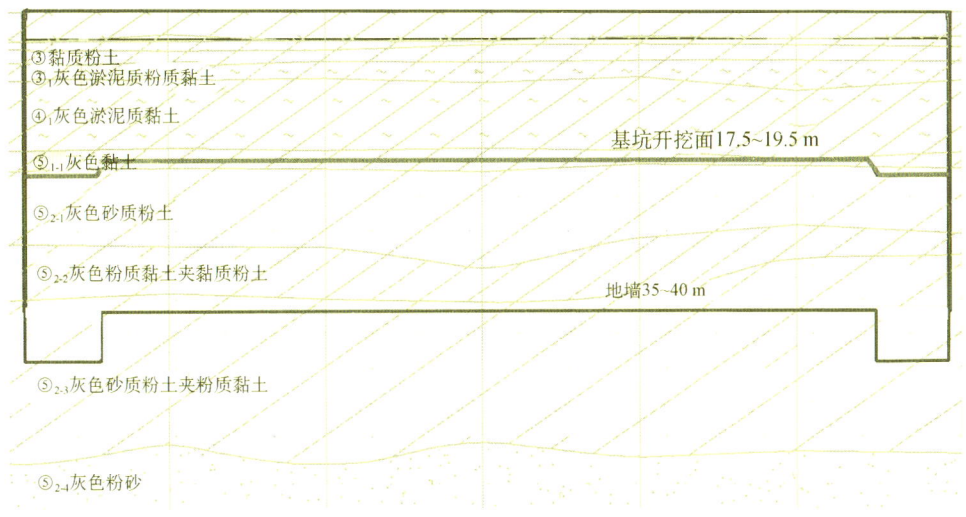

图 4 典型地质剖面

4 水文地质情况

场地地下水类型主要为松散岩类孔隙水。孔隙水按形成时代、成因和水理特征可划分为潜水含水层、微承压含水层、承压含水层，对本工程有影响的地下水类型可分为潜水和微承压水。

4.1 潜水含水层

潜水一般分布于浅部土层中，补给来源主要有大气降水入渗及地表水径流侧向补给，其排泄方式以蒸发消耗为主。浅部土层中的潜水位埋深，一般离地表面0.3～1.5 m，年平均地下水水位埋深离地表面0.5～0.7 m。由于潜水与大气降水和地表水的关系十分密切，故水位呈季节性波动。岩土勘察期间测得的潜水地下水静止水位埋深一般为0.8～1.3 m（相应标高3.25～2.76 m）。

4.2 （微）承压水含水层

场地内微承压水分布于⑤$_{2-1}$、⑤$_{2-3}$、⑤$_{2-4}$层，承压水分布于⑦层。根据上海地区的区域资料，微承压水水位埋深一般在3～11 m，承压水水位埋深一般在

3～12 m，均低于潜水水位，并呈周期性变化。

水文地质勘察期间测得场地内下伏⑤$_{2-1}$层的静止水位埋深为5.49～5.77 m，相应的绝对标高为－1.48～－1.20 m；平均静水位埋深为5.61 m，相应的绝对标高为－1.31 m；⑤$_{2-3}$层承压水的静止水位埋深为6.38～6.40 m，相应的绝对标高为－2.13～－2.03 m；平均静水位埋深为6.39 m，相应绝对标高－2.04 m。各层地质参数及单井涌水量见表2、表3，群井抽水试验水位降深数据见表4。

表2　　　　　　　各含水层水文地质参数

层号	土层名称	渗透系数平均值（m/d）		贮水系数（无量纲）
		水平	垂直	
⑤$_{2-1}$	灰色砂质粉土	0.50	0.20	3.0×10^{-4}
⑤$_{2-2}$	灰色粉质黏土夹黏质粉土	0.01	0.005	8.1×10^{-6}
⑤$_{2-3}$	灰色砂质粉土夹粉质黏土	0.20	0.05	1.1×10^{-4}

表3　　　　　　　不同井深单井涌水量

井号	井深（m）	过滤器埋深（m）	过滤器长度（m）	初始水位（m）	停抽前动水位埋深（m）	群井试验期间平均流量（m³/h）	单位涌水量[L/(h·m)]	预估单井最大出水能力（m³/h）
K5-21-1	29	20～28	8	6.11	26.88	3.47	167	3.82
K5-21-2	27	20～26	6	6.23	24.59	1.17	63	1.31
K5-21-3	26	20～25	5	6.50	24.63	0.66	36	0.70

表4　　　　　　　⑤$_{2-1}$层群井抽水期间水位降深观测数据

编号	到试验中心的距离（m）	水位降深（m）	深度（m）	备注
K5-21-1	—	20.76	29	⑤$_{2-1}$层抽水井
K5-21-2	—	17.96	27	
K5-21-3	—	18.13	26	
G5-21-1	4.04	10.91	26	⑤$_{2-1}$层观测井
G5-21-2	33.59	5.34	26	

(续表)

编号	到试验中心的距离（m）	水位降深（m）	深度（m）	备注
G5-23-1	3.73	0.31	42	⑤$_{2-3}$层观测井
G5-23-2	33.78	0.19	42	

5 降水重难点

整个车站主体结构区域⑤$_{2-1}$层微承压含水层层顶最浅埋深为17.8 m，车站开挖深度为17.5～19.5 m，已基本揭穿⑤$_{2-1}$层微承压含水层，需要将⑤$_{2-1}$层微承压水水位控制在开挖面以下1.0 m。

本车站坑底下伏⑤$_{2-3}$层承压含水层起伏较为明显，层顶埋深从28.3～35.3 m不等，且根据钻孔资料显示，勘察所揭示的⑤$_{2-3}$层最浅埋深位于车站东端头井，最浅层顶埋深28.3 m（钻孔S4Z9）～33.0 m（钻孔S4C10），当⑤$_{2-3}$层承压水水位埋深为6.3 m，承压含水层顶板处上覆土压力等于承压水的顶托压力（安全系数为1.05）时，可计算出临界开挖深度（即需要开始降压的开挖深度），γ取18.3 kN/m³，上⑤$_{2-3}$层基坑开挖深度与安全水头埋深对应关系见表5。

表5　　上⑤$_{2-3}$层基坑开挖深度与安全水头埋深对应关系

序号	开挖区域	参考钻孔	基坑开挖深度（m）	安全水位埋深（m）	水位降深（m）	备注
1	临界状态	S4C10	15.68	6.30	不需降压	层顶埋深为28.3 m
2	东端头井		19.50	12.96	6.66	
3	标准段（16～21轴）		17.50	9.48	3.18	
4	临界状态	S4C9	17.68	6.30	不需降压	层顶埋深为33.0 m
5	西端头井		19.50	9.47	3.17	
6	标准段（3～16轴）		17.50	5.99	不需降压	

降水重难点分析如下。

（1）受古河道切割影响，拟建场地缺失上海统编地层⑥层暗绿色硬土层，下部（微）承压水⑤$_{2-3}$、⑤$_{2-4}$层及承压含水层⑦$_2$层互通，且厚度较大。

（2）基坑开挖范围内涉及③夹层黏质粉土和夹较多粉性土的③层淤泥质粉质黏土，在水头差的作用下，易产生流砂或管涌现象。

（3）本车站主体结构标准段开挖深度为 17.5 m，基坑普遍开挖底面基本位于第⑤$_1$层中，端头井开挖深度达 19.5 m，局部已经挖穿⑤$_{2-1}$层微承压含水层。

（4）基坑下伏的⑤$_{2-1}$层和⑤$_{2-3}$层微承压含水层的顶板埋深较浅，基坑坑底面临承压水突涌风险。

（5）基坑围护结构虽隔断⑤$_{2-1}$层微承压含水层，但考虑⑤$_{2-3}$、⑤$_{2-4}$层及⑦$_2$层互通，且鉴于施工工艺、质量等仍存不确定因素，⑤$_{2-3}$层微承压水对基坑安全存有一定的威胁。

（6）本基坑面积较大，减压降水涉及的范围较广，降低承压水位势必会对邻近建筑物及地下管线等造成一定程度的影响，环境要求较高，需严格执行按需降水。

（7）前期勘探孔最深达 70 m 左右，已进入⑦$_2$承压含水层中，若前期勘探孔未进行有效封堵或封堵存在缺陷，则在基坑开挖过程中，承压水将会在高水头压力作用下沿勘探孔孔壁上涌至基坑开挖面，影响基坑正常开挖施工。

6 降水设计

6.1 基坑围护与降水一体化评估

根据水文地质勘察结果及前期资料，车站下伏⑤$_{2-1}$层与⑤$_{2-3}$层水力联系不密切，车站施工阶段整个车站范围⑤$_{2-1}$层、车站端头井部分⑤$_{2-3}$层不满足抗承压水稳定性要求，根据地层情况建立三维地下水渗流模型，分析不同深度、不同范围的止水帷幕的情况下，基坑内地下水水位分布规律和地层沉降情况分布规律。预测评估车站施工阶段在一定隔水边界条件下坑内降压对周边环境条件的影响，并通过计算分析确定合理的止水帷幕深度。

6.1.1 ⑤$_{2-1}$层微承压含水层

根据本工程资料，以及前述的抗突涌稳定性验算，本工程基坑开挖时需要对⑤$_{2-1}$层进行减压处理，在降水设计中，围护已经隔断了⑤$_{2-1}$层，且基坑开挖面基本已经揭穿⑤$_{2-1}$层，因此需要将水头降至基坑开挖面以下 1 m。

本坑内布设疏干深井底部距基坑开挖面以下 4~5 m，疏干井井深 26 m，滤管埋深 4~8 m、12~16 m、20~25 m。另单独布设 5 口 ⑤$_{2-1}$ 层备用井兼观测井，井深为 27 m，过滤器长 6 m。

经过计算，基坑需要布置疏干深井 21 口，水位才能满足承压水抗突涌稳定性计算的要求，⑤$_{2-1}$ 层基坑降水运行后预测水位埋深等值线见图 5。

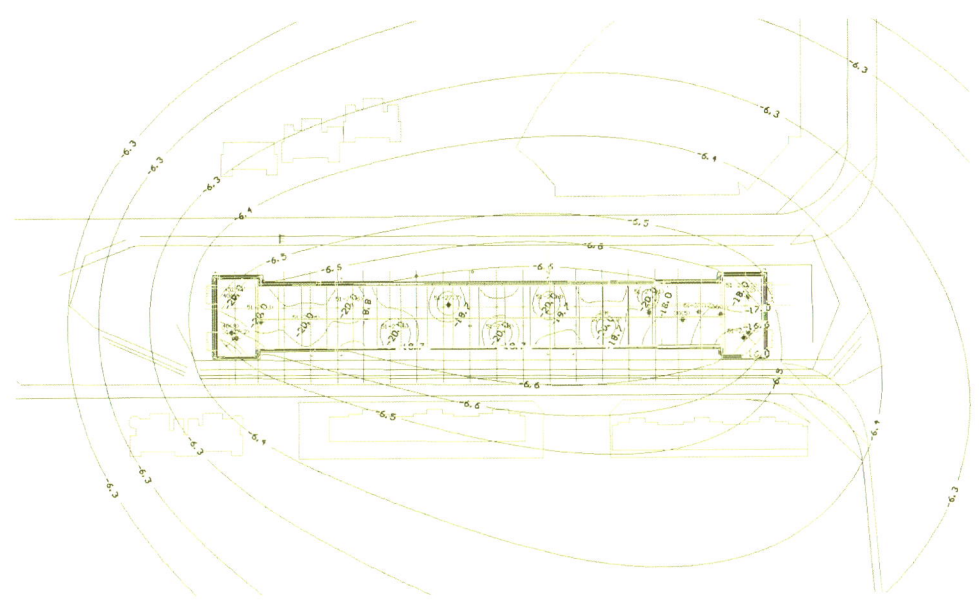

图 5　⑤$_{2-1}$ 层基坑降水运行后预测水位埋深等值线（单位：m）

从图 6 看出，由于围护结构完全隔断坑内外的 ⑤$_{2-1}$ 层微承压水层，仅通过上下含水层的越流引起坑外的 ⑤$_{2-1}$ 层水位降深较小，坑内降水时对坑外的影响较小，邻近基坑周边的最大累积沉降为 3.0 mm，附近的乐购超市、大华锦绣华城与锦华东南苑的累计沉降为 0.5 mm。

6.1.2　⑤$_{2-3}$ 层微承压含水层

车站按照原围护设计整个基坑止水帷幕深度为 35 m，考虑到地下墙对渗流场的影响，利用抽水试验所建立的地下水渗流场的模型，结合不同深度的止水帷幕及抽水试验井结构，对本工程降水进行计算分析，主要针对以下三种方案进行。

原方案：原有设计方案围护结构形式，止水帷幕的深度为 35 m。

方案 1：西端头井部位止水帷幕加深 9~44 m，东端头井部位止水帷幕加深 5~40 m，其余标准段止水帷幕深度 35 m 不变，如图 7 所示。

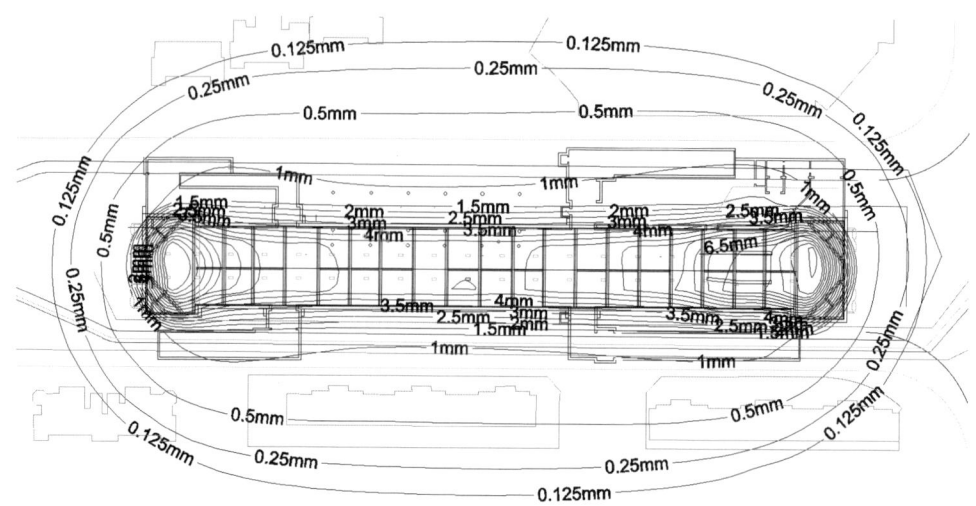

图 6 ⑤$_{2-1}$ 层减压降水运行后的累积地面沉降预测分布

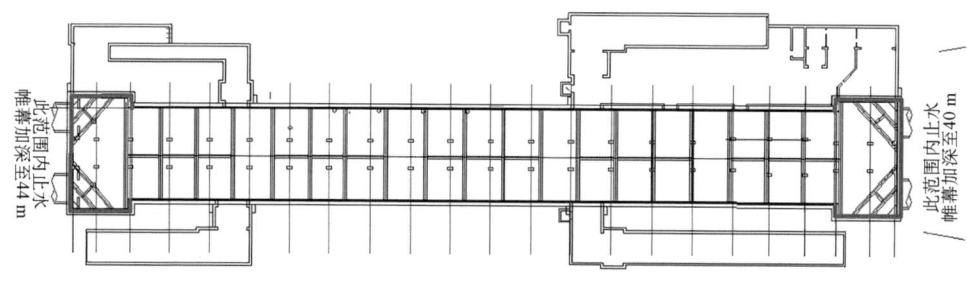

图 7 方案 1 止水帷幕加深范围示意

方案 2：西端头井部位止水帷幕加深 9～44 m，东端头井部位及 16～21 轴 40 m 范围内标准段止水帷幕加深 5～40 m，其余标准段止水帷幕深度 35 m 不变，如图 8 所示。

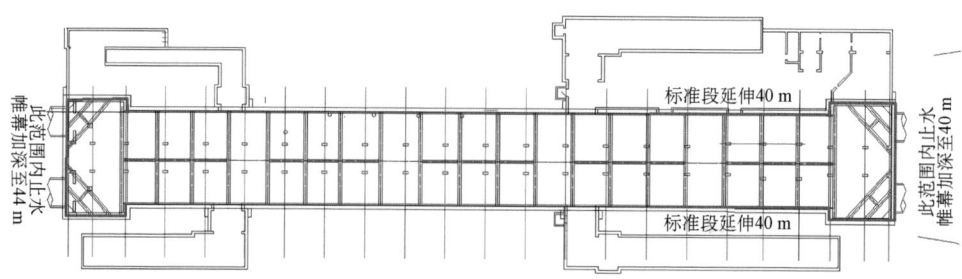

图 8 方案 2 止水帷幕加深范围示意

根据本工程资料，以及前述的抗突涌稳定性验算，本工程基坑开挖时需要对⑤$_{2-3}$层进行减压处理，在降水设计中，遵循不同的施工工况进行降水。

（1）原方案：原有设计方案围护结构形式，止水帷幕的深度为35 m。数值模拟结果见图9、图10。

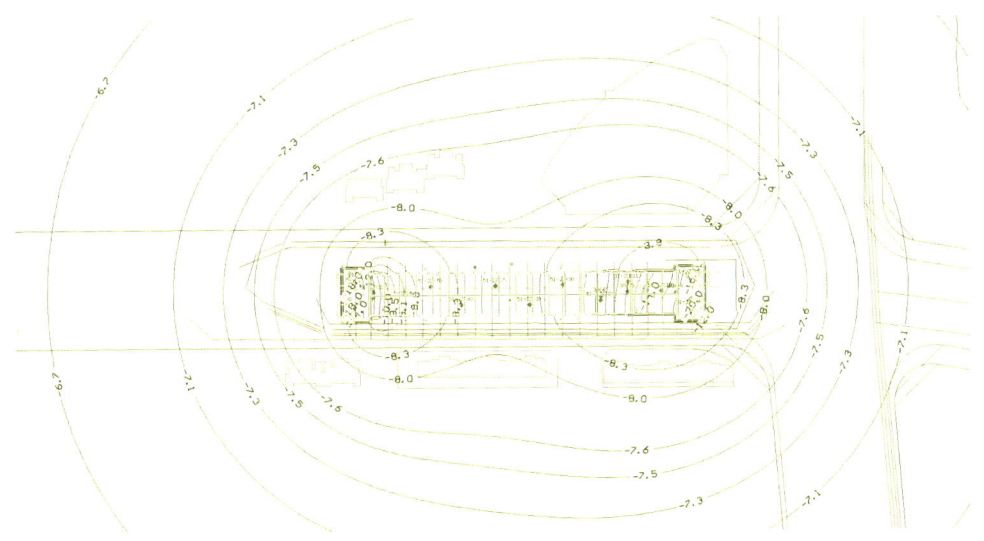

图9　原方案⑤$_{2-3}$层基坑降水运行后预测水位埋深等值线（单位：m）

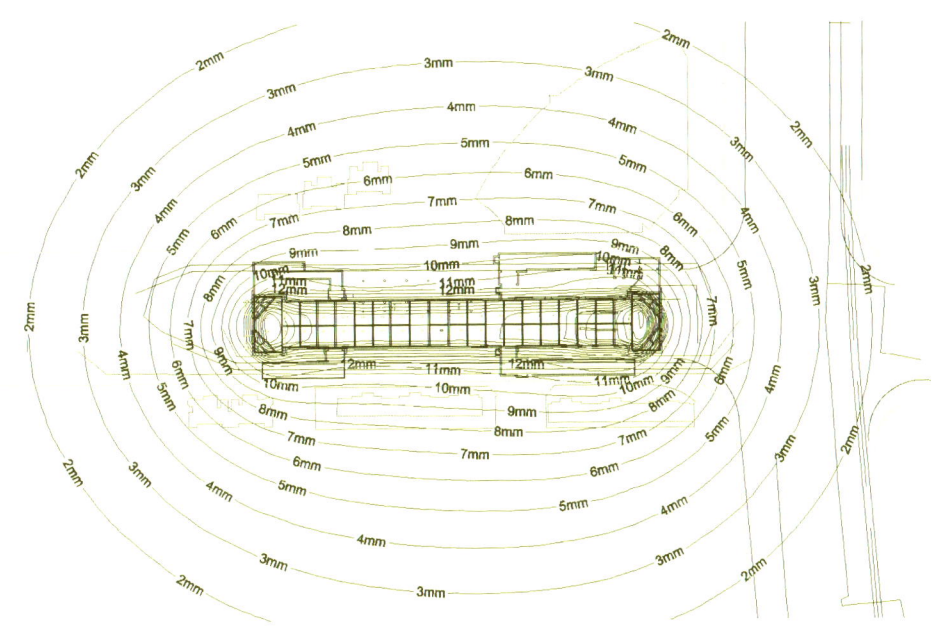

图10　原方案⑤$_{2-3}$层基坑降水运行后预测地面沉降等值线

可以看出原方案中,在原围护深度时,由于减压降水深井的过滤器均超过地下连续墙的墙底,⑤$_{2-3}$层坑内降水时坑外水位降深能够达到4~5 m,对坑外的影响较大。在⑤$_{2-1}$层和⑤$_{2-3}$层同时降水运行时,坑外的最大地面累计沉降达12 mm,在车站附近的地下管线地面累计沉降约为11 mm,附近的乐购超市、大华锦绣华城与锦华东南苑的最大地面累计沉降为6~8 mm。

(2) 方案1:西端头井部位止水帷幕加深9~44 m,东端头井部位止水帷幕加深5~40 m,其余标准段止水帷幕深度35 m不变。数值模拟结果见图11、图12。

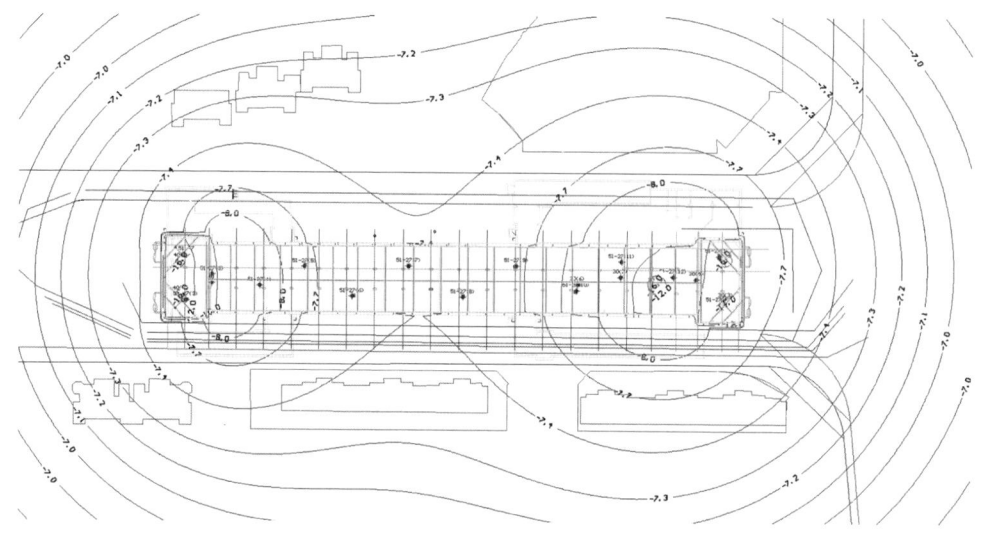

图11 方案1⑤$_{2-3}$层基坑降水运行后预测水位埋深等值线(单位:m)

方案1中,在西端头井部位地下连续墙加深至44 m,东端头井部位加深至40 m,标准段止水帷幕深度保持35 m不变的情况下,在⑤$_{2-3}$层坑内降水运行时,坑外最大水位降深减少为2 m,与原方案相比较,方案1由于止水帷幕加深后增加了绕流路径坑外水位降深减少2 m左右。在⑤$_{2-1}$层和⑤$_{2-3}$层同时运行的情况下,紧邻车站坑外最大累计沉降为6~8 m,开挖车站附近的地下管线最大沉降减少为6 mm。附近的乐购超市、大华锦绣华城与锦华东南苑的最大地面累计沉降减少为2~3 mm。

(3) 方案2:西端头井部位止水帷幕加深9~44 m,东端头井部位及40 m范围内标准段止水帷幕加深5~40 m,其余标准段止水帷幕深度35 m不变。数值模拟结果见图13、图14。

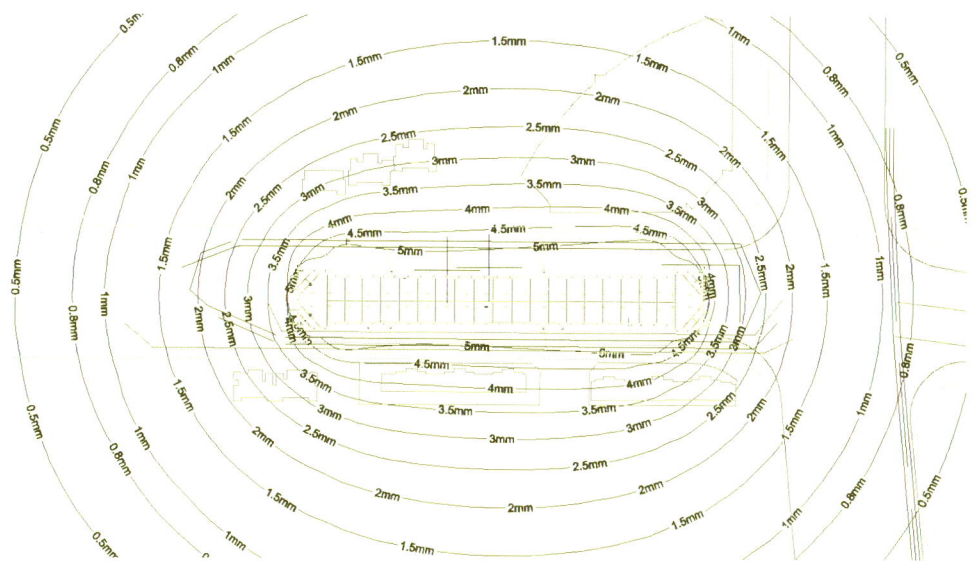

图 12　方案 1⑤$_{2-3}$ 层基坑降水运行后预测地面沉降等值线

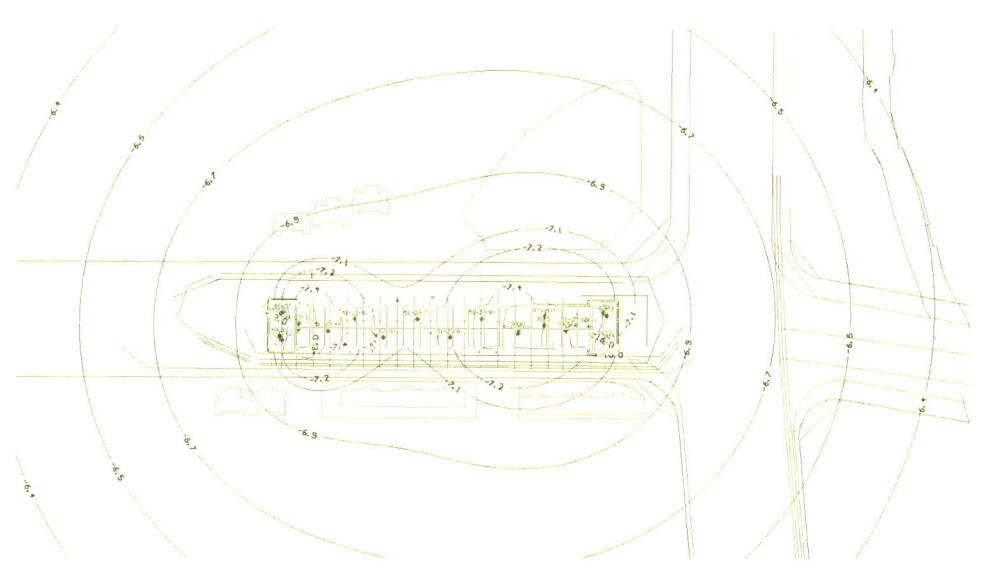

图 13　方案 2⑤$_{2-3}$ 层基坑降水运行后预测水位埋深等值线（单位：m）

方案 2 中，西端头井部位止水帷幕加深至 44 m，东端头井部位及 40 m 范围内标准段止水帷幕加深至 40 m，其余标准段止水帷幕深度 35 m 不变，坑外最大水位降深仅为 1.00 m，在 ⑤$_{2-1}$ 层与 ⑤$_{2-3}$ 层同时减压降水运行时，坑外最大地面累

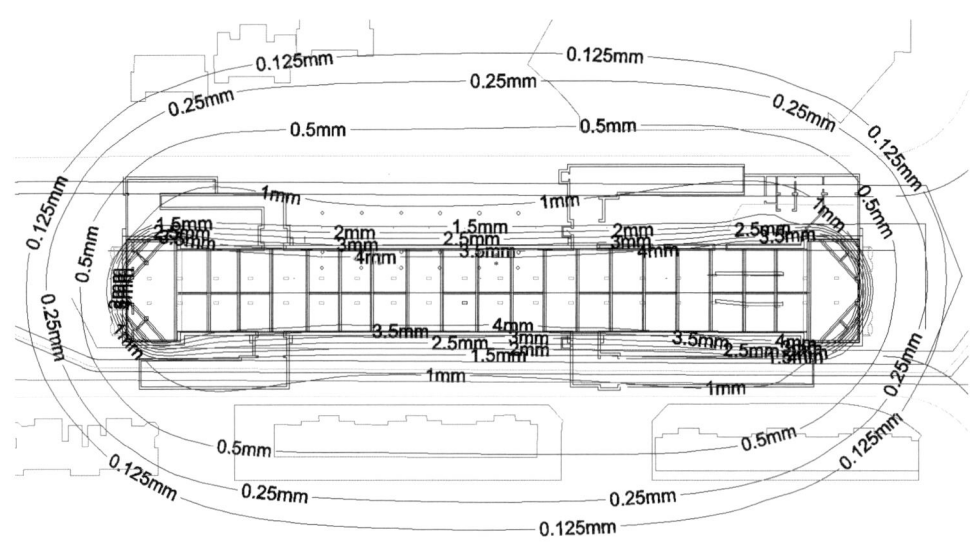

图 14 方案 2⑤$_{2-3}$ 层基坑降水运行 60 天后预测地面沉降等值线

计沉降量为 2～3 mm，开挖车站附近的地下管线最大沉降减少为 1.5 mm。附近的乐购超市，大华锦绣华城与锦华东南苑的最大地面累计沉降为 0.25～0.5 mm。

以上三种工况下，基坑降水工作量、基坑涌水量及降水对周边环境的影响情况的对比分析见表 6。

表 6 不同止水帷幕下坑外水位降深及沉降量信息统计

	工况及区域	降水井深度（m）	坑外最大水位降深（m）	基坑周边管线最大沉降（mm）
原方案	现有围护方案，止水帷幕深 35m	35、40	4～5	11～12
方案 1	西端头井部位止水帷幕深 44 m，东端头井部位止水帷幕深 40 m，其余标准段部位止水帷幕深 35 m	35、40	2	6～8
方案 2	西端头井部位止水帷幕深 44 m，东端头井部位及 40 m 范围内标准段止水帷幕深 40 m，其余标准段位置止水帷幕深 35 m	35、40	1	2～3

假设整个基坑需减压降水的时间为 60 天，基坑降水后引起的地面累计沉降明显。

原方案：当围护结构止水帷幕深 35 m 时，进入⑤$_{2-3}$层的深度不深，整个井底均超过止水帷幕底，坑内降压时将直接抽吸坑外水体，造成坑外水位降明显，坑外最大水位降深 4～5 m，直接导致坑外沉降偏大，紧邻车站的有压管线因减压降水引起的地面累计沉降为 11～12 mm。

方案 1：当围护结构西端头井部位止水帷幕深 44 m，东端头井部位止水帷幕深 40 m，其余标准段位置止水帷幕深 35 m 时坑内外水位降落差较大，坑外最大水位降深约为 2 m，坑内降水对坑外的影响相对较小，紧邻车站的有压管线因减压降水引起的地面累计沉降为 6～8 mm。

方案 2：西端头井部位止水帷幕加深至 44 m，东端头井部位及 40 m 范围内的标准段部位止水帷幕加深至 40 m，其余标准段部位止水帷幕 35 m 时，充分利用止水帷幕的绕流作用，在坑内水位下降明显，而对坑外的周边环境影响很小，坑外最大水位降深约为 1 m，紧邻车站的有压管线因减压降水引起的地面累计沉降为 2～3 mm。

鉴于本车站的开挖深度较深，周边环境对沉降变形较为敏感且控制要求严格，通过对抽水试验结果的分析及止水帷幕不同深度的对比。建议基坑围护结构止水帷幕采取方案 2，以减少车站开挖范围内微承压含水层的坑内外的水力联系；同时建议在坑外邻近重要保护构筑物侧布设回灌井，以减少减压降水对周边建（构）筑物的影响。

6.2 坑内减压井设计

经过对比，正式围护形式采用东、西端头井部位止水帷幕加深 5～40 m，其余标准段止水帷幕深度 35 m 不变。与上一小节中的方案 1 仅在西端头井有所变化，其余均不变，降水计算结果详见上一小节。共在西端头井部位布置 3 口（抽 2 备 1）⑤$_{2-3}$层减压井，井深 40 m，过滤器长度为 5 m，在东端头井及标准段布置 5 口（抽 3 备 2）⑤$_{2-3}$层减压井，井深 35 m，过滤器长度为 5 m 的两种短滤管的井结构。单独布设 5 口⑤$_{2-1}$层备用井兼观测井，井深为 27 m，过滤器长 6 m。

6.3 坑内疏干井设计

本项目疏干井与⑤$_{2-1}$层综合考虑，考虑疏干井单井有效疏干面积按约

200 m² 布置。共在基坑内布置 21 口井施工疏干减压混合井，本坑内布设疏干减压混合井底部距基坑开挖面以下 4~5 m，井深 26 m，滤管埋深 4~8 m、12~16 m、20~25 m。

6.4 坑外观测井设计

本工程基坑周边条件复杂，环境保护要求高，一旦围护结构对上部承压含水层的隔水效果不理想，坑内抽降地下水过程中，将引起坑外地下水的同步变化，进而导致坑外环境的地面沉降加剧，可能由此造成的社会影响极为恶劣。因此，需实时监测坑外水位变化情况，坑外需布置⑤$_{2-1}$层和⑤$_{2-3}$层微承压水的水位观测井。观测井布置如下：

坑外⑤$_{2-1}$层承压水水位观测井，井深 25 m，过滤器 4 m，共 12 口。

坑外⑤$_{2-3}$层承压水水位观测井，井深 40 m，过滤器 5 m，共 12 口。

7 项目总结

（1）本项目在降水设计施工前进行了专项水文地质勘察，专项水文地质勘察的结果得到水文地质参数、各层水力联系情况以及依托专项水文地质勘察结果进行的基坑围护与降水一体化评估；通过三种不同的围护结构形式，详细计算各种围护情况下的坑外水位降深以及周边管线等沉降并进行对比；通过方案最优、经济最优、工法最优等方面推荐本项目最适合的围护结构形式及降水井设计。

（2）本项目在基坑降水阶段也存在一些不足，如坑外仅有观测井，未设置独立的回灌井和回灌系统，在抑制和减缓沉降方面没有形成应急备用体系。

（3）本项目在水文地质勘察阶段，针对⑤$_{2-3}$层进行承压性判断，通过对⑤$_{2-3}$层试验井的单井抽水、水头观测、水位恢复及获得水文参数，判断⑤$_{2-3}$层含水层的单位出水量、水头降深、恢复速率，以及相关水文参数计算结果符合上海地区微承压含水层的特征，由此可见⑤$_{3-2}$层含水层具有微承压性，视作微承压含水层，本场地内⑤$_{2-1}$层和⑤$_{2-3}$层含水层相关水文参数对比见表 7。

表7　　　　　本场地内⑤₂₋₁层和⑤₂₋₃层含水层相关水文参数对比

含水层	⑤₂₋₁层	⑤₂₋₃层
	单井抽水试验	单井抽水试验
水位埋深（m）	5.61	6.39
单井出水量（m³/h）	4.89	1.70
渗透系数（m/d）	0.37	0.21
水位恢复	最快约29 min可恢复10%	最快约148 min可恢复10%

（4）本项目⑤₂₋₁层处于基本揭穿状态，需要将⑤₂₋₁层微承压水水位控制在开挖面以下1.0 m，结合疏干井布置，在方案最优，经济最优的前提下，将潜水和⑤₂₋₁层微承压水通过疏干减压混合井的形式进行降水，降水过程中将水位控制在开挖面以下1 m，车站开挖结果已验证方案的可行性。

上海市轨道交通 21 号线浦东足球场站降水工程

1 工程概况

浦东足球场站为 21 号线第十三座车站，车站位于锦绣东路与金港路道路交叉口正南侧，沿金港路路中呈南北向布置，车站与 14 号线采用通道换乘，沿着站位中心处东西向设置规划道路金崛路，车站南端头井以南 96 m 位置东西向道路为金葵路，车站概况见表 1。

表 1　车站概况

车站形式	开挖深度（m）	止水帷幕	支撑
地下三层	25.82（标准段）	1 200 mm 厚地下连续墙，墙长 54 m	七道支撑，其中第一、五道为钢筋砼支撑，其余为钢支撑
	27.46（端头井）	1 200 mm 厚地下连续墙，墙长 54 m	八道支撑，其中第一、五道为钢筋砼支撑，其余为钢支撑

2 基坑概况

主体结构采用 1 200 mm 厚地下连续墙（采用十字钢板接头），墙长 54 m。标准段设置七道支撑，其中第一、五道为钢筋砼支撑，第二至四道为 $\phi 609$（$t=16$ mm）钢支撑，第六、七道为 $\phi 800$（$t=20$ mm）。端头井设置八道支撑，其中第一、五道为钢筋砼支撑，第二道为 $\phi 609$（$t=16$ mm）钢支撑，第三、四、六至八道为 $\phi 800$（$t=20$ mm）。基坑第五道砼支撑底以下 3 m 采用三轴搅拌桩裙边+抽条加固（$\phi 850@600$），车站地连墙暗浜影响范围采用三轴搅拌桩槽壁加固（$\phi 650@450$）。

车站位于金港路路中下方，靠近金港路与锦绣东路道路交叉口南侧设置，沿金港路呈南北向布置，沿着站位中心处东西向设置规划金崛路。车站周边地块主要以浦开商业办公用地为主、少数为公共绿地和居住用地，金港路南侧为空地，无现状建筑；金港路西侧为浦开待建商业办公地块，位于基坑西侧，最近15.6 m。站位北侧，沿锦绣东路西侧为华漕达河，河道宽 25 m，河底深约 4.75 m。站位北侧为华漕达桥及在建轨道交通 14 号线浦东足球场站。车站基坑安全等级为一级，周边环境保护等级为二级。车站总平面见图 1，车站横向剖面示意见图 2、图 3。

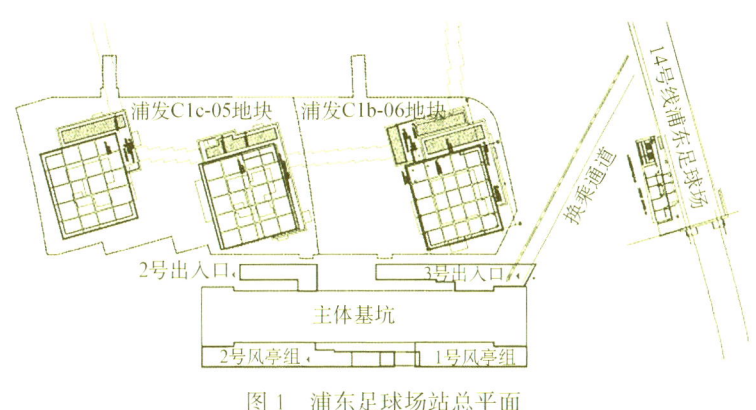

图 1　浦东足球场站总平面

3　工程地质情况

场地位于正常沉积区，在深度 80 m 范围内地基土属第四纪晚更新世及全新世沉积物，主要由黏性土、粉性土和砂土组成，分布较稳定，一般具有成层分布的特点。按其沉积年代、成因类型及其物理力学性质的差异，依据上海市工程建设规范《岩土工程勘察规范》（DGJ 08—37—2012）相关条款，可划分为 9 个主要土层，其中①、⑦层再细分为若干亚层及次亚层。拟建场地地基土分布自上而下详述如下。

①$_1$ 层杂填土，表层为钢筋混凝土地面、沥青混凝土路面或人行道地砖，厚

为 0.3～0.4 m，其下含碎砖、碎石、砼块等杂物，局部夹少量生活垃圾，夹黏性土；该层厚度主要为 1.20～6.20 m，以黏性土为主，含少量植物根茎、碎小石子等杂物及有机质。

①$_2$ 层浜填土，以黏性土为主，含黑色有机质、砖石及粉土等杂物，厚为 0.3～1.7 m。

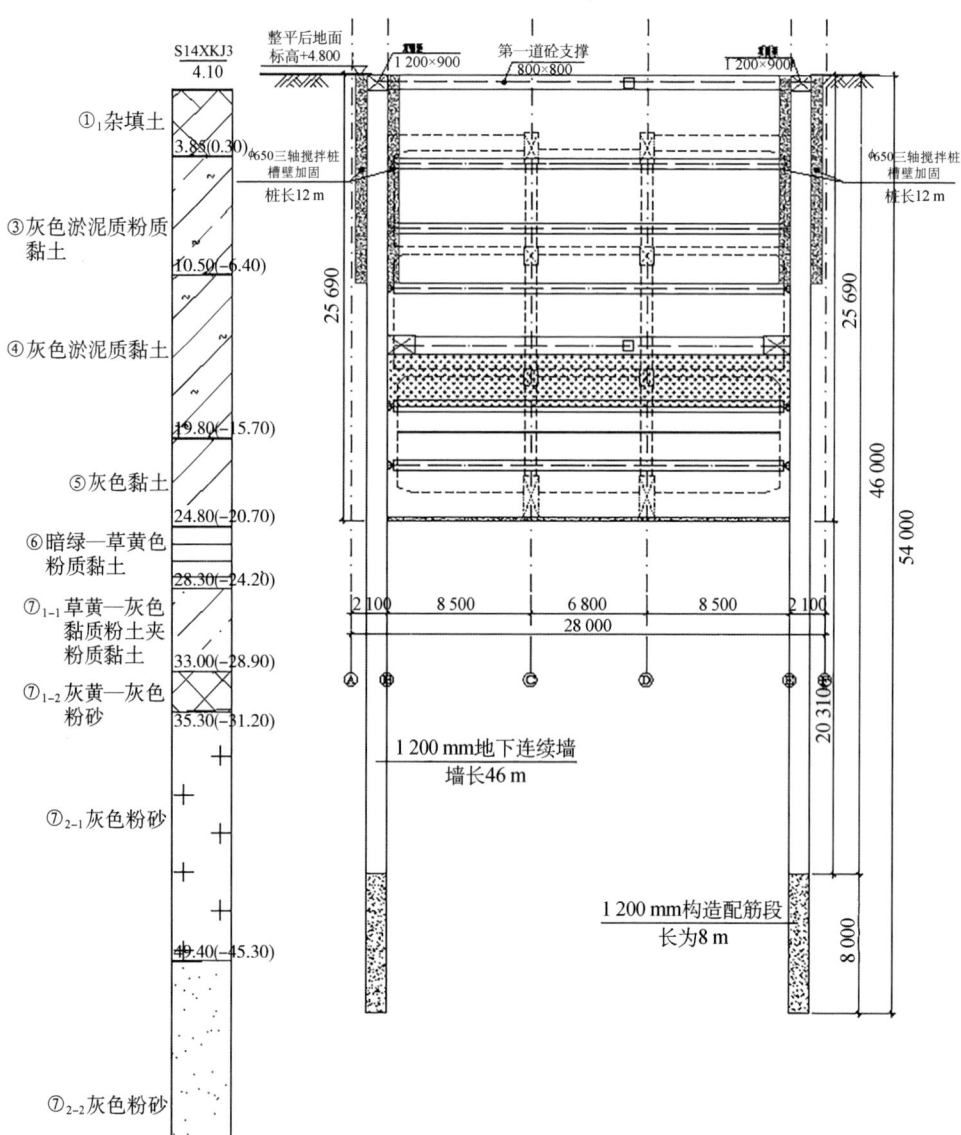

图 2　车站横向剖面示意（标准段）

②层褐黄—灰黄色粉质黏土，层顶标高为 4.16～0.72 m，层厚为 0.50～2.50 m，静力触探 P_s 平均值约 0.58 MPa，含氧化铁斑点及铁锰质结核，土质自上至下逐渐变软，呈可塑—软塑状态，属中等—高等压缩性。该层在填土较厚地段或暗浜区域缺失，分布不连续。

③层灰色淤泥质粉质黏土，层顶标高为 2.04～－2.05 m，层厚为 2.80～7.40 m，静力触探 P_s 平均值约 0.50 MPa，含云母、有机质，夹薄层粉性土，局部夹淤泥质黏土，土质不均，呈流塑状态，属高等压缩性。该层在场地内遍布。

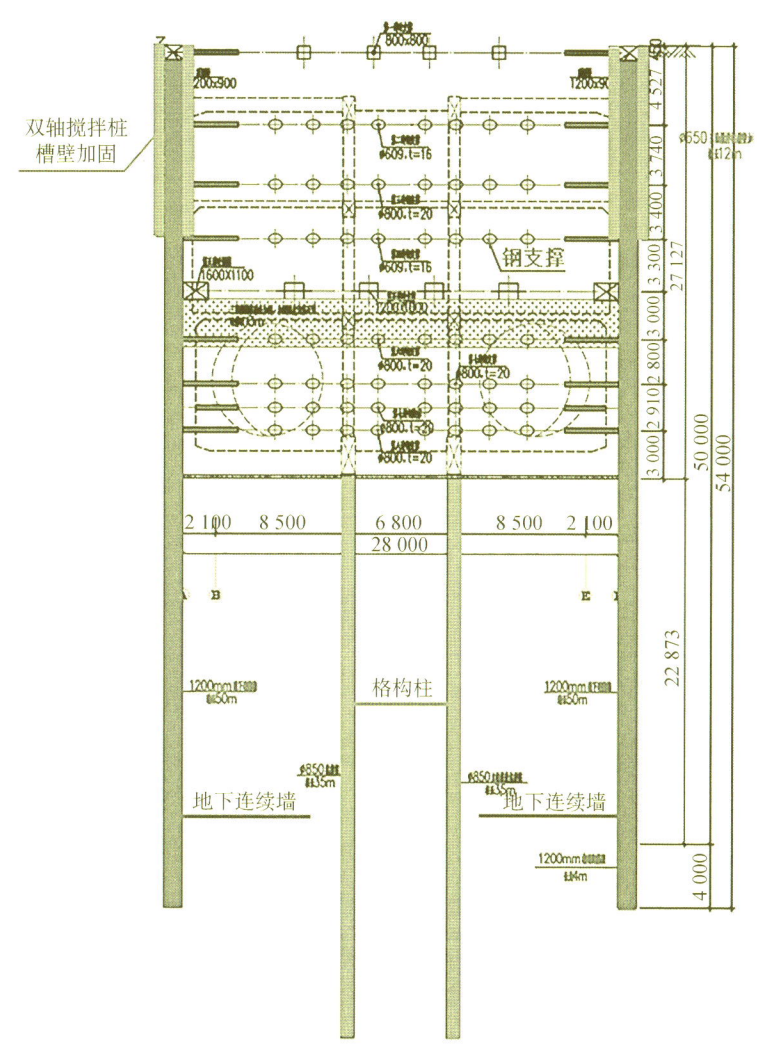

图 3　车站横向剖面示意（端头井）

①层灰色淤泥质黏土,层顶标高为 $-3.84 \sim -6.58$ m,层厚为 $7.50 \sim 10.80$ m,静力触探 P_s 平均值约 0.61 MPa,含云母、有机质,偶见贝壳碎屑及少量薄层粉砂,土质均匀,呈流塑状态,属高等压缩性。该层在场地内遍布。

⑤层灰色黏土,层顶标高为 $-13.04 \sim -15.38$ m,层厚为 $4.90 \sim 7.80$ m,静力触探 P_s 值约 0.94 MPa,含云母、有机质及少量腐殖物、泥钙质结核,局部为淤泥质黏土,土质均匀,呈流塑—软塑状态,高等压缩性。拟建场地遍布。

⑥层暗绿—草黄色粉质黏土,层顶标高为 $-18.93 \sim -21.18$ m,层厚为 $2.50 \sim 5.70$ m,静力触探 P_s 平均值约 2.78 MPa,含氧化铁斑点,土质均匀,呈可塑—硬塑状态,属中等压缩性。该层在场地内遍布。

⑦$_{1-1}$ 层草黄—灰色黏质粉土夹粉质黏土,层顶标高为 $-22.93 \sim -25.35$ m,层厚为 $1.00 \sim 5.70$ m,静力触探 P_s 平均值约 5.18 MPa,层顶夹多量薄层黏性土,土质不均。呈稍密状态,属中等压缩性,该层分布不连续。

⑦$_{1-2}$ 层灰黄—灰色粉砂,层顶标高为 $-24.12 \sim -30.59$ m,层厚为 $2.30 \sim 12.20$ m,静力触探 P_s 平均值约 9.82 MPa,颗粒成分以石英、长石、云母为主,下部夹薄层黏性土,土质不均。呈中密—密实状态,属中等压缩性,该层在场地内普遍分布。

⑦$_{2-1}$ 层灰色粉砂,层顶标高为 $-30.04 \sim -37.00$ m,层厚为 $8.90 \sim 17.30$ m,静力触探 P_s 平均值约 13.14 MPa,颗粒成分以石英、长石、云母为主,下部夹薄层黏性土,土质不均。呈密实状态,属中等压缩性,该层在场地内遍布。

⑦$_{2-2}$ 层灰色粉砂,层顶标高为 $-44.17 \sim -48.64$ m,层厚为 $14.50 \sim 20.40$ m,静力触探 P_s 平均值约 22.51 MPa,颗粒成分以石英、长石、云母为主,土质较均。呈密实状态,属中等压缩性,该层在场地内遍布。

⑧$_2$ 层灰色粉质黏土与粉砂互层,层顶标高为 $-62.00 \sim -64.35$ m,层厚为 $1.00 \sim 3.10$ m,静力触探 P_s 平均值约 7.28 MPa,具交错层理,呈"千层饼"状,土质不均。呈中密状态,属中等压缩性。该层在场地内遍布。

⑨层灰色粉砂,层顶标高为 $-64.26 \sim -66.50$ m,至 80 m 该层仍未揭穿,静力触探 P_s 平均值约 22.80 MPa,由石英、长石、云母等矿物颗粒组成,夹粗砂及少量砾砂,土质不均匀,呈密实状态,中等—低等压缩性。

场地典型地质剖面见图 4。

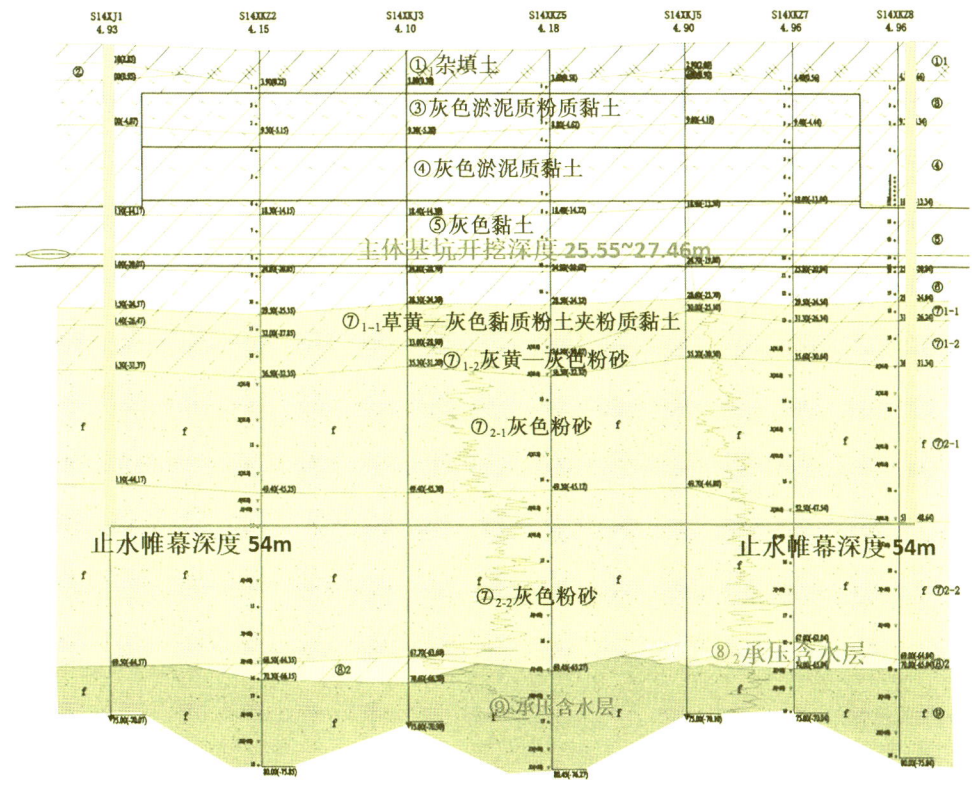

图 4 典型地质剖面

4 水文地质情况

拟建场地地下水类型主要为松散岩类孔隙水，孔隙水按形成时代、成因和水理特征可划分为潜水含水层、承压含水层。本工程勘探深度范围内地下水主要为赋存于浅部土层中的潜水和⑦、⑧$_2$、⑨层中的承压水。

4.1 潜水

潜水分布于浅部土层中，补给来源主要有大气降水入渗及地表水径流侧向补给，其排泄方式以蒸发消耗为主。上海地区浅部土层中的潜水位埋深，一般离地表面 0.3～1.5 m，年平均地下水水位埋深离地表面 0.5～0.7 m。由于潜水与大气降水和地表水的关系十分密切，故水位呈季节性波动。勘察期间测得的地下水静止水位埋深一般为 1.09～2.15 m，绝对标高为 2.80～3.69 m，平均静止水位标高为 3.03 m。

4.2　承压水

本场地下部普遍分布在⑦、⑨层。其中⑦层为上海地区第Ⅰ承压含水层、⑨层为上海地区第Ⅱ承压含水层，⑧$_2$层灰色粉质黏土与粉砂互层，含粉砂较多，属弱透水层，⑦、⑨层水力联系较密切。详勘针对⑦层布置的承压水水位观测孔，测量得该层的承压水水位埋深为 5.59 m（相应标高为 -1.37 m）。

4.3　各含水层间的水力联系

本车站沿线施工影响深度范围内有⑦、⑧$_2$层及⑨层承压含水层分布，其中，⑦$_1$层承压含水层与上部潜水含水层之间普遍分布有⑥层硬塑—可塑状粉质黏土，透水性差，使潜水与承压水之间水力联系较弱。

⑦层及⑨层承压含水层之间局部分布有⑧$_2$层灰色粉质黏土与粉砂互层，该层分布不连续，但夹粉砂较多，故本工程场地第Ⅰ、Ⅱ层承压水水力联系较为密切。

4.4　水文地质专项勘察成果梳理

（1）⑦层静止水位为埋深 5.15～5.35 m，相应水位标高为 -0.10～-0.23 m，平均静止水位埋深 5.22 m，相应水位标高为 -0.15 m。建议水位按埋深 5.00 m 考虑，标高约 0.00 m。

（2）群井抽水试验停抽后，抽水井⑦层水位恢复最快约 5 min 可达 35%，55 min 水位恢复达 79%。观测井⑦层水位恢复最快约 5 min 约 19%，55 min 恢复接近 76%。从整个试验期间单井及群井水位恢复试验的数据也可以看出，⑦层在停抽后水位恢复极为迅速，施工时工程现场一定要确保连续供电，应当预备备用电源（发电机），切换时间可以控制在 10 min 以内，应配备电路自动切换控制箱，否则会影响基坑开挖安全。

（3）通过三维数值计算反演分析，⑦层水平渗透系数平均值 3.7 m/d，垂直渗透系数平均值 0.6 m/d。

5 降水重难点

5.1 基坑突涌稳定性

车站承压水初始水位埋深按水文地质勘察建议 5.00 m 取值,主体基坑⑦层层顶至基底面间各分层土层的重度取 19.60 kN/m³,⑧₂层层顶至基底面间各分层土层的重度取 18.50 kN/m³,各含水层抗突涌验算结果详见表 2、表 3。

表 2 基坑开挖深度与第⑦层安全水头埋深对应关系

阶段	挖深（m）	安全水位（m）	水位降深（m）	安全系数	最浅层顶埋深（m）
临界状态	15.91	5.00	—	1.05	参考钻孔（S14XKJ5）层顶埋深 28.50
第五道支撑	15.92	5.02	0.02	1.05	
第六道支撑	18.92	10.62	5.62	0.80	
第七道支撑	21.72	15.84	10.84	0.57	
第八道支撑	24.63	21.27	16.27	0.32	
标准段底板	25.55～25.82	26.55～26.82	21.55～21.82	0.22～0.25	
南端头井底板	27.13	28.13	23.13	0.11	
北端头井底板	27.46	28.46	23.46	0.09	

表 3 基坑开挖深度与第⑧₂层安全水头埋深对应关系表

阶段	挖深（m）	安全水位（m）	水位降深（m）	安全系数	最浅层顶埋深（m）
临界状态	31.72	5.00	—	1.05	参考钻孔（S14XKJ5）层顶埋深 66.80
标准段底板	25.55～25.82	—	不需降压	1.23	
南端头井底板	27.13	—	不需降压	1.19	
北端头井底板	27.46	—	不需降压	1.18	

5.2 降水重难点

（1）为确保基坑顺利开挖,需降低基坑开挖深度范围内的土体含水量,尤其是基坑内分布有较厚淤泥质粉质黏土、淤泥质黏土,这些土层含水量高、孔隙比大、土质软弱、高压缩性,具有高灵敏度、低强度的特点。

(2) 车站主体基坑开挖需针对⑦层承压水进行减压降水，基坑区域减压降水幅度较大，外围止水帷幕未隔断⑦层承压含水层，为悬挂式减压降水。

(3) 基坑开挖深度大，基坑面积较小支撑结构复杂，施工延续时间较长，实际施工时降水井需要根据现场实际情况对坑底加固、支撑、结构、桩等进行有效避让。施工过程中降水井维护要求较高，需要加强对降水井的保护。

(4) 本工程基坑周边环境复杂，面临地下水处理问题，基坑需要长时间、大幅度、大范围抽水，基坑降水势必对周边环境和管线有一定的不利影响。

6 降水设计

6.1 坑内减压井设计

根据勘察报告及水文地质专项勘察报告，针对⑦层进行减压降水模拟分析，模拟计算基坑开挖减压降水需布置⑦层减压降水深井20口，井深44 m，减压降水运行后，水位埋深等值线图与水位降深埋深等值线见图5、图6。

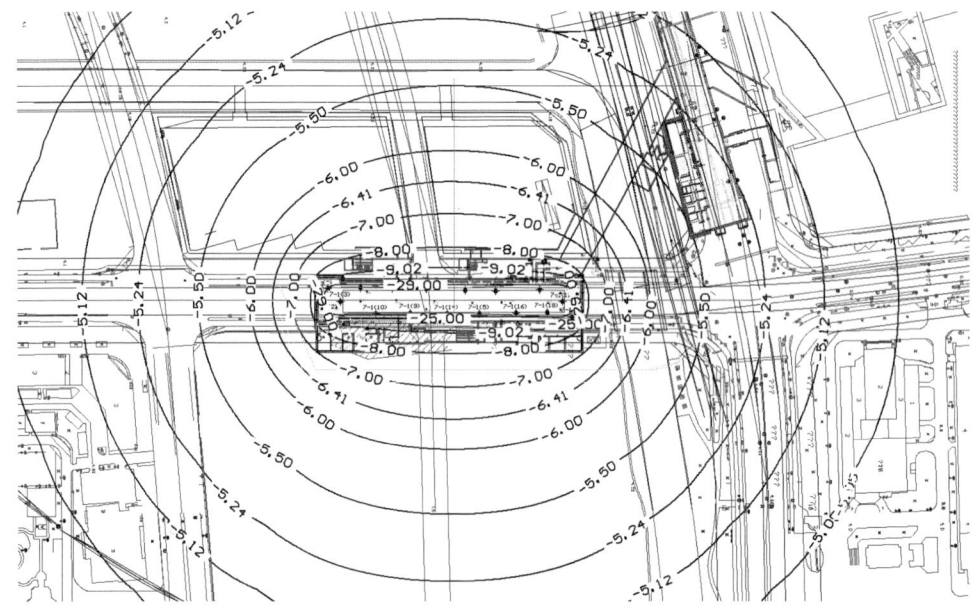

图5 减压降水运行后第⑦层水位埋深等值线（单位：m）

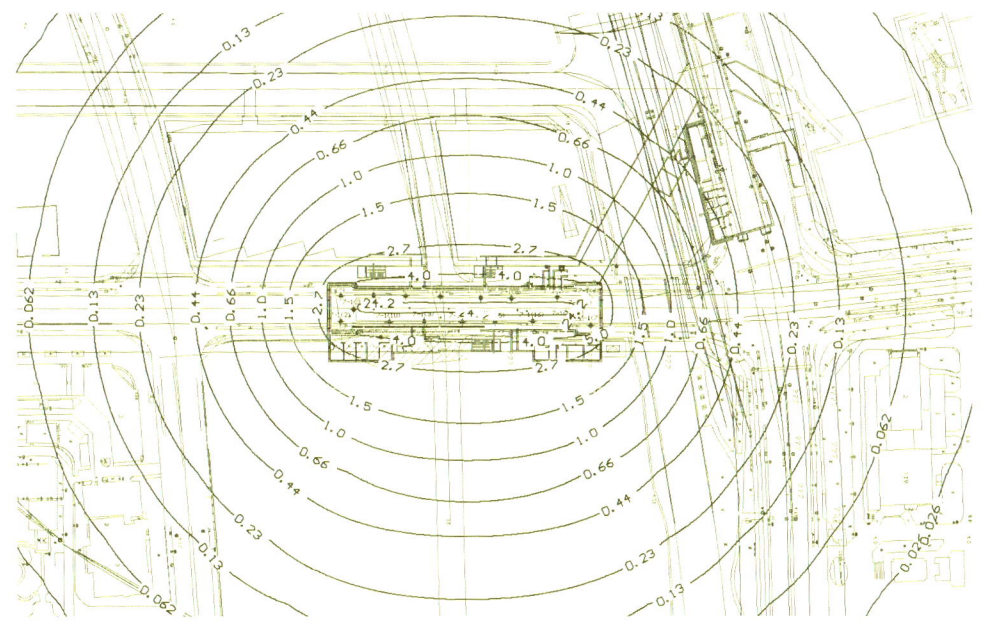

图 6 减压降水运行后第⑦层水位降深等值线（单位：m）

6.2 坑内疏干井设计

基坑下伏需要疏干的层位包括①₁层填土、②层褐黄—灰黄色粉质黏土、③层灰色淤泥质粉质黏土层、④层灰色淤泥质黏土层、⑤层灰色黏土。本项目疏干深井在降水井平面布置时控制井管轴心间距为 10.0～20.0 m。基坑开挖面积约 4 570 m²，共布置 24 口真空疏干深井，控制疏干深井不进入⑦层承压含水层，设置井深为 26 m。

6.3 坑内观测兼备用井设计

在基坑施工过程中，由于施工现场工序工种繁多，常常出现对减压降水深井保护不力而致其破坏，无法按预期完成降水目的，在以上降水计算的基础上，需设置坑内降水应急备用井，数量约为正常抽水井数量的 20%。

同时，减压降水过程中，基坑内水位观测非常必要，根据水位观测井的水位变化，指导减压降水所需开启的降水井数量及开启的时间。

因此，在本主体工程基坑中布置 4 口第⑦层观测兼备用井，井深设置 48 m，比抽水井井深加长 4 m。

6.4 坑外观测兼应急抽水井设计

基坑开挖深度大,承压水降幅较大,坑内外将形成较大的水压力差,这对围护的质量是一个严峻的考验。因此在坑外设置⑦层观测兼应急抽水井,在坑内抽降承压水的过程中,同步观测坑外水位变化情况,一旦发生异常情况,及时判断异常原因,并及时采取措施,必要时可开启坑外应急抽水井抽水,缓解围护压力。

本基坑坑外按照井间距 25 m 布置,共布置 16 口,井深 50 m,比坑内抽水井井深加长 6 m。

6.5 坑外回灌井设计

坑内抽降地下水过程中,将引起坑外地下水的同步变化,进而导致坑外环境的地面沉降加剧,可能由此造成的社会影响极为恶劣。因此,需要实时监测坑外水位变化情况,一旦出现险情,及时启动应急回灌。

因此在基坑北侧靠近 14 号线浦东足球场站位置设置 5 口回灌井,井间距约 15 m,井深 48 m。在基坑减压降水阶段观测井基坑外⑦层承压水水位变化情况,在回灌井水位下降超过 3 m 时开启回灌运行,人为抬高承压水水位,缓解减压降水对周边环境造成的影响。

7 现场降水及周边情况

7.1 验证试验

为判断止水帷幕绕流效果,验证降水方案的可行性,止水帷幕和降水井完成后,进行验证性抽水试验。验证试验结果见图 7。

验证试验期间,坑内观测井水位降深 17.28~23.40 m,抽水试验坑内能够降到满足基坑抗突涌稳定的需要。试验期间坑外水位下降幅度为 1.65~2.42 m。

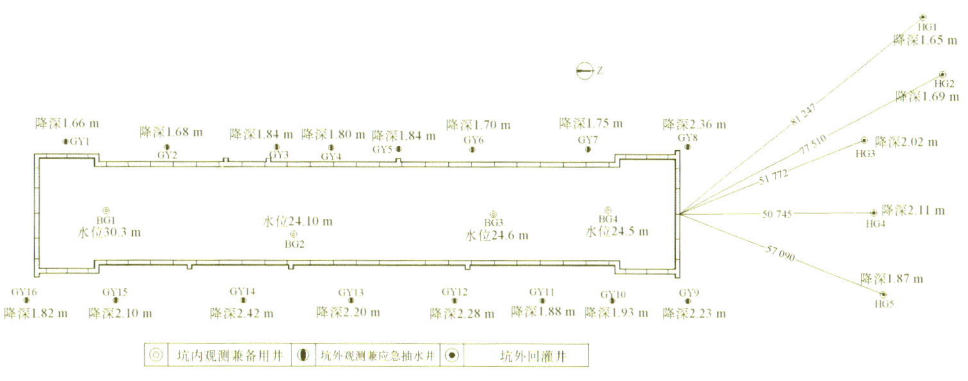

图 7　验证试验结果

7.2　回灌运行

基坑开挖过程中，为保护 14 号线浦东足球场站，在减压降水运行的同时启动坑外回灌井运行，运行期间回灌井单井回灌量约 2.45 m³/h，运行期间回灌井附近观测井水位可抬升约 1.5 m，可见本场地⑦层常压回灌效果良好。回灌井照片见图 8。

图 8　回灌井现场布置

8 项目总结

(1) 对于地铁车站类似的长宽比较大的基坑,疏干深井可按照井间距 10～20 m 进行布置,并尽可能地增加预抽水时间,对潜水含水层进行有效疏干。

(2) 场地在降水设计施工前进行了专项水文地质勘察,依托专项水文地质勘察结果得到的水文地质参数、各层水力联系情况进行降水方案设计。

(3) 坑内外观测井在运行期间水位均进行自动化监测,频率可以做到 1 min 一次,提高了监测效率,提高了数据传输的准确性和可靠性。

(4) 对于⑦层承压含水层,在抽灌一体化的情况下,常压回灌单井回灌量可达到约 2.45 m^3/h,附近观测井水位可抬升约 1.5 m。

(5) 44 m 抽水井单井出水量约 12 m^3/h,48 m 抽水井单井出水量约 30 m^3/h。本场地在增加 4 m 过滤器情况下,单井出水量显著增加。

南京市轨道交通及水文地质概况

南京地铁的发展最早可以追溯到1907年建造的京市铁路，这是南京地铁的前身，也是南京现代化公共交通事业的发端。1984年，南京市首次提出了建设地铁的构想。1992年，三山街实验站结合中山南路南下工程开始建设，这是南京地铁建设的初期阶段。

到了1999年，南京地铁正式立项。2000年，南京地铁1号线正式开工。2003年，南京地铁运营分公司正式挂牌成立。到了2005年，南京地铁1号线正式开通运营。此后，南京地铁开始进入发展阶段，更多的地铁线路开始规划建设。

目前，南京地铁已有多条线路在运营，并且还有多条线路正在建设中。例如，南京地铁17号线已经公布了用地控制规划中标公告，该线路将串联起浦口、江心洲、河西奥体、中华门等多个主城板块，不仅能直接缓解南京东西向交通廊道的拥堵，还能连接江北、河西、江宁地区，为南京的南部地区发展带来新机遇。

截至2024年3月，多条在建线路已经取得了显著进展。例如，7号线中段的盾构隧道已经全部贯通，3号线三期和10号线二期均有部分区段已开始轨道铺设施工及车站安装工程施工。此外，南京地铁还公布了其他在建线路的最新进展，包括5号线、6号线、9号线一期、10号线二期、11号线一期等。南京市轨道交通线路见图1。

长江以北，南京的地形主要是老山山脉、滁河河谷平原、大片岗地和零星丘陵。长江以南的地形大致可分为：北部区域，从沿江到主城区周围，钟山、牛首山、云台山等依次排列，这些山体的海拔在200~400 m。其中，钟山主峰北高峰的海拔为448.9 m，是宁镇山脉的最高峰。其延伸入城内的钟山余脉，自东向西隆起，由富贵山、九华山、鸡笼山、鼓楼岗、五台山和清凉山组合成南北分水

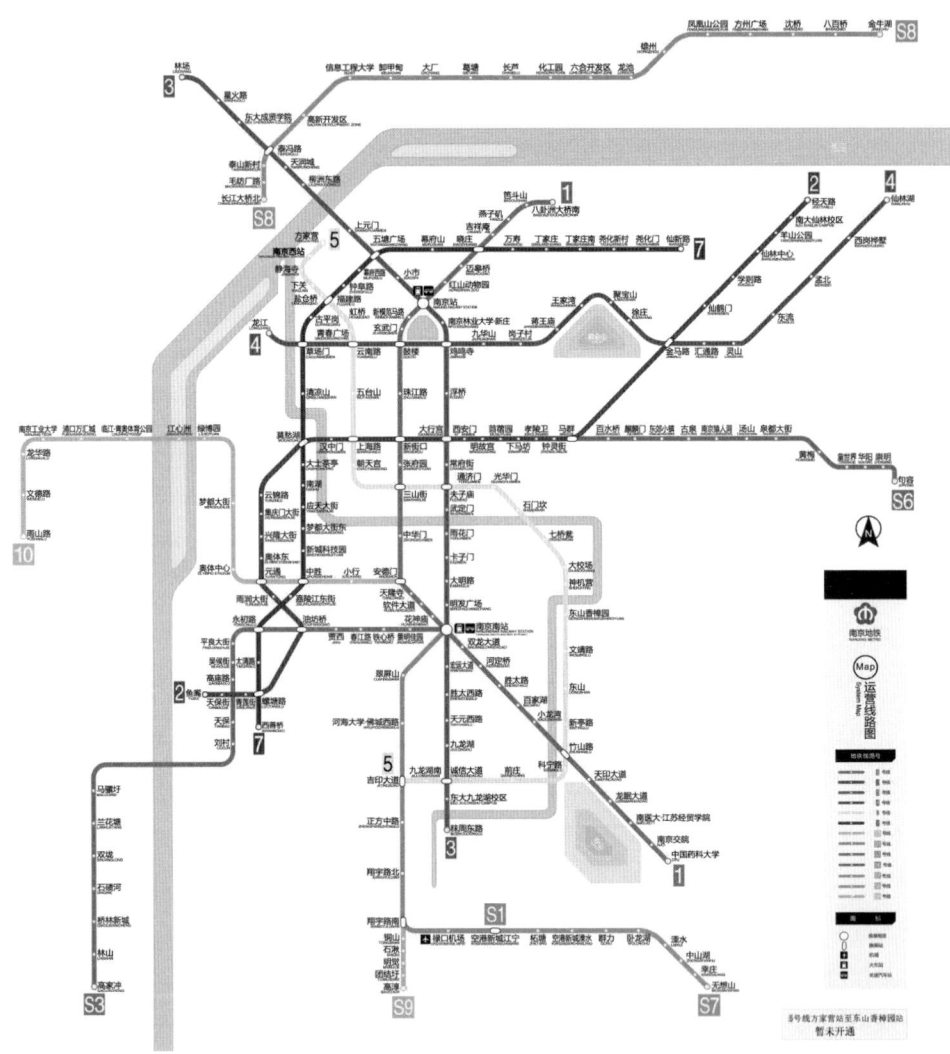

图 1 南京市轨道交通线路

岭，北侧为金川河流域。

南京的地貌属于宁镇扬山地，低山、丘陵、岗地约占全市总面积的 60.8%，平原、洼地及河流湖泊约占 39.2%。在低山和丘陵之间或两侧，常常分布着地势低平的河谷平原和滨湖平原。沿长江地区，有沿江洲地和江心洲地，其海拔均不到 10 m。

南京地区大地构造属扬子准地台的下扬子凹陷褶皱带，这个凹陷从震旦纪以来长期交替沉积了各时代的海相、陆相和海陆相地层，下三叠系青龙群沉积以后，经印支运动、燕山运动发生断裂及岩浆活动，并在相邻凹陷区及山前山间盆地堆积了白垩纪及第三纪红色岩系及侏罗—白垩纪的火山岩系。沿线地质构造主要处于宁镇弧形褶皱西段，各类不同期次、不同性质，不同方向的褶皱，断裂带十分发育。

此外，南京丘陵山地的岩石主要为石灰岩、砂岩、页岩，这些都属于沉积岩类。其中，砂岩和页岩又属于碎屑岩，经过长期的风化、侵蚀和断裂活动，这些岩石呈现出峰顶浑圆、坡度平缓的特征。

可见，南京的地质特征复杂多样，既有古老的岩石基底，又有丰富的沉积盖层，以及多样的地貌形态。

在水系分布方面，南京的水域面积达11%以上，有秦淮河、金川河、玄武湖、莫愁湖、百家湖、石臼湖、固城湖、金牛湖等大小河流湖泊，长江穿城而过，沿江岸线总长近200 km。境内共有大小河道120条，分属两江（长江、青弋江—水阳江）、两湖（固城湖、石臼湖）、两河（滁河、秦淮河），以跨省、市的流域划分水系，可划分为长江南京段、滁河、秦淮河、青弋江—水阳江四大水系。

此外，南京地区地下水位变化主要受大气降水影响，与长江、秦淮河水位关系不密切。地下水年最高水位出现在雨季7—9月，最低水位出现在少雨的12月—次年3月，年水位变幅0.1~1.0 m。

总体而言，南京区域的水文地质特征复杂多样，既有丰富的水系分布，又有独特的地貌和地质构造，这些特征共同构成了南京独特的水文地质环境。

南京市轨道交通 5 号线夫子庙站降水工程

1 工程概况

5 号线夫子庙站位于建康路与平江府路路口,沿建康路路中布置。车站起止里程为 YK24+063.120～YK24+251.519,长约 188.4 m,计算站台中心里程 YK24+144.316,车站形式为地下二层岛式站台,设计轨顶高程 -5.103 m。上穿既有 3 号线夫子庙站并与之"T"形换乘。车站概况见表 1。

表 1　　　　　　　　　　车站概况

车站形式	开挖深度(m)	止水帷幕	施工方式	备注
地下二层	16.70～17.95	地下连续墙墙深 38m	半盖挖法	—

2 基坑围护概况

车站主体结构采用半盖挖顺作法施工,基坑围护采用 800 mm 厚地下连续墙+内支撑支护体系。标准段基坑开挖深度约为 16.70 m,围护墙墙深 38 m (1.5 m 素墙),基坑开挖底面位于③$_{3b1-2}$层粉质黏土和③$_{4b2-3+d2}$层粉质黏土夹团块状粉细砂之上,地下墙墙趾插入 K_{1g-2} 强风化泥岩、粉砂质泥岩、泥质粉砂岩,K_{1g-3} 泥质粉砂岩、粉砂岩泥岩;端头井基坑开挖深度为 17.84～17.95 m,围护墙墙深 38 m,基坑开挖底面位于③$_{4b2-3+d2}$层粉质黏土夹团块状粉细砂,地下墙墙趾插入 K_{1g-2} 泥质粉砂岩、粉砂岩泥岩,K_{1g-3-1} 中风化泥岩、粉砂质泥岩、泥质粉砂岩;地下连续墙采用型钢接头的形式。本项目基坑围护平面及剖面示意见图1、图2。

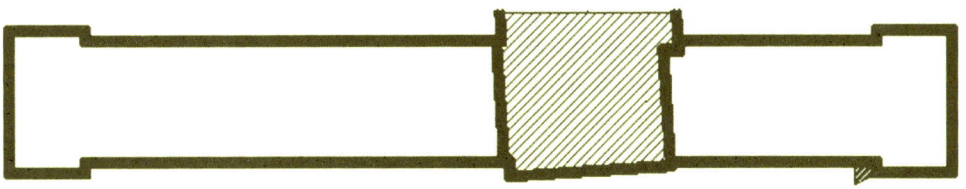

图1 基坑围护平面示意

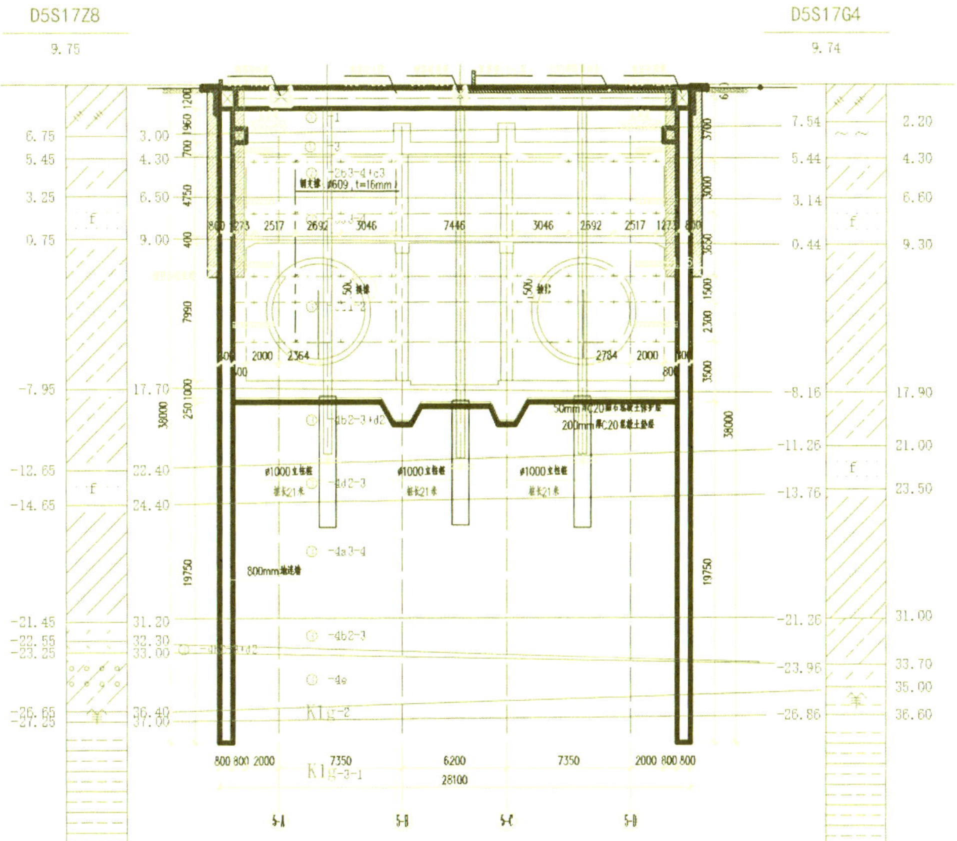

图2 基坑围护剖面示意

3 工程地质情况

拟建场地位于秦淮河漫滩地貌单元，覆盖层厚度较大（34.0~36.7 m），土层分布不均匀，岩层较均匀。

受人类长期活动影响，填土层厚度变化大（3.6~6.8 m），填塘范围分布有流塑状淤泥、淤泥质填土。填土层之下，深度8.1~12.6 m以上为全新世中晚期沉积的新近沉积土（包括淤泥质粉质黏土、粉质黏土夹粉土、淤泥质粉质黏土、粉质黏土夹粉砂和粉砂）。

新近沉积土下为全新世早期沉积的③$_{3b1-2}$层和③$_{4b2-3}$层粉质黏土、③$_{4d2-3}$层粉砂、③$_{4b2-3+d2}$层粉质黏土夹团块状粉细砂、③$_{4a3-4}$层黏土和③$_{4e}$层含卵砾石粉质黏土（局部含卵砾石中粗砂）。场地下伏基岩埋深为34.0~36.7 m，岩性主要为白垩系葛村组（K_{1g}）泥岩、粉砂质泥岩、泥质粉砂岩。本项目典型地质剖面见图3。

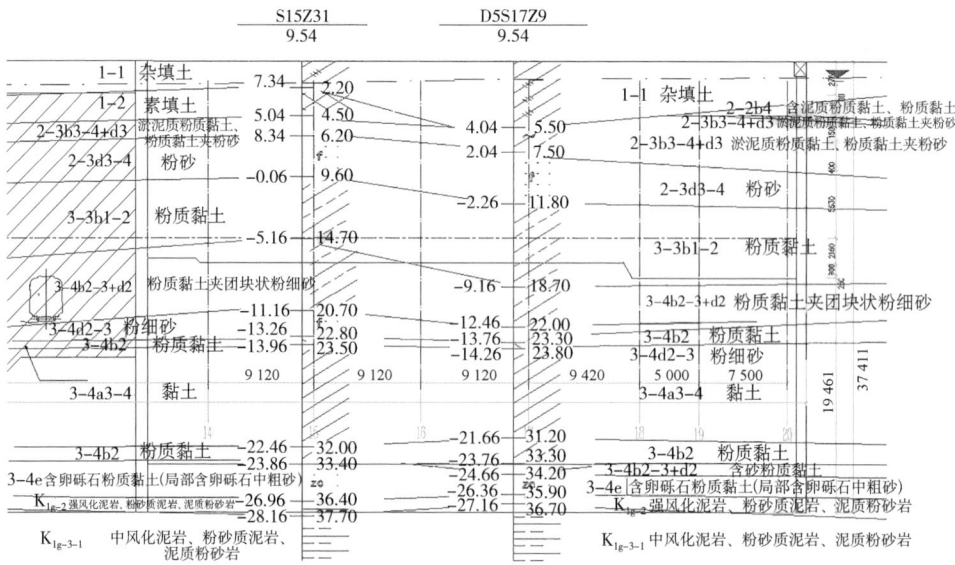

图3 典型地质剖面

4 水文地质情况

根据勘察揭示的地层结构和地下水的赋存条件，本场地地下水分为孔隙潜水、孔隙承压水和基岩裂隙水。

4.1 潜水

潜水含水层包括①层人工填土，②$_{2b3-4+c3}$层淤泥质粉质黏土、粉质黏土夹粉土，②$_{3b3-4+d3}$层淤泥质粉质黏土、粉质黏土夹粉砂，②$_{3d3-4}$层粉砂，隔水底板为③$_{3b1-2}$层粉质黏土。含水层厚度较大，对工程施工影响很大。

因②$_{3d3-4}$层粉砂与上覆②$_{2b3-4+c3}$层淤泥质粉质黏土、粉质黏土夹粉土，②$_{3b3-4+d3}$层淤泥质粉质黏土、粉质黏土夹粉砂在渗透性上有较大差异，导致②$_{3d3-4}$层中的地下水具微承压性，水头与潜水水位基本一致。

4.2 承压水

场地范围有两层承压水。

第一层承压水由③$_{4d2-3}$层粉砂、③$_{4b2-3+d2}$层粉质黏土夹团块状粉细砂组成含水层；第二层承压水由覆盖层底部的③$_{4b2-3+d2}$层粉质黏土夹团块状粉细砂和③$_{4e}$层含卵砾石粉质黏土（局部含卵砾石中粗砂）组成含水层。

第一层承压水隔水顶板为③$_{3b1-2}$层粉质黏土，隔水底板为③$_{4b2-3}$层粉质黏土和③$_{4a3-4}$层黏土。第二层承压水的隔水顶板为③$_{4b2-3}$层粉质黏土和③$_{4a3-4}$层黏土，隔水底板为下伏基岩。

4.3 基岩裂隙水

场地下伏基岩为白垩系葛村组（K_{1g}）泥岩、粉砂质泥岩、泥质粉砂岩。强风化岩层的风化裂隙中以及中风化岩层节理、裂隙中含少量地下水，但透水性、富水性差。

4.4 含水层之间的水力联系

本场地潜水含水层与承压水含水层之间水力联系相对较弱；第二层承压水与

基岩裂隙水水力联系较密切。

场地有多层含水层,因第四纪松散层粗细叠置,渗透性差异较大。

潜水含水层中①层人工填土孔隙大,渗透性较好,为弱透水地层;②$_{2b3-4+c3}$层淤泥质粉质黏土、粉质黏土夹粉土和②$_{3b3-4+d3}$层淤泥质粉质黏土、粉质黏土夹粉砂的水平向渗透性好于垂直向渗透性,②$_{3d3-4}$层粉砂渗透性强,上述两土层渗透系数在 $10^{-3} \sim 10^{-4}$ cm/s,为弱透水~透水地层;其余地层渗透性相对较弱,渗透系数一般在 $10^{-4} \sim 10^{-5}$ cm/s,为弱透水地层。②$_{3d3-4}$层中的地下水具微承压性。

③$_{3b1-2}$、③$_{4b2-3}$、③$_{4a3-4}$层粉质黏土渗透性弱,为微—不透水地层。

承压含水层③$_{4d2-3}$层粉细砂渗透性强,③$_{4e}$层含卵砾石粉质黏土(局部含卵砾石中粗砂)渗透性较强但不均匀,上述两层土属弱透水—中等透水层。

另外,基岩裂隙呈闭合状,多泥质充填,透水性差且不均匀,属弱—微透水地层。各土层渗透性见表2。

表 2　　　　　　各含水层水文地质参数及透水性评价

孔号	岩土名称	室内试验		建议值		渗透性
		水平渗透系数(m/d)	垂直渗透系数(m/d)	水平渗透系数(m/d)	垂直渗透系数(m/d)	
①$_1$	杂填土	—	—	5.00×10^{-4}		弱透水
①$_2$	素填土	—	—	2.00×10^{-5}		
①$_3$	淤泥、淤泥质填土	—	—	5.00×10^{-5}		
②$_{2b3-4+c3}$	淤泥质粉质黏土、粉质黏土夹粉土	4.18×10^{-5}	9.02×10^{-5}	5.00×10^{-5}	1.20×10^{-4}	
②$_{3b3-4+d3}$	淤泥质粉质黏土、粉质黏土夹粉砂	1.71×10^{-6}	1.72×10^{-6}	5.00×10^{-5}	1.50×10^{-4}	
②$_{3d3-4}$	粉砂	1.40×10^{-4}	1.59×10^{-4}	1.50×10^{-3}		中等透水
③$_{3b1-2}$	粉质黏土	7.00×10^{-8}	1.40×10^{-7}	7.00×10^{-7}	1.40×10^{-6}	微透水
③$_{4a3-4}$	黏土	6.00×10^{-8}	1.00×10^{-7}	6.00×10^{-7}	1.00×10^{-6}	不透水
③$_{4b2-3}$	粉质黏土	6.30×10^{-7}	4.37×10^{-6}	6.30×10^{-6}	8.70×10^{-6}	微透水

(续表)

孔号	岩土名称	室内试验		建议值		渗透性
		水平渗透系数 (m/d)	垂直渗透系数 (m/d)	水平渗透系数 (m/d)	垂直渗透系数 (m/d)	
③$_{4b2-3+d2}$	粉质黏土夹团块状粉细砂	2.40×10^{-7}	6.10×10^{-7}	5.00×10^{-5}	1.00×10^{-4}	弱透水
③$_{4d2-3}$	粉细砂	1.45×10^{-4}	1.37×10^{-4}	1.52×10^{-3}		中等透水
③$_{4e}$	含卵砾石粉质黏土（局部含卵砾石中粗砂）	—	—	8.63×10^{-4}		弱透水
K$_{1g-2}$	强风化泥岩、粉砂质泥岩、泥质粉砂岩			2.00×10^{-5}		
K$_{1g-3-1}$	中风化泥岩、粉砂质泥岩、泥质粉砂岩			1.00×10^{-5}		微透水

5 降水重难点

基坑突涌稳定性分析见表3。

表3　　基坑开挖深度与安全水头埋深对应关系

序号	开挖区域	基坑开挖深度 (m)	安全水位埋深 (m)	水位降深 (m)	安全系数
1	临界状态	15.31	3.40	不需降压	1.10
2	标准段	16.70	5.77	2.37	1.01
3	西侧端头井	17.98	7.94	4.54	0.93
		18.70	9.17	5.77	0.88
4	东侧端头井	17.84	7.70	4.30	0.94
		18.09	8.13	4.73	0.92

降水重难点分析如下。

（1）潜水及第Ⅰ承压含水层，本项目开挖深度已揭穿该层，并且止水帷幕已完全隔断该层，采取疏干的方式进行降水。

(2) 将浅层富含②$_{2b3-4+c3}$ 淤泥质粉质黏土、粉质黏土夹粉土，②$_{3b3-4+d3}$ 淤泥质粉质黏土、粉质黏土夹粉砂的潜水层水位降至开挖面以下 1 m。

(3) 将开挖面范围内的③$_{4b2-3+d2}$ 粉质黏土夹团块状粉细砂及③$_{4d2-3}$ 粉细砂的第Ⅰ层承压水水位降至开挖面以下 1 m。

(4) 对于③$_{4e}$ 层含卵砾石粉质黏土（局部含卵砾石中粗砂）及③$_{4b2-3+d2}$ 层粉质黏土夹团块状粉细砂构成的第Ⅱ层承压水控制承压水水头。

(5) 为确保基坑顺利开挖，需降低基坑开挖深度范围内的潜水及第Ⅰ承压含水层土体含水量，采用疏干深井形式进行处理，并尽可能增加预抽水时间。

(6) 针对第Ⅱ承压含水层，布置减压降水井降低承压含水层的承压水水头，将其控制在安全埋深以内，以防止基坑开挖时基坑底部发生突涌，确保施工时基坑底板的稳定性。

(7) 在坑外布置水位观测井，监测降水期间坑外水位变化。

(8) 本项目周边环境极其复杂，周边建（构）筑物和管线多，若降低承压水位会对邻近建筑物及地下管线等造成一定程度的影响，降水必须做到按需降水。虽然目前地墙已隔断承压水，但现场地墙施工至基岩层时再往下施工比较困难。

(9) 夫子庙站是 5 号线和 3 号线的换乘站，周边建构筑物距离车站较近，坑内降水势必对周边环境产生不利影响，在坑外布置水位观测井兼应急回灌井。

6 降水设计

6.1 坑内减压井设计

减压降水深井孔径 650 mm，井管及过滤器外径 273 mm。坑内第Ⅱ层减压降水深井，井深 36 m、37 m，过滤器长度 4 m，共布置 8 口（含 3 口水位观测兼备用井）。

经过计算，开启降压井，降水运行预测基坑水位降深等值线见图 4。

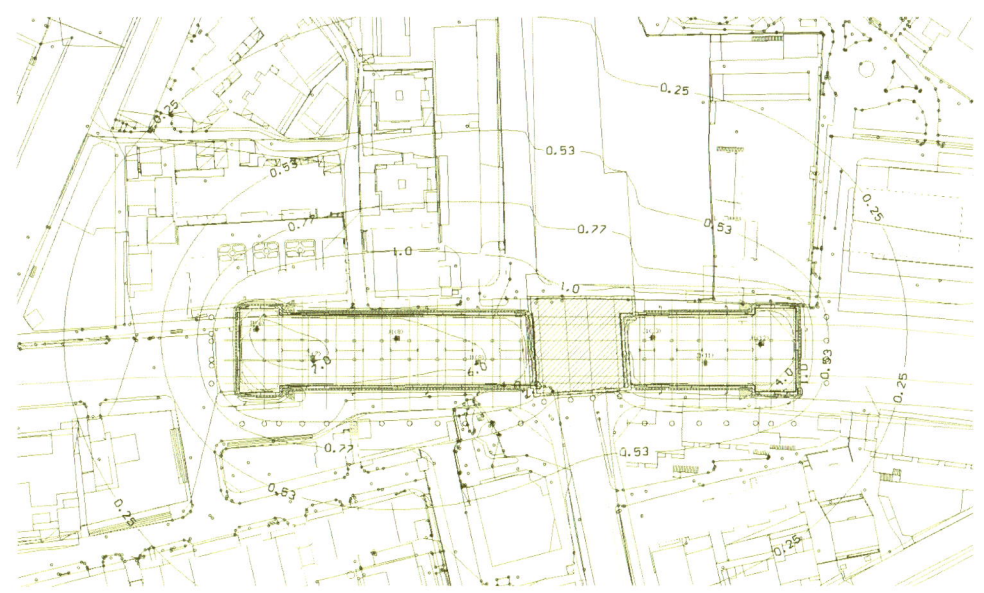

图 4 基坑内减压降水运行后预测水位降深等值线（单位：m）

6.2 坑内疏干井设计

考虑疏干管井单井有效疏干面积按约 200 m²/口布置。共布置 17 口 24 m、25 m 的疏干井。

6.3 坑外回灌兼观测井设计

需实时监测坑外水位变化情况，坑外需布置潜水的水位观测井，监测点宜布置在止水帷幕外侧约 2 m 处，以便发现问题及时处理，调整抽水井、抽水流量及降水高度，指导降水运行和开挖施工。

在夫子庙站坑外布置第Ⅱ层承压水水位观测井兼应急回灌井，间距 20 m，井深 36 m、37 m，共布置 15 口。

7 验证试验

7.1 初始水位观测

③$_{4b2-3+d2}$、③$_{4e}$ 层承压含水层初始水位 1.01～2.84 m，相对标高 6.90～8.73 m。

7.2 坑内潜水

西区坑内疏干井从 6 月 8 日陆续开启进行疏干降水，水位控制在第二道支撑面以下 1 m，做到按需降水，且保证在每次开挖前将潜水与第Ⅰ层承压水水位降至开挖面以下 1 m，满足基坑开挖要求。

在潜水试抽试验过程中发现疏干井运行对坑内降压井水位有明显影响，在试验过程中坑内减压井和观测兼备用井与疏干井下降趋势一致，表明第Ⅰ层承压含水层（③$_{4d2-3}$、③$_{4b2-3+d2}$ 层）与第Ⅱ承压含水层（③$_{4b2-3+d2}$、③$_{4e}$ 层）水力联系密切，后续开挖过程中加强坑内水位观测。

7.3 ③$_{4b2-3+d2}$、③$_{4e}$ 层承压水

生产性抽水试验验证现有的减压井能够将③$_{4b2-3+d2}$、③$_{4e}$ 层承压水层水位降到设计要求水位，确保基坑开挖安全。单井出水量约 0.10 m³/h，与设计出水量基本一致。

坑外③$_{4b2-3+d2}$、③$_{4e}$ 层观测井在试验期间下降幅度在 0.03~0.04 m，变化量较小，基坑开挖过程中减降水时间较长，在降压过程中还需要做到按需减压并加强坑外水位观测

7.4 止水帷幕判断

③$_{4b2-3+d2}$、③$_{4e}$ 层承压含水层抽水时，坑外水位变化较小，各观测井下降幅度在 0.03~0.04 m，止水帷幕止水效果整体较好，但基坑开挖过程中仍应加强监测。

7.5 降水对环境影响控制措施

（1）坑内降水"按需降水""精细管控"、尽可能减少抽水量，从而减少因降水对周边环境的影响。

（2）在基坑开挖时应合理分块完成底板，加快施工速度，尽可能缩短降水时间。

（3）在基坑开挖前期及施工过程中，应提前排摸止水质量并加强过程监测，

对可能存在的风险点及早及时采取处理措施。

7.6 备用电源

③$_{4b2-3+d2}$、③$_{4e}$层降水井停止抽水后,西区坑内水位 1.5 h 水位恢复 50% 左右,停抽后短时间内水位恢复较快,为保证基坑安全,减压降水运行期间总包应对降水运行应配备独立的供电系统,且供电系统应配备两路以上不同变电站的独立电源,保证停电后在 2 h 内恢复供电。

8 项目总结

(1) 基坑开挖范围内存在较厚的软土等土层,土质不均匀,渗透性及含水量较大。潜水疏干井按照 200 m²/口布置,采用真空抽水系统,基坑开挖过程中有效将开挖范围内潜水及第Ⅰ承压含水层,基坑开挖过程中需要将坑内浅层水降至坑底以下 1 m。

(2) 本项目地连墙已完全隔断承压水,对于降水而言主要是疏干,但是在实际的施工过程中,需要注意止水帷幕是否具有良好的止水效果,同时也要做好止水帷幕渗漏甚至失效的应急预案。

南京市轨道交通10号线松花江路站降水工程

1 工程概况

南京地铁 10 号线（西延线）线路全长 22.3 km，设站 13 座。松花江站位于南京河西地区，车站沿乐山路南北向布置，位于梦都大街和松花江西街之间，为地下两层岛式站台车站，车站平面外包尺寸 260.5 m×19.6 m，站台宽 10.5 m，设 3 组风亭，6 个出入口，其中 1 号出入口兼作梦都大街过街通道。车站概况见表 1。

表 1　　　　　　　　车站概况

分区		开挖深度（m）	围护结构	支撑形式
主体基坑	标准段	15.40～15.90	采用 800 mm 地下连续墙，墙深 30～33 m	1 道混凝土支撑+4 道钢支撑
	端头井	17.53		1 道混凝土支撑+5 道钢支撑

2 基坑围护概况

松花江路站基坑围护结构采用 800 mm 地下连续墙，标准段墙深 30 m，端头井墙深 33 m。标准段采用五道支撑，端头井段采用六道支撑，其中第一道为砼支撑，其余均为钢支撑。墙缝采用 H 型钢接头，围护结构与主体结构形成复合式侧墙结构。基坑围护结构平面及剖面示意见图 1、图 2。

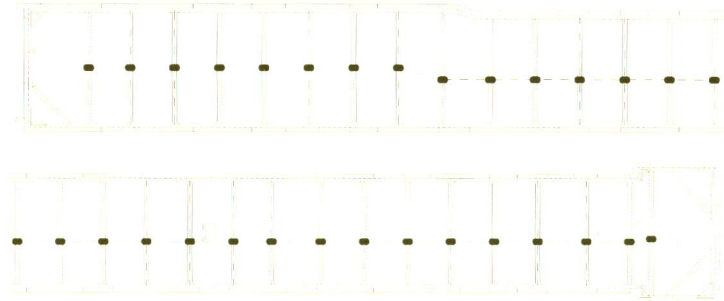

图1 基坑围护结构平面示意

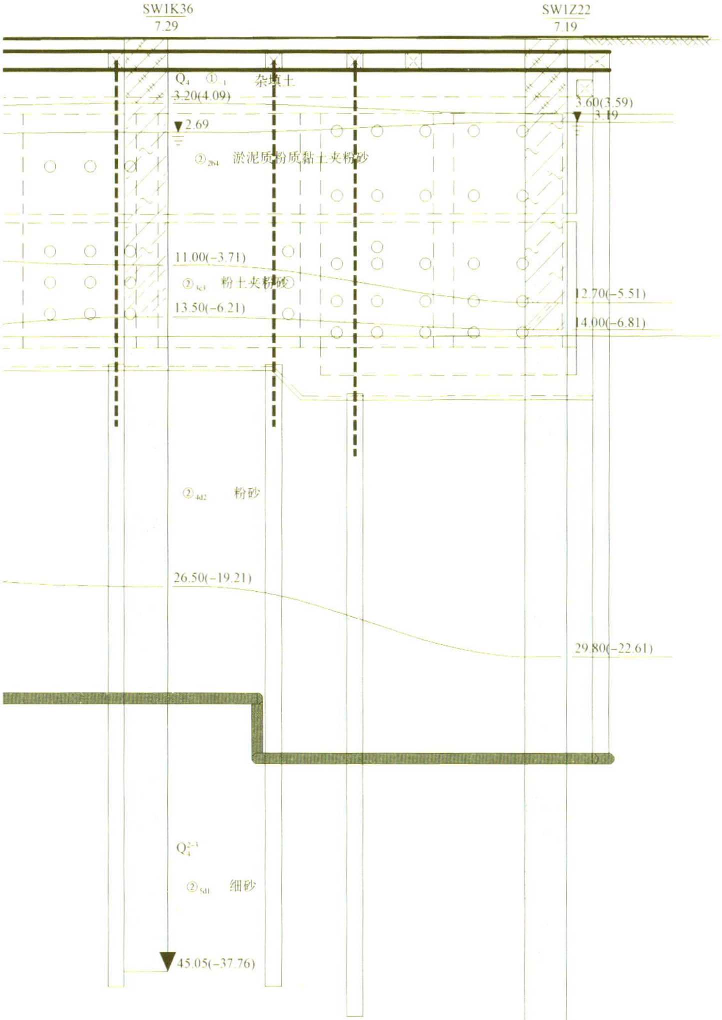

图2 基坑围护结构剖面示意

3 工程地质情况

南京属长江下游冲积平原与江南低山丘陵区交接地带，一面临江，三面环山。在地质构造、岩浆活动和长江等内外力长期作用下，南京市地形及地貌景观显示多元组合特征。南京地铁 10 号线（西延线）工程附近地区基本可划分为构造剥蚀低山丘陵、堆积侵蚀平原和堆积平原三种基本地貌类型。其中，构造剥蚀低山丘陵区分布于线路北侧老山山脉一带，受断裂构造控制，大体呈北东东向展布；侵蚀堆积平原区分布于低山丘陵区的外围；堆积平原区分布于长江、秦淮河两侧，地势平坦开阔，向河面微倾。

地铁 10 号线（西延线）工程位于长江河谷堆积平原区内，地形总体较平坦，起伏较小。

场地地貌类型为长江低漫滩或边滩，地形低平，地势向长江河谷缓倾，地面标高一般小于 5 m，为受长江汛期影响的易涝区。区段土层结构复杂，含水砂层发育，地下水丰富，且江水与地下水水力联系密切。在长江两侧存在较厚的淤泥质粉质黏土，粉砂、粉细砂存在砂土液化条件，场地环境条件为复杂类型。

地貌单元属长江低滩，地形低平。第四系覆盖层厚度较大，主要为漫滩相冲淤积成因的饱和软弱黏性土、饱和粉土及砂土。下伏浦口组基岩顶板长江南岸埋深 50 m 左右，北岸一般大于 65 m，岩面相对平坦，岩性为泥质粉砂岩、泥岩，强度较低。工程地质层分布与特征描述如下。典型地质剖面见图 3。

①$_1$ 层杂填土，杂色、灰色、灰黄色、灰褐色，稍密—中密，局部揭露于表层，表层多为混凝土地面或沥青路面，以下混较多碎石子、黏性土等。

①$_2$ 层素填土，灰色、黄灰色，松散，场区大部分地段表层均有分布，局部为耕植土，以粉质黏土、粉砂为主，含植物根系及少量生活垃圾。

②$_{1a2-3}$ 层黏土，灰黄色、灰褐色，软塑—可塑，场区大部分地段浅部均有分布，厚度不大，含铁锰质结核及浸染，夹粉砂薄层。

②$_{3c3}$ 层粉土夹粉砂，灰色—青灰色，稍密，见云母碎片，摇振反应迅速，无光泽，韧性、干强度低。夹单层厚度约 2~10 mm 的粉砂薄层，含量约 20%。

②$_{2b4}$ 层淤泥质粉质黏土夹粉砂，黄灰色、灰色，流塑，场区连续分布，厚度变化大，靠近长江一侧厚度较小，靠近夹江一侧厚度较大，细腻光滑，含贝壳

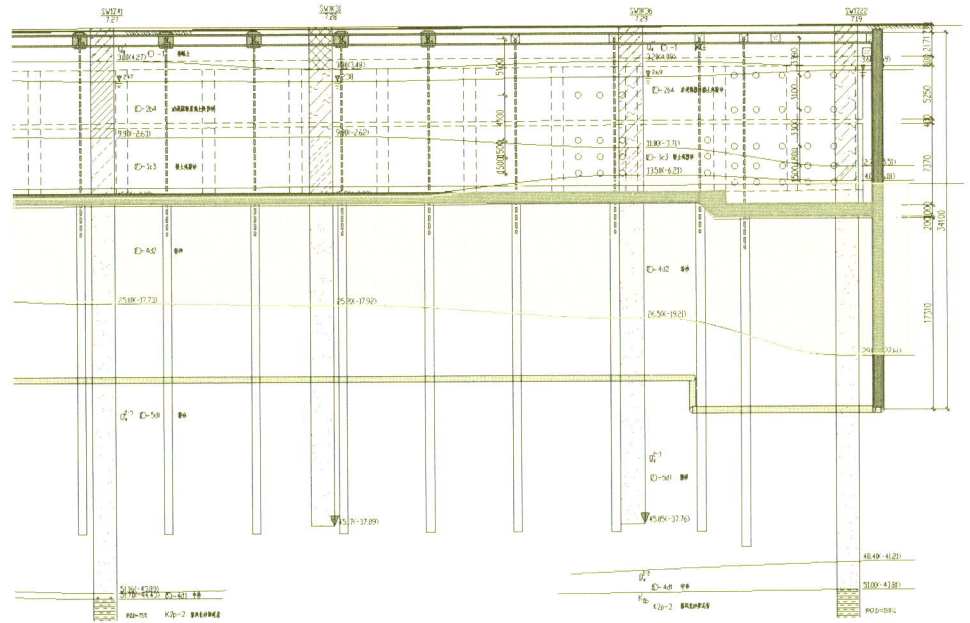

图3 主体基坑典型地质剖面

碎片及腐殖质，有腥臭味，夹粉砂、粉土薄层，单层厚0.1～1.0 cm，具层理。

②$_{2d3-4}$层粉砂，灰色，饱和，松散，级配较差，主要矿物成分以石英、长石为主，含云母碎片，上部夹淤泥，局部夹粉质黏土薄层。仅部分地段有揭露。

②$_{3b2-3}$层粉质黏土，灰色，可塑，夹少量单层厚约5～10 mm的粉砂薄层，稍有光滑，干强度及韧性中等。仅部分地段有揭露。土层具中压缩性，工程地质性能一般。

②$_{3d3-4}$层粉砂、细砂、黄灰色，饱和，松散，级配较差，主要矿物成分以石英、长石为主，含少量云母碎片。间断分布，大多地段缺失。

②$_{4d2}$层粉砂、细砂，黄灰色，饱和，中密，级配较差，主要矿物成分以石英、长石为主，含少量云母碎片。间断分布，大多地段缺失。

②$_{5d1}$层细砂，灰色，饱和，密实，局部为粉砂，级配较差，主要矿物成分以石英、长石为主，含少量石英质砾石。仅部分地段有揭露。

④$_{4d1}$层粉砂、细砂，灰色，饱和，密实，级配较差，主要矿物成分以石英、长石为主，含少量石英质砾石。间断分布，大多地段缺失。

④$_{4e1}$层圆砾、砾砂、含砾中粗砂，青灰色，饱和，密实，成分以石英质为

主，亚圆形，粒径 5～20 mm，含量占 50%～60%，局部含卵石，粒径 2-6 cm。间断分布。

K_{2p-1} 层强风化泥岩，紫红色，坚硬，泥质结构，层状构造，岩芯较完整，呈柱状，柱长 5～20 cm，发育少量闭合裂隙。间断分布，大多地段缺失。

4 水文地质情况

根据地下水赋存条件，地下水类型主要为松散岩类孔隙水及基岩裂隙水。松散岩类孔隙水为主要地下水类型，根据其埋藏条件和水力性质，又分为孔隙潜水及微承压水。孔隙潜水：区内广泛分布，含水层岩性由全新统②$_{2b4}$层淤泥质粉质黏土夹粉砂薄层组成，厚度 6～20 m。微承压水：区内广泛分布，其沉积物多呈二元或多元结构，上细下粗，含水层主要为②$_{4d2}$层粉砂、细砂，②$_{5d1}$层细砂、③$_{4d1}$层细砂、中砂组成，砂层厚度一般在 20～45 m。

基岩裂隙水的分布受区内地层岩性和构造控制。区内基岩裂隙水为碎屑岩类裂隙水，含水岩组岩性为白垩系浦口组的碎屑岩类组成，分布广泛。

5 降水重难点

5.1 基坑突涌稳定性

基坑开挖深度与微承压水层安全水头埋深对应关系见表 2。

表 2　　基坑开挖深度与微承压水层安全水头埋深对应关系

序号	开挖深度（m）	安全水位（m）	水位降幅（m）	备注
1	5.1	0.5	临界状态	—
2	9.0	6.0	5.5	—
3	15.0	16.0	15.5	已揭穿，水位控制在开挖面以下 1 m
标准段	15.9	16.9	16.4	已揭穿，水位控制在开挖面以下 1 m
端头井	17.5	18.5	18.0	已揭穿，水位控制在开挖面以下 1 m

5.2 降水特点分析及相应对策

（1）松花江路站主体基坑开挖深度为 15.9～17.53 m，基坑底部基本在粉砂层中，开挖面已揭穿承压含水层顶板，且承压含水层顶板最浅埋深为 5.00 m 左右，水位埋深 1～3 m。

（2）车站基坑面积大，需要降承压水的范围比较大。

（3）②$_{4d2}$层粉砂、细砂与②$_{5d1}$层细砂相互连通，之间存在水力联系，承压含水层厚达到 50 m。

（4）基坑围护体系均为地下连续墙，均无法切断基坑内外承压水水力联系，抽水量大，排水量大，用电量大，对周边环境影响大。

6 降水设计

6.1 坑内减压井设计

坑内减压降水深井孔径 650 mm，井管及过滤器外径 273 mm。减压井深度为 26～28 m，过滤器长度 8 m，共布置 44 口；承压水观测井深度为 26～28 m，过滤器长度 8 m，共布置 5 口；备用井深度为 26～28 m，过滤器长度 8 m，共布置 9 口。

经过计算，开启降压井，各区减压降水运行完成后地面沉降预测等值线见图 4。

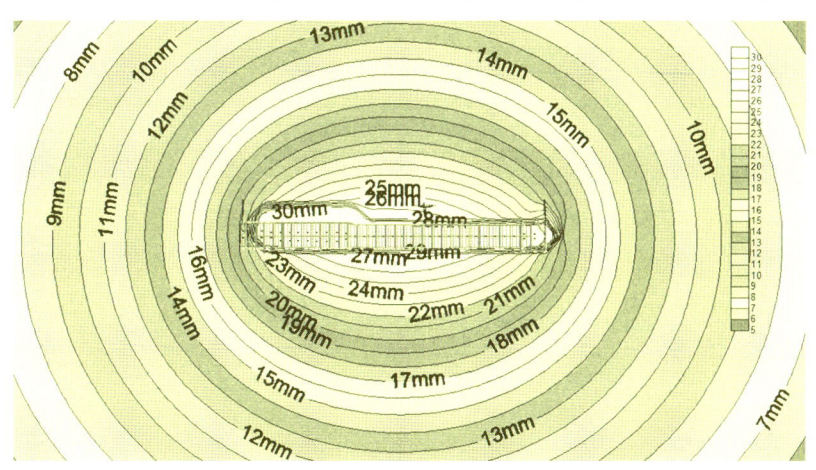

图 4　减压降水运行完成后地面沉降预测等值线

6.2 坑内疏干井设计

疏干管井单井有效疏干面积按约 400 m² 布置,基坑面积约 5 100 m²,在主体基坑内布置 13 口深 12 m 的疏干井。

6.3 坑外水位观测井设计

坑外观测井兼备用、应急回灌井深度为 38 m,过滤器长度 5~7 m,共布置 7 口。

7 现场降水及周边情况

7.1 降水井布置情况

为判断止水帷幕绕流效果,验证降水方案的可行性,止水帷幕和降水井完成后,进行验证性抽水试验,降水井平面布置及剖面结构见图 5、图 6。

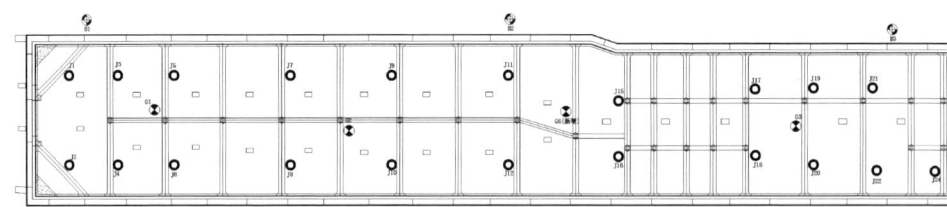

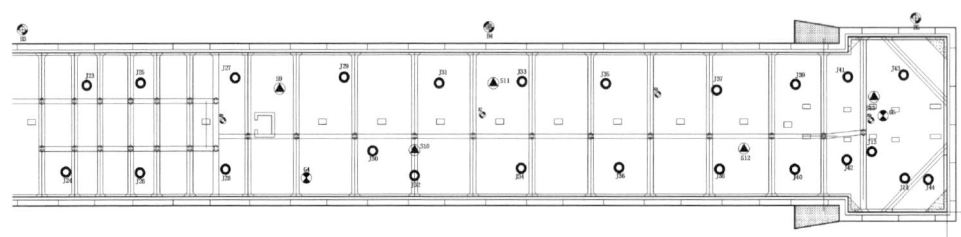

图 5　降水井平面布置

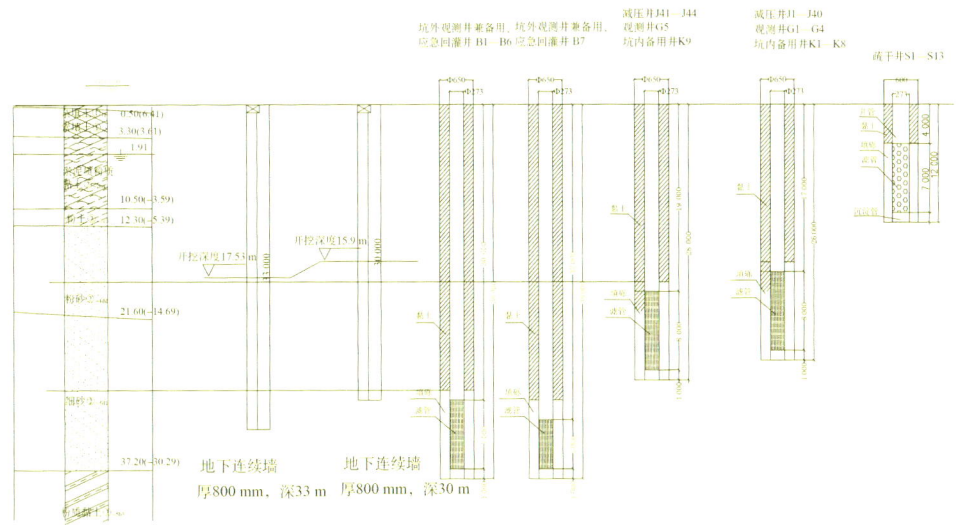

图 6　主体基坑降水井剖面结构示意

7.2　主体基坑验证试验过程

因工期紧迫,在部分井成井完成后进行了第一阶段验证试验,平面布置见图 7,开启 J39、J40、J42、J43、J44 共 5 口井抽水,井内均安装 50 t/h 流量水泵,出水量差异较大,坑内观测井 G5 和备用井 K9 的水位为井口以下 13.5 m,未降水至安全水位。

因第一次群井抽水试验未达到预期,对局部井位进行了调整,并增加了两口 28 m 减压井,并进行了成井施工,并进行水泵安装,安装情况见表 3。

表 3　　　　　　　　　降水井水泵安装情况

井号	J37	J38	J39	J40	J41	J42	J43	J44	J13	J14
水泵额定流量（m/h）	32	32	50	32	32	32	50	32	50	50
水泵放置深度（m）	25	25	25	25	27	27	27	27	27	27

水泵全部安装完成后,进行了第二次群井抽水试验,平面布置见图 8。

群井试验进行抽水 48 h 后,于 2011 年 9 月 30 日下午观测坑内备用井 K9 的水位为井口以下 17.50 m,满足本段基坑开挖降低水位要求。

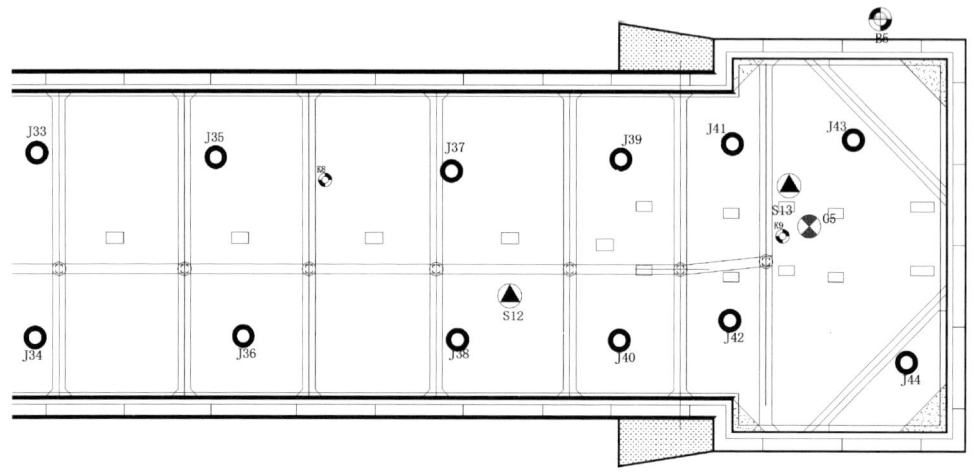

图 7 第一阶段群井抽水试验降水井平面

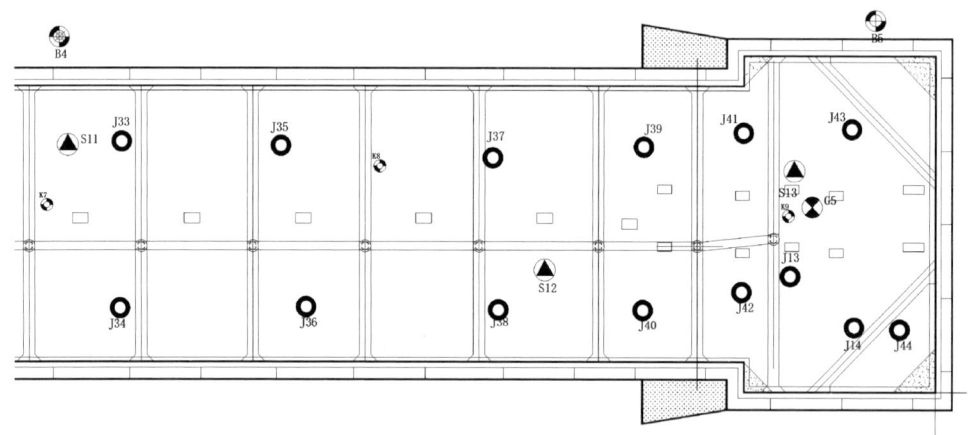

图 8 第二阶段群井抽水试验降水井平面

7.3 现场施工过程

（1）成井工期较为紧张，部分井泥浆比重控制稍差，导致影响出水量，后又采用活塞反复洗井，出水量有一定的改善。

（2）抽水设备到货时间长，导致成井完成后未能及时试抽，降水井出水量有一定的损失。

（3）运行阶段逐一排查降水井水位情况，坚决不放过每一口井，保证每口井水位长期处于符合工况要求的状态。现场挖至坑底土体含水量明显降低，开挖效果见图 9。

图 9 现场明挖段基坑开挖

8 项目总结

(1) 降水深化设计前,要充分研究地勘、围护设计图,保证降水设计的合理性。

(2) 围护结构未隔断承压水层,且承压水层较厚时,减压井过滤器设置不宜过短,当降深量较大时,减压井数量增加,井深不宜超围护结构,避免减压井运行对周边造成不利影响,同时运行减压井数量需得到保障。

(3) 承压水在揭穿状态时兼作疏干井要提前降水,确保基坑可正常开挖,避免不必要的工期损失。

苏州市轨道交通及水文地质概况

苏州市轨道交通目前营运中的线路有1号线、2号线、3号线、4号线、5号线和11号线，营运总里程210.8 km，位列全国第14位。1号线于2007年12月26日开工，2012年4月28日开始正式营运。苏州市轨道交通线路见图1。

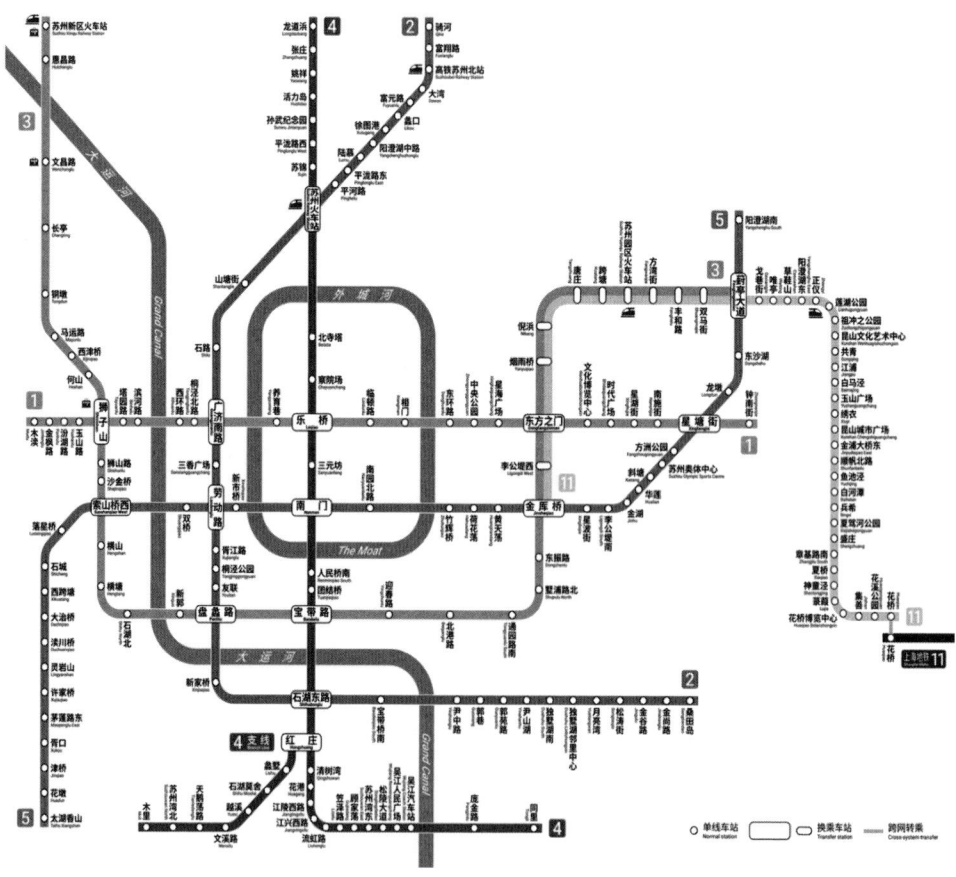

图1 苏州市轨道交通线路

目前，近期规划有9条线路，总长度353 km，车站280座；远期规划15条线路，总长度约768 km，其中市域线6条377 km，市区线9条391 km。另有6条有轨电车线（不隶属苏州轨道交通管辖）。

苏州市位于长江三角洲的中下游和太湖平原的东部，是典型的平原区水网，境内湖泊密布，河道纵横，地表水资源丰富。苏州城区及东部地区则为广阔的洼地堆积平原，地势平展，海拔一般在2~4 m，自西向东微倾。苏州市属亚热带季风气候区，雨量丰沛，日照充足，具有四季分明、温和湿润的气候特点。

苏州市东西部水文地质条件差异较大，根据含水岩类的性质，区内地下水分为松散岩类孔隙水和基岩孔隙水两大类。在广阔平原地区，地下水类型主要是松散岩类孔隙水，根据含水层的成因、年代、埋藏分布以及水力性质，区内第四纪松散岩类中，广泛分布发育有四个含水层组：潜水、微承压水含水层组、第Ⅰ承压含水层组、第Ⅱ承压含水层组、第Ⅲ承压含水层组；基岩孔水主要有碳酸盐岩类溶洞裂隙水、碎屑岩类裂隙水和火成岩裂隙水。

第Ⅰ承压含水层由晚更新世时期的一套冲积、冲湖积、冲海积相沉积的1~2层粉细砂层组成岩性为灰、灰绿色粉砂、粉细砂，多含泥质成分。

第Ⅱ承压含水层为中更新世时期古河道沉积砂层，含水砂层的颗粒粗细及厚度变化受长江古河道的发育规律控制，由1~2层粉细砂、中粗砂组成。

第Ⅲ承压含水层由早更新世沉积的灰黄、黄、灰色细砂、中细砂、粉细砂组成。

隐伏碳酸盐岩类溶洞裂隙水在区内主要有木渎—胥口、浒墅关—枫桥、阳西－光福和东山块段，各块段以上第四纪覆盖层厚度在50~150 m。尽管埋藏条件不同，但在地质历史时期内外营力综合作用下，均发育了不同程度和规模的断层裂隙、溶沟、溶洞现象，创造了良好的地下水赋存条件。溶洞水含水层主要由石炭系黄龙、船山组，二叠系栖霞组和三叠系长兴组、青龙组组成，各块段因含水性的差异和岩溶发育程度的区别，富水性也不同。

碎屑岩类裂隙水一般水量较小，在构造和风化发育的地段水量相对较大。含水岩层有泥盆系茅山群（$D_{1-2}m$）、五通组（D_{3w}）中厚层砂岩、石英砂岩以及高骊山组（C_{1g}）、二叠系桥组（P_{1y}）、龙潭组（P_{2l}）粉细砂岩、粉砂质泥岩、泥岩、页岩等。含水层的富水性分布不均匀，在构造、风化裂隙发育地段，富水性相对较好，单井涌水量为200~650 m³/d，而裂隙不发育地段的单井涌水量仅为

$20\sim80~\mathrm{m^3/d}$。

火成岩裂隙水含水层主要为燕山期花岗岩和侏罗系火山熔岩、凝灰岩,后者大部分隐伏于东部平原区的第四系之下,仅在虎丘、观山等地有零星出露,其富水性受岩性、构造、风化程度和地貌条件制约,一般单井涌水量小于 $100~\mathrm{m^3/d}$。

潜水含水层的富水性取决于含水层的岩性和厚度,一般富水性较差,适宜于民井开采,大部分地区单井涌水量为 $5\sim10~\mathrm{m^3/d}$。在苏州西郊至浒墅关大运河高亢平原区以及吴中区的浦庄、渡村一带含水层为上更新统黏土,结构较致密,渗透性极差单井涌水量一般小于 $5~\mathrm{m^3/d}$。

浅层地下水主要接受大气降水、地表水以及灌溉水的入渗补给。

潜水:水量充沛,地形平坦,因人工活动频繁,包气带的岩性多为受人为不同程度改造过的黏性土,厚度不大,有利于降水的入渗,地下水动态与大气降水关系密切。同时平原区稻田灌溉水的入渗补给成为浅层地下水的又一重要补给源头。地表水体对潜水的补给比较弱,只是在一定程度上起到了控制、调节浅层地下水水位的作用。

微承压水:由于微承压含水层与上部潜水含水层直接相连,二者之间无隔水层其水位变化与潜水表现相一致,同样接受大气降水的补给影响,但微承压水含水层不是直接的被补层位,而是先补充给潜水,然后由潜水渗透补充微承压水。

苏州市轨道交通 8 号线人民路站降水工程

1 工程概况

人民路站是苏州市轨道交通 8 号线第 8 个车站,该站西侧接孙武纪念园站,东侧接陆慕老街站,位于阳澄湖西路与人民路交叉口东侧,沿阳澄湖西路东西向敷设,为地下二层岛式站台车站。车站概况见表 1。

车站长度 202 m,标准段宽度 20.7 m,站台宽度 12 m,采用两层双跨框架结构。有效站台中心里程处底板埋深为 16.6~17 m。车站采用明挖顺作法施工,车站顶板覆土约 3 m。车站两端均为始发井。

表 1　　　　　　　　　　　车站概况

车站形式	开挖深度（m）	止水帷幕	施工方式
地下二层	16.60~17.00（标准段）	标准段地下连续墙墙深 30.50 m	明挖顺作法
	18.30（西端头井）	西端头井地下连续墙墙深 33.00 m	
	18.83（东端头井）	东端头井地下连续墙墙深 33.50 m	

2 基坑围护概况

基坑采用地下连续墙+内支撑的围护方案;地下连续墙采用工字钢接头。车站采用明挖顺作法施工,标准段开挖深度 16.6~17 m,西端头井开挖深度约 18.30 m,东端头井开挖深度约 18.83 m,车站底板主要在 ⑤$_1$ 层粉质黏土,地下连续墙底进入 ⑥$_2$ 层粉质黏土。标准段采用 800 mm 厚地下连续墙,竖向设置

4道支撑，其中第一道支撑为钢筋砼支撑；端头井段采用800 mm厚地下连续墙，竖向设置5道支撑+1道换撑，其中第一道支撑为钢筋砼支撑。基坑围护结构平面及剖面示意见图1、图2。

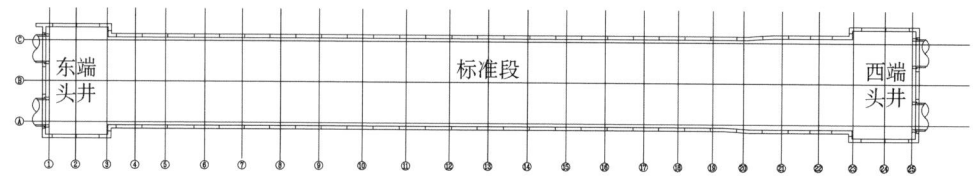

图1 基坑平面示意

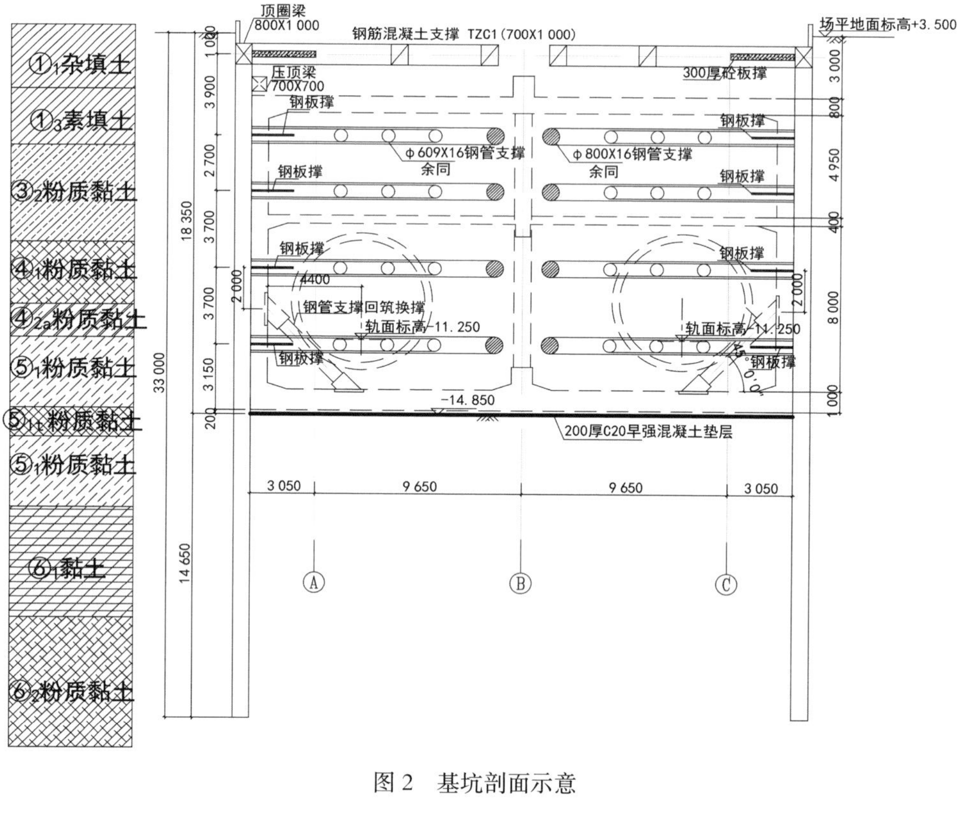

图2 基坑剖面示意

3 工程地质情况

本场地60 m深度范围内地基土属第四纪冲湖积相、海陆交互相及冲湖相沉积物。主要由黏性土、粉土及砂土组成，一般呈水平向分布。

根据拟建场区地基土的特征、成因、年代及物理力学性质不同，并参照苏州市轨道交通工程既有岩土分层系统及岩土特征，本标段沿线场地地层划分为8个主要层次，其中，①、③、④、⑤、⑥、⑦、⑧层根据土性的不同分别划分为若干个亚层及次亚层。

本工点场地地基土主要特征见表2，典型地质剖面见图3。

表2　　　　　　　　　　　地基土主要特征

时代成因	土层编号	土层名称	土层描述
Q_4^{+ml}	①$_1$	杂填土	含碎石、砖块等建筑垃圾，局部含生活垃圾，地表多为水泥地坪或沥青路面
Q_4^l	①$_2$	浜土	含大量有机质及腐殖物
Q_4^{+ml}	①$_3$	素填土	以黏性土为主，含植物根茎、碎小石子等杂物。土质松散不均匀
Q_3^{2-3al}	③$_1$	黏土	褐黄—灰黄色，硬塑，压缩性中等
Q_3^{2-3al}	③$_2$	粉质黏土	灰黄色，可塑，压缩性中等。含少量氧化铁斑点，局部夹薄层粉土。土质尚均匀
$Q_3^{2-2(al+m)}$	④$_1$	粉质黏土	灰色，软塑，压缩性高等—中等。含云母、有机质，局部夹少量薄层粉性土，土质尚均匀
$Q_3^{2-2(al+m)}$	④$_{2a}$	粉质黏土	灰色，稍密状态，压缩性中等
Q_3^{2-2mc}	⑤$_1$	粉质黏土	灰色，软塑，压缩性高等—中等
Q_3^{2-2mc}	⑤$_{11}$	粉质黏土	灰色，稍密—中密状态，压缩性中等
$Q_3^{2-1(al+l)}$	⑥$_1$	黏土	暗绿—灰黄色，硬塑，压缩性中等
$Q_3^{2-1(al+l)}$	⑥$_2$	粉质黏土	灰黄—青灰色，可塑，压缩性中等
$Q_3^{2-1(al+l)}$	⑥$_t$	粉质黏土	灰黄—灰色，中密状态，压缩性中等
Q_3^{2-1lg}	⑦$_1$	黏质粉土	灰色，软塑—可塑，压缩性中等
Q_3^{2-1lg}	⑦$_2$	粉砂夹粉土	灰色，饱和，中密—密实状态，压缩性中等
$Q_3^{2-1(lg)}$	⑦$_3$	粉质黏土	灰色，软塑—可塑，压缩性中等，含云母、有机质，夹薄层粉性土，土质尚均匀
$Q_2^{2-2(al+l)}$	⑧$_1$	黏土	暗绿色，硬塑，压缩性中等

(续表)

时代成因	土层编号	土层名称	土层描述
$Q_2^{2-2(al+l)}$	⑧$_{2-1a}$	粉质黏土	灰绿—灰色，可塑，压缩性中等
$Q_2^{2-2(al+l)}$	⑧$_{2-1b}$	黏质粉土夹粉质黏土	灰色，中密—密实状态，压缩性中等
$Q_2^{2-2(al+l)}$	⑧$_{2-2}$	粉质黏土	灰色，可塑，压缩性中等

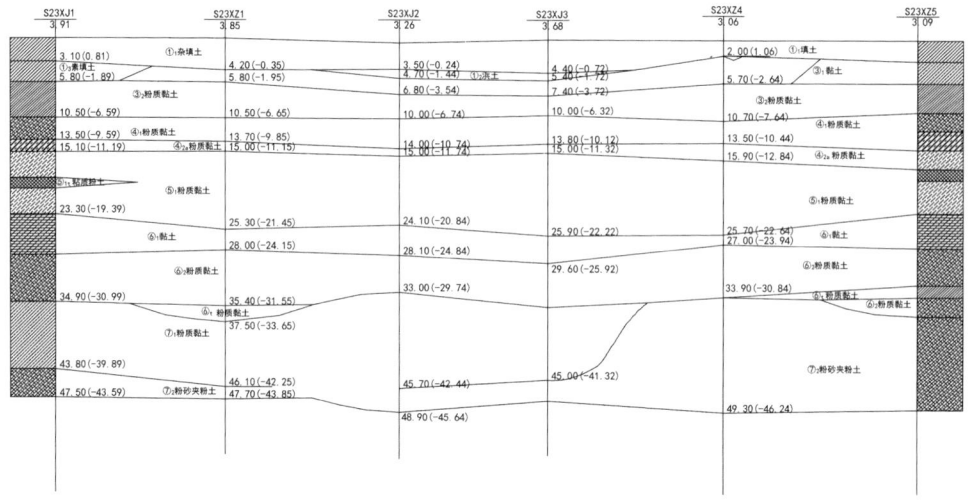

图3 典型地质剖面

4 水文地质情况

苏州地区地下水类型主要为松散岩类孔隙水，按形成时代、成因和水理特征可划分为潜水含水层、微承压水含水层及承压水含水层。本工程场地分布的含水层为潜水含水层、浅部④$_{2a}$层和⑤$_{1t}$层中微承压含水层，以及中部⑥$_t$层、深部⑦$_2$、⑧$_{2-1b}$层中的承压含水层。其中⑧$_{2-1b}$层埋藏较深，对本工程无影响。

潜水主要赋存于填土中，属孔隙型潜水，富水性较差。主要接受大气降水的垂直补给和地表水体侧渗补给，以自然蒸发为主要排泄途径，水位随气候、季节变化明显，属典型的蒸发入渗型动态特征类型，本场地潜水稳定埋深一般为0.90~3.50 m，其绝对标高一般为2.62~-0.20 m。

本工程场地微承压水主要赋存于④$_{2a}$层以及⑤$_{1t}$层粉质黏土中,动态变化同样受到大气降水、地形地貌、地表水体的制约影响,上述含水层补给来源为大气降水、地表水及上部潜水垂直入渗,以民间水井取水及地下径流为其主要的排泄方式,表现为降水入渗型特征。本场地④$_{2a}$层微承压水水位埋深为2.46 m(相应标高0.96 m);⑤$_{1t}$层微承压水水位埋深为2.28 m(相应标高0.78 m)。

本工程场地承压水赋存于⑥$_1$层粉质黏土、⑦$_2$层粉砂夹粉土以及⑧$_{2-1b}$层黏质粉土夹粉质黏土中,补给来源有上部松散土层下渗补给、微承压水与之联通补给、越流补给及地下径流补给,其排泄方式主要是人工开采,其次是对下部含水层的越流补给及侧向径流排泄。本场地⑦$_2$层承压水水位埋深为4.82 m(相应标高-1.86 m)。

5 降水重难点

5.1 基坑突涌稳定性

根据勘察报告提供资料,⑥$_1$层主要分布在车站2~5轴及12~25轴中,水位标高取-1.86 m,计算结果见表3。

表3　　　　⑥$_1$层基坑开挖深度与安全水头埋深对应关系

开挖区域		最浅层顶标高(m)	基坑开挖标高(m)	安全系数	安全水位(m)	降深(m)
2~5轴	临界状态	-31.55	-14.88	1.05	-1.86	不需降压
	标准段		-13.13	1.16	-1.86	
	西端头井		-14.85	1.05	-1.86	
12~25轴	临界状态	-25.69	-12.31	1.05	-1.86	
	标准段		-13.47	0.96	-3.93	5.39
	东端头井		-15.33	0.81	-7.25	2.07

根据勘察报告提供资料,⑦$_2$层整个车站均有分布,其中1~9轴层顶埋深较深,10~25轴埋深较浅,因此分区域进行计算。水位标高取-1.86 m,计算结果见表4。

表 4　⑦₂层基坑开挖深度与安全水头埋深对应关系

开挖区域		最浅层顶标高（m）	基坑开挖标高（m）	安全系数	安全水位（m）	降深（m）
1～9 轴	临界状态	-37.62	-17.54	1.05	-1.86	不需降压
	标准段		-13.13	1.28	-1.86	
	西端头井		-14.85	1.19	-1.86	
9～25 轴	临界状态	-29.79	-14.11	1.05	-1.86	
	标准段		-15.33	1.09	-1.86	
	东端头井		-13.47	0.97	-4.04	2.18

从表 4 得出，人民路站仅 12～25 轴区域东端头井端⑦₂层有承压水突涌风险，需要进行减压降水。

5.2　降水重难点分析

（1）潜水及微承压含水层：本项目开挖深度已揭穿该两层，并且止水帷幕已完全隔断该层，采用疏干降水深井形式进行处理，尽可能增加预抽水时间。

（2）对⑥₁层及⑦₂层承压水水位进行减压降水，围护基本未进入承压含水层，为敞开式减压降水，采用坑外减压降水的方式。

（3）在坑外需要布置微承压水及承压水位观测井，监测降水期间坑外的水位变化。

（4）本项目周边环境复杂，若降低承压水位会对邻近建筑物及地下管线等造成一定程度的影响。因此降水必须做到按需降水。当环境复杂时，必要可另外布设坑外回灌井。

6　降水设计

6.1　坑内减压井设计

基坑北侧为河道，环境较为简单，且⑥₁、⑦₂层承压水为敞开式减压降水，需减压降水的范围为 9～25 轴。因此在基坑 12～25 轴坑外两侧各布置 5 口⑥₁、

⑦₂层承压水减压井及观测井，标准段区域减压井井深为 37 m，端头井段区域减压井井深为 40 m，其中北侧减压井主要作为抽水井，南侧减压井作为观测井。经过计算，开启降压井，降水运行预测基坑水位降深等值线见图 4。

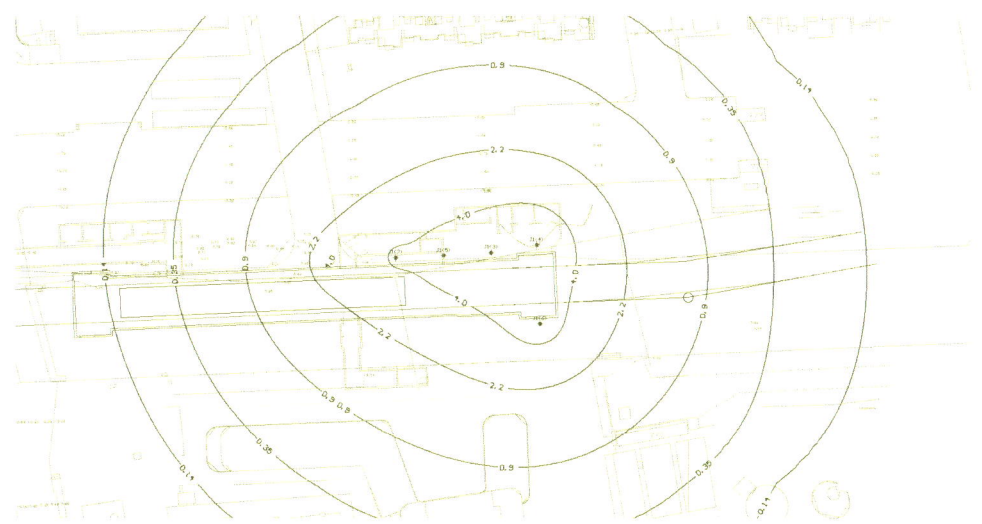

图 4　基坑内减压降水运行后预测⑦$_{2-1}$层水位降深等值线（单位：m）

6.2　坑内疏干井设计

考虑疏干管井单井有效疏干面积按约 180 m² 布置。在南北端头井各布置 2 口 24 m 的疏干井，在标准段布置 17 口 22 m 的疏干井，在 10～12 轴布置 3 口 27 m 的疏干井。

6.3　坑外回灌兼观测井设计

坑内水位降深较大，地墙渗漏会对坑外建筑物造成较大影响。由于微承压含水层水量较大，因此考虑对④$_{2a}$—⑤$_{1t}$层坑外进行水位观测，按 30 m 的间距布置，共设置 14 口，井深根据地层分布设为 17 m、21 m 井深。

7　项目总结

（1）本项目止水帷幕已完全隔断潜水及微承压含水层，在基坑的 10～12 轴开挖范围内存在⑤$_{1t}$层微承压含水层，仅需要将疏干井井管延长至⑤$_{1t}$层微承压含水层即可进行疏干减压混合降水。疏干减压混合深井能同时满足两种不同降水目的的要求（减压＋疏干），在工程上节约了成本，在施工上节约了工期；同时也降低了基坑内降水井的密度。但过早地对承压水进行减压，会对周边的环境带来不利的影响，所以这种井仅适用于对周边环境要求低的工程或止水帷幕已将承压含水层完全隔断的工程。

（2）本项目 12～25 轴区域同时具有⑥$_t$、⑦$_2$层承压含水层，以⑦$_2$层为主要降水对象，⑥$_t$层为次要降水对象，将降水过滤器对应安设在两层交界位置。

（3）考虑到人民路站北侧周边环境较为简单，南侧分布有建筑物，因此将南侧的减压井主要作为观测井，在北侧减压井降水期间进行观测。降水运行时，减压井应根据支撑等分层开挖深度按需降水，尽可能不降或少降。

苏州市轨道交通 6 号线拙政园站降水工程

1 工程概况

拙政园站是苏州市轨道交通 6 号线从西向东的第 13 个车站,位于齐门路、临顿路、东北街和西北街交叉路口北侧齐门路下方,为地下二层岛式站台车站。车站共设置 3 个出入口、2 组风亭,车站概况见表 1。

表 1　　　　　　　　　　车站概况

车站形式	开挖深度（m）	止水帷幕	施工方式
地下二层	16.831～17.194（标准段）	地下连续墙墙深 37 m	半盖挖法
	18.820（端头井）		

2 基坑围护概况

主体基坑:采用地下连续墙+内支撑的围护方案,地下连续墙采用工字钢接头。车站采用半盖挖法施工,标准段开挖深度 16.831～17.194 m,端头井开挖深度约 18.820 m,车站底板主要落在⑤$_1$层灰色质黏土,车站范围内含有⑦$_2$层粉砂夹粉土承压水,地下连续墙底进入⑦$_3$层粉质黏土≥2.0 m 隔断承压水。标准段采用 800 mm 厚地下连续墙,竖向设置 4 道支撑,其中第一道支撑为钢筋砼支撑,第二道为 $\phi 800$,$t=20$ 钢支撑,其余为 $\phi 609$,$t=16$ 钢支撑;端头井段采用 1 000 mm 厚地下连续墙,竖向设置 5 道支撑+1 道换撑,其中第一道支撑为钢筋砼支撑,其余为 $\phi 609$,$t=16$ 钢支撑。临时路面板采用混凝土盖板。

附属基坑,采用明挖法施工,根据周边的环境条件和基坑深度,围护结构共采用了 $\phi 850@660$ SMW 工法桩和地下连续墙两种形式。

基坑平面及剖面示意见图 1、图 2。

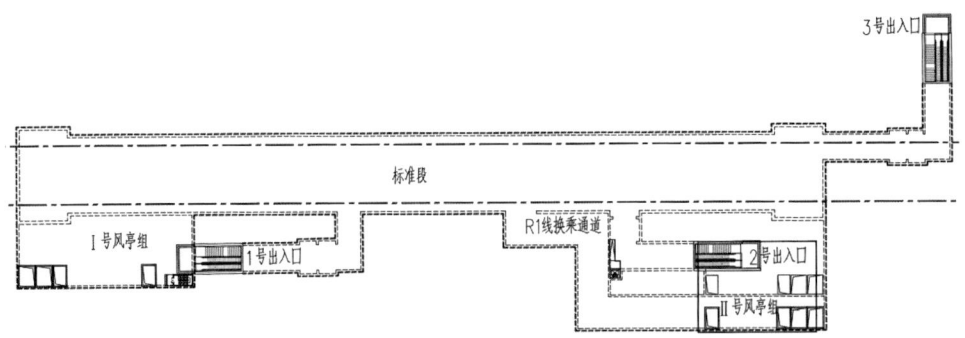

图 1 基坑平面示意

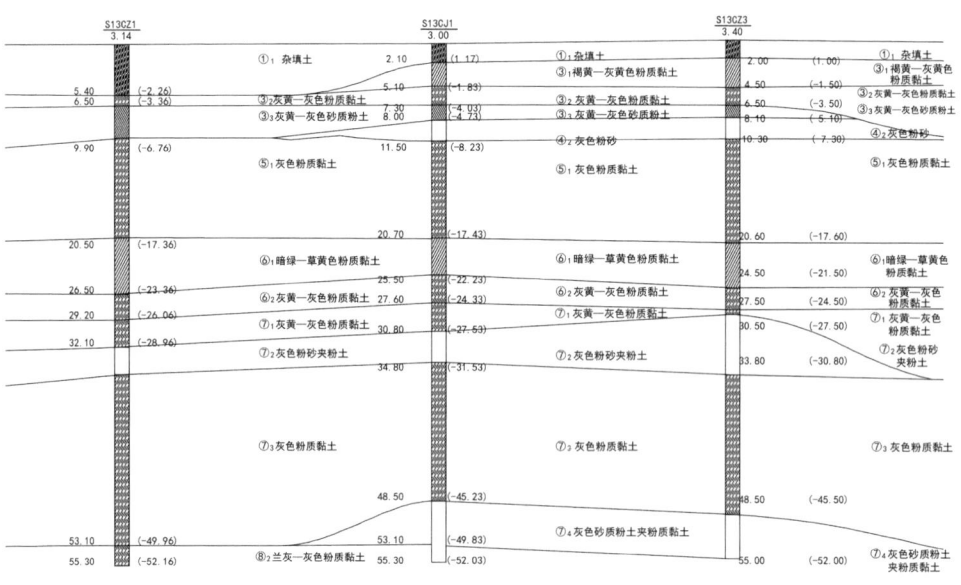

图 2 基坑剖面示意

3 工程地质情况

本场地 65.40 m 深度范围内地基土属第四纪河泛相、河口—海湾相、滨海相、河口三角洲相、冲积相及湖相沉积物。主要由黏性土、粉土及砂土组成，一般呈水平向分布。根据拟建场地地基土的特征、成因、年代及物理力学性质不同，并参照"苏州市轨道交通6号线工程岩土分层系统及岩土特征"，本工点场地地层划分为8个主要层次，其中，③、⑤、⑥、⑦层根据土性的不同分别划分为若干个亚层或透镜体。本场地典型地质剖面见图3。

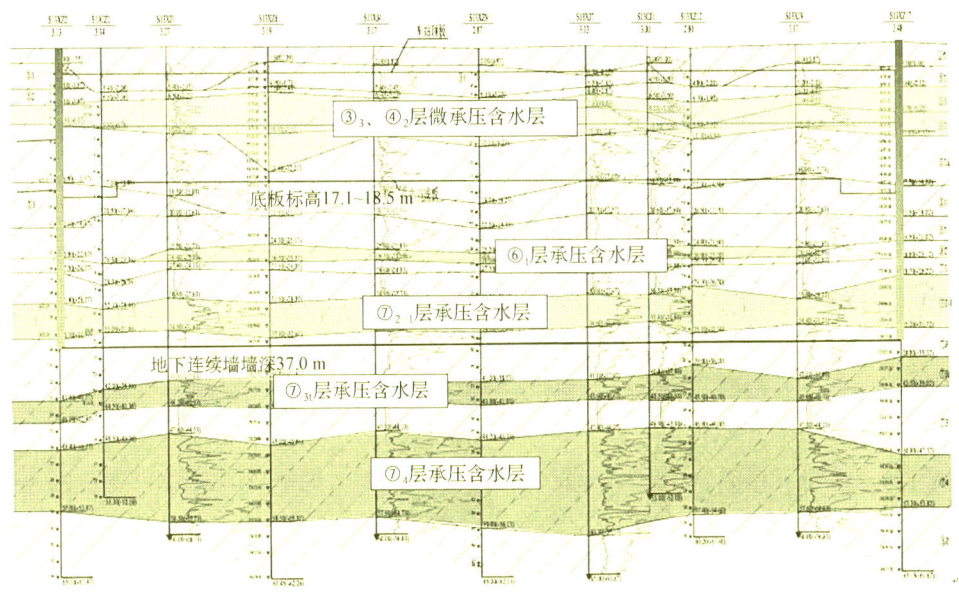

图3　典型地质剖面

①₁层杂填土，系近期人工堆填，厚为1.8~5.8 m，平均厚度为3.3 m。表层为道路沥青路面（厚为30~35 cm）、砼地坪（厚为15~30 cm）及人行道砖石。以下含大量碎砖、块石等杂物。

③₁层褐黄—灰黄色粉质黏土，场地内遍布。

③₂层灰黄—灰色粉质黏土，场地内遍布。夹薄层粉土，土质不均匀。

③₃层灰黄—灰色砂质粉土，场地内遍布。局部夹粉质黏土及黏质粉土、粉砂，土质不均匀。

④₂层灰色粉砂，拟建场地遍布，仅场地北端缺失。局部夹薄层黏性土、粉土。

⑤₁ₐ层灰色粉质黏土夹粉土，场地内遍布。夹多量薄层粉性土，土质不均匀。

⑤$_{1a}$层灰色粉质黏土夹粉土因夹多量薄层粉土,渗透系数相对较大,增加了排水通道,有利于该层的排水固结。

⑤$_1$层灰色粉质黏土,场地内遍布。

⑥$_1$层暗绿—草黄色粉质黏土,场地内遍布。

⑥$_t$层灰色砂质粉土,场地内遍布。含云母,局部夹黏性土、粉砂,土质不均匀。

⑥$_2$层灰黄—灰色粉质黏土,场地内遍布。夹粉土,土质不均匀。

⑦$_1$层灰黄—灰色粉质黏土,场地内遍布。局部夹多量粉土,土质不均匀。

⑦$_2$层灰色粉砂夹粉土,场地内遍布。局部夹薄层黏性土、粉土,土质不均匀。

⑦$_3$层灰色粉质黏土,场地内遍布。

⑦$_{3t}$层灰色黏质粉土夹粉质黏土,场地内遍布。

⑦$_4$层灰色砂质粉土夹粉质黏土,场地内遍布。

⑧$_2$层兰灰—灰色粉质黏土,场地内遍布。

4 水文地质情况

潜水主要赋存于填土和浅层黏性土中,属孔隙型潜水,富水性较差。主要接受大气降水的垂直补给和地表水体侧渗补给,以自然蒸发为主要排泄途径,水位随气候、季节变化明显,属典型的蒸发入渗型动态特征类型。另外,潜水与地表水的水力联系密切,丰水期的地下水由地表水补给,枯水期地表水则由地下水补给。场地潜水水位埋深为 0.90～3.70 m,其绝对标高一般为 -0.43～2.24 m。

微承压水主要赋存于③$_3$层灰黄—灰色砂质粉土、④$_2$层灰色粉砂中,水量较丰富,动态变化同样受到大气降水、地形地貌、地表水体的制约影响,上述含水层补给来源为大气降水、地表水及上部潜水垂直入渗,以民间水井取水及地下径流为其主要的排泄方式,表现为降水入渗型特征。微承压水稳定埋深为 2.72 m,相应绝对标高为 -0.70 m。

承压水赋存于⑥$_t$、⑦$_{2-1}$、⑦$_{3t}$、⑦$_4$层中,补给来源有上部松散土层下渗补给、微承压水与之联通补给、越流补给及地下径流补给,其排泄方式主要是人工开采,其次是对下部含水层的越流补给及侧向径流排泄。⑥$_t$层承压水含水层承压水稳定埋深为 4.46 m，相应绝对标高为 -1.99 m。测得⑦$_{2-1}$层承压水含水层承压水稳定埋深为 5.47 m，相应绝对标高为 -2.94 m。

各含水层水文地质参数见表 2。

表 2　　　　　　　　各含水层水文地质参数

层号	土层名称	渗透系数（m/d）	透水性
③$_1$	褐黄—灰黄色粉质黏土	0.000 3	不透水
③$_2$	灰黄—灰色粉质黏土	0.006 0	微透水
③$_3$	灰黄—灰色砂质粉土	0.345 6	弱透水
④$_2$	灰色粉砂	3.456 0	中等透水
⑤$_{1a}$	灰色粉质黏土夹粉土	0.034 4	弱透水
⑤$_1$	灰色粉质黏土	0.008 6	微透水
⑥$_1$	暗绿—草黄色粉质黏土	0.000 9	微透水
⑥$_2$	灰黄—灰色粉质黏土	0.051 8	弱透水
⑥$_t$	灰色砂质粉土	0.518 4	弱透水
⑦$_1$	灰黄—灰色粉质黏土	0.043 2	微透水
⑦$_2$	灰色粉砂夹粉土	1.728 0	中等透水
⑦$_3$	灰色粉质黏土	0.006 9	微透水
⑦$_{3t}$	灰色黏质粉土夹粉质黏土	0.086 4	弱透水
⑦$_4$	灰色砂质粉土夹粉质黏土	0.691 2	弱透水

5　降水重难点

基坑突涌稳定性分析见表 3—表 6。

表 3　　　　⑥$_t$层基坑开挖深度与安全水头埋深对应关系

开挖区域	基坑开挖深度（m）	安全水位埋深（m）	水位降深（m）
临界状态	12.81	4.46	不需降压
标准段第五道支撑	13.60	5.82	1.36
端头井第五道支撑	15.80	9.62	5.16

（续表）

开挖区域	基坑开挖深度（m）	安全水位埋深（m）	水位降深（m）
标准段	16.95	11.60	7.14
标准段（下翻梁）	18.05	13.50	9.04
大里程端头井	18.82	14.83	10.37
小里程端头井	19.14	—	—
小里程端头井（下翻梁）	20.34	—	—

表4　⑦$_{2-1}$层基坑开挖深度与安全水头埋深对应关系

开挖区域	基坑开挖深度（m）	安全水位埋深（m）	水位降深（m）
临界状态	15.25	5.47	不需降压
端头井第五道支撑	15.80	6.42	0.95
标准段	16.95	8.40	2.93
标准段（下翻梁）	18.05	10.30	4.83
大里程端头井	18.82	11.63	6.16
小里程端头井	19.14	11.02	5.55
小里程端头井（下翻梁）	20.34	13.10	7.63

表5　⑦$_{3t}$层基坑开挖深度与安全水头埋深对应关系

开挖区域	基坑开挖深度（m）	安全水位埋深（m）	水位降深（m）
临界状态（大里程端头井）	19.50	5.47	不需降压
大里程端头井	18.82	—	不需降压
大里程端头井	19.17	—	不需降压
临界状态（小里程端头井）	20.41	5.47	不需降压
小里程端头井	19.14	—	不需降压
小里程端头井下翻梁	20.34	—	不需降压

表6　第⑦$_4$层基坑开挖深度与安全水头埋深对应关系

开挖区域	基坑开挖深度（m）	安全水位埋深（m）	水位降深（m）
临界状态	22.70	5.47	不需降压
大里程端头井	18.82	—	不需降压

（续表）

开挖区域	基坑开挖深度（m）	安全水位埋深（m）	水位降深（m）
小里程端头井	19.14	—	不需降压
小里程端头井下翻梁	20.34	—	

从上述表中得出，6号线拙政园站主体需进行⑥₁、⑦₂₋₁层的减压降水，其下⑦₃ₜ层和⑦₄层无需减压降水。

降水重难点分析如下。

（1）基坑开挖范围内存在较厚的粉土、粉砂等土层，土质不均匀，渗透性及含水量较大，基坑开挖时易产生流砂、坍塌等现象。

（2）潜水疏干井按照200 m²/口布置，并尽可能增加预抽水时间，标准段井深21 m，端头井深23 m。井深穿透微承压含水层，进入⑥₁层，位于基底以下2~3 m。

（3）基坑的开挖过程中需要将坑内浅层水降至坑底以下1 m，将③₃、④₂层微承压含水层疏干。基坑开挖过程中，加强水位监测，发现问题及时处理，确保基坑开挖施工顺利进行。

（4）根据抗突涌验算可知，⑥₁、⑦₂₋₁层需要进行减压降水，其下⑦₃ₜ层和⑦₄层不需要减压降水。

（5）本项目开挖深度已揭穿⑥₁、⑦₂₋₁层，并且止水帷幕已完全隔断该层，采用疏干降水深井形式进行处理，尽可能增加预抽水时间。

（6）对⑥₁、⑦₂₋₁层水位进行减压降水，围护均隔断，采用坑内减压降水并设置观测井兼备用井，按需降水，尽量不降、少降。

（7）本项目周边环境较为复杂，周边建（构）筑物（尤其是紧邻的拙政园、苏州博物馆）和管线较多，若降低承压水位会对邻近建筑物及地下管线等造成一定程度的影响，因此降水必须做到按需降水。当环境复杂时，坑外布置的水位观测井可兼作为应急回灌井。

6 降水设计

6.1 坑内减压井设计

减压降水深井孔径650 mm，井管及过滤器外径273 mm。坑内⑥₁、⑦₂₋₁层井井深35 m，过滤器长度11 m，共布置9口减压井（含3口水位观测兼备用井）。

经过计算，开启降压井，降水运行后预测基坑水位降深等值线见图4。

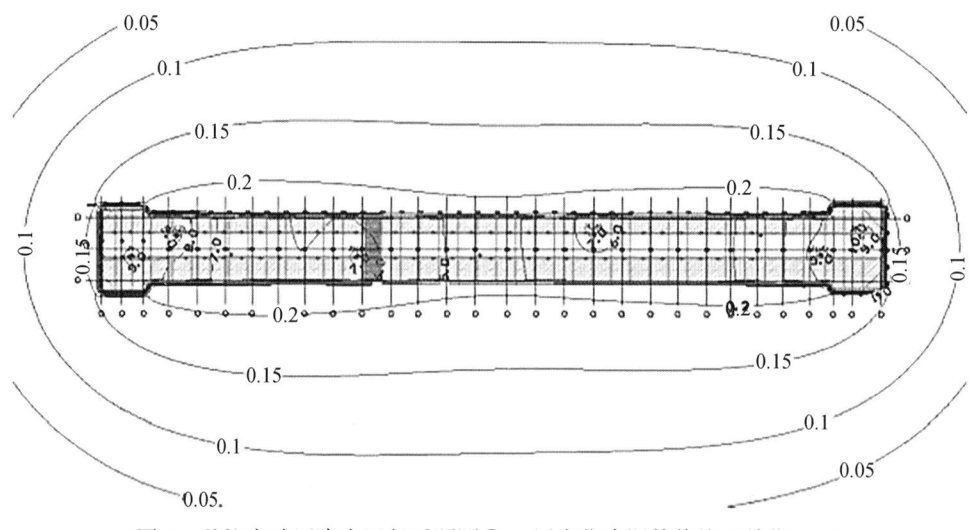

图4 基坑内减压降水运行后预测⑦$_{2-1}$层水位降深等值线（单位：m）

6.2 坑内疏干井设计

考虑疏干管井单井有效疏干面积按约200 m^{2}布置。在小里程端头井布置2口的23 m的疏干井，在大里程端头井布置3口的23 m的疏干井；在标准段布置22口21 m的疏干井。

6.3 坑外回灌兼观测井设计

坑外水位观测井按照约50 m/口布置，在主基坑的东侧布置⑦$_{2-1}$层坑外水位观测兼应急回灌井6口，井深35 m、坑外微承压水观测兼应急回灌井6口，在主基坑的西侧布置⑦$_{2-1}$层坑外水位观测井6口、坑外微承压水位观测井6口。

7 项目总结

（1）基坑开挖范围内存在较厚的粉土、粉砂等土层，土质不均匀，渗透性及含水量较大，基坑开挖时易产生流砂、坍塌等现象。潜水疏干井按照200 m^2/口布置，并尽可能增加预抽水时间，将③$_3$、④$_2$层微承压含水层疏干，基坑开挖过程中需要将坑内浅层水降至坑底以下 1 m。

（2）⑥$_1$层层厚较小，仅 1～2 m，且距离⑦$_{2-1}$层较近，且基坑两侧半盖挖法施工，施工空间紧张，故不单独布置⑥$_1$层减压井，采用⑥$_1$、⑦$_{2-1}$层采用混合降水井，将过滤器对应布置在两层交界的位置，减少施工工期的同时也节约了成本。

（3）本项目地连墙已完全隔断⑥$_1$、⑦$_{2-1}$层承压水，对于降水而言主要是疏干，但是在实际的施工过程中，需要注意止水帷幕是否具有良好的止水效果，同时也要做好止水帷幕渗漏甚至失效的应急预案。

苏州市轨道交通 7 号线莫阳站降水工程

1 工程概况

莫阳站为苏州市轨道交通 7 号线工程的第 1 座车站，车站位于南天成路（在建）与御窑路交叉口东北象限地块内，沿南天成路（在建）东西向布置。东西方向为南天成路（在建），规划道路红线宽度为 47.5 m，为城市主干路，南北方向为御窑路，规划道路红线宽约 51 m，现为城市主干路。车站前方衔接莫阳停车场，后方到达相城大道北站。

莫阳站为地下一层至二层、地上一层至二层 11 m 岛式站台车站。车站外包总长度为 471.950 m，基坑宽度为 19.700～38.072 m，基坑开挖深度 9.25～15.4 m。有效站台中心里程处底板埋深约为 9.33 m。主体结构为单柱双跨（双柱三跨）闭合框架结构，车站采用明挖顺作法施工，车站顶板覆土厚度为 0.8～3.2 m。

车站有效站台中心里程为右 DK0+272.166，车站设计起点里程为右 DK0+000.000，车站区间右线设计分界起点里程为右 DK0+000.800，车站区间设计分界终点里程为右 DK0+471.116，车站设计终点里程为右 DK0+471.816。车站小里程端正线接远期盾构区间，出入场线接明挖区间，大里程端接明挖区间，工程概况见表 1。

表 1　　　　　　　　　工程概况

基坑部位	地面标高（m）	基坑开挖底标高（m）	围护形式	围护底标高（m）
小里程端头井	+3.00	-11.941	600 mm 厚地连墙	-24.00

(续表)

基坑部位	地面标高(m)	基坑开挖底标高(m)	围护形式	围护底标高(m)
大里程端头井	+3.00	-8.077	SMW工法桩	-17.70
标准段	+3.00	-9.633~-7.174（落深坑-12.259、-8.019、-8.077）	3~9轴为600 mm厚地连墙，9~55轴为SMW工法桩	-32.80

2 基坑围护概况

基坑采用 600 mm 地下连续墙+内支撑及 $\phi 850@600$ SMW 工法桩+内支撑两种围护方案。车站采用明挖法施工，标准段开挖深度约 9.33 m，端头井开挖深度约 15.44 m，车站标准段底板主要落在 $③_1$ 层灰黄—灰色黏质粉土，SMW 工法桩底进入 $⑤_1$ 层灰色粉质黏土。车站小里程端底板主要落在 $④_2$ 层灰色砂质粉土，连续墙底进入 $⑥_1$ 层暗绿—灰黄色黏土、$⑥_1$ 层灰黄—灰色黏质粉土夹粉质黏土。1~9 轴采用地下连续墙围护形式，其余均采用 SMW 工法桩围护形式。小里程端采用 3 道支撑+1 道换撑；3~7 轴采用 2 道支撑+1 道换撑；7~14 轴采用 2 道支撑；14~19 轴采用 3 道支撑；19~23 轴采用 2 道支撑；23~55 轴采用 2 道支撑+1 道换撑；第一道支撑均采用 800 mm×1 000 mm 混凝土支撑，1~9 轴第二道支撑采用 800 mm×1 000 mm 混凝土支撑，其余支撑均采用 $\phi 609$，$t=16$ mm 钢管撑，钢支撑材质均为 Q235B。基坑平面及剖面示意见图 1、图 2。

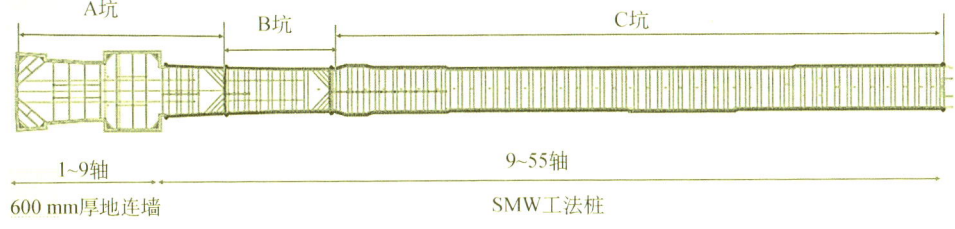

图 1 基坑平面示意

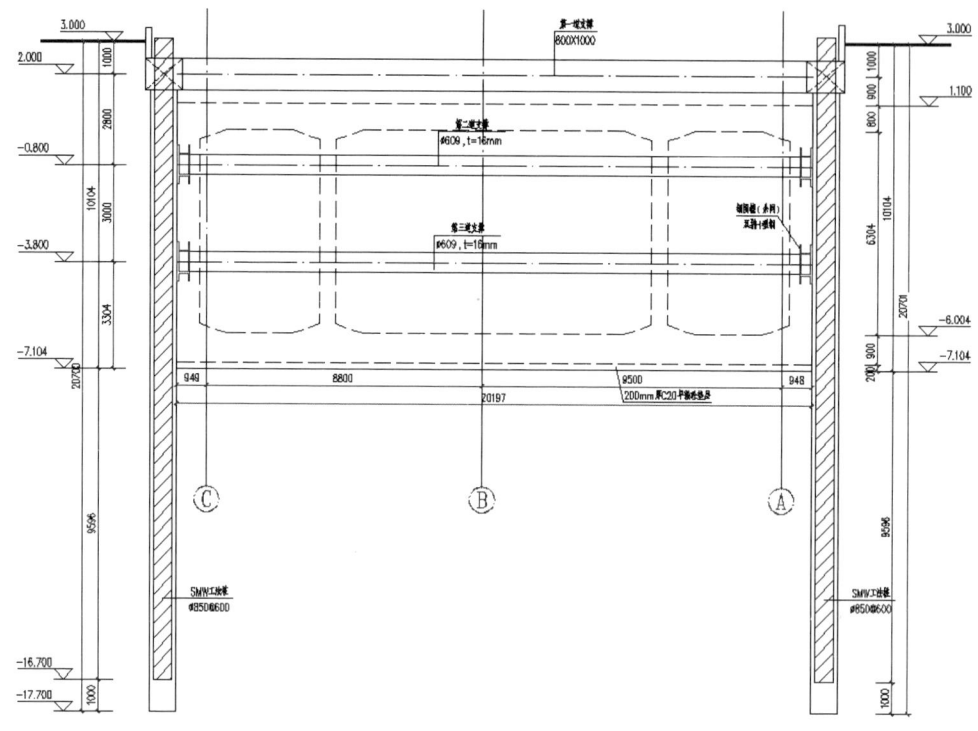

图 2 基坑剖面示意

3 工程地质情况

①$_1$ 层杂色杂填土，层厚为 2.80～5.60 m，平均层厚为 3.47 m。少部分地段表层为道路沥青路面（厚为 10～20 cm）、砼地坪（厚约 80 cm）。填土上部一般含大量碎石、碎砖、三合土、瓦片或砼块等建筑垃圾（约占 50% 以上），下部以黏性土为主，含少量植物根茎（占 5%～10%）、小碎石等杂质，土质松散且不均匀。

①$_2$ 层浜土，厚约 1.54 m。含较多有机质（含量一般为 5%～10%）及腐殖物，局部夹生活垃圾，有臭味。浜土呈流塑—软塑状态，在河道底部分布为淤泥。

②层根据土性差异划分为 2 个亚层：②$_1$ 层灰—灰黄色粉质黏土，层顶标高为 1.83～-1.60 m，层厚为 0.50～2.10 m，平均层厚为 0.95 m，含氧化铁斑点、

土质尚均匀。呈软塑—可塑状态，标准贯入击数平均值为 2.5，双桥静力触探锥尖阻力 q_c 平均值为 0.92 MPa。拟建场地内局部分布。②$_3$ 层灰色淤泥质粉质黏土，层顶标高为 1.18～-1.19 m，层厚为 0.80～7.00 m，平均层厚为 3.16 m，含少量有机质及薄层泥炭质土，局部夹少量粉性土，土质不均匀。呈流塑状态，标准贯入击数平均值为 1.6，双桥静力触探锥尖阻力 q_c 平均值为 0.48 MPa。拟建场地内局部分布。

③层根据土性差异划分为 3 个亚层：③$_1$ 层褐黄—灰黄色黏土，层顶标高为 0.68～-4.19 m，层厚为 1.00～3.60 m，平均层厚为 2.08 m，含氧化铁斑点及铁锰质结核，局部为粉质黏土，土质尚均匀。呈硬塑—可塑状态，标准贯入击数平均值为 10.6，双桥静力触探锥尖阻力 q_c 平均值为 1.98 MPa。拟建场地内局部分布。③$_2$ 层灰—灰黄色粉质黏土，层顶标高为 -2.41～-6.74 m，层厚为 0.70～3.20 m，平均层厚为 2.19 m，含少量氧化铁斑点，局部夹薄层粉性土，土质不均匀。呈软塑—可塑状态，标准贯入击数平均值为 8.6，双桥静力触探锥尖阻力 q_c 平均值为 1.73 MPa。拟建场地内局部分布。③$_3$ 层灰黄—灰色黏质粉土，层顶标高为 -4.37～-8.44 m，层厚为 1.50～4.60 m，平均层厚为 2.85 m，含云母及贝壳碎屑，局部夹砂质粉土、粉质黏土及少量粉砂，土质不均匀。呈稍密状态，标准贯入击数平均值为 10.9，双桥静力触探锥尖阻力 q_c 平均值为 3.90 MPa。拟建场地内普遍分布。

④$_2$ 层灰色砂质粉土，层顶标高为 -7.24～-10.14 m，层厚为 2.70～8.70 m，平均层厚为 5.38 m，含云母及贝壳碎屑，夹薄层黏性土及黏质粉土，土质不均匀。呈稍密—中密状态，标准贯入击数平均值为 17.8，双桥静力触探锥尖阻力 q_c 平均值为 8.64 MPa。拟建场地内普遍分布。

⑤$_1$ 层灰色粉质黏土，层顶标高为 -11.61～-16.11 m，层厚为 1.70～5.70 m，平均层厚为 3.44 m，含云母、有机质（有机质含量一般为 5%～10%）及腐殖物，局部夹薄层粉土，土质不均匀。呈软塑—可塑状态，标准贯入击数平均值为 8.9，双桥静力触探锥尖阻力 q_c 平均值为 1.12 MPa。拟建场地内普遍分布。⑤$_{11}$ 层灰色粉质黏土夹黏质粉土，呈透镜体状分布于 ⑤$_1$ 层中，层顶标高为 -12.80～-17.54 m，层厚为 0.50～2.50 m，平均层厚为 1.35 m，含云母、有机质及腐殖物，局部以粉土为主，土质不均匀。呈软塑—可塑状态，标准贯入击数平均值为 12.2，双桥静力触探锥尖阻力 q_c 平均值为 2.29 MPa。拟建场地内局

部分布。

⑥层根据土性差异划分为2个亚层，另外在该层中局部分布厚度相对较薄的粉土层⑥₁层：⑥₁层暗绿—灰黄色黏土，层顶标高为－16.41～－20.98 m，层厚为1.00～5.60 m，平均层厚为3.93 m，含氧化铁斑点，局部为粉质黏土，土质尚均匀。呈可塑—硬塑状态，标准贯入击数平均值为13.3，双桥静力触探锥尖阻力q_c平均值为2.10 MPa。拟建场地内局部分布。⑥₂层灰—灰黄色粉质黏土，层顶标高为－20.95～－22.63 m，层厚为0.60～2.20 m，平均层厚为1.34 m，含少量氧化铁斑点，夹薄层粉土，土质不均匀。呈可塑状态，标准贯入击数平均值为15.2，双桥静力触探锥尖阻力q_c平均值为2.23 MPa。拟建场地内局部分布。⑥ₜ层灰黄—灰色黏质粉土夹粉质黏土，呈透镜体状分布于⑥层中，层顶标高为－21.87～－24.29 m，层厚为1.40～4.10 m，平均厚度约为2.34 m。局部夹砂质粉土，土质不均匀，呈稍密—中密状态，标贯击数平均值为17.8，双桥静探锥尖阻力q_c平均值为7.44 MPa。拟建场地内局部分布。

⑦层根据土性差异划分为2个亚层，另外在该层中分布厚度变化较大的粉性土层细分为⑦₃ₜ层：⑦₂层灰色砂质粉土，层顶标高为－24.02～－27.13 m，层厚为3.40～17.80 m，平均层厚为8.99 m，含云母及贝壳碎屑，夹薄层黏性土及粉砂，土质不均匀。呈中密—密实状态，标准贯入击数平均值为32.4击，双桥静力触探锥尖阻力q_c平均值为10.46 MPa。拟建场地内普遍分布。⑦₃层灰色粉质黏土，层顶标高为－28.42～－36.89 m，层厚为6.60～18.50 m，平均层厚为13.57 m，含云母，局部夹少量粉性土，土质不均匀。呈软塑—可塑状态，标准贯入击数平均值为13.8，双桥静力触探锥尖阻力q_c平均值为1.53 MPa。拟建场地内普遍分布。⑦₃ₜ层灰色砂质粉土夹粉砂，层顶标高为－34.53～－38.45 m，层厚为0.50～4.70 m，平均层厚为2.85 m，含云母及贝壳碎屑，夹薄层黏性土及黏质粉土，土质不均匀。呈中密—密实状态，标准贯入击数平均值为23.4，双桥静力触探锥尖阻力q_c平均值为4.40 MPa。拟建场地内普遍分布。

⑧₁层灰色砂质粉土夹粉砂，呈透镜体状分布于⑧₂层中，层顶标高为－43.23～－50.74 m，层厚为0.80～6.40 m，平均层厚为3.46 m。含云母，夹黏质粉土。中密—密实状态，标准贯入击数平均值为34.6，双桥静力触探锥尖阻力q_c平均值为8.00 MPa。拟建场地内局部深孔揭露。⑧₂层灰色粉质黏土，层顶标高为－46.11～－52.88 m，至60.00 m该层未揭穿。含氧化铁斑点，局部

夹较多薄层粉土。土质不均匀。呈软塑—可塑状态，标准贯入击数平均值为 18.4，双桥静力触探锥尖阻力 q_c 平均值为 2.46 MPa。拟建场地内局部深孔揭露。

项目典型地质剖面见图 3。

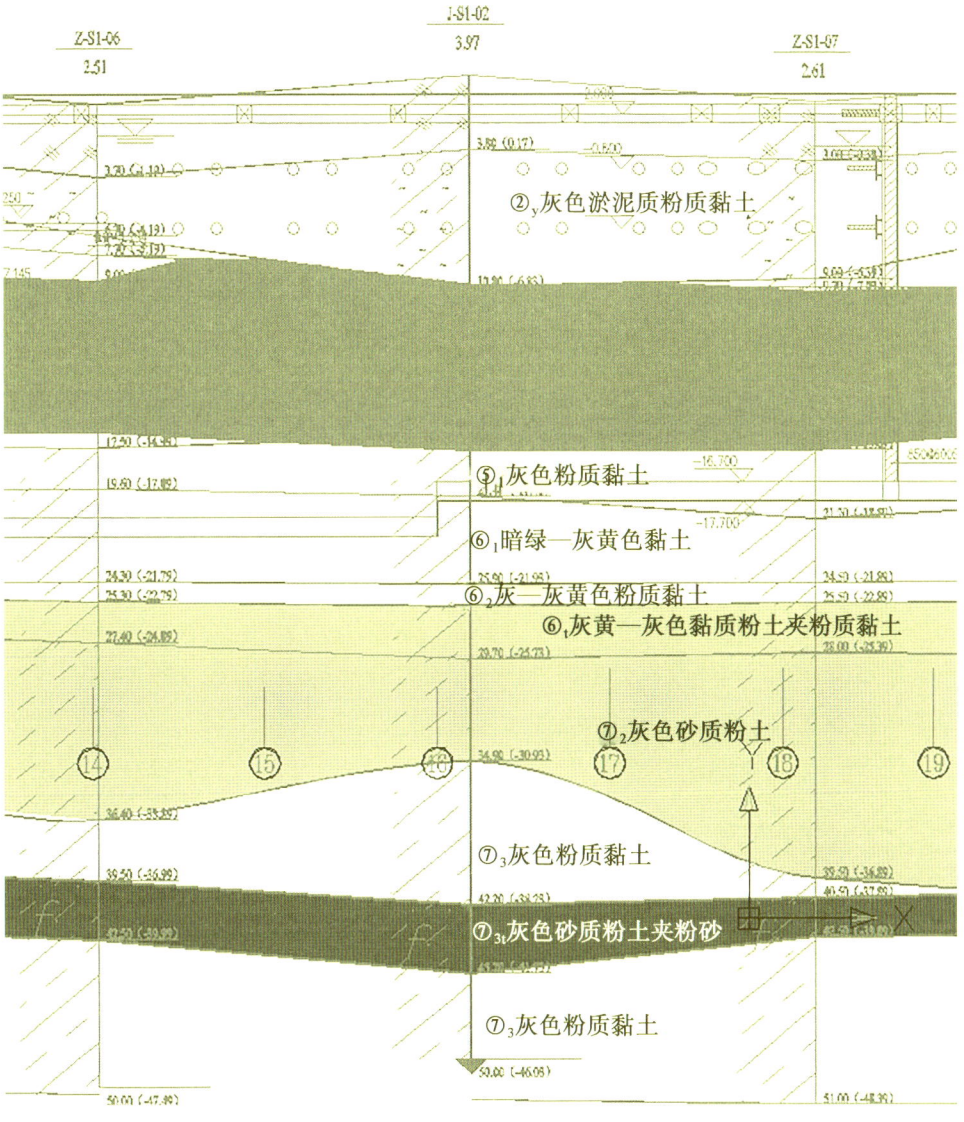

图 3　典型地质剖面

4 水文地质情况

本工点地下水分为潜水、微承压水及承压水三类。

（1）潜水主要赋存于填土和浅层黏性土中，属孔隙型潜水，富水性较差。主要接受大气降水的垂直补给和地表水体侧渗补给，以自然蒸发为主要排泄途径，水位随气候、季节变化明显，属典型的蒸发入渗型动态特征类型。另外，潜水与地表水的水力联系密切，丰水期的地下水由地表水补给，枯水期地表水则由地下水补给。本工点详勘期间（2019 年 12 月）钻探孔内测得的潜水稳定埋深一般为 1.40～4.03 m，其绝对标高一般为 -0.69～1.61 m，初见水位与稳定水位埋深相当。

（2）微承压水主要赋存于③$_3$ 层灰黄—灰色黏质粉土、④$_2$ 层灰色砂质粉土中，富水性一般，动态变化同样受到大气降水、地形地貌、地表水体的制约影响，上述含水层补给来源为大气降水、地表水及上部潜水垂直入渗，以民间水井取水及地下径流为其主要的排泄方式，表现为降水入渗型特征。

（3）承压水：拟建场地承压水主要赋存于⑥$_t$ 层灰黄—灰色黏质粉土夹粉质黏土、⑦$_2$ 层灰色砂质粉土、⑦$_{3t}$ 层灰色砂质粉土夹粉砂及⑧$_t$ 层灰色砂质粉土夹粉砂中，补给来源有上部松散土层下渗补给、微承压水与之连通补给、越流补给及地下径流补给，其排泄方式主要是人工开采，其次是对下部含水层的越流补给及侧向径流排泄。⑥$_t$ + ⑦$_2$ 层承压水水位埋深为 3.37～3.51 m（观测日期：2019 年 12 月 18—24 日），水位绝对标高相应为 -0.32～-0.46 m（孔口标高为 3.05 m）。

5 降水重难点

基坑突涌稳定性分析见表 2。

降水重难点分析如下。

（1）主体基坑中因存在潜水含水层以及③$_3$、④$_2$ 微承压含水层，通常在基坑内布设疏干井，将开挖范围内的含水层进行疏干，在基坑开挖前进行一定时间的预抽水，降低开挖土层的含水量，将水位降至底板下 1 m，方便土方开挖及开挖面的正常施工。前期疏干井出水量较大，随着时间增加出水量逐渐减少，可采用水泵+真空泵结合的方式进行降水。

表 2　　　　　　　　基坑开挖深度与安全水头埋深对应关系

序号	开挖区域	基坑开挖深度（m）	安全水位埋深（m）	水位降深（m）	安全系数
1	临界状态	12.61	3.30	不需降压	1.10
2	9～55 轴	10.10～11.90	3.30		>1.10
3	6～9 轴落深坑	15.26	7.79	4.49	0.84
4	小里程端头井段	14.90	7.18	3.88	0.87

（2）⑥₁、⑦₂层承压水在小里程端头井及 6～9 轴落深坑位置有突涌风险，由于⑥₁、⑦₂层相邻，布置⑥₁、⑦₂层混合减压降水井。

（3）本工程基坑周边环境重要。本基坑工程面临潜水和承压水的处理问题，基坑需要长时间、大幅度、大范围抽水，基坑降水势必对周边敏感环境有一定的不利影响。

（4）本工程地下工程施工延续时间较长，基坑排水周期较长，排水量较大，排水设施要求较高，需要制订与本工程实际相符的排水措施，降水井结构与井平面布置设计时需考虑与地下结构协调，基坑开挖过程中加强对降水井的保护，从而确保基坑的安全开挖。

（5）基坑周边环境相对简单，施工过程中，需密切关注抽水对坑外周围水位的影响。实时监测坑外不同含水层的水位变化。监测单位需加强对周边沉降变形监测。

（6）坑内外成井施工完成后，降水正式运行前及时做生产性抽水试验，应同步观测坑内和坑外承压水水位变化情况，以判断围护结构施工质量、降水效果和现场降水电路、排水情况，对所提出的基坑降水方案进行调整或优化。

6　降水设计

6.1　坑内减压井设计

基坑内减压井井深设置为 32 m，过滤器 5 m；减压降水深井孔径 650 mm，井管及过滤器外径 273 mm。减压井模拟计算结果见图 4。

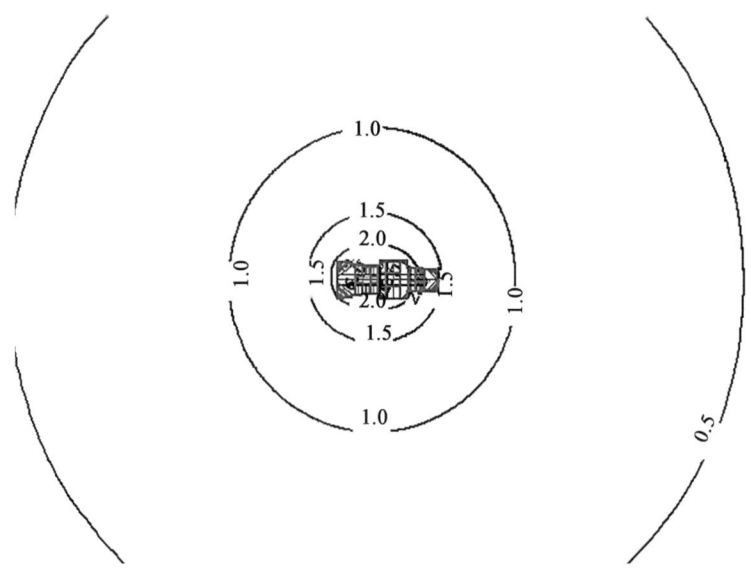

图 4　⑦$_2$ 层降水运行 60 天后预测水位降深等值线（单位：m）

6.2　坑内疏干井设计

根据苏州地区降水施工经验，苏州地区潜水含水层中，单井有效疏干面积 $a_井$ 为 150～250 m^2，综合考虑，单井有效面积按 200 m^2 布置，疏干深井工作量布置见表 3。

表 3　疏干井设计

工程部位	需降水面积约（m^2）	计算井数（口）	实际井数（口）	井号	井深（m）
A 基坑	3237.3	16.1	9.0	S1—S3，S8—S13	22.0
			8.0	S4—S7，S14—S17	18.0
B 基坑	1085.9	5.4	6.0	S18—S23	18.0
C 基坑	6375.8	31.8	32.0	S23—S55	18.0

6.3　坑外观测井设计

坑外水位观测井，监测坑外水位变化情况，坑外承压水水位观测井采用 ϕ650 大井，确保监测数据真实有效。

针对坑外承压水水位观测井井深 32 m，过滤器 5 m，布置 3 口（兼备用应急回灌井）；坑外潜水水位观测井井深 15 m，布置 20 口。

7 项目总结

（1）莫阳路车站主体结构降水较为顺利，但附属结构出现地墙渗漏等情况，苏州相城北路站附属结构亦同样地墙渗漏情况，主要是苏州地区承压水相对较浅，附属结构同样需要进行减压降水，但附属结构地墙施工质量控制相对宽松。

（2）S22 号井、S16 号井和 S10 号井，深度 28 m 为混合疏干井，其井深穿透 $⑥_1$ 层灰黄—灰色黏质粉土夹粉质黏土减压含水层，抽水时间从 5 月至 7 月已接近两个月之久，水流速率经测量接近 2 m^3/h，结合坑外 G5、G6、G7 观测减压井水位下降情况初步判断，$⑥_1$ 层地连墙未完全隔断存在承压水连通现象。S10 做单井抽水试验，停抽 30 min，水位恢复变化量达到 10 m，S16 半小时变化量达到 6 m。停抽 60 min 后，S10 水位稳定在井口以下 3.9 m，S16 水位稳定在 9.6 m。

（3）通过超级压吸联合抽水系统工艺对土体有效疏干，提高土体承载力，对场地进行加固，为基坑施工提供便利。

常州市轨道交通及水文地质概况

2003年常州市自然资源和规划局开始编制《常州市轨道交通线网规划》，2017年地铁2号线一期工程全面开工，2019年9月地铁1号线正式开通运营，2021年6月地铁2号线正式开通运营，2023年10月地铁5号线开工。截至2023年10月，常州地铁运营线路共有2条，即常州地铁1号线、常州地铁2号线，里程总长约54 km，共设车站43座。截至2023年10月，常州地铁在建线路共有1条，即常州地铁5号线，里程总长约30.9 km，共设车站25座。常州市轨道交通线路见图1。

常州地貌类型属高沙平原，山丘、平圩兼有。境内地势西南略高、东北略低，平原水网地区高差2 m左右。西南部为天目山余脉，西部为茅山山脉，北部为宁镇山脉尾部，中部和东部为宽广的平原、圩区。东濒太湖，北襟长江，京杭大运河穿境而过，西太湖、长荡湖镶嵌其间，形成河道纵横、湖泊相连、江河相通的江南水乡特色。

常州市区主要隶属于扬子地层区江南层分区，区内120 m深度范围内第四系地层由老至新为$Q_2 \sim Q_4$。根据区内第四系地层沉积物的成因类型、物质来源、海进地层的分布及水文地质特征，划分常州第四系地层分区如下。

(1) 长江三角洲平原沉积区，主要分布于魏村—安家舍—龙虎塘—璜土—西石桥—夏港一线以北。本沉积区受晚更新世以来的海进影响不大，仅南部为海、陆过渡相环境，大部地段仍为陆相沉积。

(2) 中部平原沉积区，区内第四系地层厚100～185 m，沉积条件因所处的构造部位不同而表现出较大差异。从而细分为小河—九里沉积亚层区、连心桥—戚墅堰沉积亚层区、郑陆桥—石塘湾沉积亚层区。

(3) 太滆湖平原沉积区，区内第四系地层厚110～145 m，第四系地层发育不全，缺失下更新统下段沉积，全新统堆积仅分布在滆湖沿岸及戴溪、杨墅一带。

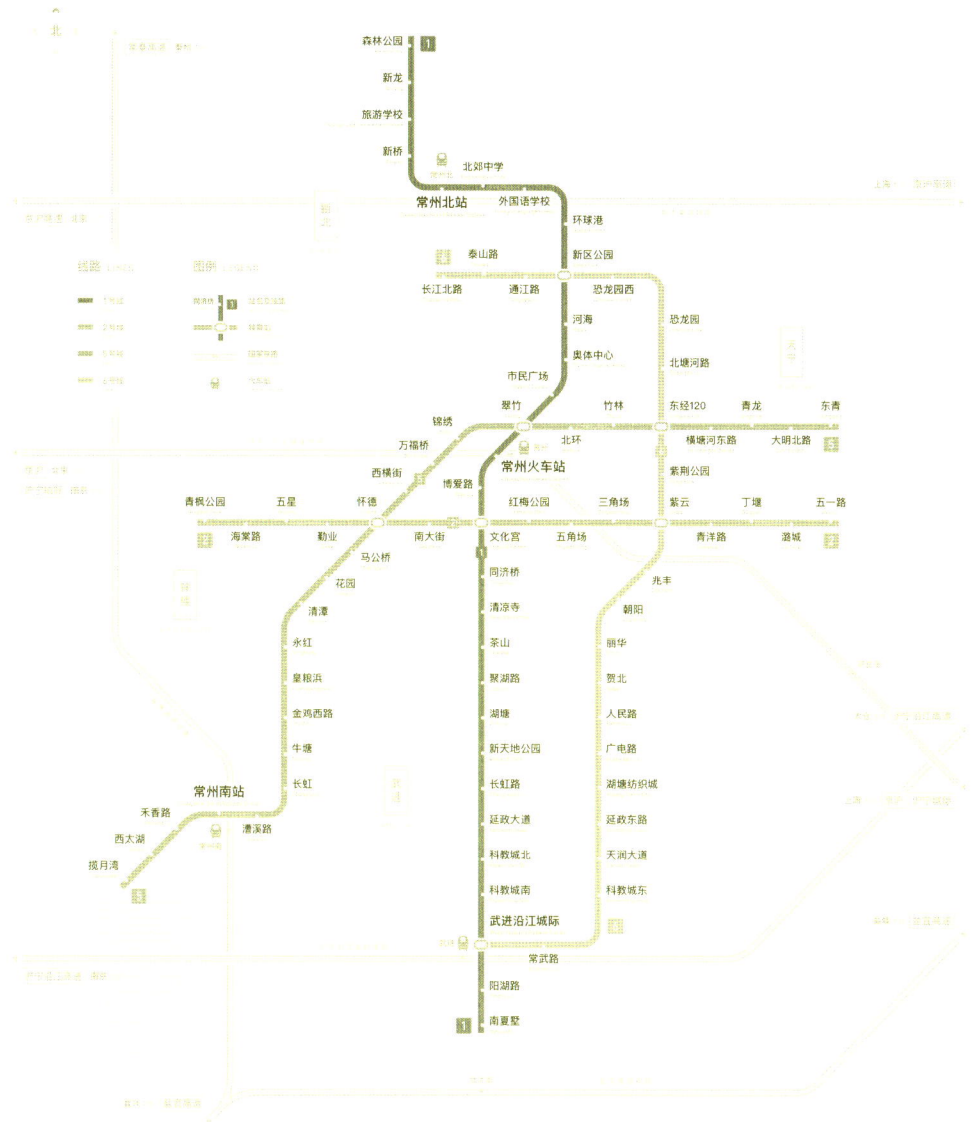

图 1　常州市轨道交通线路

（4）青明山—凤凰山周边岗地沉积区分布于青明山—凤凰山周围。第四系发育不全，缺失下更新统下段及全新统堆积。

根据含水层岩性和地下水赋存条件、水理性质与水力特征，以及开采利用条件，可将常州地区地下水划分为三大类型，八个含水层（组）。

（1）孔隙水指埋藏于松散砂（土）含水层中的地下水，自浅至深可分为：上层滞水、潜水、第Ⅰ承压水层、第Ⅱ承压水层、第Ⅲ承压水层和第Ⅳ承压水层。

（2）灰岩岩溶水。

（3）砂岩裂隙水。

总结常州地区的水文地质特点，主要表现在水系发育、地下水分布范围较广且含水层厚度大，该地区基坑工程涉及的第四系松散沉积层一般为多层地下水，地下水引发的施工安全和环境安全风险较高。常州地区第I_1承压含水层主要为⑤层粉土粉砂层、第I_2承压含水层主要为⑧层粉土粉砂层、第Ⅱ承压含水层主要为⑩$_1$粉细砂层，其中对基坑工程产生安全风险的主要为第Ⅰ承压含水层，需特别注意。第Ⅱ承压含水层埋深较深，对基坑工程影响较小。

常州市轨道交通1号线奥体中心站降水工程

1 工程概况

奥体中心站位于常州中心城区晋陵北路与龙锦路交叉口处，跨龙锦路沿东西向敷设于晋陵北路下方。奥体中心站为13 m岛式站台地下二层车站，车站净长184 m，净宽20.30 m，双柱三跨钢筋混凝土框架结构，标准段基坑开挖深度16.10 m，西端头井基坑开挖深度18.10 m，东端头井基坑开挖深度17.70 m。基坑概况见表1。

表1 基坑概况

基坑型式	开挖深度（m）	止水帷幕	施工方式
地下二层箱形结构	16.10（标准段） 17.70～18.10（端头井）	地下连续墙38 m	明挖顺作法

2 基坑围护概况

主体基坑面积4 579 m²，围护结构选用800 mm厚地下连续墙，采用四道支撑，其中第一道为砼支撑，其余均为钢支撑。车站地下连续墙墙深38 m。基坑安全等级为一级，基坑环境保护等级为一级。基坑平面及剖面示意见图1、图2。

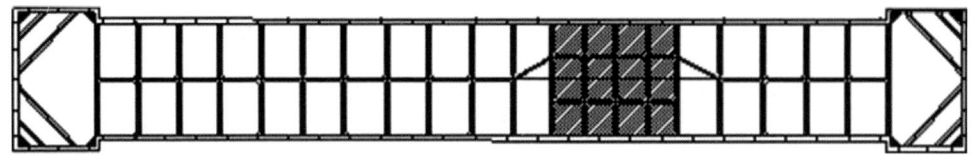

图 1 基坑平面示意

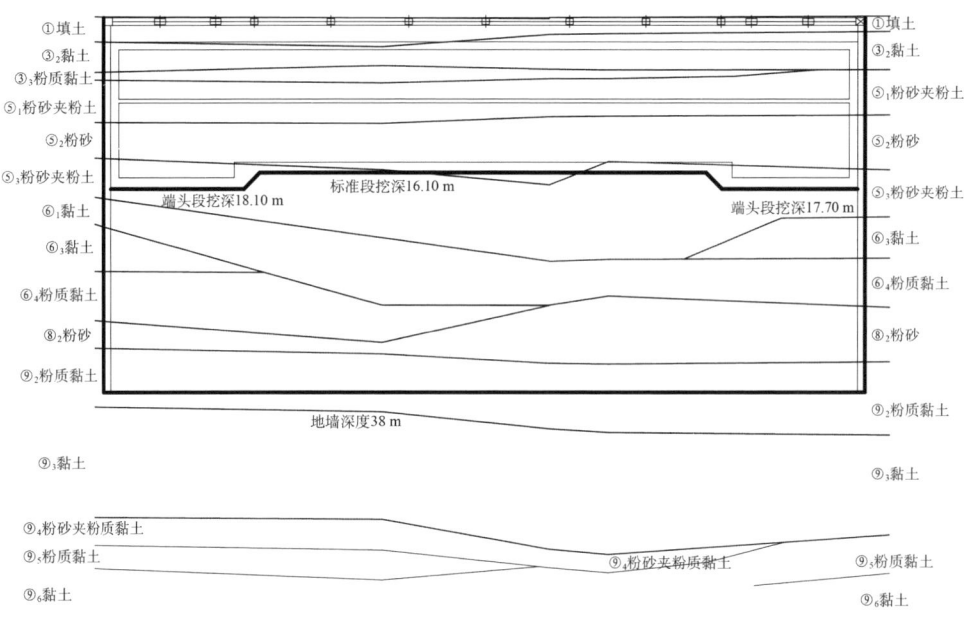

图 2 基坑剖面示意

3 工程地质情况

拟建场地勘察深度范围内地基土均为第四系地层，根据地基土的成因类型、土层结构、性状特征等，自上而下可分为 9 个工程地质层，16 个亚（夹）层，各土层的土性描述如下。

①层填土，松散—密实，表层为混凝土地坪或人行道地砖；其下以杂填土为主；底部以黏性土为主。

②$_3$层粉质黏土，软塑，含有机质，局部上部夹粉土。高等—中等压缩性。

③$_2$层黏土，可塑—硬塑，中等压缩性。

③$_3$层粉质黏土，可塑，中等压缩性。

⑤$_1$层粉砂夹粉土，稍密—中密，含云母，以长石、石英为主，局部以粉土为主。中等压缩性。

⑤$_2$层粉砂，饱和，中密，含云母，以长石、石英为主，局部砂土胶结呈板块状。中等压缩性。

⑤$_3$层粉砂夹粉土，饱和，稍密—中密，含云母，颗粒组成成分以长石、石英为主，夹粉土。中等压缩性。

⑥$_1$层黏土，软塑，含有机质，局部以粉质黏土为主，无摇振反应，土面光滑有光泽，干强度高等，韧性高等。高等—中等压缩性。

⑥$_3$层黏土，硬塑，含氧化铁条纹及少量铁锰结核，局部以粉质黏土为主。中等压缩性。

⑥$_4$层粉质黏土，可塑，含氧化铁条纹，夹多量薄层粉砂。中等压缩性。

⑧$_2$层粉砂，饱和，中密—密实，含云母，颗粒组成成分以长石、石英为主，夹少量粉土，局部夹多量黏性土。中等压缩性。

⑨$_2$层粉质黏土，可塑，含氧化铁条纹及姜结石颗粒，局部夹少量硬塑黏土。中等压缩性。

⑨$_3$层黏土，硬塑，含氧化铁条纹及高岭土，局部含姜结石。中等压缩性。

⑨$_4$层粉砂夹粉质黏土，饱和，密实，含云母，颗粒组成成分以长石、石英，局部含姜结石。

⑨$_5$层粉质黏土，可塑，含氧化铁条纹，局部夹少量硬塑黏土、密实粉土，中等压缩性。

⑨$_6$层黏土，硬塑，含氧化铁条纹及高岭土，局部含少量姜结石。无摇振反应，土面光滑有光泽，干强度高等，韧性高等。中等压缩性。

本项目典型地质剖面见图 3。

4　水文地质情况

上层滞水主要埋藏于①层填土、②$_3$层粉质黏土中，局部区域以上层滞水形式存在，其主要补给源为大气降水、地表径流，主要以蒸腾作用排泄。本地区上层滞水水位年变化幅度约为 0.50 m。

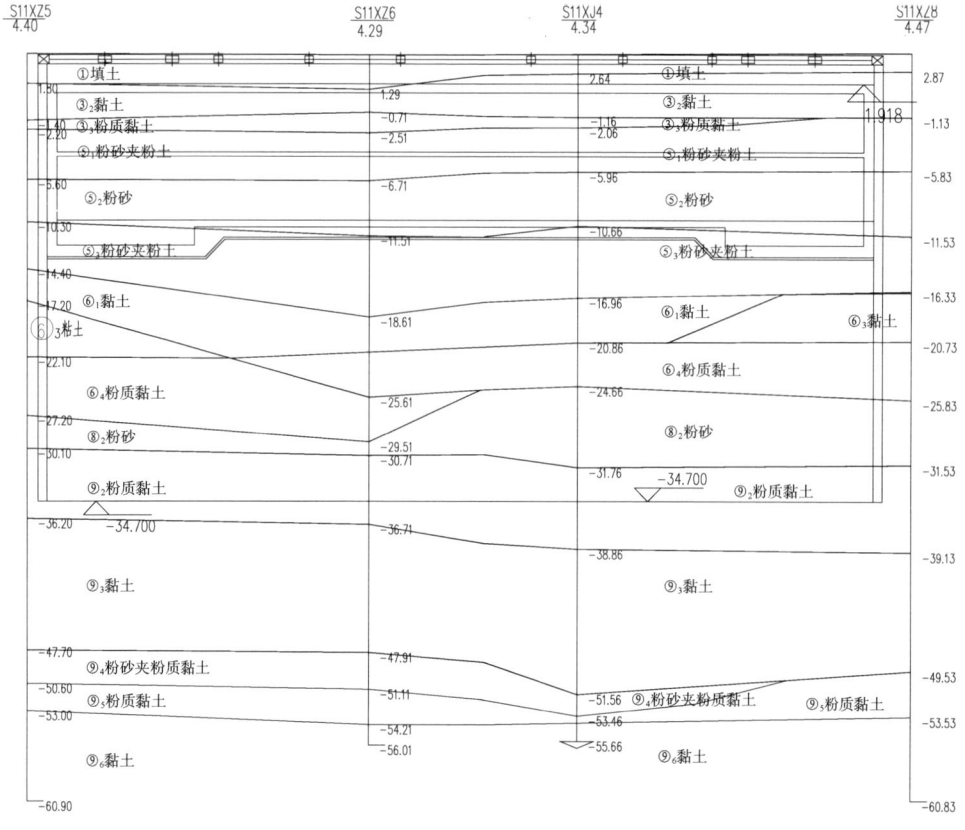

图 3　典型地质剖面

承压水主要赋存于⑤₁、⑤₂、⑤₃层和⑧₂层中，其主要补给源为滆湖水、运河水和长江水的侧向补给，通过越流方式排泄，水量较丰富。抽水试验期间，测得⑤层中的承压水稳定水位埋深为 4.46 m（相应标高约 0.59 m）；⑧₂层中的承压水稳定水位埋深为 5.20 m（相应标高约 -0.23 m）；根据区域资料，承压水位年变化幅度约 1.00 m。承压水水量丰富，且本报告拟建地铁车站基底位于承压含水层（⑤层）中，⑤层中的承压水对工程影响很大；⑧₂层埋深较浅，对本车站基坑开挖亦有一定影响。各含水层水文地质参数、⑤层单井涌水量见表 2、表 3。

表2　各含水层水文地质参数

层号	渗透系数平均值（m/d）		贮水率（1/m）
	水平	垂直	
第⑤层	3.9	1.3	8.0×10^{-4}
第⑧$_2$层	5.0	1.5	2.0×10^{-3}
第⑨$_4$层	8.0	2.3	6.0×10^{-3}

表3　⑤层单井涌水量

车站	抽水井	观测井	抽水流量	含水层厚度	影响半径	渗透系数	
			m^3/d	m	m	m/d	$m^3/h \cdot m$
奥体中心站	S11XW1	S11XW1G1	93.12	12.3	36.4	4.14	4.79×10^{-3}
		S11XW1G2	161.76	12.3	55.8	3.75	4.34×10^{-3}

5　降水重难点

基坑突涌稳定性分析见表4、表5。

表4　基坑开挖深度与⑤$_3$层安全水头埋深对应关系

序号	开挖区域	基坑开挖深度（m）	安全水位埋深（m）	水位降深（m）
1	临界状态	8.57	3.00	不需降压
2	标准段	16.10	17.10	14.10
3	端头井	18.10	19.10	16.10

表5　基坑开挖深度与⑧$_2$层安全水头埋深对应关系

序号	开挖区域	基坑开挖深度（m）	安全水位埋深（m）	水位降深（m）
1	标准段	16.10	—	不需降压
2	临界状态	16.98	5.20	
3	端头井	18.10	7.07	1.87

降水重难点分析如下。

（1）基坑开挖范围内存在淤泥质软弱黏性土，工程特性差；且基坑开挖深度较深，已揭穿⑤层承压水。坑内采用真空疏干深井处理，确保基坑顺利开挖。

（2）基坑下伏的⑧$_2$层承压含水层的顶板埋深较浅，基坑坑底面临承压水突涌风险。坑内布置减压井进行降压处理。

（3）基坑面积较大，减压降水涉及的范围较广，降低承压水位势必会对邻近建筑物及地下管线等造成一定程度的影响，环境要求较高，降水必须做到按需降水。

6 降水设计

6.1 坑内减压井设计

减压降水深井孔径650 mm，井管及过滤器外径273 mm。减压井井深37 m，过滤器长度6 m。共布置2口减压井。

经过计算，开启降压井，降水运行后预测基坑水位降深等值线见图4。

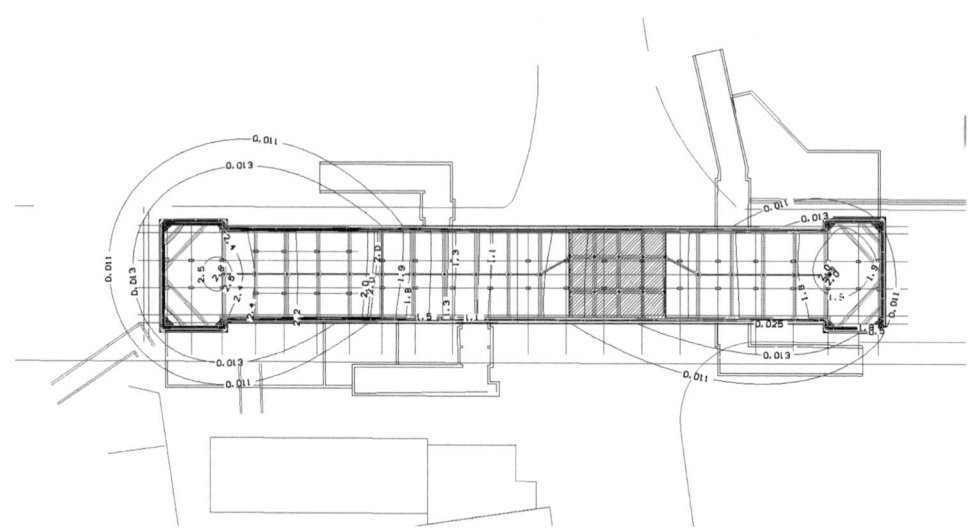

图4 基坑内减压降水运行后预测⑧$_2$层水位降深等值线（单位：m）

6.2 坑内疏干井设计

由于主体基坑为狭长形基坑,疏干管井单井有效疏干面积按 250 m² 布置,井间距 10~20 m。基坑内共布置 21 口疏干井,井深 23 m。孔径 650 mm,井径 273 mm。

6.3 坑外观测井设计

坑外水位观测井布置 2 口,井深 37 m,孔径 650 mm,井径 273 mm。

7 项目总结

(1) 场地基坑开挖范围内存在较厚黏土层、粉土和粉砂层,基坑为狭长形基坑,疏干深井按照 250 m² 布置,井间距 10~20 m,并尽可能增加预抽水时间能够有效对土体进行疏干。

(2) 针对承压水布置减压井进行降压处理,并根据开挖深度分层按需降水,降水最小化,可避免基坑突涌风险,同时减小减压降水对周边环境的影响。

(3) 坑内外水位监测很重要,根据坑内水位指导降水运行,通过坑外水位变化判断止水帷幕的隔水效果,发现异常可及时预警。

徐州市轨道交通及水文地质概况

2002年徐州市着手编制轨道交通线网规划，2006年完成徐州市主城区轨道线网规划，2014年地铁1号线一期工程全面开工，2019年9月地铁1号线正式开通运营。截至2022年10月，徐州地铁运营线路共有3条，即徐州地铁1号线、徐州地铁2号线、徐州地铁3号线一期，线路总长为63.7 km，共设车站54座（换乘站重复计算），其中换乘站3座。截至2022年7月，徐州地铁在建线路共有3条，即徐州地铁3号线二期、徐州地铁4号线一期、徐州地铁6号线一期，线路总长约54.7 km。2020年1月20日，国家发展和改革委员会批复《徐州市城市轨道交通第二期建设规划（2019—2024年）》。2023年11月，《徐州市城市轨道交通线网规划（2020—2035年）》获得批复。规划方案包括8条轨道交通普线、6条市域线，共14条线路，总长574.8 km。徐州市轨道交通线路见图1。

徐州市位于鲁南丘陵与苏北平原交会的残丘平原上，四周被低山、丘陵环抱，中间低平。四周丘陵（残丘）是剥蚀—溶蚀作用的结果，一般海拔高度100~150 m，山体坡角15°~25°，岩体产状和走向为徐州复背斜所控制，其轴部恰过市区，走向东北，所以，山体也多呈北东向带状展布。平原是堆积作用的产物，早有汴水、泗水泛滥，后有黄河冲积，形成了如今朱庄、下淀、狮子山三乡所在的两块泛滥冲积平原及黄河故道两侧的冲积垅状高地。黄河故道两侧地势较高，海拔高度36~42 m，其余地势低平，海拔高度32~36 m，自北西向南东倾斜。

第四系厚度随基岩起伏而变化，西厚东薄，西部最厚，为40~60 m，东北郊区则只有10~20 m，其余大部分地区厚度在20~40 m，平均在30~35 m。土层竖向分布规律性较强，基本上可分为上下两层，上层厚度一般在15 m以内。各区域土质随其成因不同有较大差别，一般多为全新统冲、湖积粉土、粉砂或淤泥、软黏土等，在地貌上常常表现为泛滥堆积型平原、漫滩及已疏干的湖沼、洼地，土质松软，饱水，高压缩性，工程性质较差。下层顺次为上、中更新统冲积黏土、粉质黏土，尤其 20 m 以下的中更新统冲积黏土，土质相当密实，常见成层分布的铁锰结核几乎遍布全市平原区的底部，是徐州市区第四系老地层的代表。

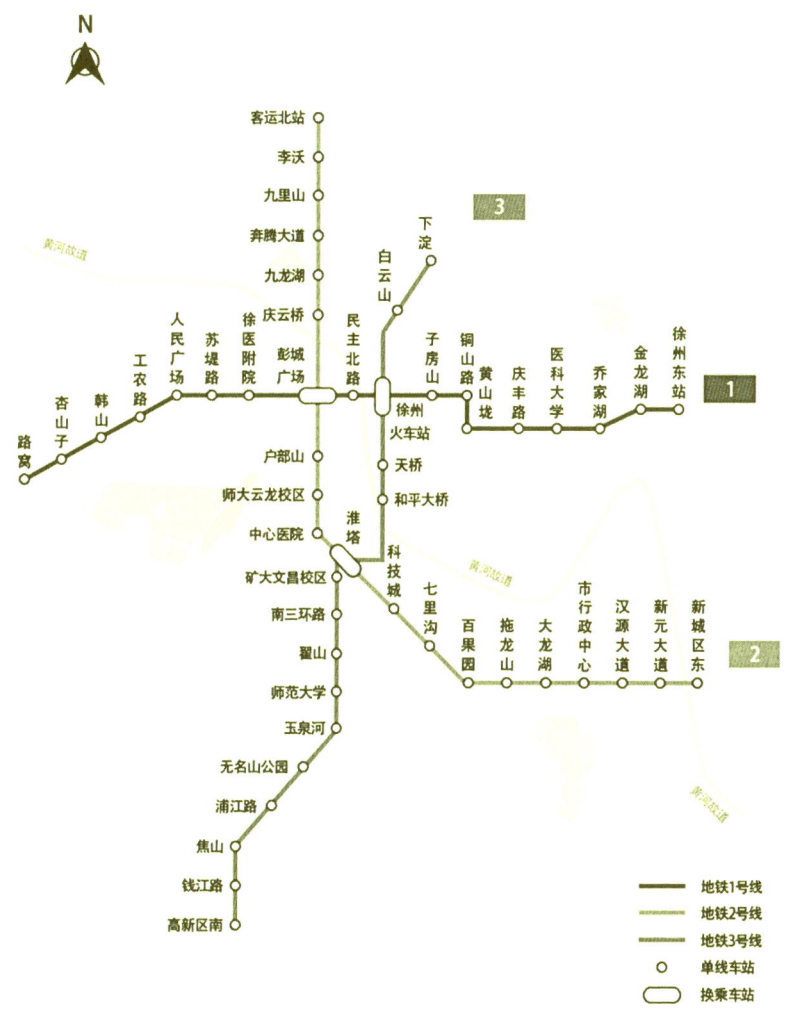

图 1　徐州市轨道交通线路

根据市区地形、地貌、地基土沉积年代、成因类型和地基土物理力学性质及其组合特征，将市区地基土大致分为四个工程地质特征区：Ⅰ区坡前老黏土区、

分布于山间缓地或山前坡地，即山地与平原地区的过渡区，为中—上更新统冲洪积黏性土，工程地质条件良好。主要土层为黏土、粉质黏土，褐黄、棕黄、姜黄色，一般为 Q_3、Q_2 老黏性土，多呈硬塑—坚硬状态，上部局部夹薄层 Q_4 黏性土。由于本区老黏性土土质比较均匀，承载力较高，压缩性较低，是良好的天然地基土。Ⅱ区粉（砂）土区，为全新世黄河泛滥堆积物，灰黄—灰色，稍密—中密，中等压缩性，饱和，易液化，主要呈片状分布于废黄河高漫滩和冲积平原区。一些地区土层为全新世粉砂，灰黄—灰色，松散—稍密，中等压缩性，饱水易液化，与粉土呈相变或互层、夹层关系，主要沿废黄河高漫滩呈条带状分布。Ⅲ区软弱土层区，为沼泽相淤泥、淤泥质土分布区，分布于山前洼地牛轭湖地段，即市区马场湖、云龙湖、乔家湖地区，上部土层孔隙比大，结构松散，呈可塑~软塑状态，高压缩性，工程地质条件很差，软弱土层厚度 3~5 m，最厚达 10 m，下部一般为 Q_3 老黏土层。Ⅳ区老城杂填区，由于历次黄河泛滥决堤，在徐州老城区内留下了 3~10 m 厚的填土，主要是古城被水淹后，冲积、淤积的黏土、粉土、淤泥质土等。该区上部土层主要特点是其中夹有大量的砖瓦片、建筑物的残骸以及地下古城墙等，结构松散，且分布不均匀，工程地质条件较差。

徐州市位于黄淮海平原的南部，总体地势呈现西北高东南低，这种东西地势差异是造成地下水分布呈现西深东低特点的主要原因之一。西北部地区是整个徐州市最高的区域，因此地下水埋深普遍比其他区域要深，东南部地区地势较低，地下水流向该区域，使东南部地区地下水埋深较浅。

潜水主要赋存于填土层中。受大气降水、地表水补给，具明显的丰、枯变化。水位埋深 1.1~3.6 m。徐州市西北部丰沛地区承压地下水埋深大多在 30~50 m，东南部地区承压地下水埋深大多在 2~10 m。弱承压水主要赋存于 5-3-4 层黏土夹砂礓中，主要受径向侧流补给与排泄，水位埋深 4.5 m。基岩裂隙水主要赋存于泥岩、灰岩溶洞和裂隙中。受周围基岩裂隙水补给，在构造破碎带、节理裂隙密集处汇集，水量较大，具承压性。由于裂隙发育不同，裂隙连通性相差较大。

徐州市轨道交通 2 号线九里山站基坑降水工程

1 工程概况

九里山站位于中山北路与荆马河南路交叉路口西北象限，车站临中山北路南北向敷设。九里山站为 11 m 站台地下二层岛式车站。车站主体基坑长度 206 m；车站标准段宽度 19.7 m、深 15.5～16.20 m；小里程端基坑宽度 23.8 m、深 16.85 m；大里程端基坑宽度 24.3 m、深 17.2 m。基坑概况见表 1。

表 1　　　　　　　　基坑概况

基坑型式	开挖深度（m）	止水帷幕	施工方式
地下二层岛式车站	15.50～16.20（标准段）	套管咬合桩入岩深度 2.5～6 m	明挖顺作法
	16.85～17.20（端头井）		

2 基坑围护概况

主体基坑面积 4 165 m²，围护结构选用套管咬合桩入岩深度 2.5～6 m，基坑标准段设三道支撑，扩大端设四道支撑；第一道采用混凝土支撑，其余采用 φ800×16 mm 钢支撑。本项目基坑平面及剖面示意见图 1、图 2。

图 1　基坑平面示意

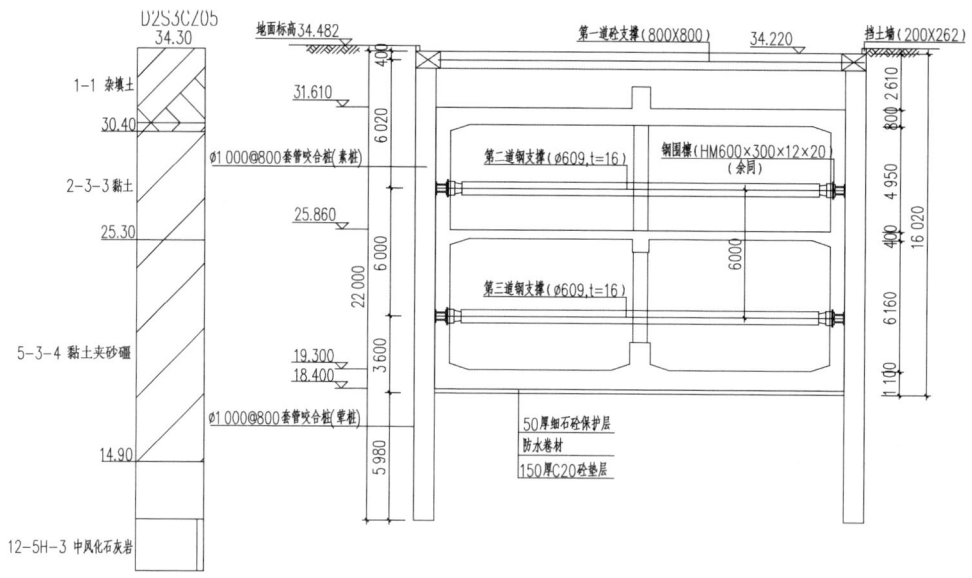

图 2 基坑剖面示意

3 工程地质情况

拟建场地勘察深度范围内各土层的土性描述如下。

1-1 层杂填土,多为道路路基、厂房地基填筑土,土性以黏性土为主,夹少量碎石,块径 1.00～10.00 cm,含量为 5%～40%,均匀性差,结构疏松,具有强度较低、压缩性高、易变形等特点,工程性质差。

1-2 层淤泥,灰黑色,流塑,高压缩性,有异味,本次仅 D2Q3CZ01 孔揭示,分布在荆马河处,揭示层厚 0.60 m。该层位于车站范围之外,可不考虑其对车站的影响。

2-2-1 层淤泥质黏土,灰色、黄灰色,软塑—流塑,高压缩性,韧性低,干强度低,局部夹粉土薄层,粉性偏重,一般层厚 1.60～6.80 m,平均层厚 4.58 m,一般层顶埋深 0.60～7.10 m。场址区断续分布。

2-3-4 层黏土,灰黄色,可塑,局部硬塑,中等压缩性,韧性中等,干强度高。一般层厚 0.80～4.00 m,平均层厚 2.34 m,一般层顶埋深 6.00～9.50 m。场址区连续分布。

5-3-4层黏土夹砂礓，灰褐色、灰黄色，硬塑，局部坚硬，低压缩性，韧性中等，干强度高，夹少量钙质结核及砂礓，粒径 0.20～3.00 cm，局部富集地段粒径超过 10.00 cm，孔隙较大，局部含水，为相对弱承压含水层。一般层厚 6.00～12.50 m，平均层厚 7.17 m，埋深 8.60～11.80 m。场址区连续分布。

12-5H-3 中风化灰岩，青灰色、灰黄色，碎屑结构，薄层—中层状构造，节理裂隙发育，局部呈破碎中风化状，溶蚀现象明显，多为方解石充填，岩芯呈短柱状、块状，局部呈碎块状，饱和单轴抗压强度为 32.1 MPa，岩体基本质量等级为Ⅳ级。埋深 17.50～38.40 m，本次勘察揭示最大层厚 18.80 m，未钻穿该层。场址区断续分布。

12-5H-3P 中风化灰岩（破碎），青灰色、灰黄色，碎屑结构，薄层—中层状构造，节理裂隙发育，局部呈破碎中风化状，溶蚀现象明显，多为方解石充填，岩芯呈碎块状。本次仅 D2Q3CZ01 孔揭示，本次勘察揭示层厚 11.60 m，未钻穿该层。该层揭示于车站南侧外围。

12-5N-1 层全风化泥岩，棕红色，原岩结构基本被破坏，风化裂隙极发育，岩体呈散体结构，岩芯呈半岩半土状，遇水易崩解软化。本次仅 D2Q3CZ01 孔揭示，本次勘察揭示层厚 2.6 m。该层揭示于车站南侧外围。

12-5N-2 层强风化泥岩，棕褐色，泥质结构，岩芯呈块状、碎块状，节理裂隙很发育，锤击声哑，易折断，遇水易崩解，岩体基本质量等级为Ⅴ级。层厚 1.30～8.60 m，层顶埋深 16.90～30.60 m。场址区局部揭示。

12-5N-3 层中风化泥岩，棕红色，岩芯破碎，层状结构、泥质构造，岩体风化成短柱状，局部块状，裂隙发育，为极软岩，RQD 一般为 35%～50%，饱和单轴抗压强度为 3.48 MPa，岩体基本质量等级为Ⅴ级。一般层厚 1.10～11.60 m，层顶埋深 18.02～36.50 m。场址区局部揭示。

9-9 层溶洞，主要以充填型为主，充填物为硬可塑状褐黄黏土夹灰岩碎块，少量为空洞，无充填物，发育规律性不明显。一般溶洞竖向洞高<1.00 m，揭示最大洞高约 6.00 m，层顶埋深 20.00～32.40 m，在中风化灰岩中揭示。

本项目典型地质剖面见图 3。

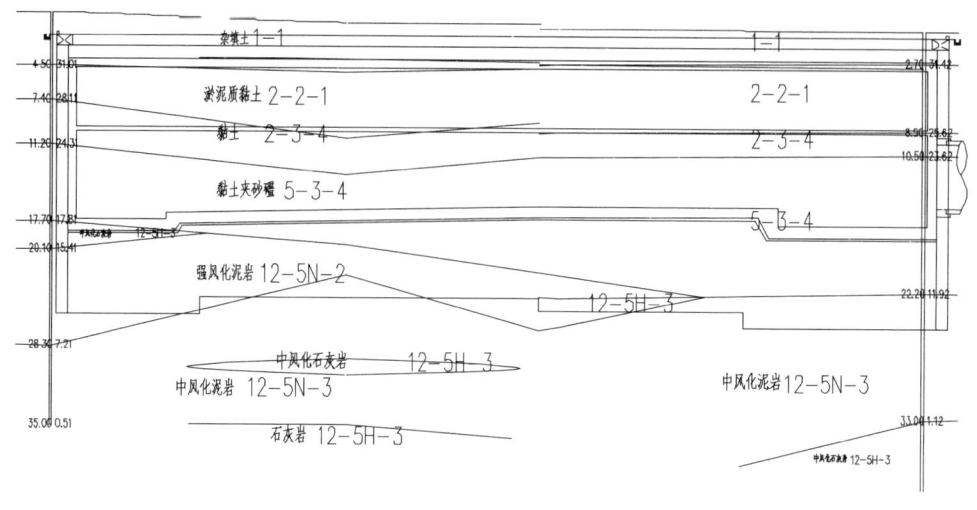

图 3 典型地质剖面

4 水文地质情况

潜水主要赋存于填土层中。受大气降水、地表水补给，具明显的丰、枯变化。水位埋深 1.10～3.60 m，水位标高 30.88～32.93 m，水位变化幅度约为 1.50 m。

弱承压水主要赋存于 5-3-4 层黏土夹砂礓中。主要受径向侧流补给与排泄。水位埋深 4.50 m，水位标高约为 28.80 m。

基岩裂隙水主要赋存于泥岩、灰岩溶洞和裂隙中。受周围基岩裂隙水补给，在构造破碎带、节理裂隙密集处汇集，水量较大，具承压性。由于裂隙发育不同，裂隙连通性相差较大，水文试验勘察期间测得 12-5N-3 层中风化泥岩中承压水位埋深 4.00 m，水位标高约为 29.30 m；12-5H-3 中风化灰岩中承压水水位埋深约 3.97 m，水位标高约为 29.70 m。岩溶裂隙水水位受大气降水影响显著，年动态随季节而变化，一般每年雨季降水高峰期过后一到两个月，水位达到最高点，其后水位逐渐下降，至旱季末水位下降至最低点，年变幅 5.00～10.00 m。

5-3-4 层渗透系数 K 在 1.20～2.02 m/d（1.38×10^{-3}～2.33×10^{-3} cm/s）范围内，影响半径 R 在 15.0～23.1 m。12-5N-3 层基岩裂隙水渗透系数 $K = 0.333$ m/d，影响半径 $R = 8.33$ m；12-5H-3 层基岩裂隙水渗透系数 $K = $

3.43 m/d，影响半径 $R = 13.07$ m。

5 降水重难点

5.1 基坑突涌稳定性

5-3-4 层层顶埋深较浅，基坑已揭穿该层，且止水帷幕已经隔断该层，直接对其进行疏干，不考虑进行坑底抗突涌稳定性验算，开挖过程中水位降至开挖面以下 1 m。

车站主体、端头井等区段中风化石灰岩、中风化泥岩基岩裂隙水水位埋深取 3.97 m，地层分布有一定的起伏，从北至南基岩裂隙水层顶埋深逐渐加深，抗突涌稳定性验算见表 2。

表 2　　基坑开挖深度与基岩裂隙水安全水头埋深对应关系

序号	开挖区域	基坑开挖深度（m）	安全水位埋深（m）	水位降深（m）
1	临界状态	10.11	3.97	不需降压
2	标准段	16.20	14.54	10.57
3	端头井	16.85	17.85	13.88

5.2 降水重难点分析

（1）基坑下伏 5-3-4 层、基岩裂隙水均具有承压性，车站开挖深度较大；5-3-4 层、基岩裂隙水降水幅度较大，含水层渗透性差，影响半径小，降压难度大。基坑围护已完全隔断浅部水（潜水+5-3-4 层），本次设计 5-3-4 层与上部潜水含水层一起疏干考虑，降水上部浅水（潜水与 5-3-4 层）水位降至开挖面以下 1 m，疏干深井深度不进入中风化泥岩、灰岩。

（2）基岩裂隙水含水性主要取决于裂隙的发育程度及裂隙的性质，富水性不均一，裂隙的分布对减压降水井降水效果有较大影响，情况较为复杂，对基坑降水影响较大。对于下伏分布 12-5N-3 层中风化泥岩、中风化灰岩基岩裂隙水，布置减压降水井。

（3）勘察期间，钻孔遇溶率为 42.8%，线溶率为 12.6%。一般溶洞竖向洞高＜1.00 m，揭示最大洞高约 6.00 m，岩溶层顶埋深 20.0～32.40 m，情况较为复杂，溶洞对降水影响较大。成井过程中如遇到溶洞，与总包配合对溶洞进行探明，并配合总包对所遇溶洞进行回填。

（4）岩溶裂隙水水位受大气降水影响显著，年动态随季节而变化，年变幅 5～10 m，基坑在雨季开挖，后期降水风险较大。现场施工过程中，先施工 2～3 口基岩裂隙水降水井，观测承压水静止水位、降水井实际降水能效等，根据试验成果对后续施工的降水井进行调整或优化。

（5）前期勘探孔较深，若前期勘探孔未进行有效封堵，则在基坑开挖过程中，承压水将会在高水头压力作用下沿勘探孔孔壁上涌至基坑开挖面，影响基坑正常开挖施工。

6 降水设计

6.1 基岩裂隙水减压井设计

按照井间距 20～25 m 在主体基坑坑内布置减压降水井，共布置 14 口。非入岩段孔径 450 mm，入岩段孔径 300 mm，井管及过滤器外径 325 mm。井深 28 m、30 m。

6.2 坑内疏干井设计

由于主体基坑为狭长形基坑，疏干管井单井有效疏干面积按 200 m² 布置，井间距 15～20 m。基坑内共布置 22 口疏干井，井深 18 m、19 m、20 m。孔径 600 mm，井内径 360 mm，井外径 400 mm。

6.3 坑外观测井兼观测井设计

坑外布置 5-3-4 层水位观测井兼应急回灌井，井布置 9 口，井深 16 m，孔径 600 mm，井内径 360 mm，井外径 400 mm。

坑外布置基岩裂隙水水位观测井，井布置 12 口，井深 28 m、30 m，非入岩段孔径 450 mm，入岩段孔径 300 mm，井外径 325 mm。

7　项目总结

（1）5-3-4层和基岩裂隙水连通，疏干井补给源充足，水量较大，水位恢复相对较快，疏干井运行在土方开挖完毕后应及时恢复运行，后期注意疏干井的保护。

（2）由于疏干井抽水运行期间对基岩裂隙水的影响较大，后期基岩裂隙水降压井的开启根据现场疏干井的运行情况和降压井的实测水位确定具体运行方案。

（3）坑内外没有形成隔断基岩裂隙水，属于敞开式降水，故基坑风险较大，后期基坑降水要严格做到按需降水，尽量缩短降水运行时间，从而减小对周边环境的影响。

南通市轨道交通及水文地质概况

2014年南通市政府正式启动了南通轨道交通的规划和建设工作。2017年12月18日，南通轨道交通1号线一期工程开工建设，标志着南通轨道交通进入实质性建设阶段。2022年11月10日，南通轨道交通1号线正式开通运营。南通轨道交通1号线一期线路总长39.18 km，目前在建的2号线一期工程线路全长20.4 km。南通市轨道交通线路见图1。

南通市城市轨道交通沿线下伏地层从上至下分布为②$_1$层粉质黏土、②$_2$层粉土、③$_1$层粉砂夹粉土、③$_2$层粉砂、③$_3$层粉砂夹粉土、④层粉质黏土夹粉土、⑤$_1$层粉砂夹粉土、⑤$_2$层粉砂夹砂质粉土、⑤$_3$层粉砂夹粉土、⑤$_t$层粉质黏土、⑥层粉砂夹粉土、⑦层细砂。

对南通市城市轨道交通沿线下伏地层进行分析，呈如下特征。

②层粉砂夹粉土、②$_2$层粉土、③$_1$层粉砂夹粉土、③$_2$层粉砂、③$_3$层粉砂夹粉土、③$_4$层粉砂，③$_5$层粉砂夹粉质黏土为潜水含水层，全线分布相对稳定。潜水含水层深度一般在20 m左右，局部下切与承压含水层相连。

④$_1$层淤泥质粉质黏土、④$_2$层砂质粉土夹粉质黏土、⑤$_t$层粉质黏土，总体上透水性较差，为弱透水性，有一定的隔水性能，为相对隔水层。除部分站点缺失，全线均有分布，但埋藏深度、厚度有较大差异。

④$_{1t}$层黏质粉土夹粉质黏土、④$_{2t}$层黏质粉土夹粉质黏土具有微承压性为（微）承压含水层。全线分布差异较大（分布范围，埋藏深度，含水层厚有均有较大差异）。⑤$_1$层粉砂夹粉土、⑤$_3$层粉砂夹粉土、⑥层粉砂夹粉土、⑦层细砂为（微）承压含水层。

整体而言，南通市城市轨道交通沿线全线除⑤$_2$层由于各勘察单位命名及划分原因存在一定差异外，其他各土层土质情况与水文地质情况基本一致。

对于地下二层车站，⑥层以下承压水基本对车站建设无直接影响，对于地下

南通市轨道交通及水文地质概况

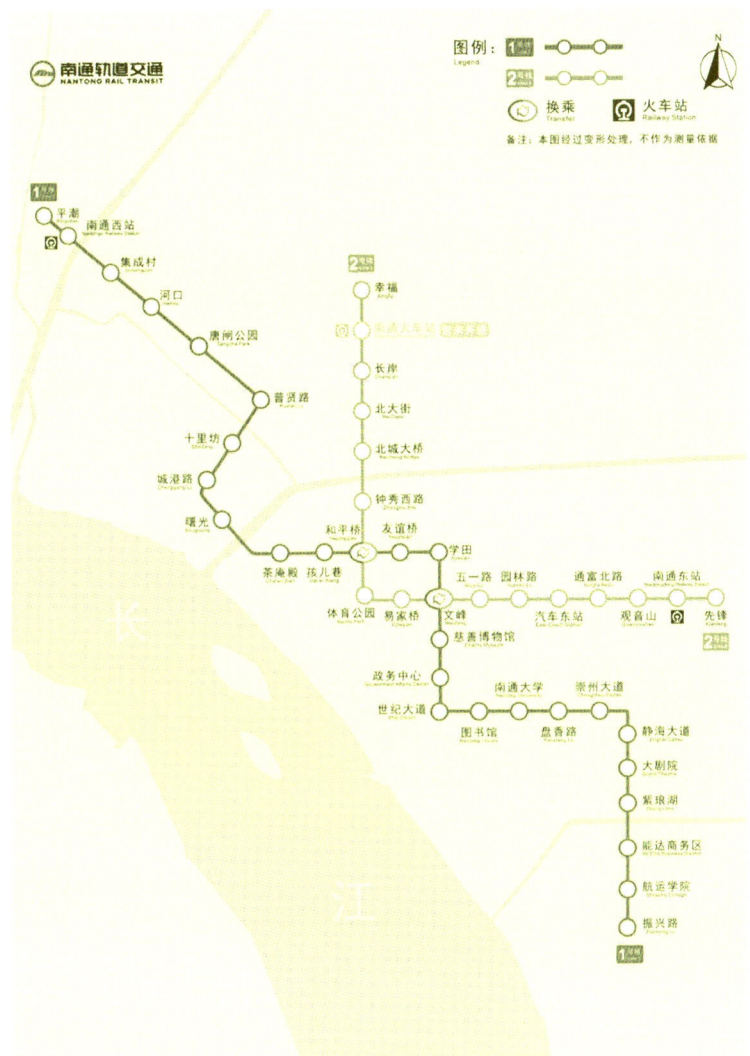

图 1　南通市轨道交通线路

三层车站，需要考虑⑥层以下承压水的抗突涌稳定性。

由于河流漫滩和滨海沉积交替，③层及⑤层多层土为粉砂夹粉黏或粉土，水平向渗透系数与垂直向渗透系数差异较大，需要在施工过程中引起注意。

可根据④层厚度将南通水文地质区域分为三类。

A类：④$_1$层淤泥质粉质黏土、④$_2$层砂质黏土夹粉质黏土较厚，为隔水层，将上部潜水与下部承压水隔开，潜水降水对下部承压水水位基本无影响，下部承压水降水对上部潜水水位也无影响。该区域隔水帷幕应插入或穿过④层,将坑内外潜水水力联系隔断,潜水疏干井与承压水减压井应分别设置,分层降水。

B类:④$_1$层淤泥质粉质黏土、④$_2$层砂质黏土夹粉质黏土较薄,隔水效果不理想,上部潜水与下部承压水有一定水力联系,但仅对上部疏干或对下部减压无法同时达到疏干和减压的效果,因此可以根据④层厚度和埋深情况决定布置混合减压疏干井或分别布置减压井和疏干井。

C类:④$_1$层淤泥质粉质黏土、④$_2$层砂质黏土夹粉质黏土缺失,上部潜水直接与下部承压水连接,由于⑤层以下承压含水层厚度较大,下部无较浅埋深的隔水层,因此隔水帷幕无法隔断坑内外水力联系,为悬挂式隔水帷幕,整个含水层需将水位降至坑底以下。

南通各区域各含水层铁离子含量均超过国家《地下水质量标准》(GB/T 14848—2017)(0.3 mg/L)的要求,锰离子含量也在国家标准线上(0.1 mg/L),尤其是火车站区域,③$_4$层和⑤$_1$层铁离子含量超标几十倍。

第四系松散地层中局部有有害气体(主要成分是甲烷、氮和二氧化碳)分布。气源层一般应具腐烂植物碎屑等高含量的有机质以及人工封闭的盖层,形成强度较强的还原环境,并有利于浅层气聚集和储存的地质条件。有害气体生储的典型地层结构为软土层—粉砂层—软土层。软土层是有害气体的主要生成层同时也是覆盖层,粉砂层是有害气体的主要储集层。浅层有害气体是地铁等地下空间开发所可能遇到的地质灾害之一。在地铁车站基坑开挖施工时,有害气体的释放常常导致火灾、基础底板混凝土受气压影响无法浇筑等工程事故。

南通地区轨道交通沿线④$_1$、④$_{1t}$层存在沼气,进入该层的减压井由于打穿隔水层,形成通道,有害气体很容易在减压井附近富集,因此在井管焊接等动火工程之前,需要对有害气体浓度进行探测,避免由于动火工程引发的火灾造成人员伤亡和财产损失。

常见液化土层为③$_1$层粉砂夹粉土,由于在成井施工前,基坑内部会进行基坑成桩、加固等施工,基坑内下伏砂土可能受到机械振动的影响而液化,导致成井后观测井测得的地下水水位偏高,应进行抽水,观测水位恢复情况,静止一段时间后,再将观测井水位作为初始水位进行抗突涌验算。

南通市轨道交通沿线区域浅部砂土层多为粉质黏土夹层(图2),城港路站、江海大道站、汽车站站、南通大学站、盘香路站、宏兴路站、能达商务区站、南通东站站和先锋镇站均揭露多层黏土夹层，仅深南路站在开挖范围内未揭露黏土夹层。黏土夹层在南通区域分布具有普遍性，且在实际降水施工中如忽视黏土夹层水文地质情况的特殊性，会造成疏干效果差、地下水突涌等不良后果。通地区浅部粉砂层内所夹的黏土夹层主要有三层，多分布在③$_2$层粉砂及③$_2$、③$_3$层交界处。第一层黏土夹层多位于地面以下 3～4 m，厚度 40～50 cm，第二层黏土夹层位于地面以下 13～14 m，厚度 30～50 cm，第三层黏土夹层位于地面以下 16～17 m，厚度 40～90 cm。该黏土夹层有较明显的各向异性，水平向渗透系数远大于垂直向渗透系数，且由于黏粒含量高，在表面形成一层不透水的泥皮，层内蕴含的地下水较难通过相邻的砂层或降水井排出。开挖至该层时，容易出现土体松软、承载力不足等情况，影响正常开挖和取土。因此建议在开挖至该层前预先开挖几个小的集水坑进行集水明排，或者现场开挖基槽，将该夹层土剖面露出，为该层土中的水提供排水通道，经晾晒后挖除。如工期较紧，可布置几套轻型真空井点进行预排水。

图 2　典型黏土夹层剖面

南通市轨道交通1号线
深南路站降水工程

1 工程概况

深南路站为1号线与规划3号线的换乘站,地下车站为二至三层,位于永和路和深南路交会处。车站概况见表1。

表1 车站概况

车站形式	开挖深度(m)	止水帷幕	施工方式	备注
地下二层（局部三层）	17.19（标准段）	标准段、端头井地下连续墙42.00 m	明挖顺作法	1、3号线换乘站
	19.06（端头井）			
	25.98（换乘段）	换乘段地下连续墙54.00 m		

2 基坑围护概况

围护结构标准段选用800 mm厚地下连续墙,换乘段选用1 000 mm厚地下连续墙,标准段采用四道支撑,换乘区域设置五道支撑,其中第一道为砼支撑,其余均为钢支撑。车站地下连续墙墙深42.0～54.0 m。基坑平面及剖面示意见图1、图2。

基坑安全等级为一级,依据基坑与周边环境、地下管线距离关系,基坑环境保护等级为一至二级。

1～7轴北端头井及标准段基坑面积1 408 m²,7～11轴换乘段基坑面积939 m²,11～24轴端头井及标准段基坑面积2 586 m²。

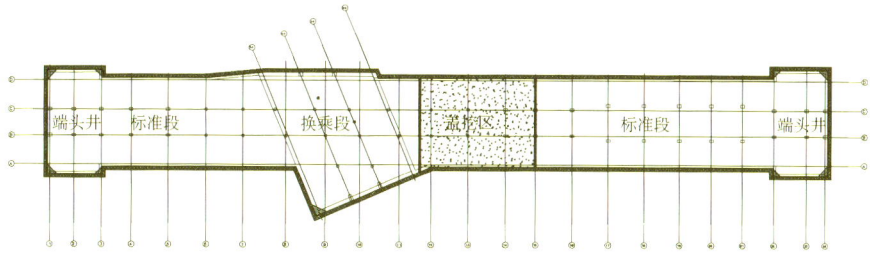

图1 基坑平面示意

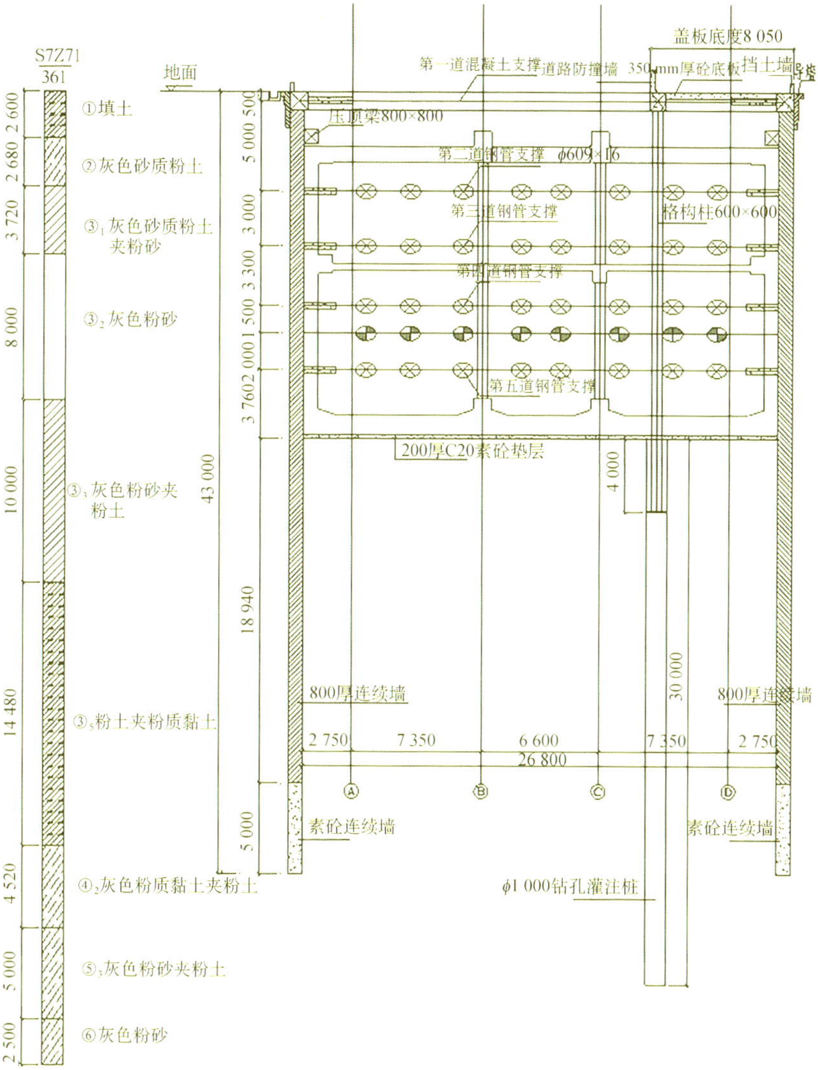

图2 基坑剖面示意

3 工程地质情况

在建场区地层隶属长江下游冲积平原，沿线第四纪地层发育，一般厚度达 200 m 以上。勘探深度范围内自上而下划分为 6 个工程地质单元层、9 个亚层。土体类型较复杂，性质差异较大，地层从下更新世至全新世一般均有发育，成因类型较多，主要有河流相、河海相等。

①层人工填土，遍布，土质不均、结构松散、强度不均，上部以杂填土为主，上部 20 cm 左右为水泥地坪，夹碎石、砖块等；下部为素填土，以黏性土为主，夹植物根茎。

②层灰色砂质粉土，松散，浅部含少量铁锰质斑痕，中压缩性，为浅部潜水含水层。

③$_1$ 层灰色砂质粉土夹粉砂，稍密，含云母碎片，局部夹薄层粉质黏土，中等压缩性。

③$_2$ 层灰色粉砂，中密，含云母碎片，局部夹薄层粉质黏土，中等偏低等压缩性。

③$_3$ 层灰色粉砂夹粉土，稍密，含云母碎片，局部夹薄层粉质黏土，中等压缩性。

④$_2$ 层灰色粉质黏土夹粉土，可塑，局部夹薄层粉砂，中等压缩性。

④$_{2t}$ 层灰色砂质粉土夹粉质黏土，为④$_2$ 层中的夹层，稍密，夹较多薄层粉砂，中等压缩性。土质不均，呈透镜体分布。

⑤$_3$ 层灰色粉砂夹粉土，中密，含云母碎片，局部夹薄层粉质黏土，中等偏低等压缩性。

⑥层灰色粉砂，密实，含云母和贝壳碎片，夹薄层粉质黏土、粉土，中等偏低等压缩性。

典型地质剖面见图 3。

4 水文地质情况

潜水主要赋存于浅部粉土、粉砂、填土层中，含水层总厚度大，含水量较丰

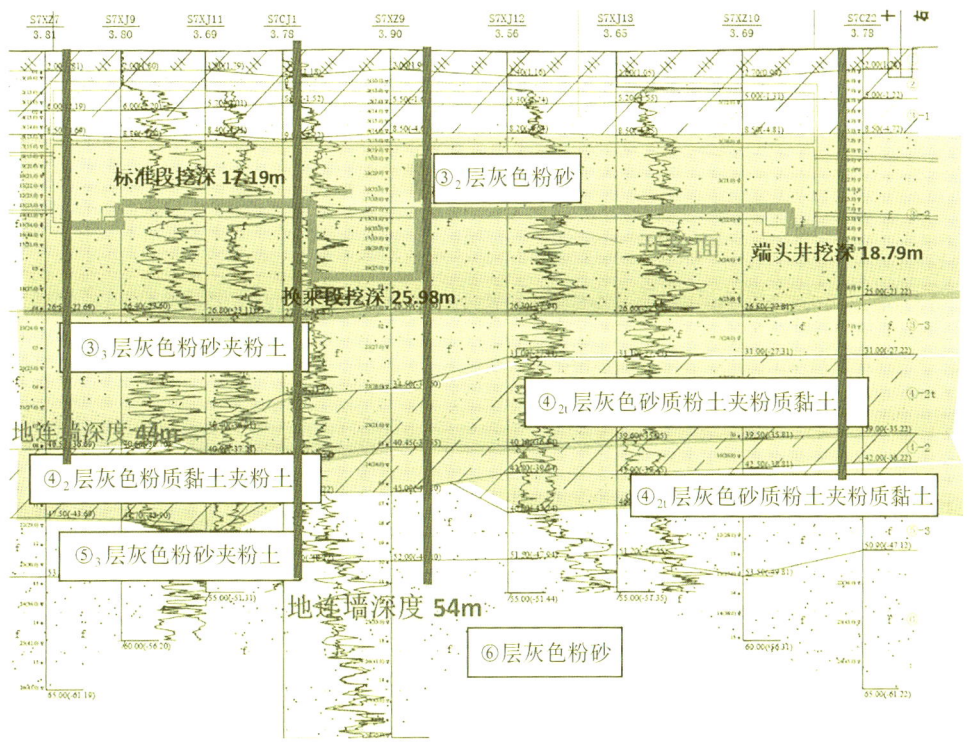

图 3 典型地质剖面

富。潜水主要接受大气降水的垂直补给和地表水体侧渗补给，以自然蒸发为主要排泄途径，水位随季节性变化明显。场地潜水与周边河道水存在一定水力联系，邻近河道的基坑工程应重视河道水位变化导致的不利影响。场地潜水水位埋深为 1.80~2.50 m，平均水位埋深为 2.00 m，相应水位埋深标高为 1.59~2.01 m，平均水位埋深标高为 1.85 m。

在建场地的第Ⅰ承压水一般赋存于④$_2$层以下的砂土、粉土层中，即④$_{2t}$、⑤$_3$、⑥层，主要接受径流及越流补给，承压水位年呈季节性变化，随季节、气候、潮汐等因素而变化，根据区域水文地质资料，承压水头埋深 2.0~5.0 m。

承压水上部相对隔水层④$_2$层，局部厚度较薄，且该层夹粉土，依据经验，场地承压水与潜水可能存在一定的水力联系。⑤$_3$灰色粉砂夹粉土层承压水水位埋深为 3.06~3.28 m，水位标高为 0.71~0.72 m。各含水层相关参数指标见表 2—表 5。

表2　　　　　　　　　　各含水层水文地质参数

层号	土层名称	渗透系数平均值（m/d）		导水系数 (m^2/d)	贮水率 (1/m)
		水平	垂直		
③₂	灰色粉砂	3.80	1.25	62.70	2.5×10^{-4}
③₃	灰色粉砂夹粉土	2.95	0.56	17.70	6.0×10^{-5}
④₂t	灰色砂质粉土夹粉质黏土	2.80	0.23	25.20	2.7×10^{-4}
④₂	灰色粉质黏土夹粉土	0.03	0.006 3	0.24	6.0×10^{-5}
⑤₃	灰色粉砂夹粉土	4.72	2.23	19.82	1.0×10^{-3}
⑥	灰色粉砂	15.45	6.31	174.59	5.5×10^{-3}

表3　　　　　　　　　　各含水层单井涌水量

井号	井深 (m)	过滤器埋深 (m)	过滤器长度 (m)	停抽前动水位 (m)	试验期间平均流量 (m^3/h)	单位涌水量 [L/(h·m)]	预估单井最大出水能力 (m^3/h)
G33-1	32	25～31	6	18.65	14.25	888.40	26.11
K42t-1	40	34～39	5	24.23	12.61	572.64	21.64
K53-1	53	44～52	8	24.71	68.52	3 372.24	163.92
G53-1	50	44～49	5	37.20	46.56	1 807.65	64.93

表4　　　　　　　　　　抽水降深与沉降对比分析

地层	埋置深度 (m)	地层厚度 (m)	深层土体沉降 (mm)	含水层稳定降深 (m)	每米降深的沉降 (mm/m)
③₂	14	16.5	-29.3	6.45	-4.54
③₃	26	6.0	-30.3	6.16	-4.92
④₂t	36	9.0	-14.9	16.13	-0.92

表5　　　　　　　　　　⑤₃层群井抽水—水位降深观测数据

层位	编号	到抽水井的距离 (m)	水位降深 (m)	
			小流量	大流量
⑤₃	K53-1（抽水井）	—	11.25（动降深）	20.34（动降深）
	G53-1（抽水井）	—	18.43（动降深）	32.45（动降深）
	G53-2	25.05	0.50	1.05

(续表)

层位	编号	到抽水井的距离（m）	水位降深（m）	
			小流量	大流量
③₂	G32-1	5.07	基本没有变化	0.11
③₃	G33-1	6.22	0.09	0.23
	G33-2	25.05	0.02	0.14
④₂t	G42t-1	5.83	0.12	0.23
	G42t-2	25.62	0.09	0.17

5 降水重难点

各含水层基坑突涌稳定性分析见表6—表8。

表6　　上④$_{2t}$层基坑开挖深度与安全水头埋深对应关系

开挖区域	基坑开挖深度（m）	安全水位埋深（m）	水位降深（m）
临界状态	13.41	1.90	不需降压
1～3轴、22～24轴	19.06	11.24	9.34
3～7轴、11～22轴	17.19	8.43	6.53
换乘段（7～11轴）	25.98	22.69	20.79

表7　　下④$_{2t}$层基坑开挖深度与安全水头埋深对应关系

开挖区域	基坑开挖深度（m）	安全水位埋深（m）	水位降深（m）
北端头井	19.06	无下④$_{2t}$层	
标准段3～8轴	17.19	无下④$_{2t}$层	
换乘段	25.98	无下④$_{2t}$层	
标准段11～22轴	17.19	0.58	不需降压
南端头井	19.06	3.39	1.49

表 8　　基坑开挖深度与第⑤₃层安全水头埋深对应关系表

开挖区域	基坑开挖深度（m）	安全水位埋深（m）	水位降深（m）
1～3轴、22～24轴	19.06	—	—
3～11轴、11～22轴	17.36	—	—
临界开挖深度	19.43	2.70	不需降压
换乘段（7～11轴）	25.98	13.53	10.83

降水重难点分析如下。

（1）基坑开挖范围内存在较厚的粉土、粉砂等土层，土质不均匀，渗透性及含水量较大，基坑开挖时易产生流砂、坍塌等现象。

（2）潜水疏干井按照 250 m²/口布置，并尽可能增加预抽水时间，标准段井深 28 m，端头井深 30 m。南侧部分区域井深 36 m 进入上④₂ₜ层。

（3）开挖底板在③₂层，为保证基坑的安全，③₂层水位控制在开挖面以下 1 m。

（4）场地存在两层④₂ₜ层，根据抗突涌验算可知，上④₂ₜ层需要进行疏干减压，下④₂ₜ层不需要进行减压，因此考虑潜水疏干井进入上④₂ₜ层。

（5）本项目换乘段开挖深度 25.98 m，远深于标准段（17.19 m）和端头段（19.43 m）的开挖深度，需要单独考虑换乘段区域的降水设计。

（6）本项目换乘段地下连续墙深度 54 m，墙趾进入⑥层中 2 m 左右，④₂ₜ层完全隔断，故本工程换乘段承压水应重点关注⑤₃层。

（7）根据抗突涌计算结果可知，⑤₃层也需要进行减压降水，但地墙未完全隔断该层，且⑤₃层与下面的⑥层存在水力联系，坑内大幅度降水势必会引起坑外水位变化，故在坑外布置回灌井，在坑外水位异常时启用回灌井，保护周边环境。

（8）由于基坑下伏承压水层分布层位较多，在大面积降水的情况下周边环境会难以承受，故采用"分层降水，按需降水"的原则进行减压降水设计。

（9）为保证基坑安全，在坑内布置适量的备用观测井，平时作为水位观测井观测基坑中的水位，指导基坑降水运行，同时可兼作备用井抽水。

6 降水设计

6.1 坑内减压井设计

减压降水深井孔径 650 mm，井管及过滤器外径 273 mm。⑤₃ 层井深 52 m，过滤器长度 5 m。共布置三口减压井及一口备用井。

经过计算，开启降压井，降水运行后预测基坑水位降深等值线见图 4。

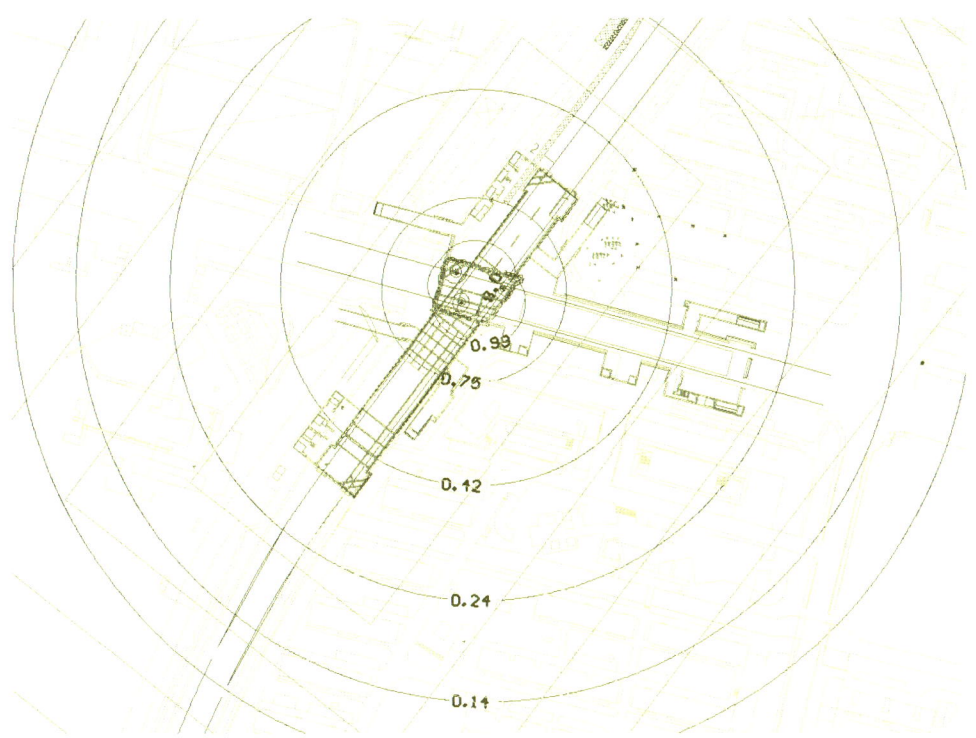

图 4　基坑内减压降水运行后预测⑤₃水位降深等值线（单位：m）

6.2 坑内疏干井设计

考虑疏干管井单井有效疏干面积按约 250 m²/口布置。在北端头段及其与标准段连接处布置 3 口 30 m 的疏干井。北侧标准段布置 4 口 28 m 的疏干井。换乘段由于基坑较深，含水层深度较厚，故布置 4 口 37 m 的疏干井。南侧标准段布置 7 口 28 m 的疏干井。在南端头井及其与标准段连接区域布置 3 口 30 m 的疏干井。

6.3 坑外回灌兼观测井设计

坑外水位观测井按照约 50 m/口布置，在 7～11 轴换乘段基坑东侧布置 1 口第⑤$_3$ 层坑外水位观测井，井深 52 m。布置 10 口井深 28 m 的潜水观测井。

7 现场降水及周边情况

为判断止水帷幕绕流效果，验证降水方案的可行性，止水帷幕和降水井完成后，进行验证性抽水试验。由于换乘段较深，降水风险高，验证性抽水试验主要针对换乘段⑤$_3$ 层井展开。第一次验证性抽水试验结果见图 5。

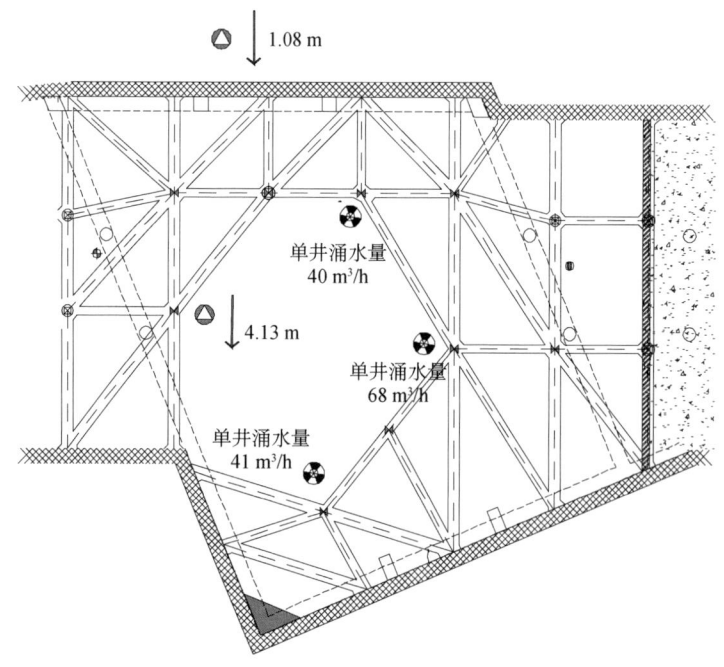

图 5　第一次验证性抽水试验结果

坑内观测井水位埋深 7.00 m，抽水试验坑内能够降到的水位远高于安全承压水头埋深（11.83 m），不满足基坑抗突涌稳定的需要。坑外水位下降幅度较大，坑外水位与坑内水位降幅比较高，超过 25%。第二次验证性抽水试验结果见图 6。

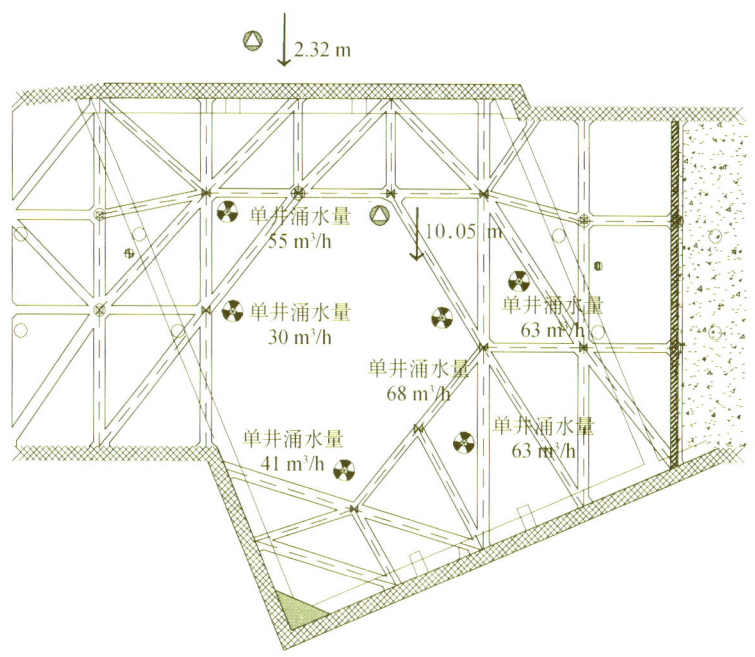

图 6　第二次验证性抽水试验结果

由于原设计 3 口减压井不能满足基坑抗突涌要求，前两次群井抽水试验后，增加 3 口减压井，井结构与原设计井结构相同。新增减压井完成进行第二次验证性抽水试验。坑内同时运行 6 口减压井，坑内水位能够降低到 12.15 m，低于安全承压水头埋深（11.83 m），满足水位降深要求。

基坑开挖过程中，换乘段沉降变化较为明显，启动减压深井抽水后，沉降变化速率及累计沉降量有明显增加趋势。

开启减压井后监测数据见表 9，地表沉降历时变化曲线见图 7。

表 9　　　　　　　　　　开启减压井后监测数据

项目	本次最大变化量（mm）			累计最大变化量（mm）		控制值（mm）	
	点号	数值	速率(mm/d)	点号	数值	日变量	累计值
周边地表沉降	D21-4	-0.96	-0.96	D2-2	-23.76	±3	±30
雨水管线沉降	Yc8	-1.00	-1.00	Yc3	-13.45	±2	±20
给水管线沉降	Gc12	0.72	0.72	Gc9	-14.01	±2	±20

（续表）

项目	本次最大变化量（mm）			累计最大变化量（mm）		控制值（mm）	
	点号	数值	速率(mm/d)	点号	数值	日变量	累计值
污水管线沉降	Wc5	－1.04	－1.04	Wc5	15.40	±2	±20
煤气管线沉降	Mc1	0.92	0.92	Mc8	6.35	±2	±20
建筑物沉降	Jc4-3	0.97	0.97	Jc2-8	－12.36	±2	±20
墙顶沉降	Qc20	0.89	0.89	Qc6	22.76	±3	±30
墙顶水平位移	Qw23	－0.75	－0.75	Qw5	－22.90	±3	±30
坑外水位	SW3	－85.97	－85.97	SW20	－495.84	±500	±1 000
墙体测斜	CX3/17 m	－0.97	－0.97	CX12/15.5 m	64.75	±3	±30
土体测斜	CX12/26 m	－0.91	－0.91	CX5/22.5 m	92.56	±4	±50
支撑轴力	Zh5-1	－82.34	－82.34	Zh10-1	3 109.18	—	4 000 kN
第二道支撑轴力	Zh5-2	35.71	35.71	Zh5-2	2 753.23	—	±4 000

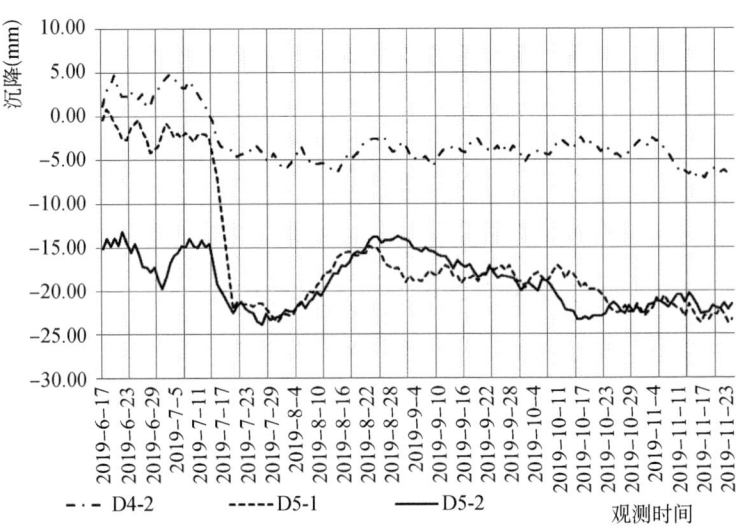

图7 地表沉降历时变化曲线

8 项目总结

（1）场地基坑开挖范围内存在较厚的粉土、粉砂等土层，潜水疏干井按照 250 m²/口布置，并尽可能增加预抽水时间能够有效对潜水含水层进行疏干。需要注意的是，疏干过程中大量地下水排出，坑内地层变形较大，如果第一道支撑未完成或强度未达到设计要求，围护变形向内变形较大，就可能导致坑外地面发生较大沉降。因此，在南通疏干降水也需要尽可能按需降水，避免水位过度超降。

（2）场地在降水设计施工前进行了专项水文地质勘察，专项水文地质勘察结果得到的水文地质参数、各层水力联系情况以及依托专项水文地质勘察结果进行的基坑围护与降水一体化评估有力地指导了基坑设计与施工，节省了围护施工工期，节约了围护费用。

（3）本项目的专项水文地质勘察同时也存在一些不足，如⑤₃层群井试验同层观测井仅有一口，且距离抽水中心较远，观测井水位变化不明显，且未进行单井试验，通过三维数值模拟求得的水文地质参数可能存在一定偏差。⑤₃层群井试验时间较短，缺少⑤₃层降水对地面沉降影响数据，导致对于后期降水引起沉降评估缺少依据。另外，换乘段基坑止水帷幕深度 54 m，基坑止水帷幕虽隔断⑤₃层承压水，但该层与下伏⑥层联通，因此需要判断⑥层与⑤₃层水力联系情况，获得⑥层的水文地质参数，因此应在⑥层布置观测井。

（4）⑤₃层灰色粉砂夹粉土，饱和，密实，中等压缩性；含少量云母碎片和贝壳碎屑，局部夹黏性土薄层，含石英、长石颗粒。南通水文地质勘察所选择的六个车站区域，除盘香路站外均有⑤₃层分布。⑤₃层渗透系数较大，深南站水平向与垂直向渗透系数差异不大，⑤₃层水文地质参数见表 10。

表 10　　　　　　　　⑤₃层水文地质参数

站点	土层名称	渗透系数平均值（m/d）		导水系数（m²/d）	贮水率（1/m）
		水平	垂直		
环城东站	粉砂夹粉土	3.20	0.50	22.40	1.4×10^{-3}
深南路站	粉砂夹粉土	4.72	2.23	19.82	1.0×10^{-3}

(续表)

站点	土层名称	渗透系数平均值（m/d）		导水系数（m²/d）	贮水率（1/m）
		水平	垂直		
火车站站	粉砂夹粉土	2.10	0.50	10.29	2.0×10^{-4}
太平路北站	黏质粉土夹粉砂	3.50	1.20	10.50	3.0×10^{-4}
体育公园站	粉砂夹粉土	2.31	0.12	19.87	6.0×10^{-4}
平均值	—	3.17	0.91	16.58	7.0×10^{-4}

南通市轨道交通1号线汽车站站降水工程

1 工程概况

汽车站站位于人民西路和外环西路交叉口西侧，沿人民西路东西向布置。车站为12.00 m岛式站台地下两层车站。站中心底板埋深16.75 m，车站净长约180.00 m，净宽19.30 m。标准段基坑开挖深度16.95 m，小里程端头井基坑开挖深度18.34 m，大里程端头井基坑开挖深度18.67 m。本项目基坑概况见表1。

表1　　　　　　　　　　汽车站站基坑概况

基坑型式	开挖深度（m）	止水帷幕	施工方式
地下二层	16.95（标准段）	地下连续墙39.7 m	明挖顺作法
	18.34~18.67（端头井）		

2 基坑围护概况

主体基坑面积3 783 m²，围护结构选用800 mm厚地下连续墙，采用四道支撑，其中第一道为砼支撑，其余均为钢支撑。车站地下连续墙墙深38 m。基坑安全等级为一级，基坑环境保护等级为二级。基坑平面及剖面示意见图1、图2。

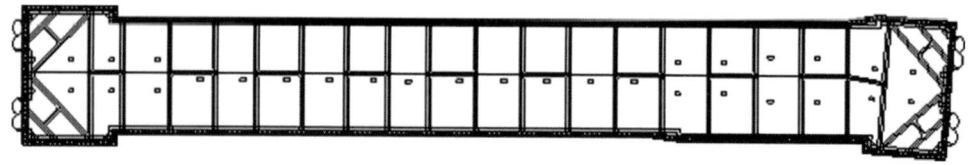

图 1 基坑平面示意

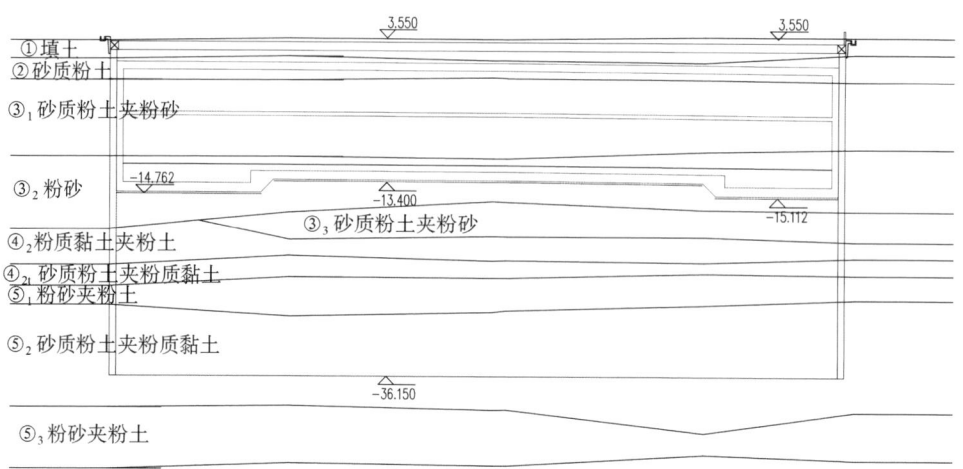

图 2 基坑剖面示意

3 工程地质情况

拟建场地勘察深度范围内自上而下划分为 7 个工程地质单元层、12 个亚层。土体类型较复杂，性质差异较大，地层从下更新世至全新世一般均有发育，成因类型较多，主要有河流相、河海相等，各土层的土性描述如下。

①层填土，素填土以粉质黏土、粉土为主，含植物根茎；杂填土含较多的建筑垃圾。

②层砂质粉土，松散，浅部含少量铁锰质斑痕，夹薄层黏性土，摇振反应中等，无光泽，干强度低，韧性低。

$③_1$层砂质粉土夹粉砂，饱和，稍密—中密，中等压缩性。含云母碎片，局部夹薄层粉质黏土，局部夹粉砂，摇振反应中等，无光泽，干强度韧性低。

$③_2$层粉砂，饱和，中密，中等偏低压缩，含云母碎片、石英，局部夹薄层粉质黏土，局部夹粉砂，摇振反应中等，无光泽，干强度韧性低。

③₃层砂质粉土夹粉砂，饱和，稍密，中等偏低压缩，含云母碎片，局部夹薄层粉质黏土，部分互层，局部夹粉砂，摇振反应中等，无光泽，干强度韧性低。

④₂层粉质黏土夹粉土，软塑，压缩中等，含云母有机质，局部为粉土，粉土摇振反应中等，无光泽，干强度韧性低。

④₂ₜ层砂质粉土夹粉质黏土，饱和，稍密，压缩中等，含云母有机质，局部为互层，粉土摇振反应中等，无光泽，干强度韧性低。

⑤₁层粉砂夹粉土，饱和，稍密，中等压缩性，含云母碎片，局部夹薄层粉质黏土。

⑤₂层砂质粉土夹粉质黏土，饱和，稍密—中密，中等压缩性，含云母，局部为互层状或以粉质黏土为主，夹薄层粉砂，摇振反应中等，无光泽，干强度韧性低。

⑤₃层粉砂夹粉土，饱和，密实，中等偏低压缩，含石英云母碎片，局部夹薄层粉质黏土。

⑥层粉砂，饱和，密实，中等偏低压缩，含云母碎片、石英，夹薄层粉质黏土、粉土。

⑦层中砂夹粉砂，饱和，密实，中等偏低压缩，含石英、云母，土质致密，局部以粉质黏土为主。

本项目典型地质剖面情况见图3。

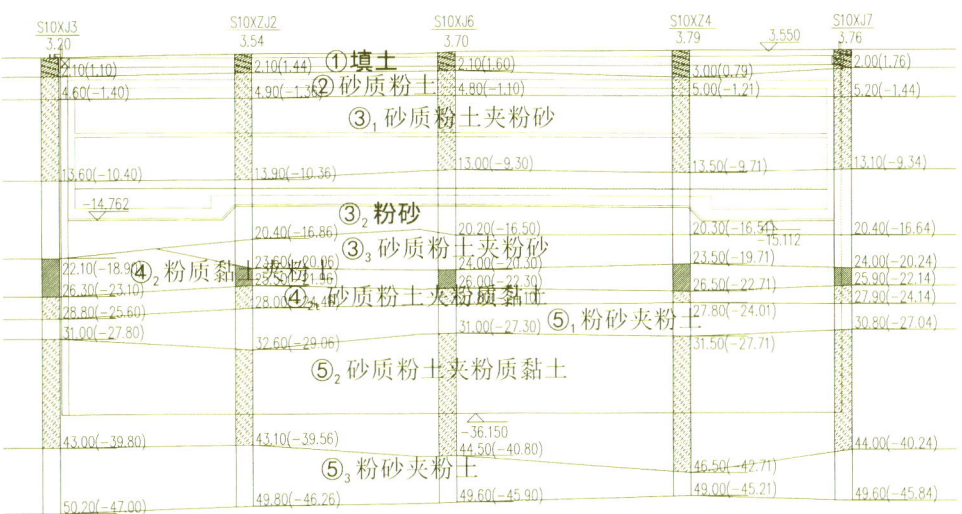

图3　典型地质剖面

4 水文地质情况

潜水主要赋存于②层砂质粉土、③$_1$层砂质粉土夹粉砂、③$_2$层粉砂与③$_3$层砂质粉土夹粉砂中，含水层总厚度大，含水量较丰富。潜水主要接受大气降水的垂直补给和地表水体侧渗补给，以自然蒸发为主要排泄途径，水位随季节性变化明显。根据详勘成果，场地潜水水位埋深为 1.20～3.10 m，平均水位埋深为 2.48 m，相应水位埋深标高为 0.16～2.29 m，平均水位埋深标高为 0.91 m。

第Ⅰ承压水一般赋存于④$_2$层及以下的砂土、粉土层中，即④$_{2t}$层砂质粉土夹粉质黏土、⑤$_1$层粉砂夹粉土、⑤$_2$层砂质粉土夹粉质黏土、⑤$_3$层粉砂夹粉土、⑥层粉砂、⑦层中砂夹粉砂，主要接受径流及越流补给，承压水位年呈季节性变化，随季节、气候、潮汐等因素而变化，根据区域水文地质资料，承压水头埋深 2.0～5.0 m。根据本工程范围内的地质分区情况，该工程范围属于地质分区Ⅱ$_2$区。承压水上布相对水层④$_2$层，其厚度较薄，局部缺失，且该层夹粉土，依据经验场地承压水与潜水存在一定的水力联系。勘察测得④$_{2t}$层砂质粉土夹粉质黏土层承压水水位埋深为 2.22～2.51 m（水位标高为 1.02～1.06 m）。各含水层水文地质参数见表2。

表2　　各含水层水文地质参数

层号	土层名称	渗透系数平均值 (m/d)		导水系数 (m^2/d)	贮水率 (1/m)	初始水位	备注
		水平	垂直				
③$_1$	砂质粉土夹粉砂	1.1	0.5	5.83	3.2×10^{-4}	2.7 m	
③$_2$	粉砂	2.2	1.1	17.16	8.5×10^{-4}		
④$_2$	粉质黏土夹粉土	0.02	0.004	0.16	2.0×10^{-5}	—	参考环城东路站抽水试验
④$_{2t}$	砂质粉土夹粉质黏土	1.2	0.12	4.56	1.0×10^{-5}	4.0 m	
⑤$_1$	粉砂夹粉土	3.0	0.41	38.4	1.8×10^{-4}	4.0 m	
⑤$_t$	粉质黏土夹粉土	0.02	0.002	0.04	8.0×10^{-5}	—	
⑤$_2$	砂质粉土夹粉质黏土	0.15	0.03	0.60	2.4×10^{-4}	4.30 m	
⑥	粉砂	15.45	6.31	174.59	5.5×10^{-3}	4.30 m	参考深南路站抽水试验

5 降水重难点

基坑突涌稳定性分析见表3—表5。

表3　　　　　基坑开挖深度与④$_{2t}$层安全水头埋深对应关系

区域	开挖深度（m）	安全承压水头埋深（m）	水位降深（m）	安全系数
临界状态	11.12	4.00	不需降压	1.10
标准段	16.95	13.64	9.64	0.51
小里程端头井	18.34	15.94	11.94	0.37
大里程端头井	18.67	16.49	12.49	0.34

表4　　　　　基坑开挖深度与⑤$_1$层安全水头埋深对应关系

区域	开挖深度（m）	安全承压水头埋深（m）	水位降深（m）	安全系数
临界状态	13.30	4.00	不需降压	1.10
标准段	16.95	10.04	6.04	0.82
小里程端头井	18.34	12.34	8.34	0.71
大里程端头井	18.67	12.89	8.89	0.68

表5　　　　　基坑开挖深度与第⑤$_3$层安全水头埋深对应关系表

区域	开挖深度（m）	安全承压水头埋深（m）	水位降深（m）	安全系数
临界状态	19.86	4.30	不需降压	1.10

降水重难点分析如下。

（1）基坑开挖范围内存在较厚的粉土、粉砂等土层，土质不均匀，渗透性及含水量较大，基坑开挖时易产生流砂、坍塌等现象。因此采用疏干降水深井形式进行对潜水处理，并尽可能增加预抽水时间。

（2）本工程开挖较深，基坑开挖深度16.95～18.67 m。④$_{2t}$层承压含水层顶板埋深较浅，基坑坑底面临承压水突涌风险。本工程地下连续墙深约39.7 m，墙趾位于⑤$_2$层砂质粉土夹粉质黏土中，该层为相对隔水层，可视为地下连续墙将④$_{2t}$、⑤$_1$层承压水隔断，针对该层布置的减压降水深井宜布置承压完整井且进入相对隔水层3 m左右，虽然地下连续墙也隔断目标含水层，但仍需控制降深量,并尽量减少减压降水对周边环境的影响。

(3) 本项目局部区域缺少④$_2$层,潜水与下部承压水存在连通,降水困难较大。在运行期间疏干潜水的同时要控制承压水的水位降深,做到"按需降水"。

(4) 降低承压水位势必会对邻近建筑物、道路等造成一定程度的影响,环境要求较高,必须"按需降水"。后期降水运行中监测坑外的地下水位变化,指导基坑降水运行。

(5) 前期勘探孔已揭穿承压含水层,若前期勘探孔未进行有效封堵,则在基坑开挖过程中,承压水将会在高水头压力作用下沿勘探孔孔壁上涌至基坑开挖面,影响基坑正常开挖施工。

(6) 在基坑开挖前应进行专项生产性抽水试验,实测现场承压水头,根据试验结果,深化降水设计。

6 降水设计

6.1 坑内减压井设计

减压降水深井孔径 650 mm,井管及过滤器外径 273 mm。减压井井深 35 m,过滤器长度 8 m。共布置 14 口减压井。

经过计算,开启降压井,降水运行后预测基坑水位降深等值线见图 4。

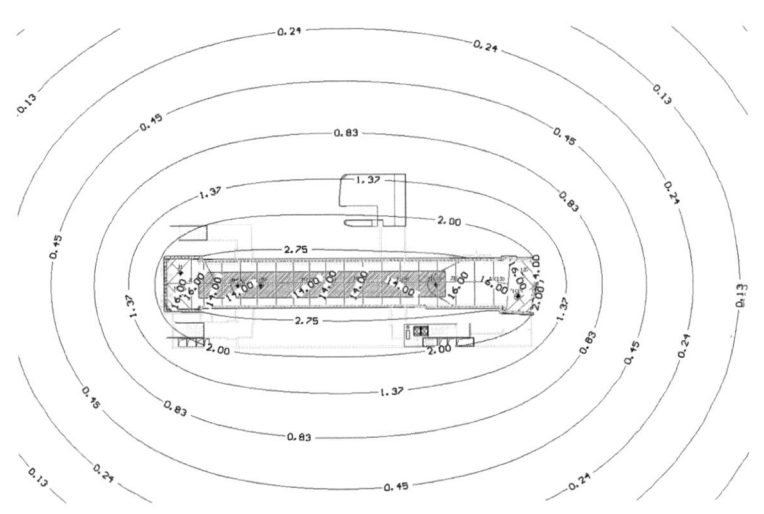

图 4 基坑内减压降水运行后预测承压水水位降深等值线(单位:m)

6.2 坑内疏干井设计

由于主体基坑为狭长形基坑,疏干管井单井有效疏干面积按 200 m² 布置,井间距为 15～20 m。基坑内共布置 19 口疏干井,其中 15 口标准段井深 23 m,4 口端头段井深 25 m。孔径 650 mm,井径 273 mm。

6.3 水位观测及备用井设计

坑内水位观测兼备用井布置 5 口,井深 35 m,孔径 650 mm,井径 273 mm。坑外水位观测井按照井间距 30 m 布置 16 口,井深 35 m,孔径 650 mm,井径 273 mm。

7 现场降水情况

7.1 现场抽水试验情况

(1) 试验前测得承压水观测井的初始水位埋深为 1.82～2.63 m。

(2) 鉴于场地情况复杂,2018 年 10 月 17 日先行进行了西段减压井抽水试验,测得水位井口以下 1.80～2.69 m,利用抽水井 J1—J7(水泵额定功率为 6.0 m³/h)进行试验,历时 5 天。平均抽水水量达 1.84 m³/h。抽水过程中坑内观测井 GB1、GB2 水位分别降至 21.80 m、21.45 m,能满足该区域基坑开挖安全水位需求(西端头安全水位降深 21.42 m 和标准段安全水位降深 19.86 m 的需求)。坑外观测井最大降深为 0.30 m,地下连续墙隔水效果较好。停止抽水后坑内外水位恢复较慢,前 3 h 坑内试验井水位以 2.20 m/h 速率上升;后期 24 h 水位恢复较慢以 0.50 m/h 速率上升,10 月 21—22 日水位以 0.25 m 左右速率上升。试验期间减压井出水量情况见表 6、表 7。

表 6　　　　　　　　减压井试验期间出水量统计

井号	单井出水量(m³/h)	平均出水量(m³/h)
J1	1.75	1.84
J2	1.90	
J3	1.74	

(续表)

井号	单井出水量（m³/h）	平均出水量（m³/h）
J4	1.96	1.84
J5	1.95	
J6	1.64	
J7	1.95	

表7　　　　　　　　减压井试验期间出水量统计

井号	初始水位埋深（m）	最大水位埋深（m）	水位降幅（m）	备注
GB1	2.55	21.80	19.25	坑内观测井
GB2	2.63	21.45	18.82	
G12	1.92	2.13	0.21	南侧坑外观测井
G13	1.82	2.07	0.25	
G14	2.10	2.28	0.18	
G15	2.15	2.37	0.22	
G16	2.09	2.39	0.30	
G1	1.97	1.99	0.02	北侧坑外观测井

（3）根据本工程围护结构特征和拟建场地的水文地质特征（场地内局部区域④₂层隔水层缺失，承压含水层和上覆潜水存在一定的水力联系），进行综合性（先开启疏干井后期增开减压井联合抽水）试验。疏干降水至15 m时水位下降趋于平缓，且降压井水位有3.62 m降深，后期开启4口减压井（承压水位降至15 m左右）潜水水位没有明显下降趋势；然后继续增开3口减压井（承压水位降至15 m以下）潜水水位有明显变化趋势。以上过程充分验证了局部④₂层缺失导致上覆潜水和承压水存在一定水力联系，疏干降水与减压降水相辅相成密不可分，降水难度大、但在减压井临界安全水头（10.59 m）前可以不开启减压井降水，疏干井有能力控制基坑内水头埋深，建议疏干井24 h正常降水，尽可能降低水头，遇开挖时暂时停止该区域疏干井，待土方收平后及时恢复运行，必要时开启局部减压井降水运行综合控制水位。现场疏干效果较好，确保了基坑顺利开挖。

7.2 现场降水情况

（1）疏干深井基坑中部留设 1 口水位观测井（S11）其余全部开启运行，预降水应在基坑开挖前 15～30 天或更早进行，以保证有效降低开挖土体中的含水量，确保基坑开挖施工的顺利进行。根据开挖进度，井内水位应控制在基坑开挖面以下一定深度（3 m），一般正常情况下，疏干深井基本保持 24 h 连续抽水，出现降水异常时，根据现场需要进行调整。

（2）承压水提前预抽水时间一般为 1 天，并随基坑的挖土工况再进行增开其他深井；基坑内所有减压降水井均可通过开启和关闭流量节制阀来调节出水量并控制水位；平时坑内承压水位监测，每天采用人工对未抽减压降水井以及观测井进行水位测量。分层按需降低承压水水位，避免基坑突涌风险，基坑顺利施工完成。现场降水效果见图 5、图 6。

图 5　现场土方开挖

图 6　基坑疏干降水效果

8　项目总结

（1）场地基坑开挖范围内存在较厚粉土、粉砂等土层，基坑为狭长形基坑，疏干深井按照 200 m^2/口布置，并尽可能增加预抽水时间能够有效对土体进行疏干。

（2）针对承压水布置减压井进行降压处理，并根据开挖深度分层按需降水，降水最小化，可避免基坑突涌风险，同时减小减压降水对周边环境的影响。坑内减压降水期间，坑外承压水下降幅度较小。

（3）坑内外水位监测很重要，根据坑内水位指导降水运行，通过坑外水位变化判断止水帷幕的隔水效果，发现异常及时预警。

（4）局部④$_2$层缺失导致上覆潜水和承压水存在一定水力联系，因此疏干井和减压井需要综合控制降水。

南通市轨道交通 2 号线体育公园站降水工程

1 工程概况

体育公园站为 2 号线地铁站,地下车站为三层岛式站,位于青年中路和跃龙路交会处。车站概况见表 1。

表 1　　　　　　　　　　车站概况

车站形式	开挖深度（m）	止水帷幕	施工方式	备注
地下三层	24.10（标准段）	主体地下连续墙 48 m	明挖顺作法	主体车站与商业基坑共建
	25.90（端头井）			
	13.70（商业基坑）	商业基坑地下连续墙 30～36 m		

2 基坑围护概况

主体车站基坑为基坑一,基坑二至六为商业基坑。围护结构主体基坑（基坑一）选用 1 200 mm 厚地下连续墙,墙深 48 m;主体基坑标准段采用六道支撑,端头井设置七道支撑,其中第一、四道为砼支撑,其余均为钢支撑。商业基坑（基坑二至六）选用 800 mm 厚地下连续墙,墙深 30～36 m,基坑设置二至三道砼支撑,局部第三道支撑为钢支撑。

基坑安全等级为一级,依据基坑与周边环境、地下管线距离关系,基坑环境保护等级为二级。基坑平面及剖面示意见图 1、图 2。

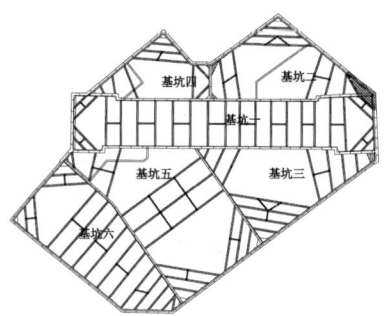

图 1　基坑平面示意

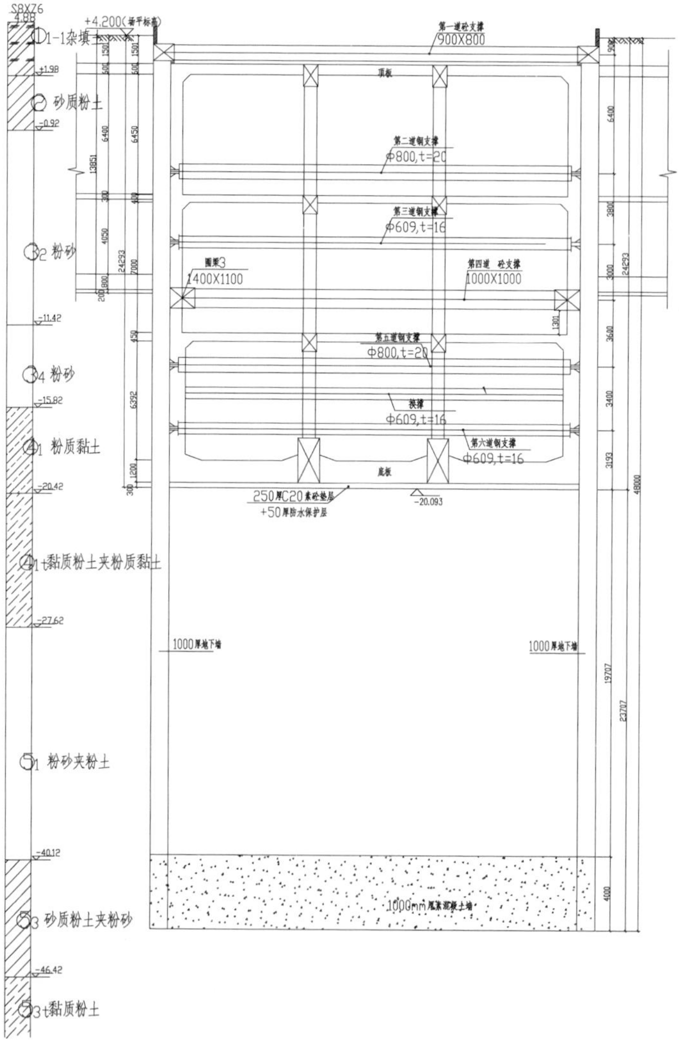

图 2　基坑剖面示意

3　工程地质情况

拟建场地在 80.20 m 深度范围内地层属第四系全新统（Q_4）及上更新统（Q_3）长江下游三角洲冲积层。拟建场地地基土层自上而下可分为 7 层、14 个亚（夹）层，土层自上往下描述如下：

①$_{1-1}$层杂填土，杂色，松散，现有路面表层主要为水泥路面，其下含大量碎石、碎砖等杂物，下部夹黏性土较多。拟建场地内均有分布。

①$_{1-2}$层素填土，灰色，松散，以粉性土及黏性土为主，局部夹植物根茎、碎小石子等杂物。拟建场地内大部分区域均有分布。

①$_2$层浜填土，灰黑色，饱和，流塑，含大量有机质及腐殖物，有腥臭味，土质极其软弱。分布于濠河河道内，以浜淤泥夹粉土为主。

②层砂质粉土，灰黄—灰色，饱和，松散—稍密，压缩性中等，含云母，局部为黏质粉土，夹少量薄层黏性土，土质不均匀。拟建场地内大部分区域受切割或厚度较薄。

③$_2$层粉砂，灰色，饱和，中密，压缩性中等，含云母，颗粒组成成分以长石、石英为主，局部夹粉土及少量薄层黏性土，土质不均匀。拟建场地内均有分布。

③$_4$层粉砂，灰色，饱和，中密—密实，压缩性中等，含云母，颗粒组成成分以长石、石英为主，局部夹少量黏性土，土质尚均匀。拟建场地内均有分布。

④$_1$层粉质黏土，灰色，软塑，压缩性高等—中等，含云母、有机质，局部夹薄层粉土，土质尚均匀。拟建场地内均有分布。

④$_{1t}$层黏质粉土夹粉质黏土，灰色，饱和，中密，压缩性中等，含云母、有机质，夹少量砂质粉土及薄层粉砂，土质不均匀。拟建场地内均有分布。

⑤$_1$层粉砂夹粉土，灰色，饱和，中密—密实，压缩性中等，含云母，颗粒组成成分以长石、石英为主，夹粉性土，局部夹薄层黏性土，土质不均匀。拟建场地内均有分布。

⑤$_3$层砂质粉土夹粉砂，灰色，饱和，中密—密实，压缩性中等，含云母，颗粒组成成分以长石、石英为主，夹粉性土，局部夹薄层黏性土，土质不均匀。拟建场地内均有分布。

⑤$_{3t}$层黏质粉土，灰色，饱和，稍密，压缩性中等，含云母、有机质，局部夹少量砂质粉土及薄层黏性土，土质不均匀。拟建场地内局部区域缺失。

⑥层粉砂，灰色，饱和，密实，压缩性中等—低等，含云母，颗粒组成成分以长石、石英为主，局部夹粉土、细砂及少量薄层黏性土。拟建场地内均有分布。

⑥$_t$层粉质黏土夹粉土，灰色，软塑，压缩性中等，含云母、有机质，局部少量夹薄层粉砂，土质不均匀。拟建场地内局部分布。

⑦层中砂，灰色，饱和，密实，压缩性低等，含云母，颗粒组成成分以长石、石英为主，局部夹细砂、粗砂及少量砾砂。拟建场地内均有分布。

本项目典型地质剖面见图3。

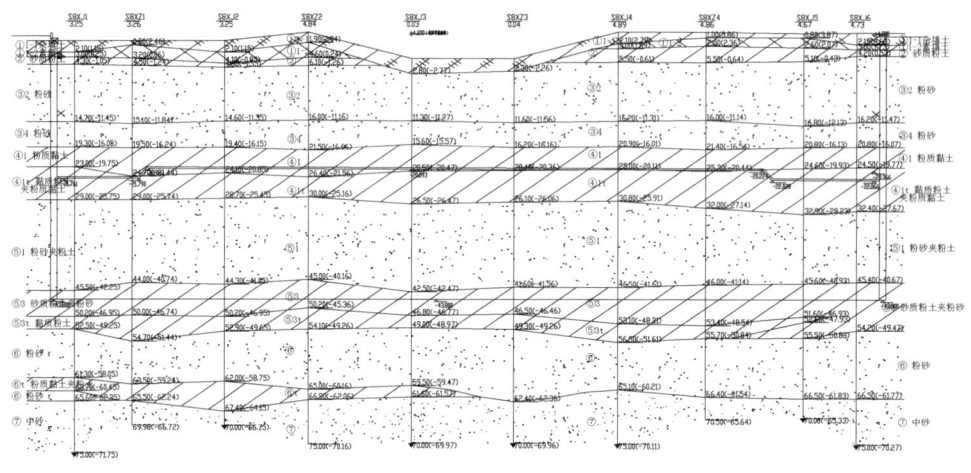

图3 典型地质剖面

4 水文地质情况

潜水主要赋存于浅部粉土、粉砂层中（①$_1$、②、③层）。主要接受大气降水的垂直补给和地表水体侧渗补给，以自然蒸发为主要排泄途径，水位随季节性变化明显。根据区域资料，近3～5年最高潜水位为3.00 m左右，最低潜水位0.00 m左右，年变化幅度一般为1～3 m。勘察期间测得潜水水位埋深为0.50～2.70 m（标高3.76～1.59 m），初见水位与稳定水位埋深相当。

根据观测成果，濠河河水水位波动幅度在15 cm以内，潜水水位没有变化，由于地表水水位变化程度小，故难以观测出二者的水力联系情况。本区域浅部地层以粉性土、砂土为主，土层渗透性好，有利于地表水和潜水的相互补给，根据工程经验地表水与地下水水力联系较为密切。

本工程拟建场地分布有厚度为 3.2~7.9 m（平均厚度为 4.63 m）的④₁层粉质黏土，隔水性能较佳，属微透水层。其下部分布有厚度为 3.0~8.5 m（平均厚度为 6.07 m）的④₁ₜ层黏质粉土夹粉质黏土，总体上透水性较差，有一定的隔水性能，属弱透水层。

第Ⅰ承压水一般赋存于 30 m 左右深度以下的砂土、粉土层中，即⑤层粉砂夹粉土、⑥层粉砂及⑦层中砂中，主要接受径流及越流补给，据区域水文地质资料，水头埋深 2~5 m。本工点④₁ₜ层以及下伏的⑤₁、⑤₃、⑤₃ₜ层与⑥层和⑦层直接相连，故可作为第Ⅰ承压含水层一并考虑，故该层地下水存在承压性，潜水与承压水之间有弱水力联系。各含水层水文地质参数见表 2。

表 2　　　　　　　　各含水层水文地质参数

层号	土层名称	渗透系数平均值（m/d）		导水系数（m²/d）	贮水率（1/m）
		水平	垂直		
④₁ₜ	黏质粉土夹粉质黏土	0.228	0.06	2.53	1.0×10^{-3}
⑤₁	粉砂夹粉土	2.43	0.55	19.68	4.0×10^{-4}
⑤₃	砂质粉土夹粉砂	2.31	0.12	19.87	6.0×10^{-4}
⑥	粉砂	15	3	174.59	5.0×10^{-5}

5　降水重难点

基坑突涌稳定性分析见表 3—表 6。

表 3　　　　　基坑开挖深度与④₁ₜ层安全水头埋深对应关系

开挖区域	基坑开挖深度（m）	安全水位埋深（m）	水位降深（m）
临界开挖深度	11.330	2.20	—
基坑一	24.194~26.266	—	—
基坑二	13.651~16.951	5.90~11.60	3.70~9.40
基坑三	13.651	6.07	3.87

(续表)

开挖区域	基坑开挖深度（m）	安全水位埋深（m）	水位降深（m）
基坑四	13.651	5.77	3.58
基坑五	13.651~16.951	6.07~11.78	3.87~9.58
基坑六	13.651	6.23	4.03

表4　　　　基坑开挖深度与⑤$_1$层安全水头埋深对应关系

开挖区域	基坑开挖深度（m）	安全水位埋深（m）	水位降深（m）
临界开挖深度	14.230	3.2	—
基坑一	24.194~26.266	20.36~23.92	17.16~20.72
基坑二	13.651~16.951	−7.61	−4.42
基坑三	13.651	—	不需减压
基坑四	13.651	—	不需减压
基坑五	13.651−16.951	−6.88	−3.68
基坑六	13.651	—	不需减压

表5　　　　基坑开挖深度与第⑤$_3$层安全水头埋深对应关系

开挖区域	基坑开挖深度（m）	安全水位埋深（m）	水位降深（m）
临界开挖深度	20.46	3.3	—
基坑一	24.194~26.266	9.71~13.27	6.51~10.07

表6　　　　基坑开挖深度与第⑥层安全水头埋深对应关系

开挖区域	基坑开挖深度（m）	安全水位埋深（m）	水位降深（m）
临界开挖深度	24.17	3.3	—
基坑一	24.194~26.266	3.34~6.89	0.10~3.70

降水重难点分析如下。

（1）基坑开挖范围内存在较厚的③$_1$层粉砂夹砂质粉土、③$_2$层粉砂和③$_4$层粉砂，水量丰富，基坑开挖时易产生流砂、坍塌等现象，后期施工过程中，应将潜水水位降至开挖面以下1 m。

（2）商业基坑对④$_{1t}$、⑤$_1$、⑥层不满足抗突涌稳定性验算，对其进行减压处理。

（3）由于基坑下伏承压水层分布层位较多，采用"分层降水，按需降水"的原则进行减压降水设计。

（4）止水帷幕地下墙未隔断承压含水层⑤$_3$、⑤$_1$层，但未完全隔断承压含水层，坑内降水对坑外影响较大。

（5）为保证基坑安全，在坑内布置适量的备用观测井，平时作为水位观测井观测基坑中的水位，指导基坑降水运行，同时可兼作备用井抽水。

6 降水设计

6.1 坑内减压井设计

车站主体基坑对于⑤$_1$、⑤$_3$、⑥层各承压含水层独立降水，单独布置降水井。具体布置如下：减压降水深井孔径 650 mm，井管及过滤器外径 273 mm。⑤$_1$层布置 12 口降压井，井深 42 m，过滤器长度 10 m。⑤$_3$层布置 10 口降压井，井深 52 m，过滤器长度 6 m。⑥布置 9 口降压井，降压井深为 60 m，过滤器长度 6 m。

（1）附属基坑六：基坑六只需对④$_{1t}$层进行减压降水，根据降深要求，在基坑六中布置 7 口④$_{1t}$层降压井，井深为 30 m，过滤器长度为 5 m。

（2）附属基坑四：基坑四需对④$_{1t}$层进行减压降水，局部深坑位置需要对⑤$_1$层进行减压降水。根据降深要求，在基坑四中布置 3 口④$_{1t}$层降压井，井深为 30 m，过滤器长度为 5 m。布置 1 口⑤$_1$层和④$_{1t}$混合降水井。井深 35 m，过滤器 10 m。

（3）附属基坑三：基坑三需对④$_{1t}$层进行减压降水，根据降深要求，在基坑三中布置 6 口④$_{1t}$层降压井，井深为 30 m，过滤器长度为 5 m。

（4）附属基坑二：基坑二需对④$_{1t}$层进行减压降水，局部深坑位置需要对⑤$_1$层进行减压降水。根据降深要求，在基坑二中布置 2 口④$_{1t}$层降压井，井深为 30 m，过滤器长度为 5 m。布置 5 口⑤$_1$层和④$_{1t}$混合降水井。井深 35 m，过滤器 10 m。

（5）附属基坑五：基坑五需对④$_{1t}$层进行减压降水，局部深坑位置需要对⑤$_1$层进行减压降水。根据降深要求，在基坑五中布置 9 口④$_{1t}$层降压井，井深为 30 m，过滤器长度为 5 m。布置 2 口⑤$_1$层和④$_{1t}$混合降水井。井深 35 m，过滤器 10 m。

经过计算，开启降压井，降水运行后预测基坑水位埋深等值线见图 4—图 6。

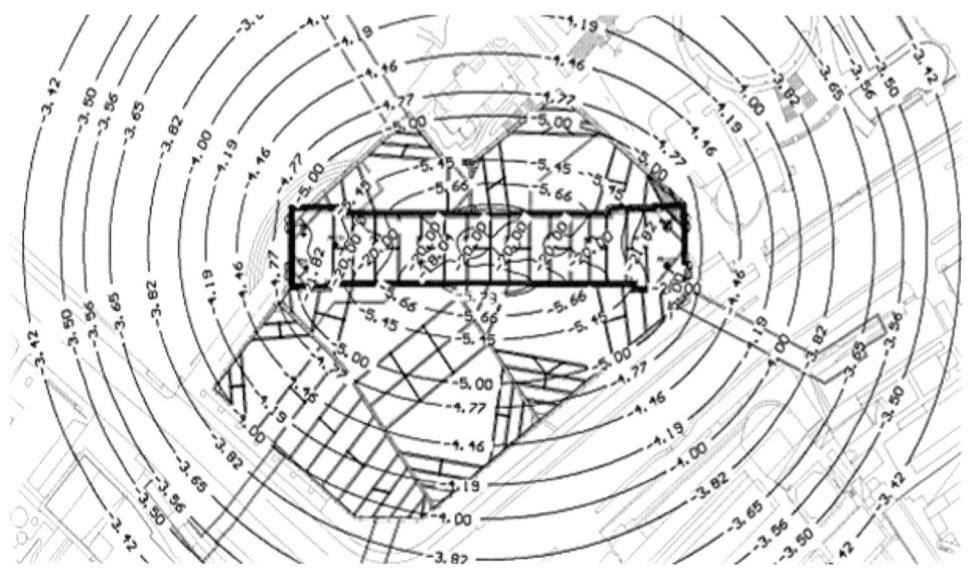

图 4　主体基坑内减压降水运行后预测⑤$_1$层水位埋深等值线（单位：m）

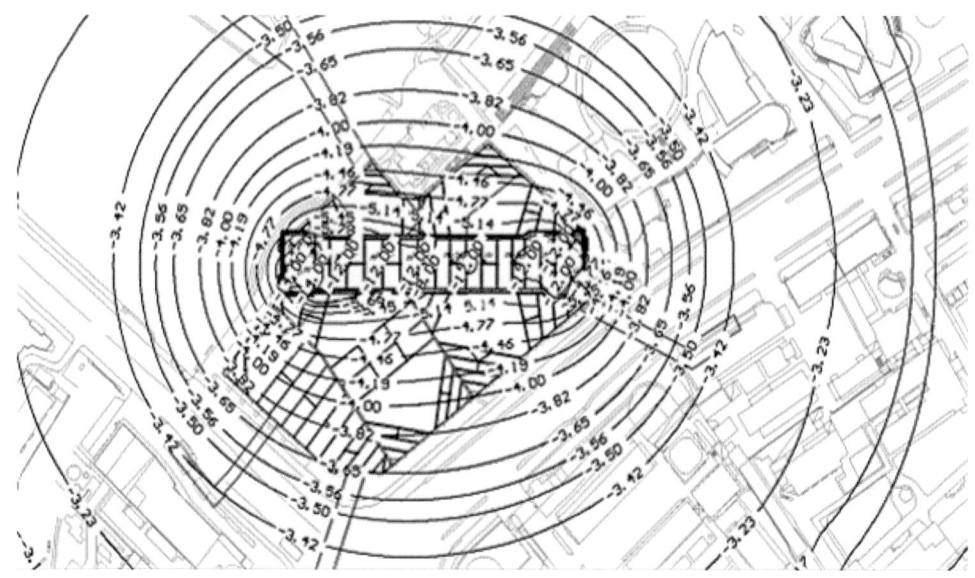

图 5　主体基坑内减压降水运行后预测⑤$_3$层水位埋深等值线（单位：m）

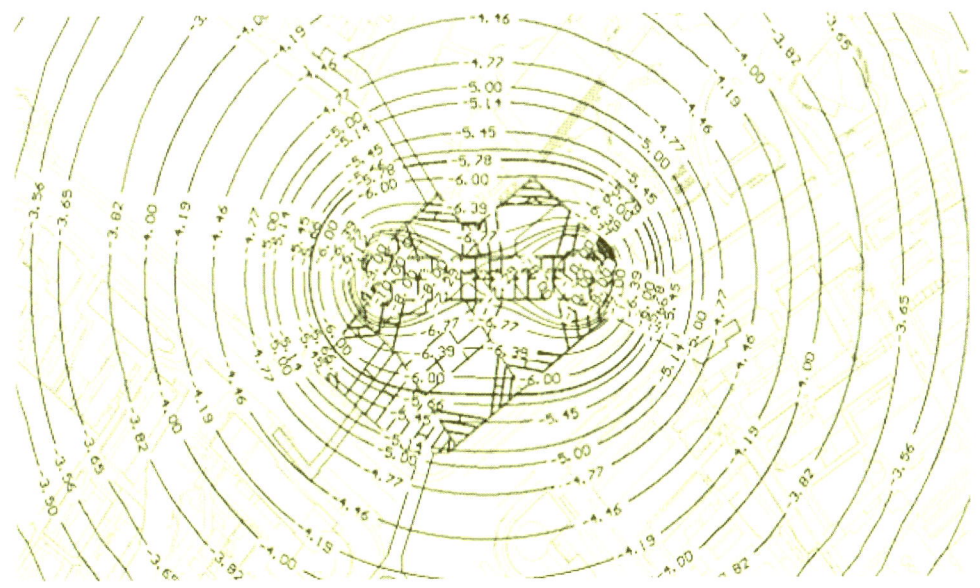

图 6　主体基坑内减压降水运行后预测⑥层水位埋深等值线（单位：m）

6.2　坑内疏干井设计

考虑疏干管井单井有效疏干面积按约 250 m² 布置。井深宜进入坑底 6～8 m；井平面位置最终施工时应避开坑内支撑、格构柱、工程桩、坑内加固等位置。疏干井布置情况见表 7。

表 7　　　　　　　各基坑疏干井布置情况统计

区域	面积（m²）	开挖深度（m）	数量（口）	井深（m）
基坑一	3 674.3	24.194～26.266	15	29、27
基坑二	1 990.5	13.651～16.951	8	19、22
基坑三	2 282.2	13.651	9	19
基坑四	1 181.6	13.651	5	19
基坑五	3 886.2	13.651～16.951	15	19、22
基坑六	2 869.6	13.651	11	19

6.3 水位观测及备用井设计

坑外水位观测井按照约 20 m/组布置，共布置 18 组，每组各由 1 口潜水观测井和④$_{1t}$、⑤$_1$ 层混合承压观测井兼回灌井组成。井深分别为 16 m、30 m。基坑东侧增加⑤$_3$ 层水位观测井兼回灌井，按照 20 m 间距布置。共布置 6 口井深为 52 m。

7 现场降水情况

基坑开挖前进行 15~20 天的预降水，土方开挖过程中持续降水，潜水位控制在开挖面以下约 1 m。开挖深度达到承压水突涌临界状态时开启减压井分层按需降水，确保基坑安全。降水效果较理想，基坑顺利施工。基坑降水效果见图 7。

图 7 基坑降水效果

8 项目总结

（1）通过该项目积累了南通地区以砂性土、粉性土的超深基坑降水经验，为后期类似工程提供数据支撑。针对开挖面存在砂性土质地层，采用 250 m²/口 布置疏干井，预疏干 10~15 天取得了良好的疏干效果，为以后该地区的疏干井布置提供了宝贵的经验。

（2）针对项目基坑开挖深度大、含水层多的特点，通过"分层降压、按需降压"，精确控制各层降压幅度及降压时间，最大程度减小基坑降水对周边环境的影响。

（3）针对项目基坑开挖深度大、开挖范围内以砂质土为主的特点，一旦地墙渗漏导致地下水携带泥沙进入基坑内将导致严重的后果，在基坑周边 20 m/组布置监测兼应急井，有力保障了基坑的安全。

（4）基坑车站外包尺寸全长 154.50 m，车站主体标准段基坑深约 24.06 m，基坑宽约 20.3 m，为一个狭长形基坑，采用分段挖土，各段挖土深度相差极大，具有较大的安全风险，保证疏干井的有效运行至关重要。本基坑通过疏干井配合轻型井点降水，及时将开挖范围内的地下水排走，极大降低了坑内土体滑移的风险。

南通市轨道交通 2 号线南通东站站降水工程

1 工程概况

南通东站站为南通市城市轨道交通 2 号线第 16 座站,地下二层岛式车站,车站位于青年东路与富锋路交叉口,沿青年东路东西向地下设置。车站概况见表 1。

表 1　　　　　　　　　　车站概况

车站形式	开挖深度（m）	止水帷幕	施工方式
地下二层	16.03（标准段）	标准段地下连续墙 29.50 m	明挖顺作法
	17.89～19.24（端头井）	端头井地下连续墙 36.50 m	

2 基坑围护概况

围护结构选用 800 mm 厚地下连续墙,标准段采用四道支撑,其中第一道为砼支撑,其余均为钢支撑。车站地下连续墙墙深 29.5～36.5 m。基坑面积 4 322 m^2,车站外包尺寸全长 202.6 m,宽 20.7 m。基坑安全等级为一级,依据基坑与周边环境、地下管线距离关系,基坑环境保护等级为一级。基坑平面及剖面见图 1、图 2。

3 工程地质情况

拟建场地在勘察深度范围内分布的地层主要为第四系全新统（Q_4）地层、第

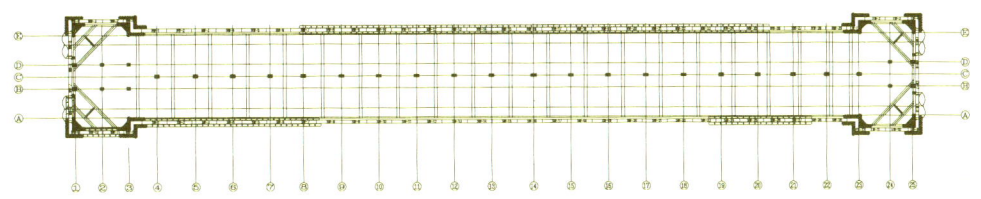

图 1　基坑平面示意

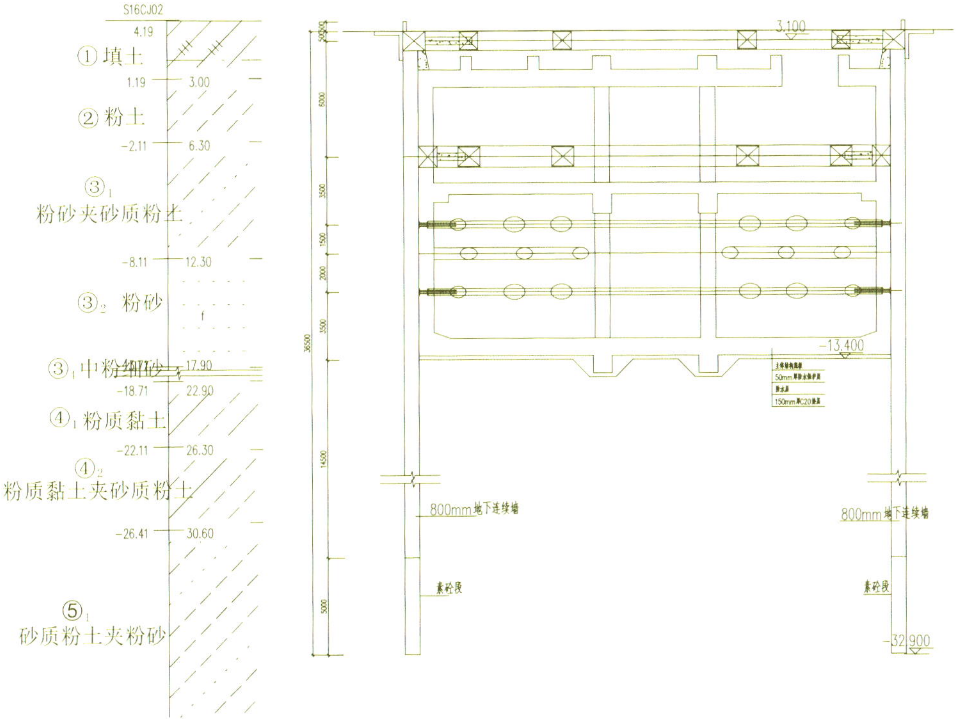

图 2　基坑剖面示意

四系上更新统（Q_3）地层，自上而下又可分为 6 个大层，10 个亚层。土层自上往下描述如下：

①$_1$ 层杂填土，杂色，湿，松散—稍密，土质不均，以黏性土为主，含较多碎石。浅部含较多植物根茎。连续分布。

②层黏质粉土，灰黄色，很湿，稍密，含少量铁锰质斑痕，局部夹稍密砂质粉土。连续分布。

③$_1$ 层粉砂夹砂质粉土，青灰色，饱和，稍密—中密，稍具层理，含云母碎

片，局部夹薄层粉质黏土。连续分布。

③$_2$层粉砂，青灰色，饱和，中密为主，局部密实，含云母碎片，局部夹薄层砂质粉土、粉质黏土。连续分布。

③$_4$层中粉细砂，青灰色，饱和，中密—密实，矿物成分以石英、长石为主。含云母碎片、贝壳碎屑。连续分布。

④$_1$层粉质黏土，灰色，软塑，局部夹淤泥质粉质黏土、黏质粉土。连续分布。

④$_2$层粉质黏土夹砂质粉土，灰色，粉质黏土呈软塑状，砂质粉土呈稍密—中密状，具层理，夹淤泥质粉质黏土、黏质粉土和薄层粉砂，局部为粉质黏土与粉砂互层。连续分布。

⑤$_1$层砂质粉土夹粉砂，青灰色，饱和，中密—密实，以砂质粉土为主，夹较多粉砂，稍具层理，局部夹粉质黏土。连续分布。

⑤$_3$层黏质粉土夹粉砂，青灰色，饱和，中密—密实，以黏质粉土为主，夹较多粉砂，稍具层理，局部夹粉质黏土。

⑥层粉砂夹砂质粉土，青灰色，饱和，密实，稍具层理，含云母碎片，局部夹薄层粉质黏土。

本项目典型地质剖面见图3。

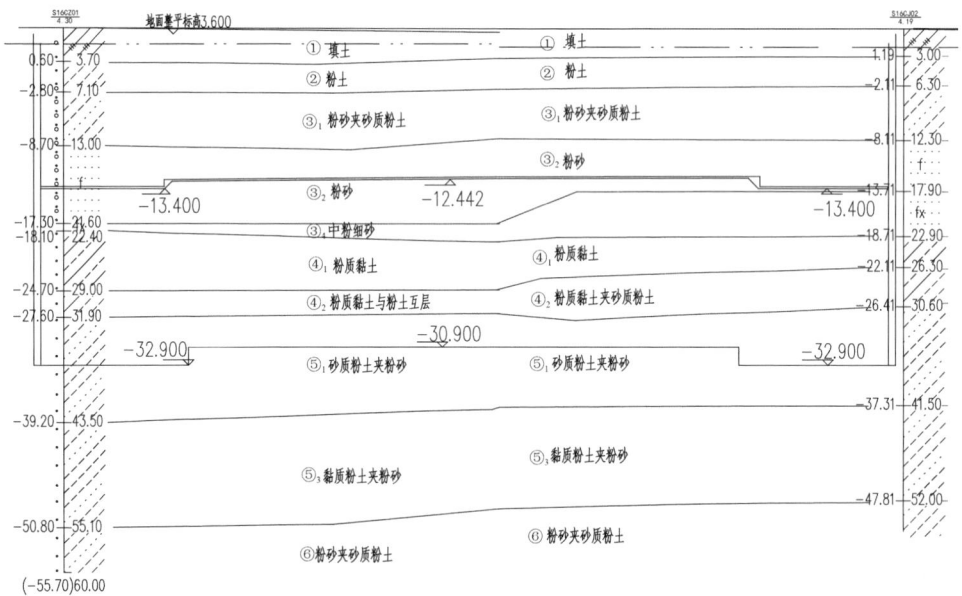

图 3　典型地质剖面

4 水文地质情况

潜水主要赋存于浅部①层填土、②$_1$层黏质粉土、③$_1$层粉砂夹砂质粉土、③$_2$层粉砂和③$_4$层中粉细砂中。潜水的补给来源主要为大气降水、管道渗漏和场外含水层的侧向径流补给，以蒸发、侧向径流为主要方式排泄。勘察期间实测潜水稳定水位埋深 1.73～2.01 m（标高 1.30～2.50 m）。根据区域水文资料，场地近 3～5 年最高潜水水位标高为 3.00 m 左右，最低潜水水位标高为 0.00 m 左右，年变化幅度一般 1～2 m。

承压水主要赋存于④层以下的⑤$_1$层砂质粉土夹粉砂、⑤$_3$层黏质粉土夹粉砂和⑥层粉砂夹砂质粉土中（相互连通，可视为一层承压水），以④$_1$层粉质黏土、④$_2$层粉质黏土夹砂质粉土为隔水顶板，其主要补给来源为地下水侧向补给，排泄途径为人工开采及地下水侧向径流。承压水稳定水位埋深 3.30 m（标高 0.55 m）。各地层水文地质参数见表 2。

表 2　　　　　各地层水文地质参数

层号	岩土名称	渗透系数试验值（m/d）		导水系数（m²/d）	贮水率（1/m）
		水平	垂直		
③$_2$	粉砂	3.900	0.900	41.730	2.65×10^{-4}
③$_4$	中粉细砂	4.860	1.020	17.500	1.00×10^{-4}
④$_2$	粉质黏土夹砂质粉土	0.020	0.002	0.500	5.00×10^{-5}
⑤$_1$	砂质粉土夹粉砂	0.820	0.150	5.990	1.00×10^{-4}
⑤$_3$	黏质粉土夹粉砂	3.500	1.200	10.500	3.00×10^{-4}
⑥	粉砂夹砂质粉土	15.000	3.000	—	5.00×10^{-5}

5 降水重难点

基坑突涌稳定性分析见表 3。

表 3　　　　　　基坑开挖深度与第⑤₁层安全水头埋深对应关系

基坑	开挖深度（m）	安全水位埋深（m）	水位降深（m）	安全系数
临界开挖深度	13.31	3.300	—	1.100
标准段	16.025	7.350	4.050	0.910
西端头井	19.244	13.000	9.700	0.690
东端头井	17.893	10.790	7.490	0.800

降水重难点分析如下。

（1）基坑开挖范围内存在较厚的粉土、粉砂等土层，土质不均匀，渗透性及含水量较大，基坑开挖时易产生流砂、坍塌等现象，后期施工过程中，应将潜水水位降至开挖面以下1 m。针对上部潜水布置疏干降水深井，将水位降至开挖面以下1 m，并尽可能增加预抽水时间。

（2）本站⑤₁层不满足抗突涌稳定性验算，对其进行减压处理。止水帷幕在标准段未插入⑤₁层，不能起到有效的隔水作用，属于敞开式降水。东西端头止水帷幕插⑤₁层承压含水层8 m，未完全隔断⑤₁层。本站布置的减压降水深井应尽量减短滤管，遵循"浅井密布"的原则，悬挂式减压降水，尽量减少减压降水对周边环境的影响。

（3）基坑西端头距离东环快速路高架桥墩、靠近基坑边的DN 1800给水管道和东端头的宁启铁路路基，针对⑤₁层悬挂减压，势必引起坑外水位降，为保护这现有建筑物，在基坑外靠近被保护建筑物一侧布置⑤₁层应急回灌井，回灌井遵循尽可能靠近保护性建筑，远离基坑的原则布置。

（4）在基坑开挖前应分层进行专项生产性抽水试验，实测现场承压水头，验证止水帷幕的隔水性，实测减压井的涌水量，验证降水能力及排水能力，制订详细降水运行计划。

（5）前期勘探孔已揭穿承压含水层，若前期勘探孔未进行有效封堵，则在基坑开挖过程中，承压水将会在高水头压力作用下沿勘探孔孔壁上涌至基坑开挖面，影响基坑正常开挖施工。

6 降水设计

6.1 坑内减压井设计

减压降水深井孔径 650 mm，井管及过滤器外径 273 mm。减压井井深 37 m，过滤器长度 5 m。共布置 26 口减压井。

经过计算，开启降压井，降水运行后预测承压水水位降深等值线见图 4。

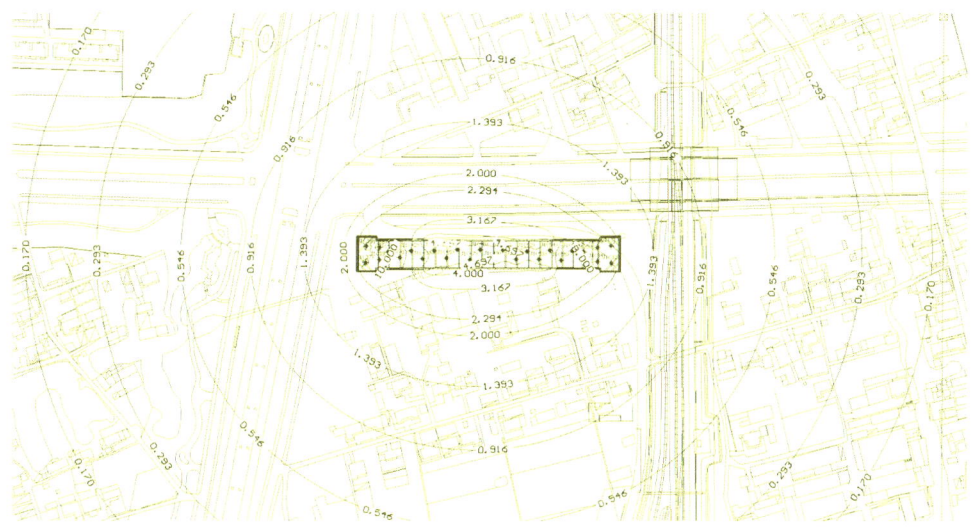

图 4　基坑内减压降水运行后预测承压水水位降深等值线（单位：m）

6.2 坑内疏干井设计

考虑疏干管井单井有效疏干面积按约 200 m^2 布置，标准段区域布置 18 口深 22 m 的疏干井。端头井区域布置 2 口深 24 m 和 2 口深 26 m 的疏干井。孔径 650 mm，井径 273 mm，井管采用钢管材质。

6.3 水位观测及备用井设计

坑内承压水水位观测兼备用井按照坑内减压井的 20% 布置，共布置 2 口。井深 22 m。孔径 650 mm，井径 273 mm。

6.4 坑外回灌井设计

在基坑的西端头环境要求比较高位置按照 20 m 间距布置，井深 38 m，滤管长度为 7 m，布置 4 口回灌井。在基坑的东端头环境要求比较高位置按照 5 m 间距布置，井深 38 m，滤管长度为 7 m，布置 18 口回灌井。孔径 650 mm，井径 273 mm。

7 现场降水及周边情况

7.1 现场抽水试验情况

（1）根据初始水位观测数据记录，$⑤_1$ 层坑内承压含水层的水位埋深为 2.35～3.70 m，水位标高为 0.20～1.55 m。

（2）西端头试验开始时间为 2019 年 6 月 30 日 7：00，结束时间为 2019 年 7 月 2 日 7：00，整个试验历时 48 h。坑内观测井 J3 水位降深为 14.10 m。满足西端头开挖深度为 19.244 m 时的设计安全水位埋深 13.00 m。坑内观测井 J8 水位降深为 7.90 m，满足基坑标准段开挖深度 16.025 m，设计安全水位埋深 7.35 m。坑内抽水试验期间同步观测坑外 H2、H4、G1、G5 观测井水位，坑外观测井最大降深为 0.58 m。试验期间水位变化情况见图 5。

（3）抽水试验结束后，对水位的恢复数据进行了采集，水位恢复速度相对较慢，24 h 后恢复约 40%。

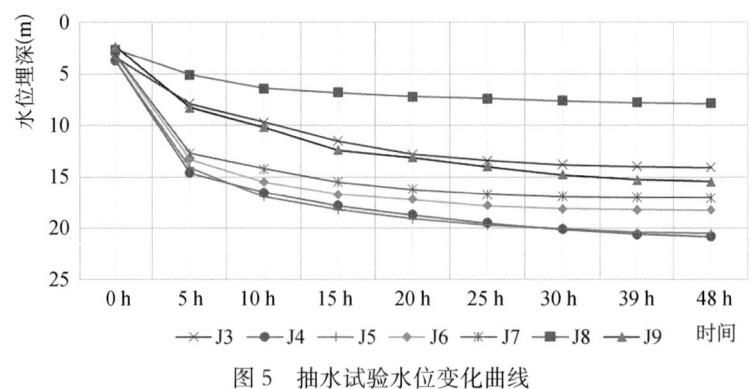

图 5 抽水试验水位变化曲线

7.2 现场降水情况

（1）本工程疏干井于 2019 年 6 月 15 日开始预降水，持续时间 16 天，水位实测为 8.1 m，满足第 2 道支撑开挖条件。随后随土方开挖逐层降水，水位降至开挖面以下 1 m 左右。在 2020 年 4 月 15 日南通东站站底板全部顺利完成。施工期间降水情况见图 6、图 7。

图 6　基坑开挖展示

图 7　降水效果展示

（2）根据现场实测水位埋深，基坑内⑤₁ 承压含水层静止水位埋深为 2.35 m，根据基坑抗突涌计算，临界开挖深度为 13.31 m。基坑开挖至临界开挖深度时须开启减压井，并根据开挖深度，分层按需降水。

（3）坑外水位及监测报警后基坑开启了坑外回灌井，水位抬升明显，沉降得到了有效控制。

7.3 周边情况

基坑开挖过程中,坑内减压降水坑外水位存在下降趋势,开启回灌后水位明显回升,回灌区域沉降得到有效控制。截至基坑大底板浇筑完成,基坑及周边环境监测数据见表4,图8—图10。

表4 监测数据

监测对象	最大累计变形量			最大变形速率			备注
	点号	变量	控制值	点号	变量	控制值	
有压管线沉降	Gc10	5.03	±15 mm	Gc3	0.25	±2 mm/d	正常
无压管线沉降	DLc8	−3.50	±15 mm	Yc3	0.37	±2 mm/d	
建构筑物沉降	Jc5-4	−2.77	±10 mm	Jc2-1	−0.25	±1 mm/d	
地表沉降	D16-3	14.19	±30 mm	D8-4	0.40	±5 mm/d	
墙顶沉降	Qc3	15.87	±30 mm	Qc17	0.45	±4 mm/d	
墙顶水平位移	Qw21	−6.10	±30 mm	Qw8	−0.90	±4 mm/d	
砼支撑轴力	Zh14-2	970.2	3 200 kN	Zh14-2	−22.9	—	
钢支撑轴力	Zg14-3	1013.7	2 090 kN	Zg13-3	41.2		
地下水位	SW13	0.10	±1 m	SW5	0.060	±0.5 m/d	
墙体深层水平位移	CX22/-18M	49.78	±50 mm	CX10/-14M	−0.09	±4 mm/d	

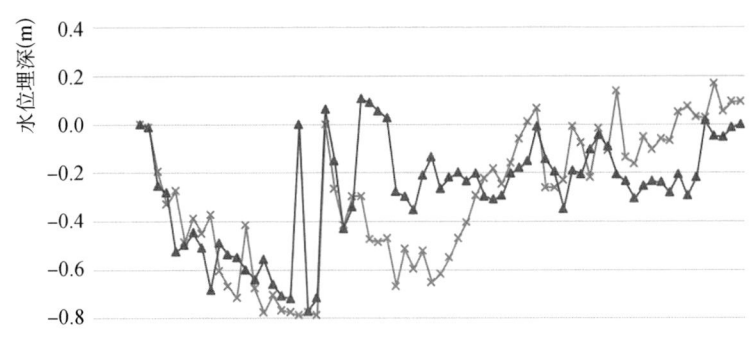

图8 坑外水位历时变化曲线

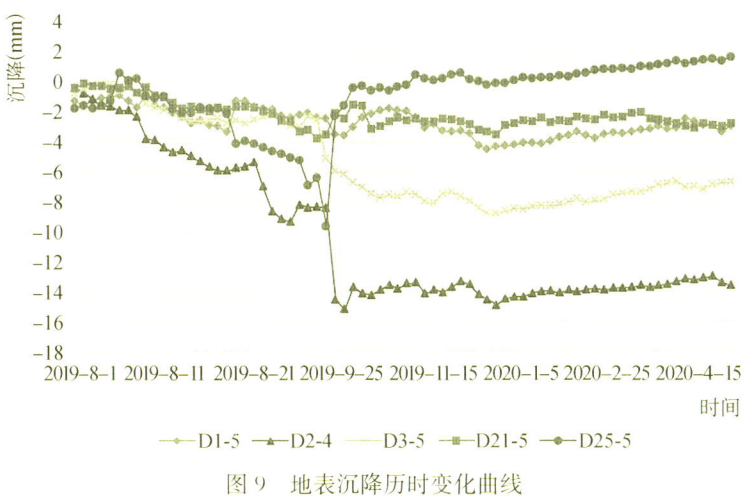

图 9 地表沉降历时变化曲线

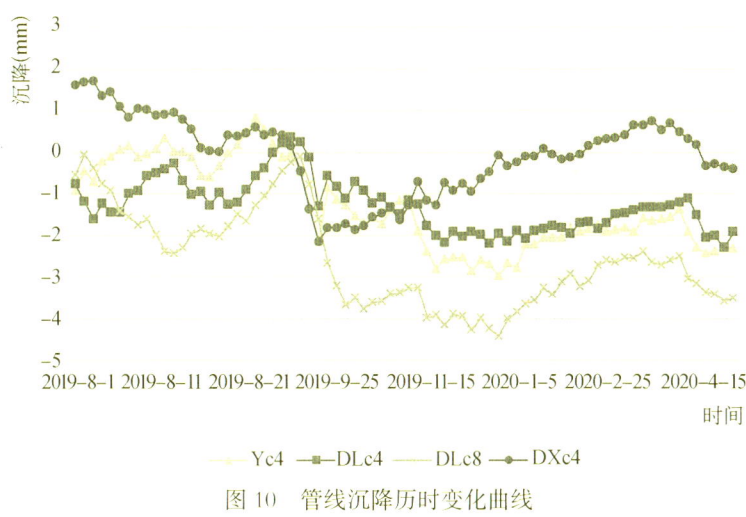

图 10 管线沉降历时变化曲线

8 项目总结

（1）场地基坑开挖范围内存在较厚的粉土、粉砂等土层，疏干井按照 200 m²/口布置，能够有效对含水层进行疏干。开挖过程中，疏干效果较好。

（2）通过现场抽水试验验证止水帷幕的隔水效果，检验了群井效果，指导了后续降水运行。

（3）减压井根据开挖深度分层按需降水，避免基坑发生突涌，尽量减小对周边环境的影响。

（4）通过回灌的措施抬升坑外水位，控制了沉降变形。

杭州市轨道交通及水文地质概况

杭州都市圈已开通轨道交通里程 620.28 km，共设车站 301 座，换乘车站 47 座。杭州地铁已开通运营 12 条线路：1—10 号线、16 号线和 19 号线，运营里程 516.0 km。首条线路杭州地铁 1 号线于 2012 年 11 月 24 日正式开通。杭州市轨道交通线路见图 1。

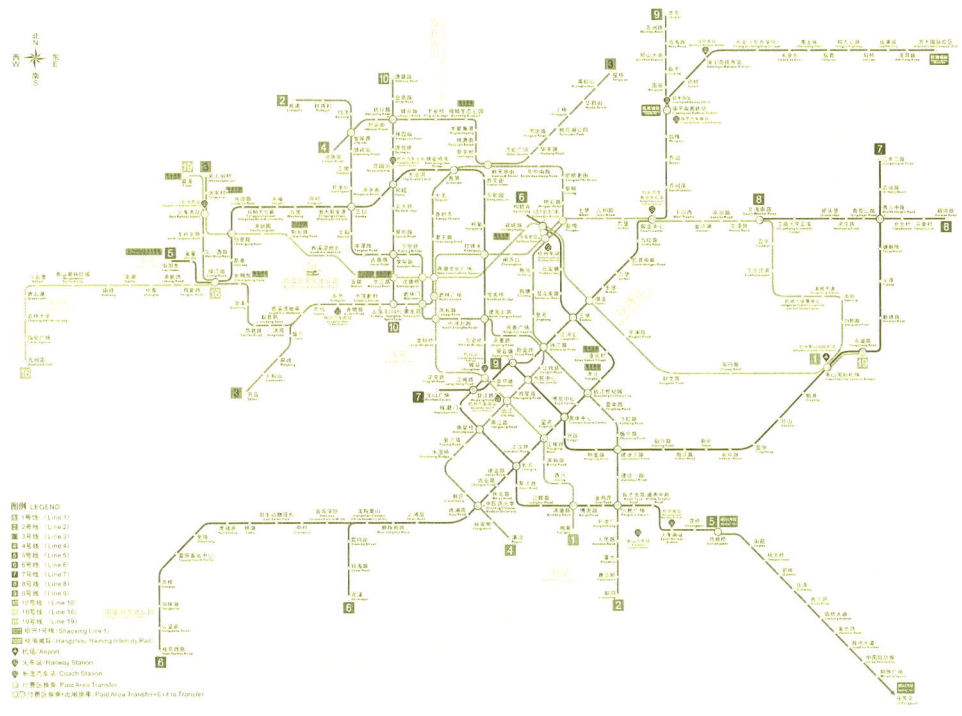

图 1　杭州市轨道交通线路

根据市区地形地貌、地层岩性、构造发育等因素，将杭州市区划分为三个工程地质区：山地丘陵区、冲洪积平原区和河湖相平原区。山地丘陵区主要分布于市区西南部和西部，地形起伏较大，地层岩性复杂多变，工程地质条件较差；冲洪积平原区主要分布于市区北部和东北部，地形平坦开阔，地层岩性以河流冲积物为主，工程地质条件相对较好；河湖相平原区主要分布于市区中部和南部，地形平坦低洼，地层岩性以湖泊相沉积物为主，工程地质条件较差。

杭州市区存在一些不良的工程地质条件，如成岩溶洞、沟、槽等，这些地质构造可能会对建筑物的地基稳定性造成影响。此外，埋藏于海相沉积层中的动植物残体产生的沼气（甲烷）也可能存在于下部的砂性土层中，对工程建设构成潜在威胁。

杭州市区地下水类型多样，主要包括孔隙水、裂隙水和岩溶水等。孔隙水主要分布于平原区，以河流冲积和湖泊相沉积物中的孔隙水为主；裂隙水主要分布于山地丘陵区，赋存于变质岩和火山碎屑岩的裂隙中；岩溶水主要分布于市区西部和北部的低山丘陵地区，赋存于可溶性岩层的溶蚀裂隙和洞穴中。地表下重力潜水与地表水系有水力联系，局部有上层滞水。深层承压水主要是钱塘江古河床、苕溪古河床，局部有微承压水。西湖环山局部存在的泉水。隐伏基岩中的裂隙水，成岩溶洞、沟、槽的水体。杭州市区地下水位受降雨、河流、湖泊等多种因素影响，具有明显的季节性变化特征。一般来说，地下水位在雨季和汛期会上升，而在旱季则会下降。在冲洪积平原区，地下水位变化较为平缓；而在山地丘陵区，由于地形起伏较大和降雨不均等因素的影响，地下水位变化较为剧烈。

杭州市轨道交通6号线 SG6-1-2标市政隧道降水工程

1 工程概况

市政隧道工程位于翁家埭村科海南路东侧,基坑标准段开挖宽度27.4 m,地面标高为6.40~6.55 m,抬升段开挖深度约为12.20 m。标准段开挖深度约为13.50 m。市政隧道工程概况见表1。

表1　　　　　　　　市政隧道工程概况

隧道型式	开挖深度（m）	止水帷幕	施工方式
双跨箱体结构	12.20（抬升段）	地下连续墙 29.30 m	明挖顺作法
	13.50（标准段）		

2 基坑围护概况

市政隧道工程开挖面积约3 300 m²,围护结构标准段选用800 mm厚地下连续墙,采用三道支撑,第一道支撑为钢筋混凝土支撑,其余支撑为钢管支撑。车站地下连续墙墙深29.30 m。

基坑安全等级为一级,基坑变形控制保护等级为二级。基坑平面及剖面示意见图1、图2。

3 工程地质情况

工程所在场地以农田、苗圃为主,零星分布低矮建筑,整个场地的地面高程

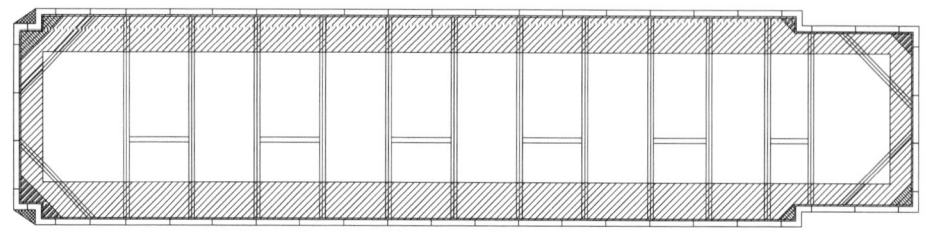

图 1 基坑平面示意

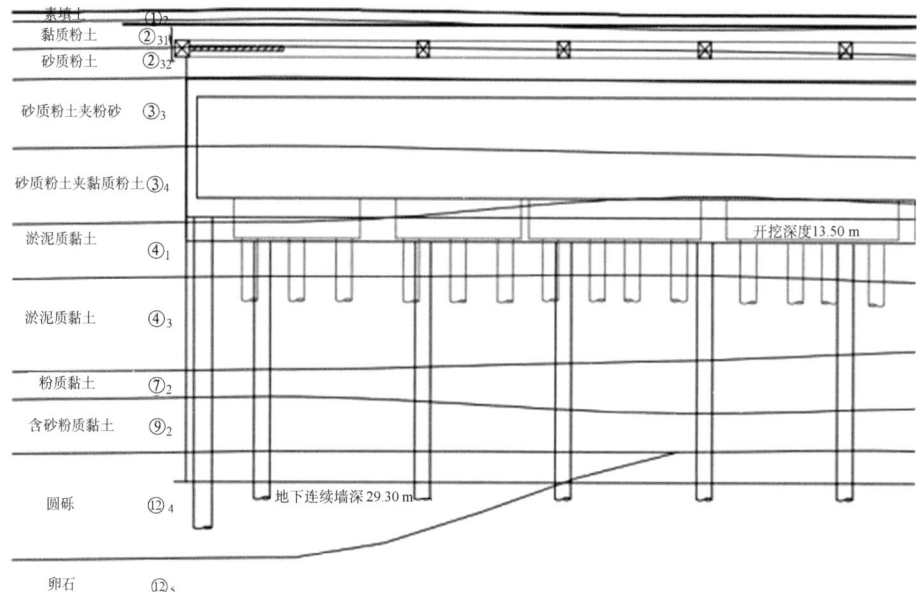

图 2 基坑剖面示意

在 5.70~10.24 m。场区属第四纪冲海积平原地貌单元，地貌形态单一。根据钻探揭露及经原位测试和室内试验结果，依据工程特性及成因条件，场区地基土分为 9 个工程地质层，细分为 21 个亚层。

①₂ 层素填土，灰色，湿，松散，含氧化铁，少量砖瓦碎屑、植物根茎，局部表层为耕土。黏质粉土性或粉质黏土性，均匀性一般。

②₃₁ 层黏质粉土，灰黄、褐黄色，湿，稍密，含氧化铁斑状体。摇振反应中等，切面粗糙，无光泽反应，干强度低，韧性低。顶部因人为耕作影响，含黏性土成分。

②₃₂ 层砂质粉土，灰黄、灰色，湿，稍密，含多量氧化铁斑状体，局部黏粒含量较高。摇振反应迅速，切面粗糙，无光泽反应，干强度低，韧性低。

③$_3$层砂质粉土夹粉砂，绿灰色，湿，稍密—中密，含少量氧化铁及云母屑，局部夹粉砂薄层。摇振反应迅速，切面无光泽反应，干强度低，韧性低。

③$_4$层砂质粉土夹黏质粉土，灰黄色，湿，稍密，含少量氧化铁及云母屑。摇振反应迅速，切面粗糙，无光泽反应，干强度低，韧性低。

④$_1$层淤泥质黏土，灰色，流塑，含有机质，高灵敏度。无摇振反应，切面较光滑，干强度中等，韧性中等。

④$_3$层淤泥质黏土，灰色，流塑，含有机质，高灵敏度。无摇振反应，切面较光滑，干强度中等，韧性中等。

⑦$_2$层粉质黏土，褐黄、黄灰色，可塑，含少量粉砂、云母及氧化铁锰质结核，无摇振反应，切面较光滑，有光泽，干强度中等，韧性中等。

⑫$_4$层圆砾，色较杂，以灰黄色为主，饱和，中密—密实，卵石颗粒含量30%～40%，粒径20 mm为主；砾石含量为30%～40%，一般直径为2～20 mm。砾径大者大于60 mm。颗粒成分以砂岩为主，磨圆度中等，呈亚圆形，局部次棱角状；砂以中粗砂为主，并夹少量黏性土。

⑫$_5$层卵石，灰黄色，饱和，密实，含直径大于20 mm的卵石约为55%，部分卵石粒径大于200 mm。卵石成分以砂岩为主，亚圆形；砂以中粗砂为主，并夹少量黏性土。直径108 mm合金钻头进尺每米25～30 min。

典型地质剖面见图3。

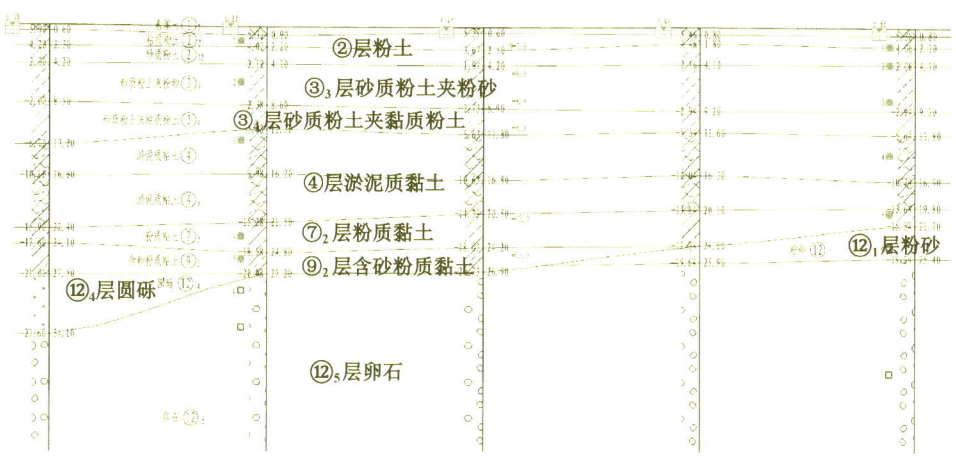

图3 典型地质剖面

4 水文地质情况

场区浅部潜水主要赋存于上部①层填土、②、③层粉土、粉砂。承压水主要赋存于深部的⑫$_1$层粉砂、⑫$_4$层圆砾及⑫$_5$层卵石中（以下简称"⑫层砂砾石"）。

工程所在场地潜水主要赋存于浅部填土层、粉土及粉砂层中。详细勘察测得潜水稳定水位埋深为地面下 0.00～4.20 m，相当于 1985 国家高程 4.08～7.86 m。潜水主要受大气降水与地下同层侧向径流补给，以竖向蒸发及地下同层侧向径流方式排泄，并随季节性变化。拟建场地潜水与附近河水呈水力互补状态，潜水位随季节和邻近河水水位的变化而变化，自然历史条件下年水位变幅为 1.0～2.0 m。潜水流速缓慢，对工程建设影响小。

工程所在场地承压水主要分布于深部的⑫层砂砾石中，隔水层为其上覆的黏性土层。隔水层完整，承压水受侧向径流补给。总体水量较丰富，具有明显的埋藏深（含水层埋藏深度大于 21.20 m）、污染少、水量大、流速极慢的特点。详细勘察期间在 Z3-6SSP-33 孔中测得承压水水位埋深 1.45 m，相当于 1985 国家高程 5.45 m。根据区域承压水长期观测资料，该承压水的年变幅 1～3 m。根据《杭州—临浦幅 1∶50 000 水文地质、工程地质、环境地质区域调查报告》（1987 年），单井开采量 1 000～3 000 m³/d。各含水层水文地质参数见表 2。

表 2　　　　　　　　　　各含水层水文地质参数

层号	岩土名称	室内渗透试验		现场潜水抽水试验
		水平渗透系数 (cm/s)	竖向渗透系数 (cm/s)	渗透系数 (cm/s)
②$_{31}$	黏质粉土	0.09×10^{-3}	$0.022\,5 \times 10^{-3}$	$(1.20\sim1.30) \times 10^{-3}$
②$_{32}$	砂质粉土	0.10×10^{-3}	0.055×10^{-3}	
③$_3$	砂质粉土夹粉砂	0.46×10^{-3}	0.175×10^{-3}	
③$_4$	砂质粉土夹黏质粉土	0.31×10^{-3}	0.078×10^{-3}	
③$_5$	砂质粉土	0.15×10^{-3}	0.010×10^{-3}	

5 降水重难点

基坑突涌稳定性分析见表3。

表3　　基坑开挖深度与承压水安全水头埋深对应关系

序号	开挖区域	基坑开挖深度（m）	安全水位埋深（m）	水位降深（m）	安全系数
1	临界开挖深度	9.66	1.45	不需降压	1.10
2	抬升段	12.20	5.72	4.27	0.87
3	标准段	13.50	7.91	6.46	0.75

降水重难点分析如下。

（1）基坑最大开挖深度13.50 m，基坑开挖范围内主要以粉土、砂质粉土为主，土质不均匀，渗透性及含水量较大，基坑开挖时易产生流砂、坍塌等现象。

（2）项目所在地承压水主要赋存于下部⑫$_1$层粉砂、⑫$_4$层圆砾、⑫$_5$层卵石层内，上覆④$_1$～⑨$_2$层黏性土为相对隔水层，含水层总厚度30.00 m左右，透水性良好，受侧向径流补给，水量充沛，具有明显的埋藏深、污染少、水量大的特点，根据勘察期间承压水稳定水位计算需要进行承压水降水，否则会存在基坑突涌风险。

（3）基坑的止水帷幕（地下连续墙）深度刚进入承压含水层中，未隔断承压含水层，基坑内外整个含水层连通，含水层渗透系数大，补给量大，补给范围广，基坑降水难度巨大，承压水控制是本项目成功与否的关键。

（4）本工程在地下连续墙施工阶段，成槽时浅层槽内土体塌方，现场施工面临困难，主要受浅层渗透系数较大的②、③层粉土、粉砂影响为主，并且地下连续墙成槽阶段没有止水帷幕，潜水处于敞开式，所以槽壁降水是本项目地下连续墙施工的关键措施。

（5）由于工程所在地处多为农田及淤泥池塘，即使场地实施硬化，大型机械和车辆在场区内仍容易受困，主要受土层的承载力不足，本项目重点在于土层有效疏干，提高土体承载力。

6 降水设计

6.1 坑内减压井设计

阶段一：基坑布置减压深井 6 口，孔径 650 mm，井管及过滤器外径 273 mm，减压降水井井深设置为 30 m 和 33 m，过滤器长度分别为 4 m 和 6 m。6 口减压井施工完成后进行抽水试验，确定单井水量及水位降深，原位地层渗透系数，储水系数等参数后，根据试验结果进行深化设计。

阶段二：根据阶段一的试验结果，经计算，在坑内布置减压深井 6 口的基础上，在标准段坑外增加减压深井 6 口，井深设置为 30 m 和 33 m，过滤器长度分别为 4 m 和 6 m，在抬升段坑外增加减压深井 9 口，井深设置为 38 m，过滤器长度 9 m。

6.2 坑内疏干井设计

采用理论公式计算法和施工经验计算法分别计算。

6.2.1 方法一

（1）基坑等效半径计算。

$$r_0 = 0.29 \times (124.0 + 27.4) = 43.9 \text{ m}$$

（2）降水影响半径计算。

$$R = 2 \times 14.5 \times (0.45 \times 25.7)^{0.5} = 98.6 \text{ m}$$

（3）总涌水量计算。

$$Q = 3.14 \times 0.45 \times (2 \times 25.7 - 14.5) \times 14.5 / \ln(1 + 98.6/43.9)$$
$$= 642.4 \text{ m}^3/\text{d}$$

（4）井数计算。

经迭代计算，需要井数 $n = 14$，井点处的水深（井点处水位到井底的距离）为 4.87 m（对于管井，过滤器长度应大于这个数值）。

（5）井群出水量验算。

$$\frac{3.14 \times 0.45 \times (25.7 \times 25.7 - 4.87 \times 4.87)}{[\ln(1 + 98.6/43.9) - \ln(14 \times 0.273/2/43.9)/14]} = 642.43 \text{ m}^3/\text{d} \geqslant Q\text{，满足}$$

(6) 单井出水量验算。

管井单井出水能力：

$$q = 120 \times 3.14 \times 4.87 \times 0.273/2 \times 0.45^{\frac{1}{3}} = 191.99 \text{ m}^3/\text{d}$$

单井实际出水量：

$$\frac{642.4}{14} = 45.89 \text{ m}^3/\text{d} \leqslant \frac{q}{1.1} = 174.54 \text{ m}^3/\text{d}，满足。$$

6.2.2 方法二

为确保基坑顺利开挖，需降低基坑开挖深度范围内的土体含水量，坑内疏干深井数量按下式确定：

$$N = \frac{S}{A}$$

式中，N 为井数（口）；S 为基坑需疏干部分总面积（m²）；A 为疏干管井单井疏干有效影响面积（m²）。

基坑开挖面积约 3 300 m²，综合考虑单井有效疏干面积按 250 m² 布置，且控制井管轴心间距为 10.0～20.0 m。

综合两种计算方法：本项目基坑内共布置 13 口疏干深井，井深控制在开挖面以下 5～6 m，井深设置为 19 m。

6.3 坑外观测井设计

布置坑外承压水观测井共 6 口；其中 3 口井深 30 m，3 口井深 33 m。布置坑外潜水观测井兼应急备用井 26 口（槽壁井兼用），井深 19 m。

6.4 地下连续墙施工阶段槽壁降水井设计

为确保地下连续墙浅层成槽质量，预先进行槽壁加固降水。经过计算，为了保证达到施工目的，在外侧设置 26 口槽壁降水井（后期兼作坑外潜水观测井），井间距 16 m，井深 19 m，滤管 15 m；在内侧设置 30 口槽壁降水井，井间距 9 m，井深 16 m，滤管 12 m。

6.5 疏干井抽水工艺对比设计

由于工程所在处多为农田及淤泥池塘,选取两个区域分别进行超级压吸联合抽水系统工艺、水泵抽水工艺。对两种抽水方式进行对比,比较降水效果。区域1:采用超级压吸联合抽水系统工艺,抽水8口疏干井;区域2:采用水泵抽水工艺,抽水8口疏干井。根据现场抽水工艺对比试验,本项目采用超级压吸联合抽水系统工艺。

7 现场降水情况

7.1 承压水降水情况

为保证基坑承压水处于安全水位以下,开挖期间分别先后开启了坑内6口减压井,坑外12口减压井,另有3口坑外减压井作为备用井。开挖期间承压水水位见表4,减压井水量见表5。

表4   开挖期间承压水水位

编号	井深(m)	抽水前初始水位埋深(m)	开挖底板时水位埋深(mm)	水位降深(m)	备注
G1	33	2.11	8.54	6.43	标准段
G2	33	2.13	8.68	6.55	标准段
G3	30	2.14	8.33	6.19	标准段
G4	30	2.13	6.05	3.92	抬升段
G5	30	2.14	8.83	6.69	标准段
G6	33	2.12	8.54	6.42	标准段

表5   开挖期间减压井水量

编号	井深(m)	滤管长度(m)	开挖期间平均水量(m³/h)	备注
J1—J6	30	4	40~45	标准段
W1—W6	33	6	48~52	标准段
QG1—QG9	38	9	80~96	抬升段

7.2 疏干井降水情况

根据设计的疏干井完成施工后，开挖期间始终将坑内潜水控制在开挖面以下，土体得以有效地疏干。抽水期间，疏干井平均水量约为 2.6 m³/h，极端恶劣天气，水量偏大，可达 6 m³/h 以上。开挖期间效果见图 4。

图 4　开挖效果展示

7.3 地下连续墙施工阶段槽壁降水情况

本工程在地下连续墙施工阶段，成槽时槽内土体塌方，现场施工面临困难，为保证地连墙成槽的顺利施工，解决槽内塌方的难题，在导墙两侧实施槽壁降水井，将潜水位控制在地面以下 6 m 后，再行实施地下连续墙施工，槽内塌方问题得到明显改善。开挖期间对地下连续墙临坑侧巡视，槽壁降水施工的地下连续墙的"露筋""大肚子"等现象大量减少。

地下连续墙成槽阶段没有止水帷幕，潜水处于敞开式、狭长形的降水条件下，单井的平均水量约 6.2 m³/h。

7.4 疏干井抽水工艺对比结果

抽水对比时间共持续 6 天，各选取 8 口抽水井进行抽水，将抽水量及观测井水位情况进行对比，对比见表6。

表6 两种抽水方式水位和水量情况对照

超级压吸联合抽水			水泵抽水			备注
井号	水位降深（m）	累计抽水（m³/h）	井号	水位降深（m）	累计抽水（m³/h）	
SA27	12.72	384.7	SB20	12.65	495.8	抽水井
SA26	13.22	504.5	SB21	12.99	376.2	
SA28	12.96	377.2	SB28	12.98	385.8	
SB43	12.67	415.4	SB29	13.00	513.8	
SB44	13.10	366.1	SB33	12.81	376.2	
SB45	13.25	447.4	SB31	12.69	370.9	
SB55	12.00	359.7	SB30	12.44	370.4	
SB56	12.51	384.3	SB41	12.33	389.5	
SB52	5.03	—	SB42	4.45	—	观测井
总抽水量		3 623.7	总抽水量		3 278.6	—

对比结果：采用超级压吸联合抽水系统工艺的水位下降比采用水泵抽水工艺多约0.6 m，累计抽水总量高出约10.5%。根据试验结果，为后期疏干抽水工艺的选择提供了有效的数据支撑。

同时利用疏干后的土体承载力对比两种工艺的疏干效果，采用重型动力触探（DPT）测试两种工艺疏干后的土体承载力，其中采用超级压吸联合抽水系统工艺的区域贯入10 cm的锤击数为8~9，采用水泵抽水工艺的区域的锤击数则为4~5，可知超级压吸联合抽水系统工艺抽水后的疏干效果更佳。

8 项目总结

（1）基坑开挖范围内主要以粉土、砂质粉土为主的潜水层，土质不均匀，渗透性及含水量较大。通过理论计算及经验计算两种计算方式对基坑疏干井进行设计，在开挖过程中始终控制坑内潜水位处于开挖面以下1~3 m，但值得注意的是，正常情况下疏干井平均水量约为2.6 m³/h，极端恶劣天气，水量偏大，可达 6 m³/h 以上，潜水除了地层补给外受大气降雨等影响较大。

（2）项目所在地承压水的水头较高，基坑开挖存在突涌风险，止水帷幕地下连续墙进入承压含水层中，未隔断承压含水层，基坑内外含水层连通，使承压水的降水难度增加。本项目为处理承压水带来的风险，共布置 6 口坑内减压井，15 口坑外减压井。基坑开挖期间共开启 18 口减压井，基坑开挖过程均满足抗突涌验算的水位要求。通过布置减压井进行减压降水可有效控制基坑承压水风险，相较增加止水帷幕深度隔断承压含水层的方式，具有较大的经济优势。

（3）成槽时浅层槽内土体塌方，设置槽壁降水井进行降水，将潜水位控制在地面以下 6 m 后，再行地下连续墙施工，可明显改善地连墙成槽施工出现的塌孔等现象。

（4）通过超级压吸联合抽水系统工艺对土体有效疏干，可提高土体承载力，对原为淤泥和池塘的场地进行加固，为基坑施工提供便利。

杭州市轨道交通 7 号线 7 工区、8 工区、9 工区降水工程

1 工程概述

杭州地铁 7 号线 7 工区包含二号风井站及义蓬站，8 工区包含塘新线站，9 工区包含北二路站及江东二路站。

1.1 7 工区

二号风井站位于金融路与青六中路交叉路口，沿青六中路南北向布置，为地下二层岛式车站，采用明挖顺作法施工，顶板覆土约 3 m，车站长约 217 m，标准段宽约 24.15 m。车站两端区间均采用盾构法施工，小里程端盾构工作井为始发井，大里程端盾构工作井为接收井。车站标准段开挖深度为 15.99 m，南端头井开挖深度为 17.84～18.50 m，北端头井开挖深度约为 17.79 m。

义蓬站位于义府大街与青六中路交叉路口，沿青六中路南北向布置，为地下二层岛式车站，采用明挖顺作法施工，顶板覆土约 4 m，车站长约 221 m，标准段宽约 24.15 m。车站两端区间均采用盾构法施工，小里程端盾构工作井为始发井，大里程端盾构工作井为接收井。车站标准段开挖深度为 17.50 m，南端头井开挖深度约为 18.25 m、北端头井开挖深度约为 19.33 m。

1.2 8 工区

塘新线站位于青六中路与塘新线交叉路口，沿青六中路南北向布置，为地下二层岛式车站，采用明挖顺作法施工，顶板覆土约 3 m，车站长约 211 m，车站标准段主体结构宽度为 21.7 m。车站两端区间均采用盾构法施工，小里程端盾

构工作井为始发井，大里程端盾构工作井为接收井。车站标准段开挖深度为 16.49 m，南、北端头井开挖深度约为 18.19 m。

1.3 9 工区

北二路站位于北二路与青六北路交叉路口，沿青六北路南北向布置，为地下二层岛式车站，采用明挖顺作法施工，顶板覆土约 2.50 m，车站长约 211.00 m，标准段宽约 21.70 m。车站两端区间均采用盾构法施工，小里程端盾构工作井为始发井，大里程端盾构工作井为接收井。车站标准段开挖深度为 15.99~16.63 m，南端头井开挖深度约为 18.56 m、北端头井开挖深度约为 17.45 m。

江东二路站位于江东二路与青六北路交叉路口，沿青六北路南北向布置，为地下二层岛式车站，采用明挖顺作法施工，顶板覆土约 3.7 m，车站长约 463.43 m，标准段宽约 21.90 m。车站两端区间均采用盾构法施工，两端盾构工作井为始发井。车站标准段开挖深度为 17.26 m，南端头井开挖深度约为 19.31 m、北端头井开挖深度约为 18.19 m。

以上工程概况见表 1。

表 1　　　　　　　　　　工程概况

车站名	车站形式	开挖深度（m）			车站长度（m）	施工方式
		南端头井	标准段	北端头井		
二号风井站	二层岛式	17.84~18.50	15.99	17.79	217	明挖顺作法
义蓬站	二层岛式	18.25	17.50	19.33	221	
塘新线站	二层岛式	18.19	16.49	18.19	211	
北二路站	二层岛式	18.56	15.99~16.63	17.45	211	
江东二路站	二层岛式	19.31	17.26	18.19	463	

2　基坑围护概况

2.1　7 工区

二号风井站围护结构采用 800 mm 厚连续墙加内支撑体系，其中第一道支撑为钢筋混凝土支撑，其余支撑为钢管支撑，标准段共四道支撑加一道换撑，端头井共五道支撑加一道换撑。地下连续墙深 57 m，位于⑫₄层圆砾中，地下连续墙与内衬墙两墙合一（图1、图2）。

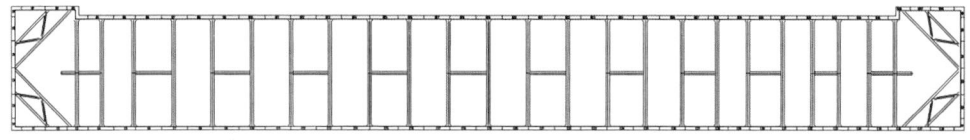

图1 二号风井站平面示意

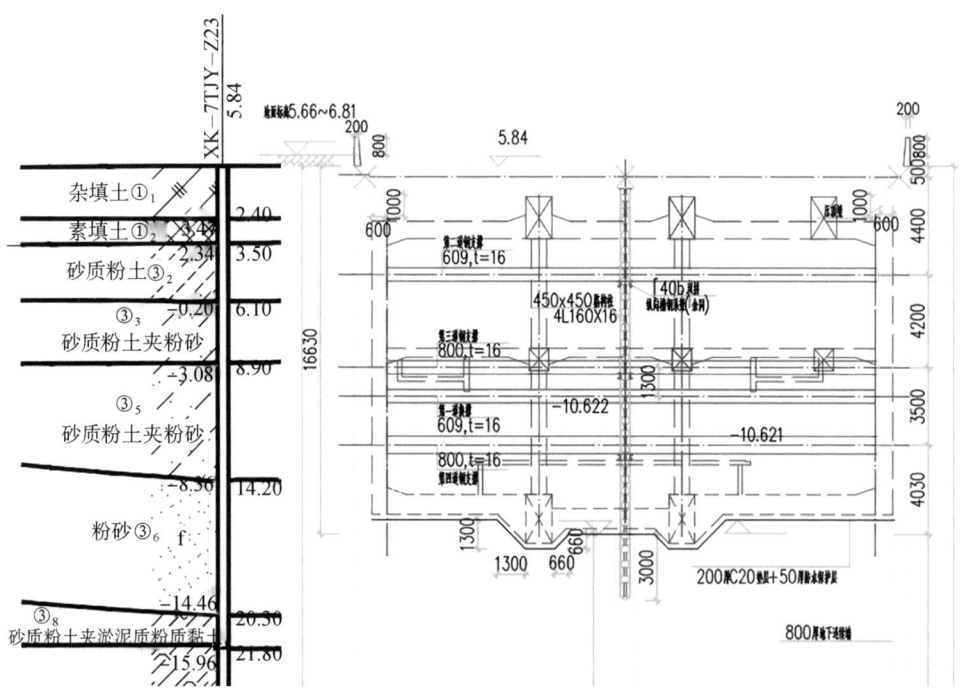

图2 二号风井站剖面示意（标准段）

义蓬路站围护结构采用 800 mm 厚连续墙加内支撑体系，标准段共四道支撑加一道换撑，端头井共五道支撑加一道换撑，其中第一道为钢筋混凝土支撑，其余为钢管支撑。地下连续墙深 58 m，位于⑫₄层圆砾中，地下连续墙与内衬墙两墙合一（图3、图4）。

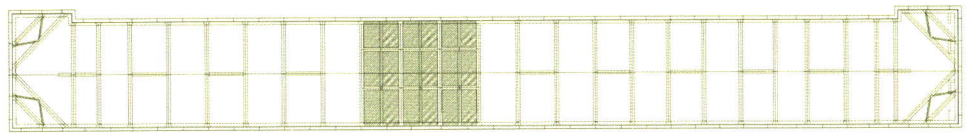

图 3 义蓬站平面示意

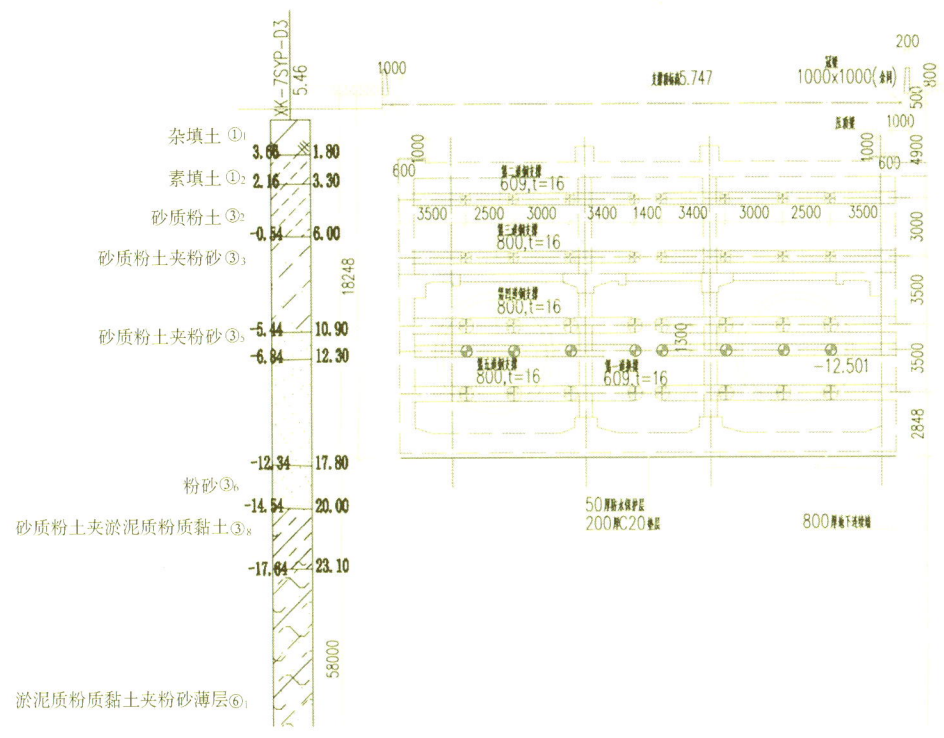

图 4 义蓬站剖面示意（标准段）

2.2 8 工区

塘新线站围护结构采用 800 mm 厚连续墙加内支撑体系，标准段共四道支撑加一道换撑，端头井共五道支撑加一道换撑，其中第一道为钢筋混凝土支撑，其余为钢管支撑。地下连续墙深 52.45 m，位于⑫$_2$ 中砂层中，地下连续墙与内衬墙两墙合一。

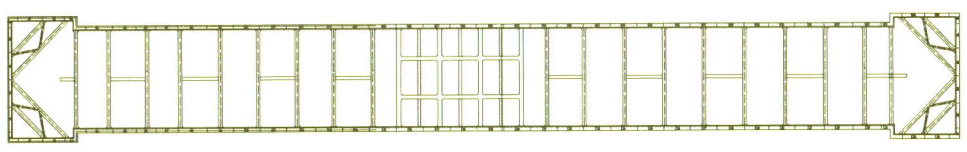

图 5 塘新线站平面示意

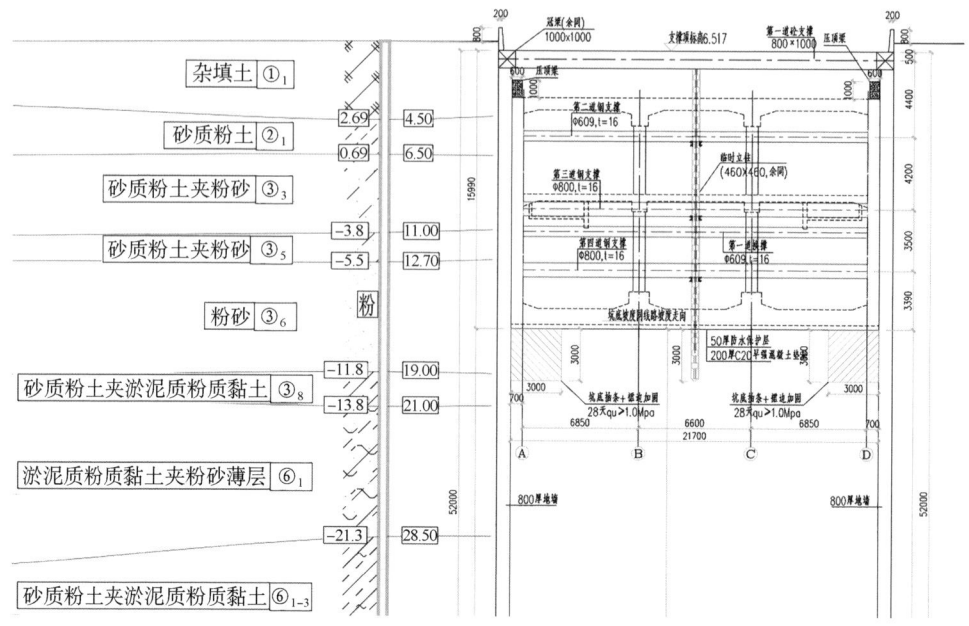

图 6 塘新线站剖面示意（标准段）

2.3 9 工区

北二路站围护结构采用 800 mm 厚连续墙加内支撑体系，其中第一道支撑为钢筋混凝土支撑，其余支撑为钢管支撑，标准段共四道支撑，端头井共五道支撑加一道换撑。地下连续墙底深 51.20 m，位于⑧$_3$ 层含砂粉质黏土中，地下连续墙与内衬墙两墙合一（图 7、图 8）。

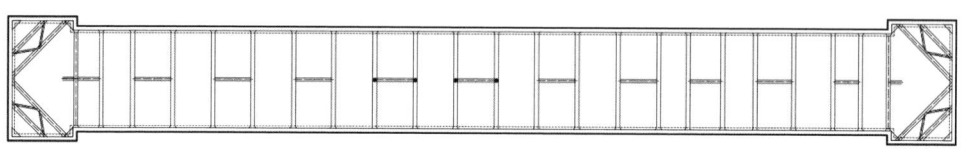

图 7 北二路站平面示意

江东二路站围护结构采用 800 mm 厚连续墙加内支撑体系，标准段共四道支撑加一道换撑，端头井共五道支撑加一道换撑，其中第一道支撑为钢筋混凝土支撑，其余支撑为钢管支撑。地下连续墙深 55.80 m，位于⑫$_1$ 层粉砂中，地下连续墙与内衬墙两墙合一（图 9、图 10）。

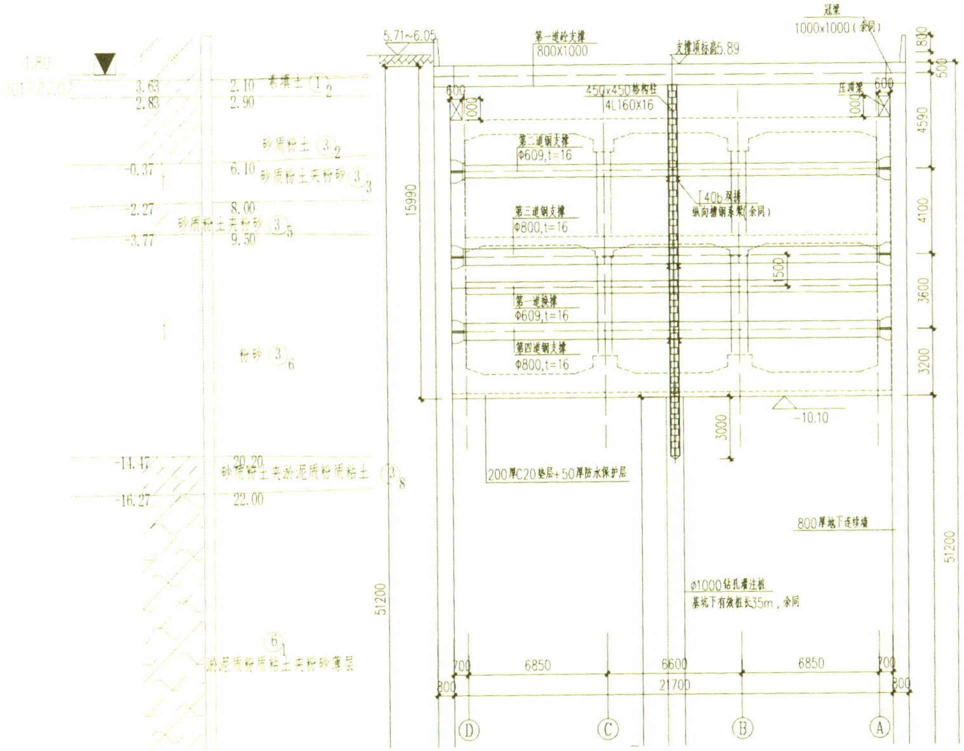

图 8 北二路站剖面示意（标准段）

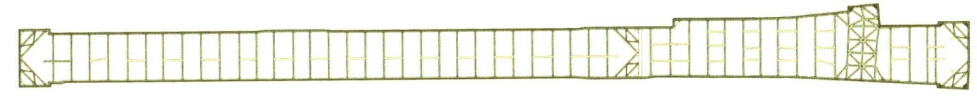

图 9 江东二路站平面示意

3 工程地质情况

3.1 7工区

二号风井站、义蓬站场地位于钱塘江冲海积平原区，地貌类型单一，车站地势较平坦，局部略有起伏。根据沿线土层的沉积年代、沉积环境、岩性特征及物理力学性质，确定岩土分层和定名。根据各车站勘察钻探及室内土工试验成果，结合重型圆锥动力触探及标准贯入试验资料，在勘探深度范围内，按地层时代划

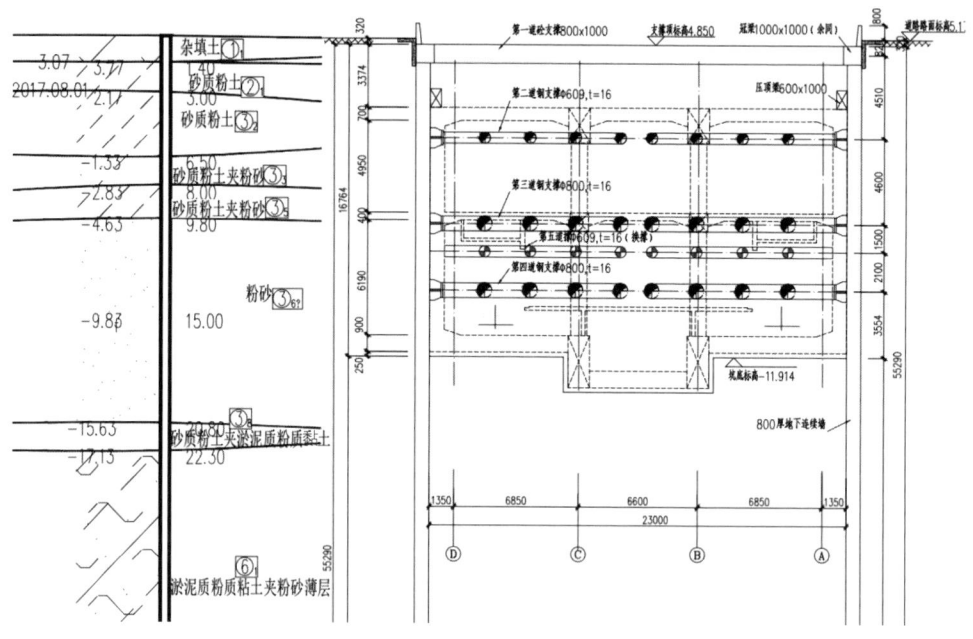

图 10　江东二路站剖面示意（标准段）

分为 6 个工程地质层组，按其成因及物理力学性质划分为 15 个亚层。勘察深度范围内的岩土组成、地层时代、厚度及标高见表 2、表 3。

表 2　　　　　　　　　　二号风井站地基土层划分

层号	土层名称	地层时代	层厚（m）最小—最大	层顶埋深（m）最小—最大	层顶高程（m）最小—最大	分布情况
①$_1$	杂填土	mlQ$_4$	0.70～2.80	—	5.21～6.33	大部分分布
①$_2$	素填土		0.80～4.50	1.80～4.50	3.21～6.25	
②$_1$	砂质粉土	al-mQ$_4^3$	0.80～2.70	3.00～4.50	2.60～4.45	部分分布
③$_2$	砂质粉土		1.30～3.60	4.70～8.10	1.42～3.52	全场分布
③$_3$	砂质粉土夹粉砂		1.50～6.50	8.30～12.00	-1.85～0.72	
③$_5$	砂质粉土夹粉砂	al-mQ$_4^2$	0.80～2.40	9.30～13.10	-6.72～-2.47	部分分布
③$_6$	粉砂		1.601～1.30	14.70～20.30	-7.82～-2.55	全场分布
③$_7$	砂质粉土夹粉砂		1.00～4.00	17.00～21.10	-12.34～-9.42	大部分分布

(续表)

层号	土层名称	地层时代	层厚（m）最小—最大	层顶埋深（m）最小—最大	层顶高程（m）最小—最大	分布情况
③$_8$	砂质粉土夹淤泥质粉质黏土	mQ$_4^1$	1.40～5.30	20.70～24.00	－15.00～－11.59	全场分布
⑥$_1$	淤泥质粉质黏土夹粉砂薄层		9.50～16.10	32.60～37.70	－18.47～－14.79	
⑥$_2$	淤泥质粉质黏土		3.40～7.20	38.20～43.00	－31.67～－27.14	
⑧$_2$	粉质黏土	mQ$_3^{2-2}$	4.50～13.30	45.00～55.10	－36.87～－32.94	
⑧$_3$	含砂粉质黏土		1.70～10.30	53.30～56.80	－49.02～－39.73	大部分分布
⑫$_1$	粉砂	al Q$_3^1$	0.80～3.10	56.40～57.80	－50.33～－48.08	部分孔揭露
⑫$_4$	圆砾		最大揭露厚度 16.00	68.80～65.50	－51.71～－47.84	大部分孔揭露

表3 义蓬站地基土层划分

层号	土层名称	地层时代	层厚（m）最小—最大	层顶埋深（m）最小—最大	层顶高程（m）最小—最大	分布情况
①$_1$	杂填土	mlQ$_4$	1.50～3.60	—	5.55～7.14	部分缺失
①$_2$	素填土		1.20～1.90	0.00～2.30	3.80～5.89	局部分布
②$_1$	砂质粉土	al-mQ$_4^3$	1.00～1.90	1.90～3.40	2.42～4.24	部分分布
③$_2$	砂质粉土		1.40～3.20	2.30～4.70	1.69～3.37	大部分分布
③$_3$	砂质粉土夹粉砂		1.30～4.10	4.40～6.60	－0.75～2.64	
③$_5$	砂质粉土夹粉砂	al-mQ$_4^2$	1.40～4.30	7.10～9.00	－3.09～－0.29	
③$_6$	粉砂		5.30～8.40	9.10～12.00	－6.36～－2.29	
③$_7$	砂质粉土夹粉砂		0.70～4.30	15.80～18.90	－12.01～－9.48	
③$_8$	砂质粉土夹淤泥质粉质黏土		1.00～3.30	17.20～20.60	－14.98～－11.29	全场分布
⑥$_1$	淤泥质粉质黏土夹粉砂薄层	mQ$_4^1$	18.40～21.40	20.50～22.30	－16.68～－13.79	
⑥$_2$	淤泥质粉质黏土		4.00～7.50	40.50～43.2	－36.38～－33.99	
⑧$_2$	粉质黏土	mQ$_3^{2-2}$	4.10～12.40	45.30～48.20	－41.49～－39.39	大部分孔揭露
⑧$_3$	含砂粉质黏土		1.00～4.60	51.20～60.60	－53.89～－44.65	

(续表)

层号	土层名称	地层时代	层厚（m）最小—最大	层顶埋深（m）最小—最大	层顶高程（m）最小—最大	分布情况
⑫₄	圆砾	al Q₃¹	最大揭露厚度 18.20	54.40~62.00	-55.29~-48.49	大部分孔揭露

根据上述对工程地质层的划分，从上至下进行分述如下（图11、图12）。

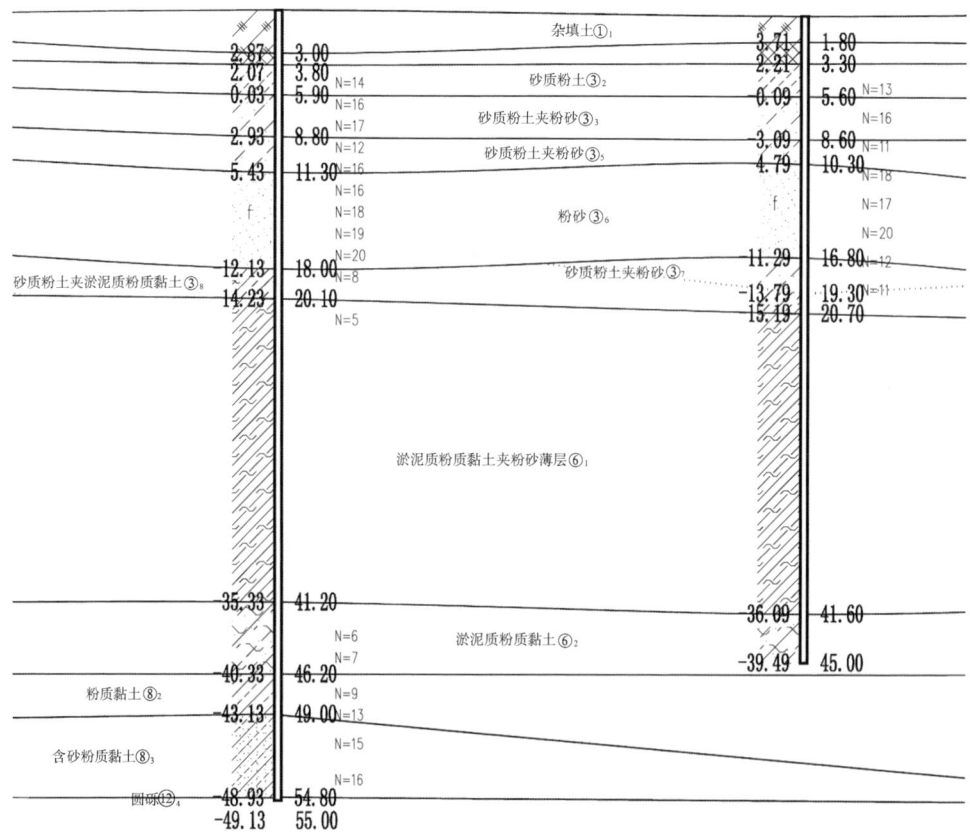

图 11　二号风井站典型地质剖面

（1）人工填土，本场地分两个亚层。

①₁层杂填土，杂色，松散，主要由沥青路面、道路基层、碎块石垫层、砖瓦片、粉土及建筑垃圾等组成，局部混少量生活垃圾，成分复杂，均一性差。

①₂层素填土，灰、灰黄色，松散—稍密，地下水位以上稍湿，水位以下饱和。主要由砂质粉土及黏性土组成，含少量碎石及建筑垃圾，局部可见植物根系。

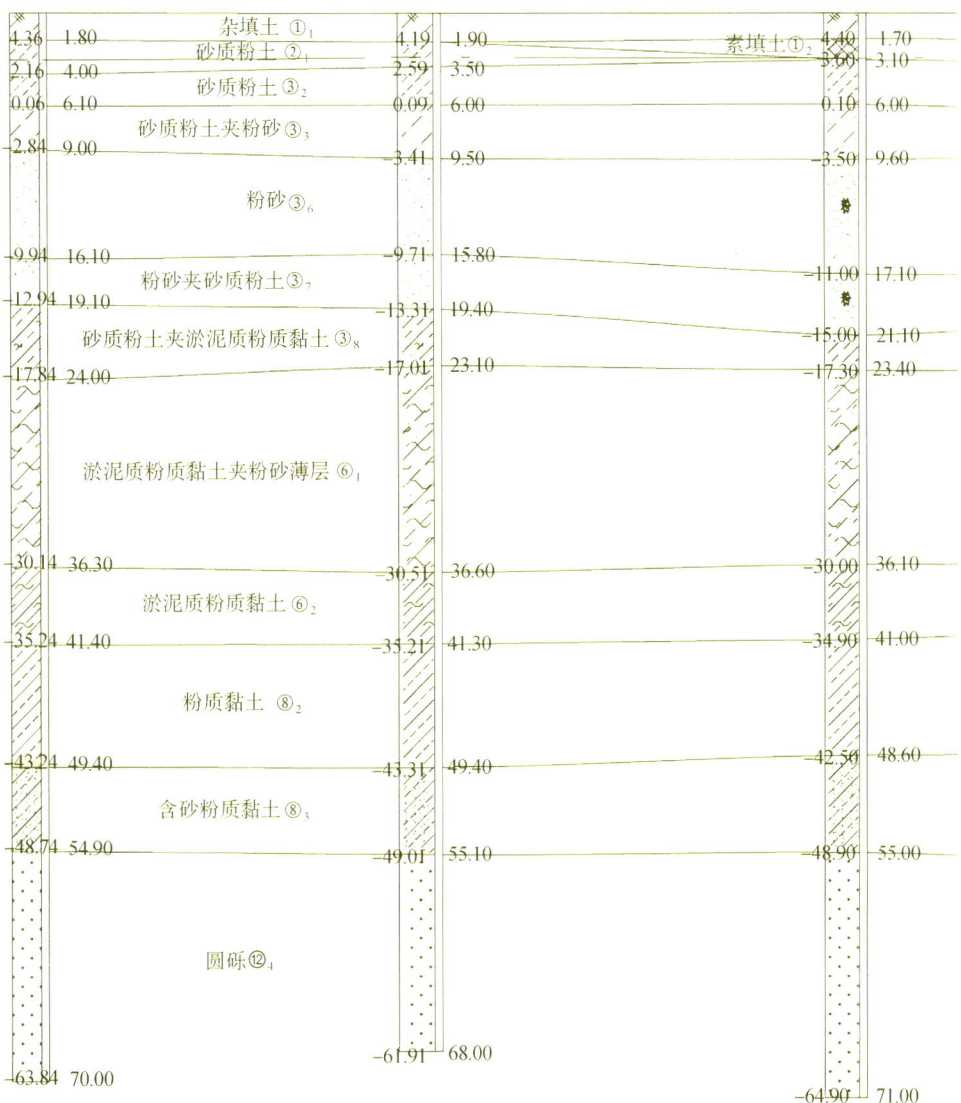

图 12 义蓬站典型地质剖面

（2）全新统上组冲积层，本场地分一个亚层。

②$_1$ 层砂质粉土，灰黄色，湿，稍密为主，含云母碎屑，局部夹粉砂，摇振反应迅速，土面粗糙，干强度低，韧性低。

（3）全新统中组冲海积层，本场区分五个亚层。

③$_2$ 层砂质粉土，灰、灰黄色，稍密状，局部中密状，湿，含云母碎屑，摇

— 231 —

振反应迅速，干强度及韧性低。

③$_3$层砂质粉土夹粉砂，灰、灰黄色，中密，局部稍密，湿，含云母碎屑，夹粉砂，摇振反应迅速，土面粗糙，干强度及韧性低。

③$_5$层砂质粉土夹粉砂，灰、灰黄色，稍密为主，局部中密，湿—很湿，含云母、氧化铁，局部夹少量粉砂，摇振反应迅速，土面粗糙，中压缩性土。

③$_6$层粉砂，灰黄色、青灰色为主，局部灰黑色，中密，饱和，含云母碎屑，中压缩性土。

③$_7$层砂质粉土夹粉砂，灰，稍密为主，局部中密，很湿，含云母、含有机质，偶见贝壳碎屑，局部夹少量淤泥质粉质黏土，中压缩性土。

③$_8$层砂质粉土夹淤泥质粉质黏土，稍密，局部松散，很湿，中压缩性土。

（4）全新统下组海积，本场地分两个亚层。

⑥$_1$层淤泥质粉质黏土夹粉砂薄层，灰色，流塑，含有机质、腐殖质，夹薄层粉砂，无摇振反应，土面稍有光泽，干强度中等，韧性中等，高压缩性土。

⑥$_2$层淤泥质粉质黏土，灰色，流塑，具鳞片状结构，含有机质、腐殖质及贝壳碎屑，局部夹粉土（砂）薄层或团块，无摇振反应，土面稍有光泽，干强度中等，韧性中等，高压缩性土。

（5）上更新统上组上段海积，本场分两个亚层。

⑧$_2$层粉质黏土，灰褐色，软塑，含植物残体腐殖物，偶见贝壳碎屑，夹团块状粉土，摇振反应无，切面稍光滑，干强度及韧性中等，高压缩性土。

⑧$_3$层含砂粉质黏土，褐灰色，软塑为主，局部软可塑，夹粉砂薄层，含腐殖质，摇振反应无，干强度及韧性中等，中偏高压缩性土。

（6）上更新统下组冲积层，本场分三个亚层。

⑫$_1$层粉砂，灰、灰黄色，中密，饱和，含有云母、腐殖质及贝壳碎屑，局部夹有少量黏性土层，中偏低压缩性土。

⑫$_4$层圆砾，灰、灰黄色，中密，饱和，卵石呈亚圆形，母岩成分以坚硬、呈中风化状的凝灰岩、粉砂岩为主，余为砂及黏性土充填。局部孔段含泥量少，渗透性极好，易塌孔。

3.2　8工区

塘新线站场地位于钱塘江冲海积平原区，地貌类型单一，车站地势较平坦，局部略有起伏。根据沿线土层的沉积年代、沉积环境、岩性特征及物理力学性质，确定岩土分层和定名，并根据《杭州地铁岩土工程勘察地层编号规定》（2015 年修编版）进行编号。根据勘察钻探及室内土工试验成果，结合重型圆锥动力触探及标准贯入试验资料，在勘探深度范围内，按地层时代划分为 6 个工程地质层组，按其成因及物理力学性质划分为 15 个工程地质亚层。勘察深度范围内的岩土组成、地层时代、厚度及标高见表 4、图 13。

表 4　　　　　　　　　　塘新线地基土层划分

层号	土层名称	地层时代	层厚（m）最小—最大	层顶埋深（m）最小—最大	层顶高程（m）最小—最大	分布情况
$①_1$	杂填土	mlQ_4	1.00~4.60	—	5.36~7.32	局部分布
$①_2$	素填土		0.60~3.10	0.00~3.80	3.41~5.98	
$②_1$	砂质粉土	alQ_4^3	0.80~5.10	0.70~5.60	1.72~4.24	全场分布
$③_3$	砂质粉土夹粉砂		2.00~7.40	3.60~7.30	-0.86~2.38	
$③_5$	砂质粉土夹粉砂		0.60~3.50	7.50~12.50	-5.18~-0.99	局部缺失
$③_6$	粉砂	$al-mQ_4^2$	1.30~11.00	9.00~12.60	-10.89~-2.18	全场分布
$③_{6夹}$	砂质粉土夹粉砂		0.90~2.50	13.20~16.40	-9.98~-6.90	透镜体分布
$③_8$	砂质粉土夹淤泥质粉质黏土		0.40~3.00	16.50~19.50	-12.78~-10.32	局部分布
$⑥_1$	淤泥质粉质黏土夹粉砂薄层		7.00~13.80	17.90~22.00	-15.27~-12.21	
$⑥_{1-3}$	砂质粉土夹淤泥质粉质黏土	mQ_4^1	0.70~6.00	25.30~33.30	-26.01~-20.40	全场分布
$⑥_2$	淤泥质粉质黏土		5.10~11.70	28.20~35.00	-28.08~-23.34	
$⑧_2$	粉质黏土	mQ_3^{2-2}	3.00~10.40	39.20~44.20	-38.08~-32.96	
$⑧_3$	含砂粉质黏土		1.80~6.40	44.20~50.50	-43.36~-39.08	
$⑫_2$	中砂	alQ_3^1	1.90~7.90	49.80~53.70	-46.94~-43.66	大部分孔揭露
$⑫_4$	圆砾		最大揭露厚度 13.90	53.00~60.20	-53.06~-46.16	

（1）人工填土，本场地分两个亚层。

$①_1$ 层杂填土，杂色，松散，主要由碎砖、砼块、碎石等建筑垃圾组成及塑料袋等生活垃圾组成，黏性土和粉性土充填，成分复杂，均匀性差，道路部分上部主要为沥青。

①$_2$ 层素填土，灰、灰黄色，松散—稍密，地下水位以上稍湿，水位以下饱和。主要由砂质粉土及黏性土组成，含少量碎石及建筑垃圾，局部孔见植物根系。

（2）全新统上组冲积层：本场地分一个亚层。

②$_1$ 层砂质粉土，灰黄色，湿，稍密为主，含云母碎屑，局部夹粉砂，摇振反应迅速，土面粗糙，干强度低，韧性低，中压缩性土。

（3）全新统中组冲海积层，本场地分五个亚层。

③$_3$ 层砂质粉土夹粉砂，灰、灰黄色，饱和，中密为主，局部稍密，含云母碎屑，局部夹少量黏性土，中压缩性土。

③$_5$ 层砂质粉土夹粉砂，灰、灰黄色，湿，稍密—中密，含云母、氧化铁，局部夹粉砂，摇振反应迅速，土面粗糙，干强度低，韧性低，中压缩性土。本层局部缺失。

③$_6$ 层粉砂，灰黄色、青灰色为主，局部灰黑色，饱和，中密—密实，含云母碎屑，中压缩性土。

③$_{6夹}$ 层砂质粉土夹粉砂，灰色，湿，中密为主，局部稍密，含云母碎屑，中等压缩性土，呈镜透体状分布于③$_6$ 层粉砂中。

③$_8$ 层砂质粉土夹淤泥质粉质黏土，稍密，很湿，摇振反应迅速，土面粗糙，干强度及韧性低，中压缩性土。局部分布。

（4）全新统下组海积，本场地分三个亚层。

⑥$_1$ 层淤泥质粉质黏土夹粉砂薄层，灰色，流塑，含有机质、腐殖质，夹薄层粉砂，无摇振反应，土面稍有光泽，干强度中等，韧性中等，高压缩性土。

⑥$_{1-3}$ 层砂质粉土夹淤泥质粉质黏土，灰黑色，稍密，湿—很湿。含云母、有机质及腐殖质，偶见贝壳碎屑及未完全腐化的朽木，夹淤泥土，摇振反应迅速，土面粗糙，干强度及韧性低，中压缩性土。

⑥$_2$ 层淤泥质粉质黏土，灰色，流塑，具鳞片状结构，含有机质、腐殖质及贝壳碎屑，局部夹粉土（砂）薄层或团块，无摇振反应，土面稍有光泽，干强度中等，韧性中等，高压缩性土。

（5）上更新统上组上段海积，本场分两个亚层。

⑧$_2$ 层粉质黏土，灰褐色，软塑，含植物残体腐殖物，偶见贝壳碎屑，夹团

块状粉土，摇振反应无，切面稍光滑，干强度及韧性中等，高压缩性土。

⑧₃层含砂粉质黏土，褐灰色，软塑为主，局部软可塑，夹粉砂薄层，含腐殖质，摇振反应无，切面稍光滑，干强度中等，韧性中等，中压缩性土。

（6）上更新统下组冲积层，本场分两个亚层。

⑫₂层中砂，灰黄色，中密，饱和。含氧化铁，夹少量黏性土，局部为细砂。本层土物理力学性质较好，中偏低压缩性土。

⑫₁层圆砾，灰、灰黄色，中密，饱和，卵石呈亚圆形，母岩成分以坚硬、呈中风化状的凝灰岩、粉砂岩为主，余为砂及黏性土充填。局部孔段含泥量少，渗透性极好，易塌孔。

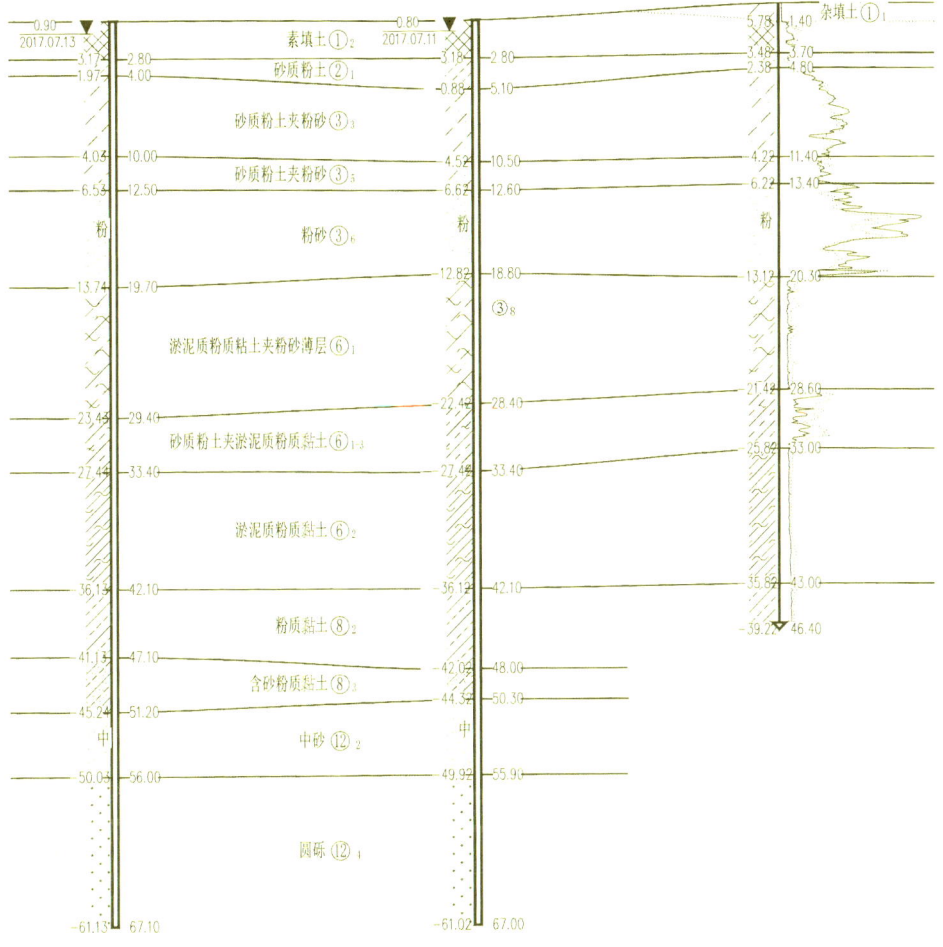

图13 塘新线站典型地质剖面

3.3 9工区

北二路站、江东二路站场地位于钱塘江冲海积平原区,地貌类型单一。车站地势较平坦,局部略有起伏。根据沿线土层的沉积年代、沉积环境、岩性特征及物理力学性质,确定岩土分层和定名。根据各车站勘察钻探及室内土工试验成果,结合重型圆锥动力触探及标准贯入试验资料,在勘探深度范围内,按地层时代划分为6个工程地质层组,按其成因及物理力学性质划分为16个工程地质亚层(江东二路15个工程地质亚层)。勘察深度范围内的岩土组成、地层时代、厚度及标高见表5、表6。

表5　　　　　　　　　　北二路站地基土层划分

层号	土层名称	地层时代	层厚(m) 最小—最大	层顶埋深(m) 最小—最大	层顶高程(m) 最小—最大	分布情况
①$_1$	杂填土	mlQ_4	0.50~4.90	—	4.47~7.04	局部缺失
①$_2$	素填土		0.50~2.30	0.00~1.60	3.94~5.17	局部分布
②$_1$	砂质粉土	alQ_4^3	0.70~3.10	0.50~2.80	3.15~5.24	局部缺失
②$_2$	砂质粉土	al-mQ_4^2	0.70~3.40	1.50~4.90	1.15~3.56	全场分布
③$_3$	砂质粉土夹粉砂		1.40~5.40	3.30~7.00	-1.38~2.43	
③$_5$	砂质粉土夹粉砂		0.90~5.20	6.40~9.60	-4.53~0.44	
③$_6$	粉砂		6.90~13.50	8.00~12.70	-7.09~-0.96	
③$_{6夹}$	砂质粉土夹粉砂		1.30	11.50	-5.70	透镜体分布
③$_8$	砂质粉土夹淤泥质粉质黏土		0.60~3.00	17.80~22.00	-16.16~-11.89	局部缺失
⑥$_1$	淤泥质粉质黏土夹粉砂薄层	mQ_4^1	12.20~17.00	19.20~24.00	-18.17~-13.89	全场分布
⑥$_2$	淤泥质粉质黏土		4.00~9.50	34.80~39.50	-32.57~-29.31	
⑧$_2$	粉质黏土	mQ_3^{2-2}	2.00~8.90	40.50~45.00	-38.93~-35.11	
⑧$_3$	含砂粉质黏土		1.60~6.00	48.40~52.20	-45.17~-42.68	局部分布
⑫$_2$	中砂	al Q_3^1	0.60~4.80	48.60~54.00	-48.29~-43.81	
⑫$_4$	圆砾		最大揭露厚度15.60	49.50~55.10	-49.94~-44.47	大部分孔揭露
⑫$_{4夹}$	粉质黏土		2.00~2.00	65.00~65.00	-58.07~-58.07	仅XK-7SBE-Z4揭露

表 6　　　　　　　　　　　江东二路站地基土层划分

层号	土层名称	地层时代	层厚（m）最小—最大	层顶埋深（m）最小—最大	层顶高程（m）最小—最大	分布情况
①$_1$	杂填土	mlQ$_4$	0.50～3.50	—	5.00～6.30	大部分分布
①$_2$	素填土		0.50～5.40	0.00～2.40	2.85～5.53	部分分布
②$_1$	砂质粉土	al-mQ$_4^3$	0.60～2.80	0.70～3.50	1.95～4.60	大部分分布
③$_2$	砂质粉土		0.80～3.70	2.00～4.60	0.49～2.78	
③$_3$	砂质粉土夹粉砂		0.60～5.20	3.00～7.80	-2.10～1.63	
③$_5$	砂质粉土夹粉砂	al-mQ$_4^2$	0.50～6.00	5.40～11.60	-5.38～0.01	
③$_6$	粉砂		5.30～14.00	7.50～12.60	-6.39～-2.20	全场分布
③$_{6K}$	砂质粉土夹粉砂		0.60～4.00	12.00～19.50	-13.96～-6.48	镜透体分布
③$_8$	砂质粉土夹淤泥质粉质黏土		0.40～4.10	17.80～23.00	-17.76～-12.43	大部分分布
⑥$_1$	淤泥质粉质黏土夹粉砂薄层	mQ$_4^1$	11.40～17.20	20.60～24.80	-18.61～-15.06	全场分布
⑥$_2$	淤泥质粉质黏土		4.70～11.20	33.00～38.80	-33.42～-27.8	
⑧$_2$	粉质黏土	mQ$_3^{2-2}$	0.50～9.50	40.00～44.50	-39.60～-34.87	大部分分布
⑧$_3$	含砂粉质黏土		1.20～9.20	46.30～52.40	-47.03～-41.13	
⑫$_1$	细砂	al Q$_3^1$	0.80～8.40	48.00～57.70	-52.32～-42.54	大部分孔揭露
⑫$_4$	圆砾		最大揭露厚度 13.60 m	53.60～58.60	-53.30～-48.02	

根据上述对工程地质层的划分，从上至下进行分述如下（图 14、图 15）。

（1）人工填土：本场地分两个亚层。

①$_1$ 层杂填土，杂色，松散，主要由碎砖、砼块、碎石等建筑垃圾组成及塑料袋等生活垃圾组成，黏性土和粉性土充填，成分复杂，均一性差，道路部分上部主要为沥青。

①$_2$ 层素填土，灰、灰黄色，松散—稍密，地下水位以上稍湿，水位以下饱和。主要由砂质粉土及黏性土组成，含少量碎石及建筑垃圾，局部孔见植物根系。

（2）全新统上组冲积层：本场地分一个亚层。

②$_1$ 砂质粉土，灰黄色，湿，稍密，含云母碎屑，局部夹少量黏性土，摇振

反应迅速，土面粗糙，干强度低，韧性低。中压缩性土。

（3）全新统中组冲海积层，本场区分六个亚层。

③$_2$层砂质粉土，灰、灰黄色，饱和，中密，含云母碎屑，局部夹少量黏性土，中压缩性土。

③$_3$层砂质粉土夹粉砂，灰黄色、褐灰色，饱和，中密，含云母碎屑，局部为砂质粉土，中压缩性土。

③$_5$层砂质粉土夹粉砂，灰、灰黄色，湿，中密为主，局部稍密，湿—很湿，含云母、氧化铁，局部夹粉砂，摇振反应迅速，土面粗糙，中压缩性土。本层北二路站无分布，江东二路站大部分场地分布。

③$_6$层粉砂，灰黄色、青灰色为主，局部灰黑色，饱和，中密，含云母碎屑，中压缩性土。

③$_{6夹}$层砂质粉土夹粉砂，灰色，湿，稍密—中密为主，含云母碎屑，局部夹少量黏性土，中等压缩性土。呈镜透体状分布于③$_6$层粉砂中。

③$_8$层砂质粉土夹淤泥质粉质黏土，稍密，很湿，粉土单层厚度 2～41 cm，摇振反应迅速，土面粗糙，干强度及韧性低。中压缩性土，本层局部缺失。

（4）全新统下组海积，本场地分三个亚层。

⑥$_1$淤泥质粉质黏土夹粉砂薄层，灰色，流塑，含有机质、腐殖质，夹薄层粉砂，无摇振反应，土面稍有光泽，干强度中等，韧性中等，高压缩性土。

⑥$_2$淤泥质粉质黏土，灰色，流塑，含有机质、腐殖质及贝壳碎屑，局部夹粉土（砂）薄层或团块，无摇振反应，土面有光泽，干强度高，韧性高，高压缩性土。

（5）上更新统上组上段海积，本场分两个亚层。

⑧$_2$层粉质黏土，灰褐色，软塑，含植物残体腐殖物，偶见贝壳碎屑，夹团块状粉土，摇振反应无，切面稍光滑，干强度及韧性中等，高压缩性土。

⑧$_3$层含砂粉质黏土，褐灰色，软塑为主，局部软可塑，夹粉砂薄层，含腐殖质，摇振反应无，切面稍光滑，干强度中等，韧性中等，中压缩性土，本层局部分布。

（6）上更新统下组冲积层，本场分三个亚层。

⑫$_1$层细砂，灰、灰黄色，中密，饱和，含有云母、腐殖质及贝壳碎屑，局部夹有少量黏性土层，中偏低压缩性土，本层北二路站无分布，江东二路站场地

全分布。

⑫$_2$层中砂，灰黄色，中密，饱和。含氧化铁，夹少量黏性土，局部为细砂，中偏低压缩性土。

⑫$_4$层圆砾，灰、灰黄色，中密，饱和，卵石呈亚圆形，母岩成分以坚硬、呈中风化状的凝灰岩、粉砂岩为主，余为砂及黏性土充填。局部孔段含泥量少，渗透性极好，易塌孔。

⑫$_{4夹}$层粉质黏土，灰黄色，硬可塑，局部夹砂，摇振反应无，切面稍光滑，干强度中等，韧性中等，中偏低压缩性土。本层呈透镜体状分布于局部⑫$_4$圆砾中，仅北二路站勘察揭露显示。

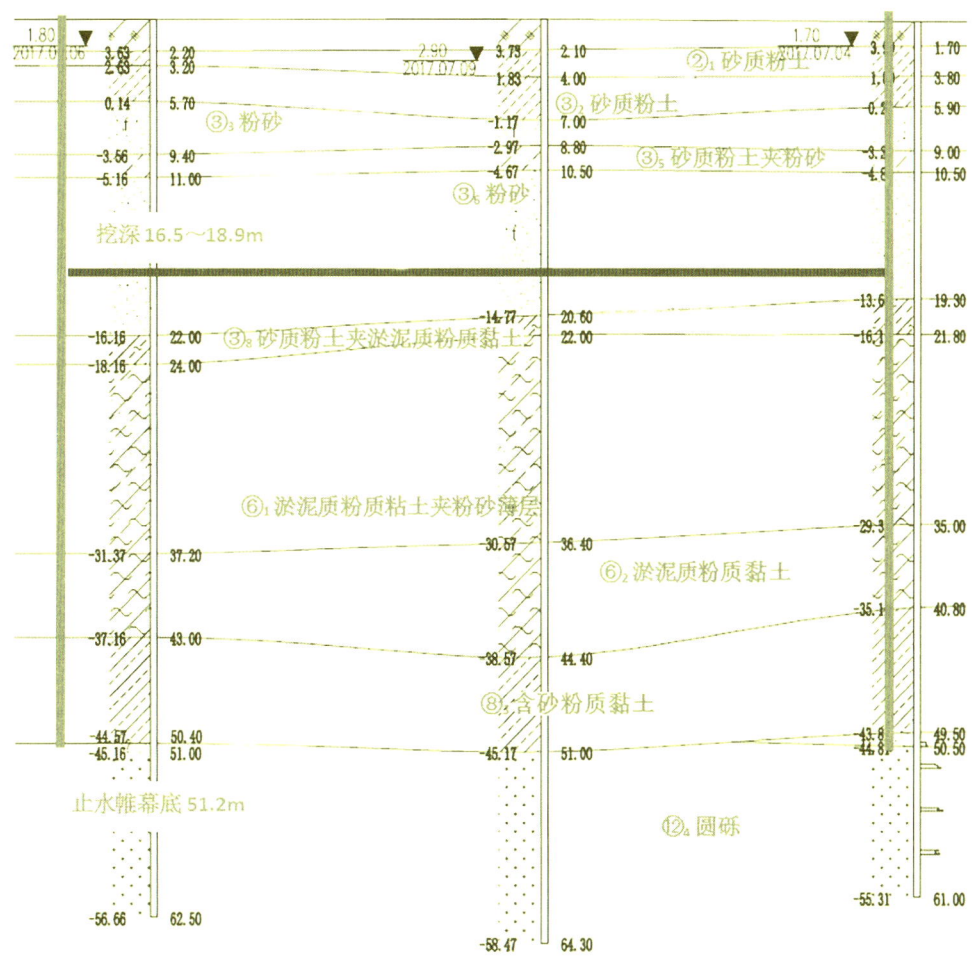

图 14　北二路站典型地质剖面

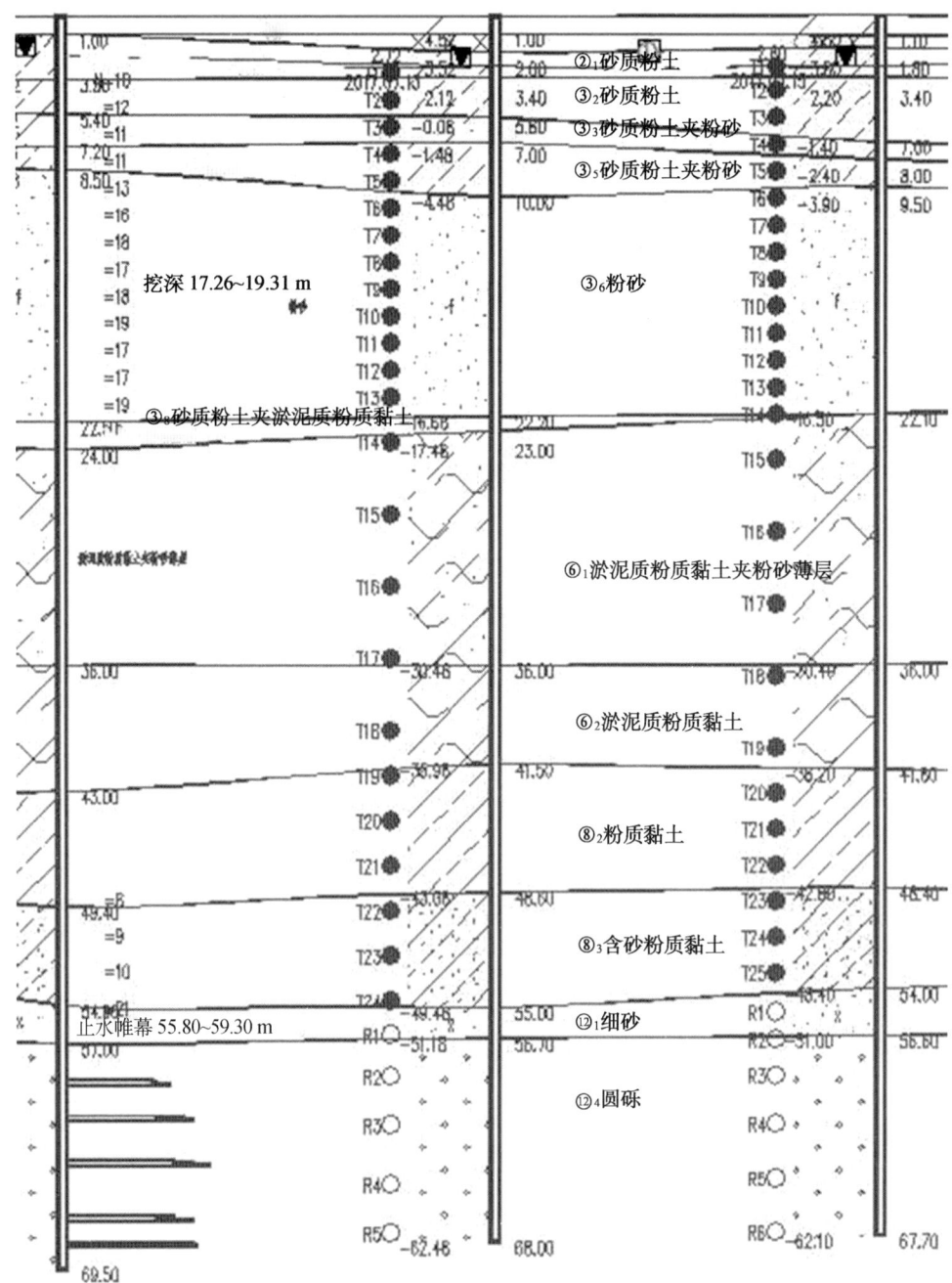

图 15 江东二路站典型地质剖面

4 水文地质情况

根据地下水含水空间介质和水理、水动力特征及赋存条件，在勘探孔深度范围内地下水可分为第四系松散岩类孔隙承压水。

二号风井站、义蓬站、塘新线站、北二路站、江东二路站孔隙潜水含水层主要由表部填土及浅部全新统冲海积粉（砂）土组成。潜水位有起伏，主要受填土层性质变化大影响，在填土密实区域及黏粒含量高区域中水位埋深较深，在以建筑垃圾、碎石土为主的填土层中水位埋深较浅；潜水水位以大气降水入渗补给为主，径流缓慢，水量较小，蒸发是其主要排泄方式，与附近地表水存在着相互补排关系，并随季节性变化，当周边地表水水位低于场地水位时，此时场地潜水补给河流，而当地表水水位高于场地水位时，河流侧向补给场地地下水，二者相互影响，根据调查，浅层地下水水位年变化幅度 1.00～2.00 m。

二号风井站、塘新线站、北二路站拟建场地承压水主要分布于深部的⑫$_2$层中砂、⑫$_4$层圆砾中；义蓬站、江东二路站拟建场地承压水主要分布于深部的⑫$_1$层细砂、⑫$_4$层圆砾中。水量较丰富，属强透水层，隔水层为上部的淤泥质土和黏性土层。主要接受古河槽侧向径流补给，侧向径流排泄，受大气降水垂直渗入等的影响较小。根据区域水文地质资料，承压水水位年变化幅度为 0.5～3.0 m。

各车站孔隙潜水及孔隙承压水的水位埋深和 1985 国家高程见表 7，各车站地层渗透性见表 8—表 11。

表 7　　　　　　　　各车站水位汇总一览

车站名	孔隙潜水		孔隙承压水	
	水位埋深（m）	1985 国家高程（m）	水位埋深（m）	1985 国家高程（m）
二号风井站	0.80～5.20	4.09～4.75	3.01	3.82
义蓬站	1.90～3.30	2.46～4.32	6.45	−1.06
塘新线站	0.80～3.60	3.39～5.21	8.35	−1.16
北二路站	1.70～3.80	0.97～4.04	6.74	−1.03
江东二路站	0.50～3.00	1.90～3.85	6.61	−1.22

表 8　　　　　　　　　　二号风井站地层渗透性成果

地层编号	岩土名称	室内试验		现场抽水试验（潜水抽水试验成果）
		水平渗透系数（m/d）	垂直渗透系数（m/d）	渗透系数（m/d）
②$_1$	砂质粉土	2.31×10^{-1}	1.87×10^{-1}	
③$_2$	砂质粉土	3.91×10^{-1}	3.31×10^{-1}	
③$_3$	砂质粉土夹粉砂	5.48×10^{-1}	4.76×10^{-1}	
③$_5$	砂质粉土夹粉砂	7.22×10^{-1}	6.45×10^{-1}	2.73
③$_6$	粉砂	8.01×10^{-1}	7.24×10^{-1}	
③$_7$	砂质粉土夹粉砂	4.97×10^{-1}	4.49×10^{-1}	
③$_8$	砂质粉土夹淤泥质粉质黏土	1.72×10^{-1}	1.42×10^{-1}	
⑥$_1$	淤泥质粉质黏土夹粉砂薄层	1.29×10^{-3}	1.16×10^{-3}	—
⑥$_2$	淤泥质粉质黏土	1.22×10^{-2}	2.69×10^{-3}	—

表 9　　　　　　　　　　义蓬站地层渗透性成果

地层编号	岩土名称	室内试验		现场抽水试验（潜水抽水试验成果）
		水平渗透系数（m/d）	垂直渗透系数（m/d）	渗透系数（m/d）
②$_1$	砂质粉土	2.91×10^{-1}	2.45×10^{-1}	
③$_2$	砂质粉土	4.24×10^{-1}	3.63×10^{-1}	
③$_3$	砂质粉土夹粉砂	7.25×10^{-1}	6.60×10^{-1}	
③$_5$	砂质粉土夹粉砂	8.73×10^{-1}	8.13×10^{-1}	2.68
③$_6$	粉砂	8.35×10^{-1}	7.75×10^{-1}	
③$_7$	砂质粉土夹粉砂	9.50×10^{-1}	9.10×10^{-1}	
③$_8$	砂质粉土夹淤泥质粉质黏土	1.80×10^{-1}	1.67×10^{-1}	
⑥$_1$	淤泥质粉质黏土夹粉砂薄层	2.00×10^{-3}	2.00×10^{-3}	—
⑥$_2$	淤泥质粉质黏土	1.00×10^{-2}	7.00×10^{-3}	—

表10　　　　　　　　　　塘新线站地层渗透性成果

地层编号	岩土名称	室内试验		现场抽水试验（潜水抽水试验成果）
		水平渗透系数（m/d）	垂直渗透系数（m/d）	渗透系数（m/d）
②$_1$	砂质粉土	$3.00×10^{-1}$	$2.47×10^{-1}$	2.95
③$_3$	砂质粉土夹粉砂	$5.18×10^{-1}$	$4.57×10^{-1}$	
③$_5$	砂质粉土夹粉砂	$6.43×10^{-1}$	$5.59×10^{-1}$	
③$_6$	粉砂	$9.99×10^{-1}$	$8.27×10^{-1}$	
③$_{6夹}$	砂质粉土夹粉砂	$5.27×10^{-1}$	$4.93×10^{-1}$	
③$_8$	砂质粉土夹淤泥质粉质黏土	$5.00×10^{-2}$	$3.90×10^{-2}$	
⑥$_1$	淤泥质粉质黏土夹粉砂薄层	$1.60×10^{-1}$	$2.00×10^{-3}$	—
⑥$_{1-3}$	砂质粉土夹淤泥质粉质黏土	$6.51×10^{-1}$	$5.86×10^{-1}$	—
⑥$_2$	淤泥质粉质黏土	$1.00×10^{-1}$	$7.00×10^{-3}$	—

表11　　　　　　　　　　新镇站地层渗透性成果

地层编号	岩土名称	室内试验		现场抽水试验（潜水抽水试验成果）
		水平渗透系数（m/d）	垂直渗透系数（m/d）	渗透系数（m/d）
②$_1$	砂质粉土	$3.35×10^{-1}$	$2.90×10^{-1}$	5.13
③$_2$	砂质粉土	$2.99×10^{-1}$	$2.81×10^{-1}$	
③$_3$	粉砂	$6.09×10^{-1}$	$5.76×10^{-1}$	
③$_5$	砂质粉土夹粉砂	$5.04×10^{-1}$	$4.84×10^{-1}$	
③$_6$	粉砂	$8.46×10^{-1}$	$8.01×10^{-1}$	
③$_{6夹}$	砂质粉土夹粉砂	$6.45×10^{-1}$	$5.60×10^{-1}$	
③$_8$	砂质粉土夹淤泥质粉质黏土	$1.00×10^{-1}$	$5.00×10^{-2}$	
⑥$_1$	淤泥质粉质黏土夹粉砂薄层	$7.00×10^{-2}$	$7.00×10^{-3}$	—
⑥$_{1-3}$	砂质粉土夹淤泥质粉质黏土	$6.51×10^{-1}$	$5.86×10^{-1}$	—

5 降水重难点

（1）基坑开挖范围内主要以粉土、砂质粉土为主，土质不均匀，渗透性及含水量较大，基坑开挖时易产生流砂、坍塌等现象。

（2）塘新线站⑥$_{1-3}$层存在基坑突涌风险，需要进行减压降水。根据勘察资料，⑥$_{1-3}$层具有微承压性，结合地下连续墙已完全隔断该层，在坑内结合疏干井布置该层的减压混合井。

（3）在地连墙施工阶段，成槽时浅层槽内易土体塌方，主要受浅层渗透系数较大的②、③层影响为主，潜水处于敞开式，根据水文地质情况，潜水与附近地表水存在着相互补排关系，解决地连墙易塌孔的问题就需解决潜水水位问题。

（4）开挖范围内存在巨厚的粉砂和粉土层，坑内外地下水在水头差较大的情况下，一旦止水帷幕出现渗漏，严重可能会出现管涌、流砂等危险，对基坑安全开挖构成重大威胁。

6 降水设计

6.1 疏干井降水设计

采用施工经验计算法计算。为确保基坑顺利开挖，需降低基坑开挖深度范围内的土体含水量，坑内疏干深井数量采用下式确定：

$$N = \frac{S}{A}$$

式中，N 为井数（口）；S 为基坑需疏干部分总面积（m^2）；A 为疏干管井单井疏干有效影响面积（m^2）。疏干井降水计算见表12。

表12　　　　　　　　　　　疏干井降水计算

车站名	车站主体基坑面积（m^2）	单井有效疏干面积（m^2）	井数（口）	井深原则（m）
二号风井站	5 437	180	31	井进入坑底6~8
义蓬站	5 437	180	31	井进入坑底6~8

(续表)

车站名	车站主体基坑面积（m²）	单井有效疏干面积（m²）	井数（口）	井深原则（m）
塘新线站	4 729	180	27	井进入坑底 6～8
北二路站	4 729	180	27	
江东二路站	11 176	180	62	

6.2 减压井降水设计

基坑底板抗突涌稳定条件：在基坑底板至承压含水层顶板之间，土的自重压力应大于承压水含水层顶板处的承压水顶托力，可按下式进行承压水位控制：

$$\frac{P_S}{P_W} = \frac{\sum h_i \cdot \gamma_{si}}{H \cdot \gamma_w} \geq F_S$$

式中，P_S 为承压含水层顶面至基底面之间的上覆土压力（kPa）；P_W 为初始状态下（未减压降水时）承压水的顶托力（kPa）；h_i 为承压含水层顶面至基底面间各分层土层的厚度（m）；γ_{si} 为承压含水层顶面至基底面间各分层土层的重度（kN/m³）；H 为高于承压含水层顶面的承压水头高度（m）；γ_w 为水的重度，工程上一般取 10.00（kN/m³）；F_S 为安全系数，工程上一般取 1.05～1.20，本工程取 1.10。

验算结果见表 13。

表 13　　基坑开挖深度与安全水位一览

车站名	目标承压含水层	承压含水层层顶埋深（m）	承压水初始水位埋深（m）	土层重度（加权平均）（kN/m³）	安全系数计算结果	安全水位埋深（降深量）
二号风井站	⑫₄ 层	53.44	2.02	17.9	1.22	—
义蓬站	⑫₃、⑫₄ 层	54.49	3.00	17.9	1.22	—
塘新线站	⑥₁₋₃ 层	28.00	3.00	17.9	0.83	9.17 (6.17)
	⑥₁₋₃ 层	28.00	3.00	17.9	0.71	11.95 (8.95)
	⑫₃、⑫₄ 层	50.50	8.35	17.9	1.37	—

(续表)

车站名	目标承压含水层	承压含水层顶埋深（m）	承压水初始水位埋深（m）	土层重度（加权平均）（kN/m³）	安全系数计算结果	安全水位埋深（降深量）
北二路站	⑫₂、⑫₄层	49.70	3.00	17.9	>1.22	—
江东二路站	⑫₁、⑫₂、⑫₄层	48.00	3.00	17.9	>1.14	—

经过计算，塘新线站仅⑥$_{1-3}$层需要进行减压降水，⑫层抗突涌安全系数能满足规范要求。

通过计算，在满足最大降深量要求下，在基坑内布置9口⑥$_{1-3}$层减压井，井深33 m，过滤器28～32 m。计算结果见图16。

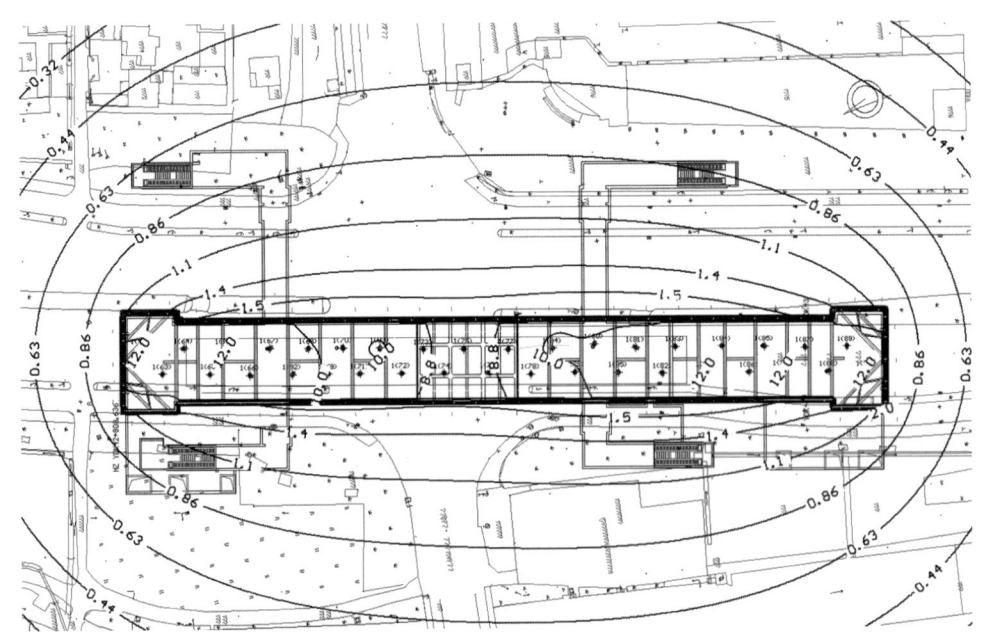

图16 ⑥$_{1-3}$层降水运行后坑内预测基坑水位降深等值线

6.3 地连墙施工阶段槽壁降水井设计

为保证确保地下连续墙浅层成槽质量，预先进行槽壁加固降水，地连墙施工完成后兼作开挖期间坑外潜水观测井。为了保证达到施工目的，采用modflow

三维软件进行模拟计算运行，地连墙单幅施工时，启动30 m范围内的降水井，在三维模型中经过计算，降水运行到第3天时水位降到8.0 m以下，降水井结构与导墙三维模型见图17，水位降深等值线见图18。

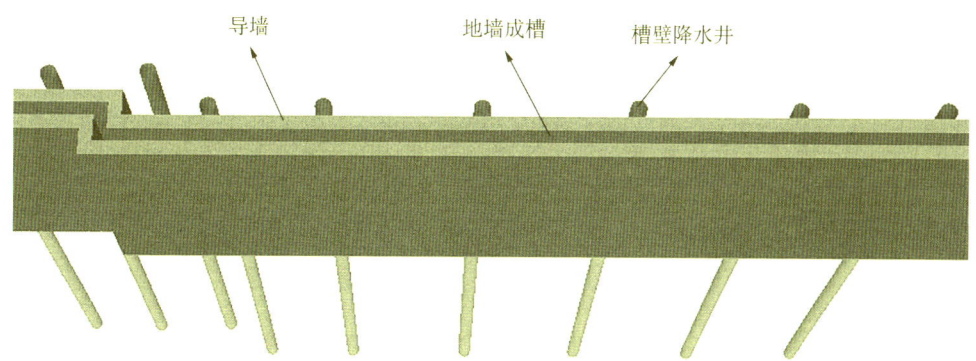

图17　槽壁降水井与导墙三维模型

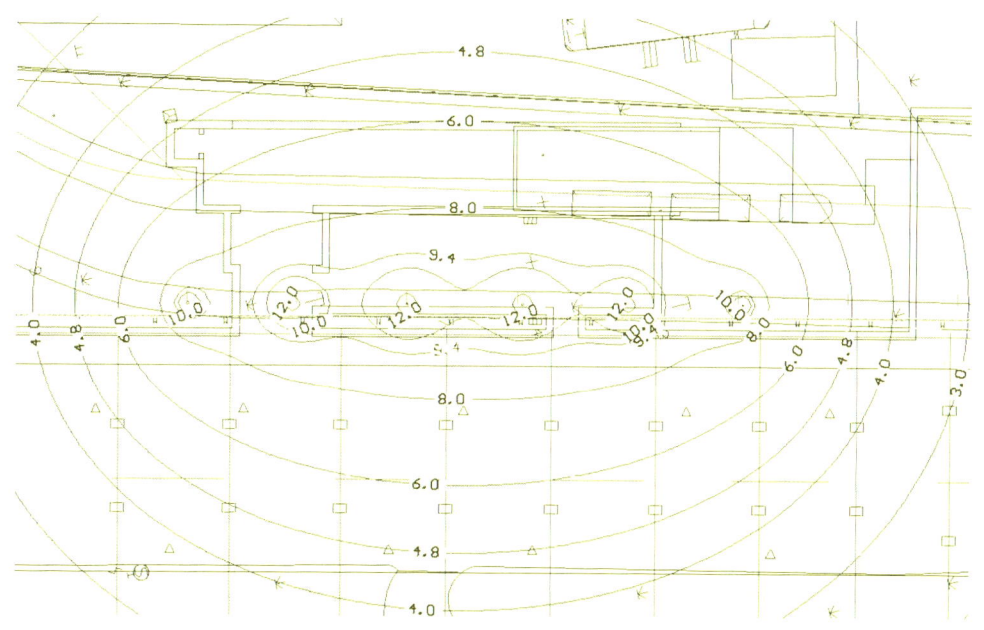

图18　槽壁降水井运行3天后水位降深等值线（单位：m）

根据上述计算，按井间距9 m布置坑外槽壁降水井，各车站槽壁降水井布置见表14。

表 14　　　　　　　各车站槽壁降水井布置一览

车站名	井间距（m）	井数量（口）	井深度（m）	备注
二号风井站	9	58	18	兼作开挖期间坑外潜水观测井
义蓬站	9	58	18	
塘新线站	9	56	18	
北二路站	9	55	20	
江东二路站	9	106	20	

6.4　观测井降水设计

为观测场地位置承压水水位变化，同时确保承压水不对上部土体产生越流补给，将承压水观测井设置在远离基坑 2 倍开挖深度以外，各车站承压水观测井布置见表 15。

表 15　　　　　　　各车站承压水观测井布置一览

车站名	井数量（口）	井深度（m）	备注
二号风井站	1	60	观测场地位置承压水水位变化
义蓬站	1	60	
塘新线站	2	59	
北二路站	1	55	
江东二路站	1	60	

7　现场降水情况

7.1　疏干井降水情况

成井结束后选取了部分坑外井及坑内井作为初始水位观测井，所测得坑内初始水位见图 19，坑外初始水位见图 20。其中，测得水位图为北二路站，其余 4 个车站水位与北二路站基本一致。

正式开挖前，基坑内疏干井预抽水时间约 14 天，在开挖期间始终将坑内水位控制在开挖面以下，土体得以有效疏干。开挖期间开挖效果见图 21—图 25。

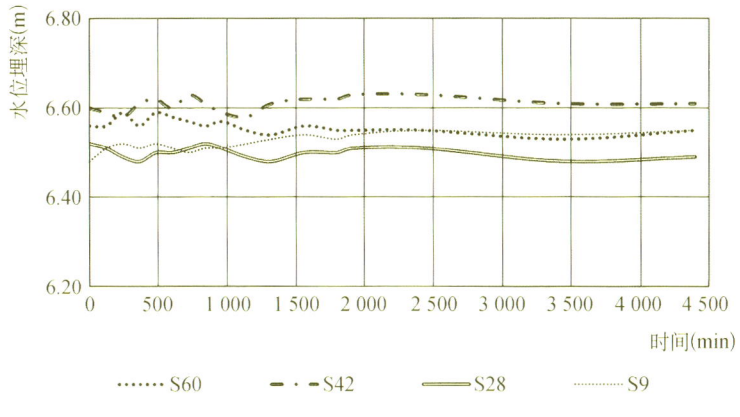

图 19 坑内初始水位(北二路站)

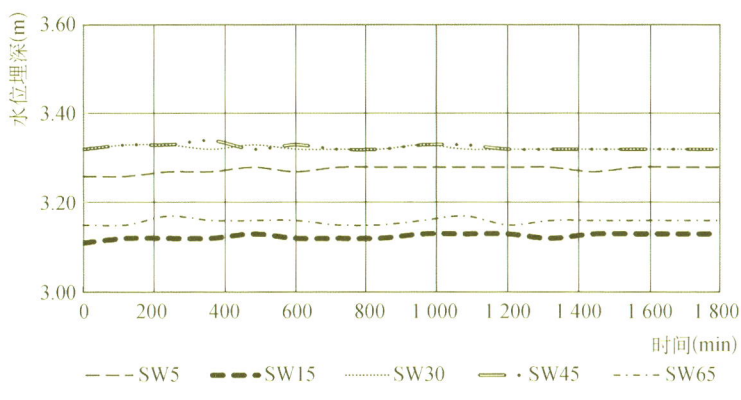

图 20 坑外初始水位(北二路站)

图 21 二号风井站

图 22 义蓬站

图 23 塘新线站

图 24 北二路站

图 25 江东二路站

7.2 承压水降水情况

塘新线站仅⑥$_{1-3}$层在开挖期间需要减压降水，按照降水设计思路，在开启坑内 6 口⑥$_{1-3}$层减压井，现场测得该层观测井水位埋深约 12.5 m，满足基坑最大开挖深度，群井抽水期间流量平均为 2.85 m³/h。

7.3 地下连续墙施工阶段槽壁降水情况

地连墙单幅施工时，提前启动 30 m 范围内的降水井，因施工过程中存在 3 台地连墙成槽设备，故在 3 处地连墙施工 30 m 范围内进行抽水，群井抽水效应明显，与设计三维模型中经过计算对比，现场实际仅需要约 50 h 可将水位降到 8.0 m 以下。

8　项目总结

（1）基坑开挖范围内主要以粉土、砂质粉土为主，土质不均匀，渗透性及含水量较大。正式开挖前，基坑内疏干井预抽水时间约 14 天，在开挖期间始终将坑内水位控制在开挖面以下，土体疏干效果很好。

（2）⑥$_{1-3}$ 层在开挖期间减压降水，现场测得该层观测井水位埋深约 12.5 m，水位控制满足基坑最大开挖深度，⑥$_{1-3}$ 层在群井抽水期间流量平均为 2.85 m³/h。

（3）现场地连墙施工阶段，3 处地连墙施工 30 m 范围内都进行抽水，群井抽水效应明显，约 50 h 可将水位降到 8.0 m 以下。

宁波市轨道交通及水文地质概况

宁波市轨道交通第一条线路始建于 2009 年，竣工于 2014 年。截至 2022 年 12 月，宁波轨道交通共运营 5 条地铁线路和 1 条市郊铁路线路，为 1 号线、2 号线、3 号线一期和鄞奉段、4 号线和 5 号线一期，总长 182.5 km，车站 127 座。宁波市轨道交通线路见图 1。

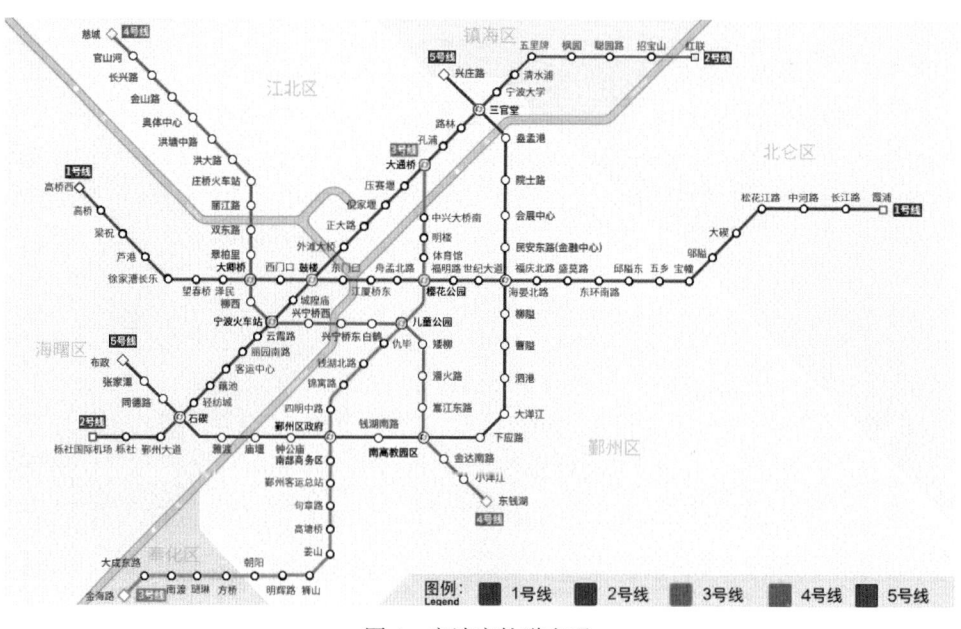

图 1 宁波市轨道交通

宁波市轨道交通场地地下水按含水空隙介质及埋藏条件等，可将含水层分为松散岩类孔隙潜水、孔隙承压水及基岩裂隙水三大类。其中主要含水层有全新统冲积—冲洪积卵（砾）石、砾砂、砂孔隙潜水含水层，上更新统冲海积、冲积孔隙承压含水组（Ⅰ）以及中更新统冲洪积、冲积孔隙承压含水组（Ⅱ）。

地下水赋存与分布受构造、地貌、岩性、气象及海洋诸因素之控制，其中构造因素起着主导作用。地下水的赋存与分布就其地质、地貌而言，大体可将工作区地下水分为三个埋藏分布区：低山丘陵区（裂隙水）、山麓河谷区（潜水）、滨海平原区（潜水、浅埋承压水、深埋承压水）。三个含水岩系为：第四系孔隙含水岩系、非含水岩系以及基岩裂隙含水岩系。

轨道交通沿线的松散岩类潜水主要赋存于场区表部填土和黏土、淤泥质土层中，含水层厚度变化较大。表部填土富水性和透水性均较好，水量较大；浅层黏土和淤泥质土富水性、透水性均差，渗透系数在 $1\times10^{-8}\sim1\times10^{-6}$ cm/s，水量贫乏，单井出水量小于 $1 m^3/d$。场地内潜水主要接受大气降水竖向入渗补给和地表水的侧向补给，多以蒸发方式排泄。水位受季节及气候条件等影响，但是动态变化不大，潜水位变幅一般在 $0.5\sim1.0$ m 之间变动。

据轨道交通沿线钻探资料及区域水文地质资料，工作区场地埋藏分布有 3 层承压水，主要为浅部承压水，深部承压水可划分为第 I 承压水和第 II 承压水。

浅部承压水：主要赋存于③$_1$ 层，含黏性土粉砂、粉砂或粉土，含水层厚一般为 $2\sim4$ m，局部夹较多黏性土薄层，透水性一般，水量相对较小，单井出水量在 $5\sim15 m^3/d$。水位埋深在 $1.0\sim3.0$ m，高程 $-0.5\sim2.5$ m，③$_1$ 层渗透系数 $1.00\times10^{-5}\sim2.00\times10^{-4}$ cm/s，夹黏性土较多区域渗透系数在 $1.00\times10^{-6}\sim1.00\times10^{-5}$ cm/s，水温为 19 ℃左右，水质为微咸水至咸水，地下水基本不流动。含水层顶板埋深一般为 $15\sim20$ m，水位埋深为 $1.5\sim2.5$ m。该含水层由于岩性差异较大，各地段渗透系数具有明显的差异性。

深部第 I$_1$ 层承压水：主要赋存于⑤$_{1夹}$ 层粉土、⑤$_3$ 层粉土、⑤$_2$ 层粉土、⑥$_{1夹}$ 层、⑥$_{2夹}$ 层和⑥$_4$ 层粉砂或粉土、⑥$_5$ 层砾砂或圆砾。承压水含水层⑤$_3$ 层和⑤$_2$ 层粉土、⑥$_{2夹}$ 层粉土透水性一般，单井出水量在 $10\sim25 m^3/d$，渗透系数一般在 $1.0\times10^{-5}\sim8.0\times10^{-4}$ cm/s。含水层顶板埋深为 $20.0\sim35.0$ m，水位埋深 $-1.9\sim1.7$ m（高程），水温为 $19.5\sim20.0$ ℃，水质一般为微咸水—咸水。

深部第 I$_2$ 层承压水：主要赋存于⑦$_{1夹}$ 层粉砂、⑧$_1$ 层粉砂或细砂、⑧$_3$ 层砾砂或圆砾。承压水含水层⑧层透水性好，平均渗透系数 $25\sim35$ m/d，水量丰富，单井出水量 $200\sim1 000 m^3/d$。其富水性受岩性、厚度等因素的控制，涌水量变化较大。含水层顶板埋深为 $40.0\sim60.0$ m，含水层厚度 $5\sim10$ m，水位埋深 $3.0\sim6.0$ m，高程 $-3.0\sim0.5$ m，水温为 $19.5\sim20.0$ ℃，水质微咸为主。宁波平原及大碶平原第 I$_2$ 层承压水的分布、埋深、厚度及水质、水量均有不同程度的差异。

深部第Ⅱ层承压含水层：主要赋存于⑨$_1$夹层粉砂或细砂，⑨$_3$、⑩层砾砂、圆砾、卵石中。⑨$_3$层水温为 20.5～21.0 ℃，原始水位略高于第Ⅰ含水层水位埋深 3.0～5.0 m，透水性较好，水量较大，单井出水量一般为 200～1 500 m³/d，含水层富水性受古河道控制，涌水量变化较大。宁波平原（市区）第Ⅱ层承压水为主要淡水开采层之一，大碶平原含水层富水性极不均匀，与黏性土含量及胶结程度等有关，水质为淡水—微咸水—咸水。

宁波平原第Ⅱ层承压水分布广，且连续性好，大碶平原第Ⅱ层承压水分布不稳定，连续性差，多呈孤立的北东—南西向条带展布，其分布范围与第Ⅰ含水组基本吻合。

宁波市轨道交通 4 号线白鹤站降水工程

1 工程概况

白鹤站为地下二层单柱双跨岛式站台车站，站前设双存车线，白鹤站位于宁波市鄞州区起点为宁波市国家安全局，沿兴宁路往东敷设下穿彩虹南路、前塘河终于富邦广场前。车站概况见表1。

表1 车站概况

车站形式	开挖深度（m）	止水帷幕	施工方式
地下二层	16.6～17.0（标准段）	标准段地下连续墙 42.5 m	明挖顺作法
	18.95（东端头井）	端头井地下连续墙 45.0 m	
	19.8（西端头井）		

2 基坑围护概况

围护结构选用 800 mm 厚地下连续墙（在南侧盛业大酒店及自来水公司资产管理部建筑物前采用 1 000 mm 厚地下连续墙），标准段设置五道支撑，布置一道砼支撑＋四道钢支撑（其中第四道支撑为换撑）；端头井设置六道支撑，布置一道砼支撑＋五道钢支撑（其中第五道支撑为换撑）。车站地下连续墙墙深42.5～45.0 m。

根据《城市轨道交通岩土工程勘察规范》（GB 50307—2012）和《宁波市轨道交通岩土工程勘察技术细则》（2013 甬 SS—02），综合确定场地复杂程度等级为二级。周边环境与工程相互影响大，破坏后果严重，属二级环境风险。基坑平面及剖面示意见图1、图2。

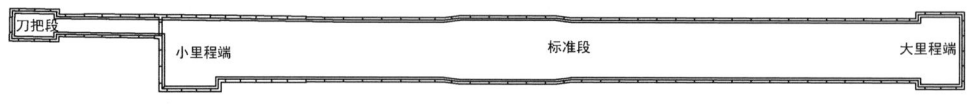

图 1　基坑平面示意

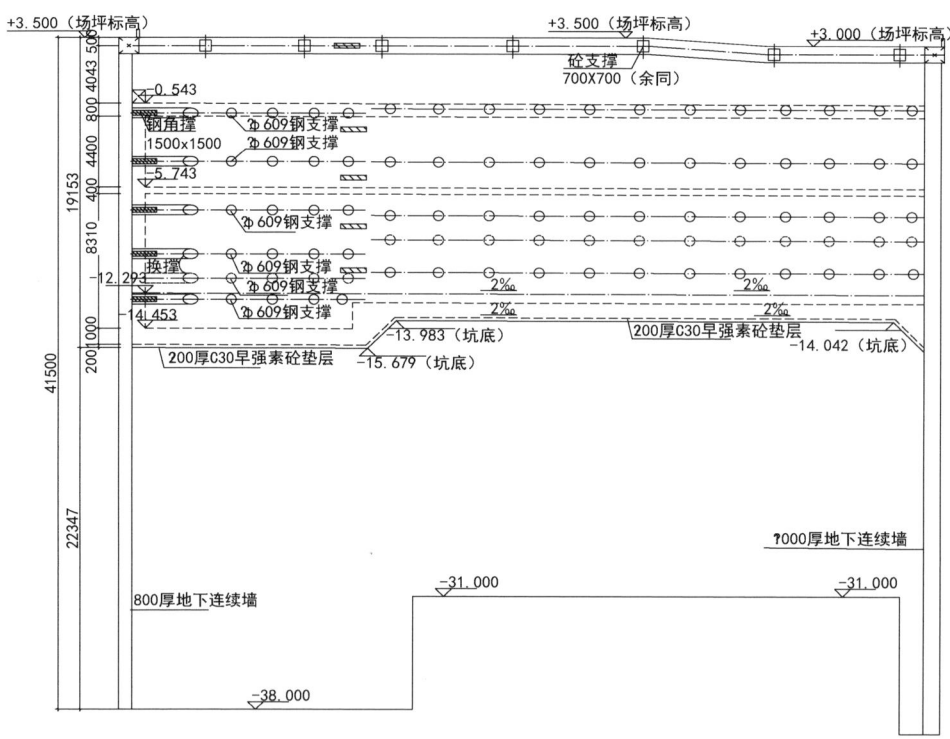

图 2　基坑剖面示意

3　工程地质情况

拟建宁波市轨道交通4号线工程KC4002标段白鹤站位于宁波市鄞州区，设于兴宁路华东饭店至白鹤公园段，沿兴宁路呈东西走向。沿线地貌类型属于滨海冲湖积平原，地势开阔，由于兴宁路与白鹤桥的接驳，场地内地面高程起伏较大，为2.17~4.21 m。所见土层自上而下依次为①$_{1a}$层杂填土、①$_2$层粉质黏土、①$_{3b}$层淤泥质黏土、②$_1$层黏土、②$_{2a}$层淤泥、②$_{2b}$层淤泥质黏土、②$_{2c}$层淤泥质粉质黏土层、③$_{1a}$层黏质粉土、③$_2$层粉质黏土、④$_{1a}$层淤泥质黏土、⑤$_{1b}$层粉质黏土、⑤$_{1t}$层黏质粉土、⑤$_{4a}$层粉质黏土、⑤$_{4b}$层黏质粉土、⑥$_{3a}$层黏土、⑦$_1$层粉质黏土、⑧$_1$层粉砂。

小里程端头井基坑：位于④$_{1a}$层淤泥质黏土层及⑤$_{1b}$层粉质黏土层。

标准段基坑底：位于②$_{2c}$层淤泥质粉质黏土层、③$_{1a}$层黏质粉土、③$_2$层粉质黏土、④$_{1a}$层淤泥质黏土。

大里程端头井基坑：位于④$_{1a}$层淤泥质黏土。

典型地质剖面见图3。

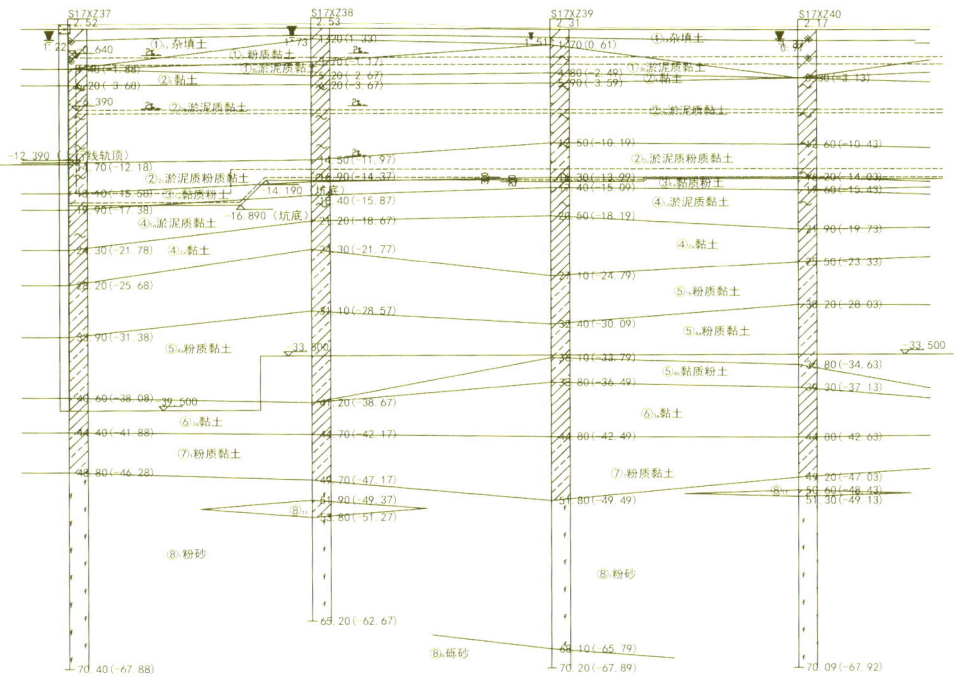

图3 典型地质剖面

4 水文地质情况

潜水主要赋存于场地表部填土和浅部黏土、淤泥质土层中，含水层总厚度大、含水量较丰富。潜水主要接受大气降水的垂直补给和地表水体侧渗补给，以自然蒸发为主要排泄途径，水位随季节性变化明显。在建场地涉及的地表水为车站中部下穿的前塘河，前塘河为鄞东南平原骨干河道，现状宽度 25 m 左右，规划宽度 40～55 m，河底高程 -0.87～-1.37 m。河流两岸填土厚度相对较大，在河流水位较高时，地表水对赋存于场地表部填土中的孔隙潜水有一定的补给作用。

在建场地的⑤$_{1t}$层黏质粉土、⑤$_{4b}$层黏质粉土层，⑤$_{1t}$层水位埋深在 1.90～1.97 m，相应水位标高为 0.61～0.68 m；⑤$_{4b}$层黏质粉土水位埋深在 3.60～4.10 m，相应水位标高为 -0.93～-0.43 m，主体围护地连墙隔断⑤$_{1t}$层黏质粉土层。

5 降水重难点

⑤$_{4b}$层及⑧$_1$层的基坑突涌稳定性分析计算结果见表2、表3。

表 2　⑤$_{4b}$层基坑开挖深度与安全水头埋深对应关系

开挖区域	基坑开挖深度（m）	安全水位埋深（m）	水位降深（m）
临界状态	16.484	3.6	—
标准段大底板	17.272～17.358	5.0	1.4
小里程段	18.988	5.1	1.5
大里程段	19.306	7.9	4.3

表 3　⑧$_1$层基坑开挖深度与安全水头埋深对应关系

开挖区域	基坑开挖深度（m）	安全水位埋深（m）	水位降深（m）
临界状态	21.46	4.7	—
标准段大底板	17.272～17.358	4.7	不需降压
小里程段	18.988	4.7	不需降压
大里程段	19.306	4.7	不需降压

降水重难点分析如下。

（1）基坑开挖范围内存在巨厚淤泥质黏土层，该层透水性差，渗透系数小，疏干难度较大。

（2）为确保基坑顺利开挖，需降低基坑开挖深度范围内的土体含水量，含水量丰富，降水难度较大，如抽水达不到要求，土体含水量过高导致土方作业无法进行，严重的话会导致流砂或管涌。

（3）本车站主体基坑开挖深度约 18 m，局部地区（端头井地区）开挖深度达 19.5 m，基坑开挖深度较深，水位降深较大，最大水位降深接近 18 m，降水难度较大。

（4）根据抗突涌计算结果可知：⑤$_{4b}$层需要进行减压降水，由于基坑围护结构隔断了⑤$_{1t}$层黏质粉土、⑤$_{3t}$层黏质粉土，仅对坑内承压含水层端头部分设置减压井。坑内在大幅度降水势必会引起坑外水位变化，故在坑外布置回灌井，在坑外水位异常时启用回灌井，保护周边环境。

（5）由于基坑下伏承压水层分布层位较多，在大面积降水的情况下周边环境会难以承受，故采用"分层降水，按需降水"的原则进行减压降水设计。

（6）为保证基坑安全，在坑内布置适量的备用观测井，平时作为水位观测井观测基坑中的水位，指导基坑降水运行，同时可兼作备用井抽水。

6 降水设计

6.1 坑内减压井设计

减压降水深井孔径 650 mm，井管及过滤器外径 273 mm。⑤$_{4b}$层井深 40 m，过滤器长度 5 m。共布置四口减压井及两口备用观测井。

经过计算，开启降压井，降水运行后预测基坑水位降深等值线见图 4。

6.2 坑内疏干井设计

本工程基坑开挖面下伏⑤$_{1t}$层黏质粉土、分布不均、不连续，仅局部区域分布，在分布⑤$_{1t}$分布范围内布置疏干深井。真空疏干井布置原则为：井深控制以车站开挖面以下不少于 5 m，且疏干井进入⑤$_{1t}$层中；井平面位置最终施工时应避开坑内支撑、格构柱、坑内加固等位置。在本工程基坑中布置 10 口疏干深井，井深 31 m。

6.3 坑外回灌兼观测井设计

在基坑坑外布置 2 口⑤$_{4b}$层观测井，井深 40 m。

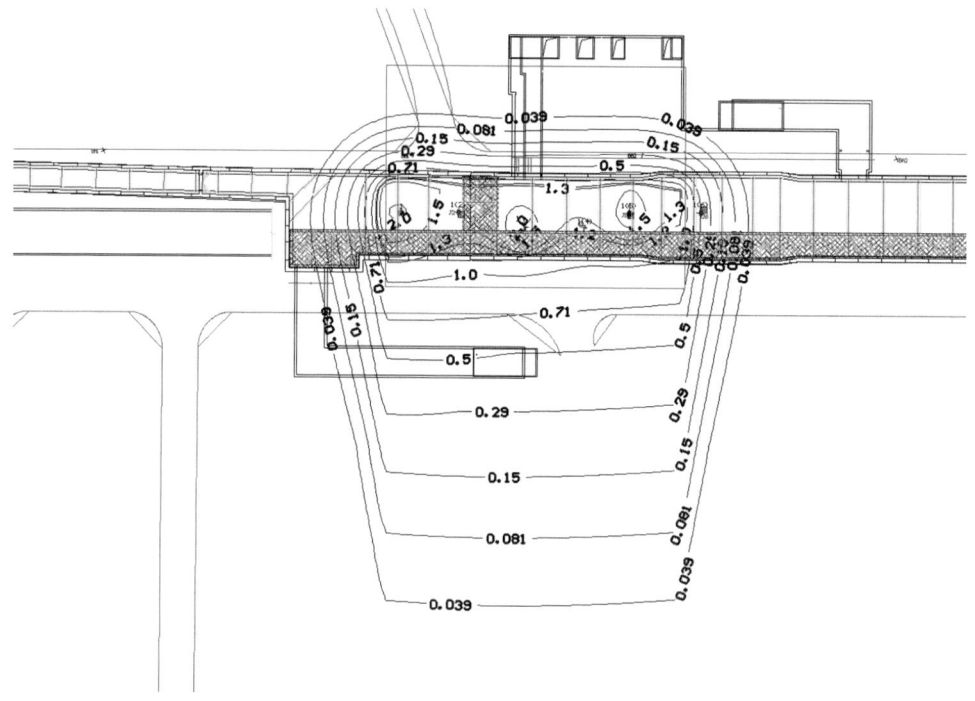

图 4　基坑内减压降水运行后预测 $⑤_{4b}$ 水位降深等值线（单位：m）

7　项目总结

（1）本工程降水运行采用水泵+真空抽水的方式结合，降水前期采用水泵抽水，主要将 $③_{1a}$ 层黏质粉土水位疏干，后期采用"超级压吸联合抽水系统"进行疏干降水，主要目的层为淤泥质软土层。采用上述疏干降水工艺开挖后的土体疏干效果较为明显。

（2）本工程浅部孔隙承压水主要赋存于 $③_{1a}$ 层黏质粉土中，孔隙承压水主要赋存于 $⑤_{1t}$ 层黏质粉土、$⑤_{4b}$ 层黏质粉土中。其中 $③_{1a}$ 层和 $⑤_{1t}$ 层已被地连墙隔断为封闭式降水，故采用减压疏干混合井进行联合抽水。在基坑开挖前需要根据现场情况制订针对性降水验证试验，判断 $⑤_{1t}$ 层止水帷幕的隔水性，并检验降水设计的合理性，在后续降水施工过程中优化调整降水设计，保证坑内达到设计安全水位埋深，保障基坑安全。

绍兴市轨道交通及水文地质概况

绍兴市轨道交通包括地铁和市域铁路，其首条市域铁路绍兴风情旅游新干线于 2018 年 4 月 18 日开通运营。截至 2024 年 4 月，绍兴市轨道交通运营线路 3 条，为城际线、1 号线、2 号线；共有 2 条线路在建：1 号线支线后通段、2 号线二期。绍兴市轨道交通线路见图 1。

图 1 绍兴市轨道交通线路

按照绍兴地貌特征将绍兴市分为丘陵区、平原区、滨海区三个区域。

(1) 丘陵区为侵蚀剥蚀区主要包括新昌、诸暨、嵊州的大部以及绍兴城区的小部，大致占整个绍兴市面积的 3/4，该区域的地貌主要由河流阶地及洪积相沉积构成。在丘陵区基岩的埋深深度很浅，在 4.5～5.5 m 的范围内，松散沉积物中砾石或碎石层厚度可达 2～3 m，区域内主要分布的第四系地层如下。

①全新统上段填土层，杂填土：褐黄—黄灰色，软塑或松散状，高压缩性成分以黏性土为主，富含植物根茎，局部上部含杂填土。

②$_{2-1}$ 层全新统上段地表河口湖沼相氧化淋滤沉积层，粉质黏土，灰黄、褐黄色，可塑，具中压缩性，略微光滑状，部分粉质黏土中会含有少量砾石和砂粒。

②$_{2-2}$ 层全新统上段湖沼—河口相沉积层，粗砂混淤泥，灰黑色为主，富含有机质，为河塘沉积，湿，含中细砂，偶夹粒径不等的砾石，稍密，中压缩性，透水性好，该层仅局部分布。

⑧$_{3-1}$ 层含黏性土砾砂，棕色，具有中等压缩性，主要为砾石，其间夹杂部分黏粒。

⑧$_{3-2}$ 层圆砾，黄灰色为主，中密状，很湿，中低压缩性。磨圆度较好，以卵砾石为主，最大粒径以上，粒径大于的颗粒含量约占一，成分以砂岩、凝灰岩、玄武岩为主。

（2）平原区在绍兴地区偏北部，为潟湖湖沼平原区，主要分布在绍兴市区、上、绍兴县大部，地貌主要为湖沼平原，区域内主要分布的第四系地层如下。

①$_1$ 层碎石填土，杂色，稍密—中密，一般粒径 2～6 cm，最大粒径在 10 cm 以上，黏性土和粉性土充填，成分较杂，均一性差。

①$_2$ 层素填土，灰、灰黄色，松散，主要由黏性土、粉性土组成，含少量碎砾石，粒径 2～5 cm，局部孔见植物根系。

②$_1$ 层粉质黏土，灰黄、褐黄色，软塑状，局部呈软可塑，中偏高压缩性。

②$_{2-2}$ 层淤泥质黏土，灰色，流塑，含少量有机质、腐殖质，有臭味，局部相变为淤泥，干强度高、韧性高。

②$_{2-3}$ 层粉质黏土，灰色，软塑状，高压缩性，含腐殖质，强度较低。

②$_{2-4}$ 层黏质粉土，灰色，松散—稍密，很湿，中压缩性，含云母，局部夹少量黏性土，摇振反应迅速，无光泽反应，干强度低，韧性低。

③$_{1-2}$ 层淤泥质黏土，灰色，流塑，高压缩性，含少量有机质、腐殖质，有臭味，局部相变为淤泥。

③$_2$ 层粉质黏土,灰色,软塑,高压缩性,含少量有机质、腐殖质。

④层全新统下段冲湖相沉积层。

④$_2$ 层黏土,灰黄色,软可塑为主。切面光滑,干强度一般,韧性中等。

④$_3$ 层粉质黏土夹粉土,灰黄色,软可塑,中压缩性,含少量的铁锰质结核及锈斑。夹薄层黏质粉土,局部段相变为黏质粉土,局部分布。

⑤全新统下段滨海相沉积层。

⑤$_1$ 层淤泥质黏土,灰色,流塑状,高压缩性,含少量有机质、腐殖质和贝壳碎屑。

⑤$_2$ 层黏土,灰色,软可塑,局部软塑,干强度一般,韧性中等。

⑥$_1$ 层粉质黏土,灰绿色,局部软塑,中压缩性,顶部普遍含海生贝螺、牡蛎。

⑥$_2$ 层粉质黏土,灰黄、褐黄、灰绿色,软可塑—硬可塑,中压缩性。

⑥$_{3-2}$ 层粉质黏土夹粉土,灰黄、黄灰色,软可塑—软塑状,中偏高压缩性。微层理发育,具明显沉积韵律,由黏土与粉土互层组成,铁锰质渲染。

⑥$_4$ 层黏土,灰黄、褐黄、灰绿色,软可塑—硬可塑,中压缩性。

⑦$_2$ 层淤泥质粉质黏土,灰、青灰色,软可塑状,部分软塑,中偏高压缩性,可见贝壳碎屑及牡蛎碎屑,局部分布有贝壳薄层。

⑦$_3$ 层粉质黏土,青灰、兰灰,软可塑—硬可塑,中压缩性。

⑧$_{1-1}$ 层含砂粉质黏土,灰、灰黄、灰白色,软可塑,局部硬可塑,中压缩性,粉砂含量为10%~15%,含少量氧化铁及锰质结核。

⑧$_{1-2}$ 层含黏性土粉砂,灰黄、灰白色,中密,中偏低压缩性,黏性土含量为25%~30%,局部含少量砾石。

⑧$_{3-2}$ 层圆砾,灰色,中密—密实,饱和。成分主要由砾卵石、中粗砂和黏性土组成。为主要承压水层。

(3) 滨海区位于绍兴地区北部滨海海涂,为第四系滨海—海湾相沉积地层,一般地基土以滨海粉土、粉砂为主,上层土易液化,但承载力较黏土为高。

①全新统上段填土,灰黄色、灰色,湿—很湿,松散,流塑,主要成分为粉土,系人工新近冲填堆积而成,性质差,易液化,勘察中人员与机械设备易陷入。

②$_1$层粉质黏土，灰—灰黄色，稍密状，局部松散状，湿—很湿，中压缩性，主要由粉黏粒组成，土质不均匀，局部黏土含量较高。

②$_2$层黏质粉土，灰色，中密状，局部密实状，湿，中压缩性，无光泽反应，摇振反应迅速，干强度低，韧性低，局部砂质粉土或夹有粉砂薄层。

②$_3$层粉质黏土，灰色，稍密状，局部中密状，湿，中压缩性，该层以黏质粉土为主，局部夹有粉砂或粉质黏土夹层。

②$_4$层粉砂，灰色，饱和，中密，局部密实，振动易析水，见夹云母碎片及少量黏质粉土薄层，具中等—强透水性，为中等透水层。

③$_1$层砂质粉土，灰黄色、灰色，很湿，稍密，振动易析水。本层属新近沉积。具弱透水性，为弱透水层。

③$_2$层砂质粉土，灰黄—灰色，很湿，稍密—中密，振动易析水。具中等透水性，为透水层。

④层全新统下段冲湖相沉积层，灰色，中密状，局部密实状，湿，中压缩性，成分组成不均匀，以粉砂为主，局部夹有黏质粉土夹层。

⑤$_1$层淤泥质黏土，灰色，饱和，流塑，夹粉砂团块及粉砂薄层。

⑤$_2$层黏土，青灰—灰色，饱和，稍密，见少量云母碎片及贝壳碎片粉砂混夹淤泥质粉质黏土，本层由南往北淤泥质粉质黏土变少。

⑤$_3$层淤泥质粉质黏土夹粉砂，灰—青灰色，饱和，软塑，淤泥质土与粉砂呈混杂状。

⑥$_1$粉砂，灰色，中密状，湿，中压缩性，局部夹有粉土薄层。

⑥$_2$层粉质黏土，青灰—灰黄色，湿，硬可塑，厚层状。

⑥$_3$层圆砾，灰色，饱和，中密，卵、砾、砂夹黏性土组成，卵砾含量大于60%，呈次棱角状—次圆状，成分杂。

⑦$_1$层粉质黏土，青灰—灰黄色，湿，硬可塑，厚层状。

⑦$_2$层淤泥质粉质黏土，灰黄色，湿，软可塑，夹少量粉土斑块，局部似层状。

⑦$_3$层粉质黏土，灰色，可塑状，中压缩性，粉粒含量较高，稍光滑，见夹少量贝壳碎片，无摇振反应，干强度中等，韧性中等。

通过绍兴市地貌特征可知绍兴市软土的成因类型主要有②$_{2-2}$层全新统上段湖沼—河口相沉积层的淤泥质粉质黏土（夹淤泥、泥炭）层、③$_{1-2}$层全新统中段滨海相沉积的淤泥质黏土层、⑤₁层全新统下段滨海相沉积的淤泥质黏土层以及⑦₂层上更新统下段湖—海相沉积的淤泥质粉质黏土层。⑧₃₋₂层圆砾为主要承压含水层。

绍兴市轨道交通 2 号线大学路站降水工程

1　工程概况

大学路站为绍兴市城市轨道交通 2 号线第 2 座车站，设置在五星西路与大学东路交叉路口处，沿五星西路东西向布置，设计为明挖地下两层岛式车站，设置 3 个出入口、3 组风亭及 3 个紧急疏散口。大学路站为地下两层岛式车站，车站标准段为单柱双跨箱形框架结构。其中地下一层为站厅层，地下二层为站台层，站台宽度 11 m。车站概况见表 1。

表 1　　　　　　　　　车站概况

车站形式	开挖深度（m）	止水帷幕	施工方式
地下二层	18.8（小里程端头井）	地下连续墙 40～43 m	明挖顺作法
	17.2～17.4（标准段）		
	19.4（大里程端头井）		

2　基坑围护概况

车站主体围护结构采用 800 mm 连续墙。端头井支撑采用六道支撑，第一道支撑为混凝土支撑，其余为钢支撑；标准段支撑采用五道支撑，第一道支撑为混凝土支撑，其余为钢支撑。基坑平面及剖面示意见图 1、图 2。

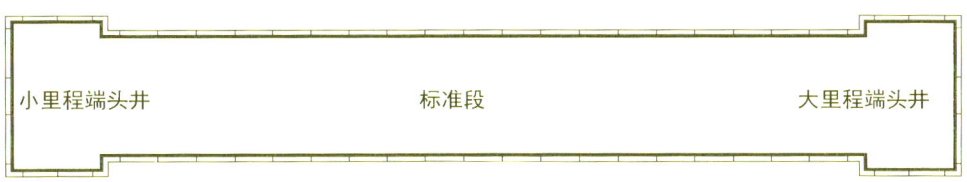

图1 基坑平面示意

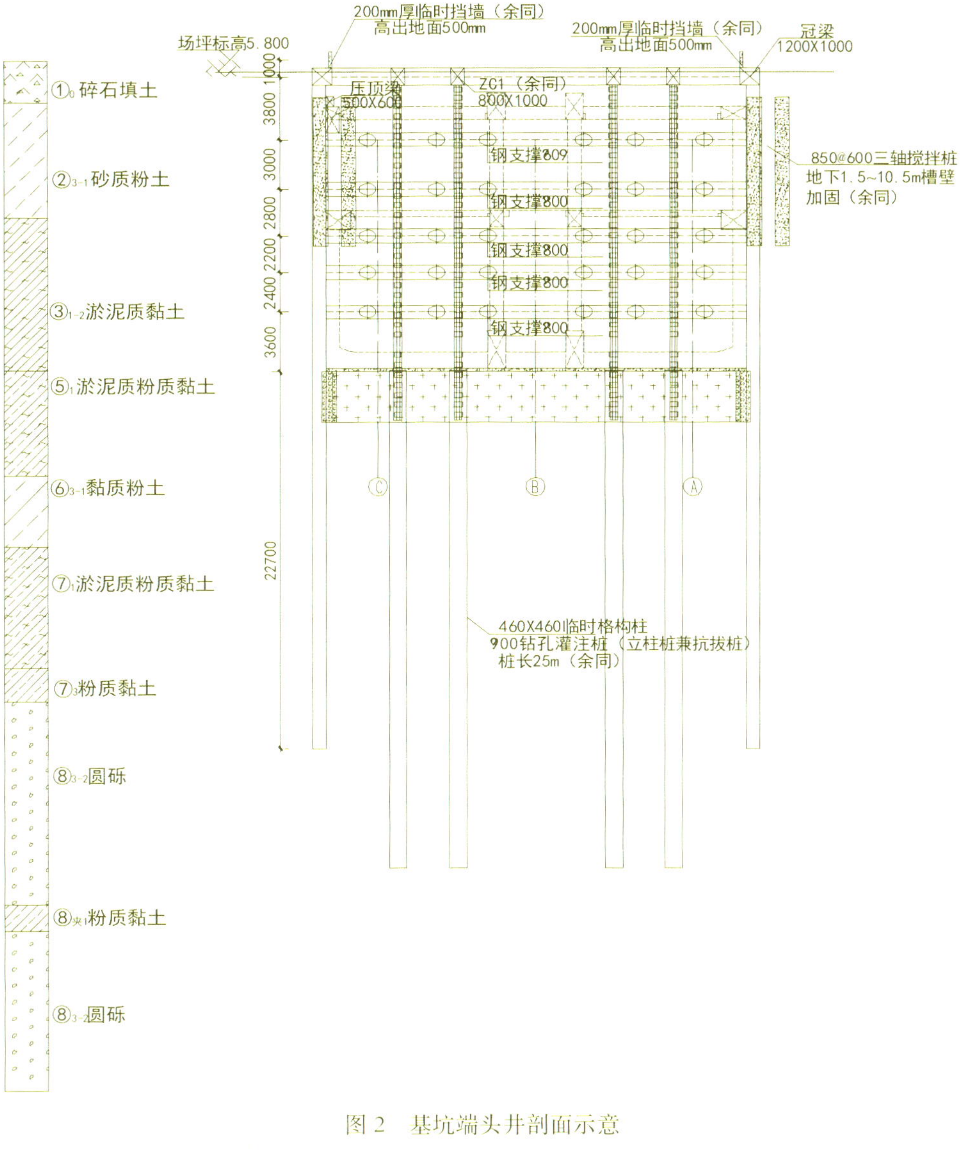

图2 基坑端头井剖面示意

3 工程地质情况

工程区域地层主要依据《绍兴地铁岩土工程勘察地层编号规定（试行稿）》划分，根据勘探孔揭露的地层结构、岩性特征、埋藏条件及物理力学性质，结合周边建筑物详勘地质资料，场地勘探深度以内可分为①、②、③、⑤、⑥、⑦、⑧、⑪、⑭ 9 个大层，细划为 17 个亚层。每个岩土层分别按岩土层代号、岩土名、时代成因、岩性进行描述。勘察深度和范围内的岩土组成、地层时代、厚度及标高见表 2，典型地质剖面见图 3。

表 2　　　　　　　　　地基土层划分

层号	土层名称	地层时代	层顶高程（m）	层顶埋深（m）	层厚（m）	分布情况
①$_0$	碎石填土	mlQ_4	5.45~6.42	0.00~0.00	2.00~4.80	大部分布
①$_2$	素填土		3.60~6.74	0.00~2.00	1.90~4.90	部分分布
②$_{3-1}$	砂质粉土	$al\text{-}mQ_4^3$	0.40~4.42	1.90~5.20	4.40~8.50	
③$_{1-2}$	淤泥质黏土	mQ_4^2	−4.70~−2.26	8.20~10.80	6.30~11.60	
⑤$_1$	淤泥质粉质黏土	mQ_4^1	−14.35~−10.07	16.10~19.80	5.40~9.80	全场分布
⑥$_{3-1}$	黏质粉土	$al\text{-}lQ_3^2$	−20.56~−17.58	24.00~26.70	1.20~6.20	
⑦$_1$	淤泥质粉质黏土	mQ_3^2	−25.60~−20.88	27.20~31.40	3.80~11.50	
⑦$_3$	粉质黏土		−32.42~−26.32	32.20~38.90	1.20~6.40	大部分布
⑧$_{1-2}$	含黏性土粉砂		−34.51~−30.58	36.70~40.60	0.70~3.20	
⑧$_{2-2}$	粉质黏土		−35.35~−29.34	35.30~41.60	0.70~3.80	少量分布
⑧$_{3-1}$	含砾中细砂	$al\text{-}plQ_3^1$	−35.94~−30.32	36.20~41.80	0.70~4.80	
⑧$_{3-2}$	圆砾		−48.40~−32.40	38.00~54.00	0.50~23.10	全场分布
⑧$_{夹1}$	粉质黏土		−45.90~−36.53	42.70~51.70	0.80~3.60	部分分布
⑧$_{3-2a}$	卵石		−62.51~−58.75	65.00~68.10	12.30~17.60	大部分布
⑪$_1$	全风化玄武岩	K_1c	−75.60~−74.81	80.40~81.40	1.00~2.00	
⑪$_3$	中风化玄武岩		−76.57~−76.57	82.60~82.60	未揭穿	零星分布
⑭$_{2-3}$	中风化粉砂质泥岩	K_1c	−76.25	82.5	未揭穿	

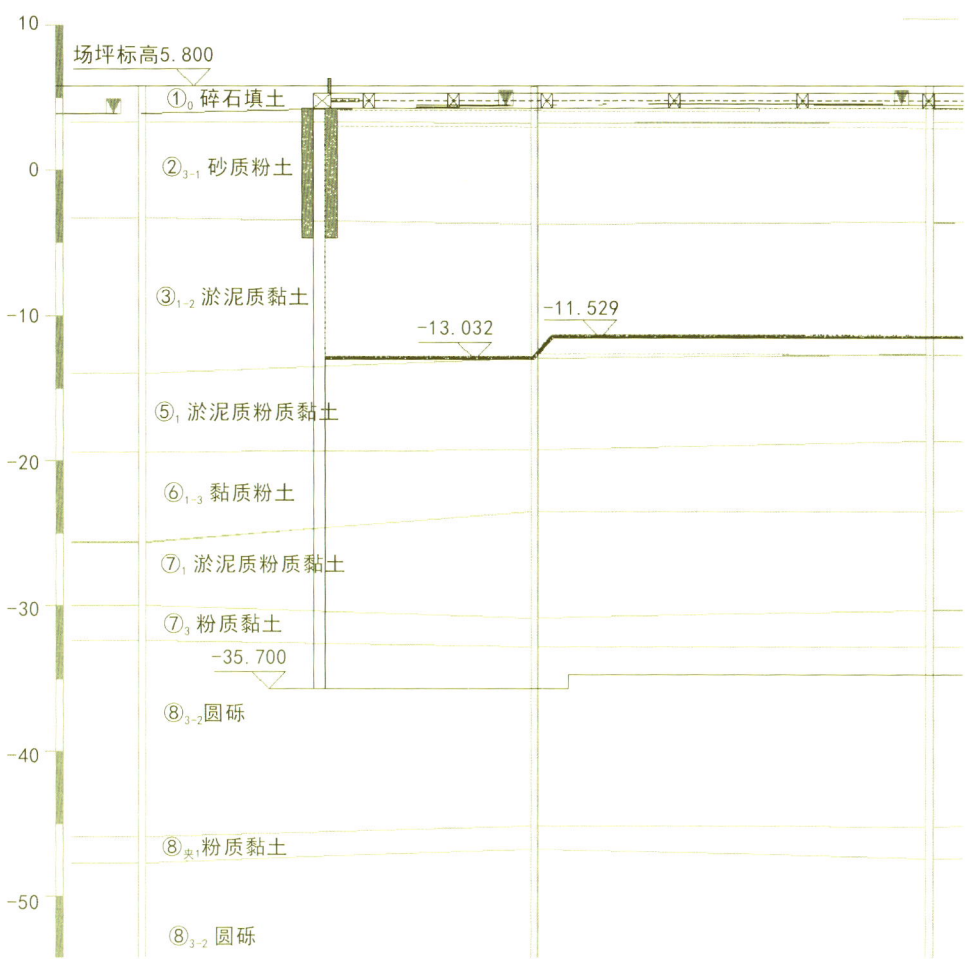

图 3　典型地质剖面

4　水文地质情况

本场地车站北侧邻近无名小河，河宽 8～12 m，水深 1.0～2.0 m，河水自西向东流。

根据地下水含水空间介质和水理、水动力特征及赋存条件，本场地地下水可分为第四系松散岩类孔隙潜水、孔隙承压水、基岩裂隙水。

4.1 第四系松散岩类孔隙潜水

孔隙潜水主要赋存于场区表部①层填土、②$_{3-1}$层砂质粉土、③$_{1-2}$层淤泥质黏土中。其中①层填土结构松散，结构不均一，根据勘察成果，填土中富水性较大，整体透水性相对较好；②$_{3-1}$层砂质粉土相对透水性较好，水量中等；而赋存于③$_{1-2}$层淤泥质黏土的孔隙潜水因地层渗透性微弱，富水性、透水性均较差，水量贫乏。浅层孔隙潜水主要接受大气降水和地表水体下渗补给，邻近地表水体段与地表水系水力联系密切，地下潜水主要向大气和低高程河流排泄，水位变化受气候环境影响显著，经调查，水位季节性变化幅度为 1.0~2.0 m，勘察期间测量潜水位埋深为 1.10~3.60 m，高程为 2.17~4.92 m。

4.2 孔隙承压水

根据场地勘察资料，拟建场地承压水主要赋存于中部⑥$_{3-1}$层黏质粉土、深部⑧$_{1-2}$层含黏性土粉砂、⑧$_{3-1}$层含砾中细砂、⑧$_{3-2}$层圆砾、⑧$_{3-2a}$层卵石中。⑧$_{1-2}$层含黏性土粉砂、⑧$_{3-1}$层含砾中细砂、⑧$_{3-2}$层圆砾、⑧$_{3-2a}$卵石层相互连通，含水层厚度较大，水量丰富，隔水层为上部的淤泥质软土和黏性土层。承压水主要接受地表水和含水土层越流补给，径流补给，地下水流速较慢，受大气降水垂直渗入等的影响较小，排泄方式主要为侧向径流排泄与向下越流排泄。

各含水层水文地质参数情况见表 3。

表 3　　　　　　　　各含水层水文地质参数

岩土分层	岩土名称	渗透系数 K（m/d）	透水性类别
①$_0$	碎石填土	17.280 0	强透水
①$_2$	素填土	0.129 6	弱透水
②$_{3-1}$	砂质粉土	0.345 6	
③$_{1-2}$	淤泥质黏土	0.000 5	不透水
⑤$_1$	淤泥质粉质黏土	0.000 8	
⑥$_{3-1}$	黏质粉土	0.216 0	弱透水
⑦$_1$	淤泥质粉质黏土	0.000 8	不透水
⑦$_3$	粉质黏土	0.002 1	微透水
⑧$_{1-2}$	含黏性土粉砂	2.160 0	中等透水

(续表)

岩土分层	岩土名称	渗透系数 K（m/d）	透水性类别
⑧$_{2-2}$	粉质黏土	0.002 6	微透水
⑧$_{3-1}$	含砾中细砂	6.480 0	中等透水
⑧$_{3-2}$	圆砾	216.000 0	特强透水
⑧$_{3-2a}$	卵石	259.200 0	特强透水
⑧夹$_1$	粉质黏土	0.007 3	微透水
⑪$_1$	全风化玄武岩	0.003 5	微透水
⑪$_3$	中风化玄武岩	0.006 9	微透水
⑭$_{2-3}$	中风化粉砂质泥岩	0.006 9	微透水

5 降水重难点

⑥$_{3-1}$层及⑧$_{3-2}$层基坑开挖深度与安全水位埋深对应关系见表4、表5。

表4　　基坑开挖深度与⑥$_{3-1}$层安全水头埋深对应关系

开挖区域	顶板埋深（m）	开挖深度（m）	临界开挖深度（m）	安全水位埋深（m）	水位降深（m）	抗突涌安全系数
小里程端	25.00	临界状态	11.93	4.20	不需降压	1.10
		底板	18.8	15.14	10.94	0.52
标准段	24.50	临界状态	11.74	4.20	不需降压	1.10
		普挖区	17.21	12.90	8.70	0.63
		下翻梁	18.90	15.59	11.39	0.48
大里程端	25.00	临界状态	11.93	4.20	不需降压	1.10
		底板	19.37	16.04	11.84	0.47

根据计算结果得出：大学路站基坑在开挖过程中需要对⑥$_{3-1}$层承压水进行减压降水，减压幅度较大，小里程端减压幅度为10.94 m；标准段减压幅度为8.70～11.39 m；大里程端减压幅度为11.84 m。

表 5　基坑开挖深度与⑧$_{3-2}$层安全水头埋深对应关系

开挖区域	顶板埋深（m）	开挖深度（m）	临界开挖深度（m）	安全水位埋深（m）	水位降深（m）	抗突涌安全系数
小里程端	36.70	临界状态	16.83	3.83	不需降压	1.10
		底板	18.8	7.08	3.25	0.99
标准段	38.00	临界状态	17.35	3.83	不需降压	1.10
		普挖区	17.21	3.83	不需降压	1.11
		下翻梁	18.90	6.40	2.57	1.02
大里程端	38.80	临界状态	17.66	3.83	不需降压	1.10
		底板	19.37	6.65	2.82	1.01

根据计算结果得出，基坑在开挖过程中需要对⑧$_{3-2}$层承压水进行减压降水，小里程端减压幅度为 3.25 m；标准段减压幅度为 2.57 m；大里程端减压幅度为 2.82 m。

降水重难点分析如下。

（1）为确保基坑顺利开挖，需降低基坑开挖深度范围内的土体含水量，本基坑开挖深度大，开挖范围分布透水性较好的②$_{3-1}$层砂质粉土；也分布有较厚的淤泥质软土层（③$_{1-2}$层淤泥质黏土、⑤$_1$层淤泥质粉质黏土、⑦$_1$层淤泥质粉质黏土），这些土层土质软弱，高压缩性，具有高灵敏度、低强度的特点，疏干难度大。

（2）中部⑥$_{3-1}$层黏质粉土，层顶埋深较浅，减压降幅近 10 m，降幅较大，隔断式减压，止水帷幕有效性对坑内降水效果影响较大。

（3）⑧$_{1-2}$层含黏性土粉砂、⑧$_{3-1}$层含砾中细砂、⑧$_{3-2}$层圆砾、⑧$_{3-2a}$层卵石相互连通，含水层厚度较大，水量丰富，根据岩勘报告，⑧$_{3-2}$层圆砾推荐渗透系数为 216 m³/d，渗透系数巨大，降水难度很大，风险较高。

（4）基坑开挖深度大，基坑面积较小支撑结构复杂，施工延续时间较长，实际施工时降水井需要根据现场实际情况对坑底加固、支撑、结构、桩等进行有效避让。施工过程中降水井维护要求较高，需要加强对降水井的保护。

6　降水设计

6.1　减压井设计

本工程地连墙未隔断⑧$_{3-2}$层承压含水层，该层为敞开式降水，故采用坑内观测、坑外减压的方式降低⑧₃₋₂层承压水水头。成井完成后进行验证试验，检验降水设计的合理性，在后续降水施工过程中优化调整降水设计，保证坑内达到设计安全水位埋深，保障基坑安全。在坑内布置 2 口⑧₃₋₂层观测井，在坑外布置 22 口⑧₃₋₂层减压井，井深为 45 m。

经过计算，开启减压井，降水运行后预测基坑水位降深等值线见图 4。

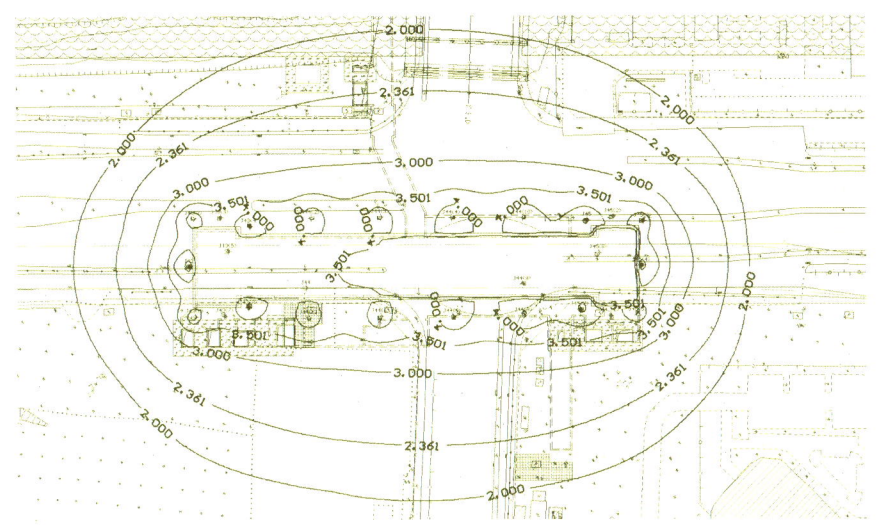

图 4　基坑内减压降水运行后预测水位降深等值线（单位：m）

6.2　坑内减压疏干混合深井设计

坑内⑥₃₋₁层与浅部潜水混合疏干，布设混合疏干井。减压疏干混合深井按照 210 m² 一口布置。在降水井平面布置时控制井管轴心间距为 10～20 m，共布置 14 口减压疏干混合深井，井深 28～30 m。

6.3　坑外观测井设计

在坑外共布置 4 口⑥₃₋₁层水位观测兼应急备用井。

7　项目总结

（1）本工程浅层潜水与⑥₃₋₁层承压水已被止水帷幕隔断，故选用减压疏干混合降水深井对浅部土层进行疏干，并对⑥$_{3-1}$层进行减压。在土方开挖前，需要根据现场制订针对性降水验证试验，判断⑥$_{3-1}$层止水帷幕的隔水性，并检验降水设计的合理性，保证坑内达到设计安全水位埋深，保障基坑安全。

（2）止水帷幕未能隔断⑧$_{3-2}$层承压含水层，该层为敞开式减压降水，且⑧$_{1-2}$层含黏性土粉砂、⑧$_{3-1}$层含砾中细砂、⑧$_{3-2}$层圆砾、⑧$_{3-2a}$层卵石相互连通，含水层厚度较大，水量丰富。这层降水难度大，风险较高。

（3）本项目配置数字降水系统，实施自动水位监测、降水井自启动、异常情况自动报警三位一体，在基坑开挖施工中保障降水运行过程的安全可靠。

绍兴市轨道交通2号线兴业路站降水工程

1 工程概况

兴业路站为绍兴市城市轨道交通2号线第3座车站,设置在兴业路与五星中路交叉路口,沿现状五星中路东西向敷于路中,设置4个出入口、2组风亭。兴业路站为地下两层岛式车站,车站为单柱双跨箱型结构。其中地下一层为站厅层,地下二层为站台层。车站概况见表1。

表1　车站概况

车站形式	开挖深度（m）	止水帷幕	施工方式
地下二层	18.26（小里程端头井）	地下连续墙50.5 m	明挖顺作法
	16.50~17.20（标准段）		
	18.55（大里程端头井）		

2 基坑围护概况

车站主体围护结构采用800 mm连续墙。端头井支撑采用六道支撑,第一道支撑为混凝土支撑,其余为钢支撑;标准段支撑采用五道支撑,第一道支撑为混凝土支撑,其余为钢支撑(第二道钢支撑采用$\phi 609$,$t = 16$ mm;其余支撑采用$\phi 800$,$t = 16$ mm。钢材等级为Q235)。基坑平面及剖面示意见图1、图2。

图 1 基坑平面示意

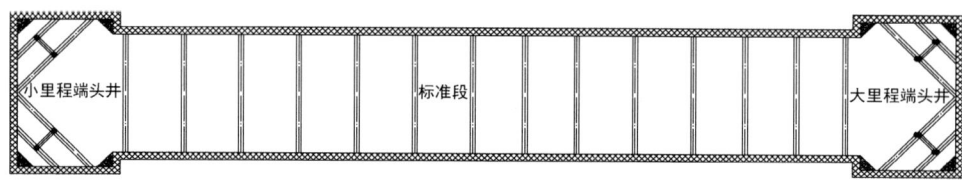

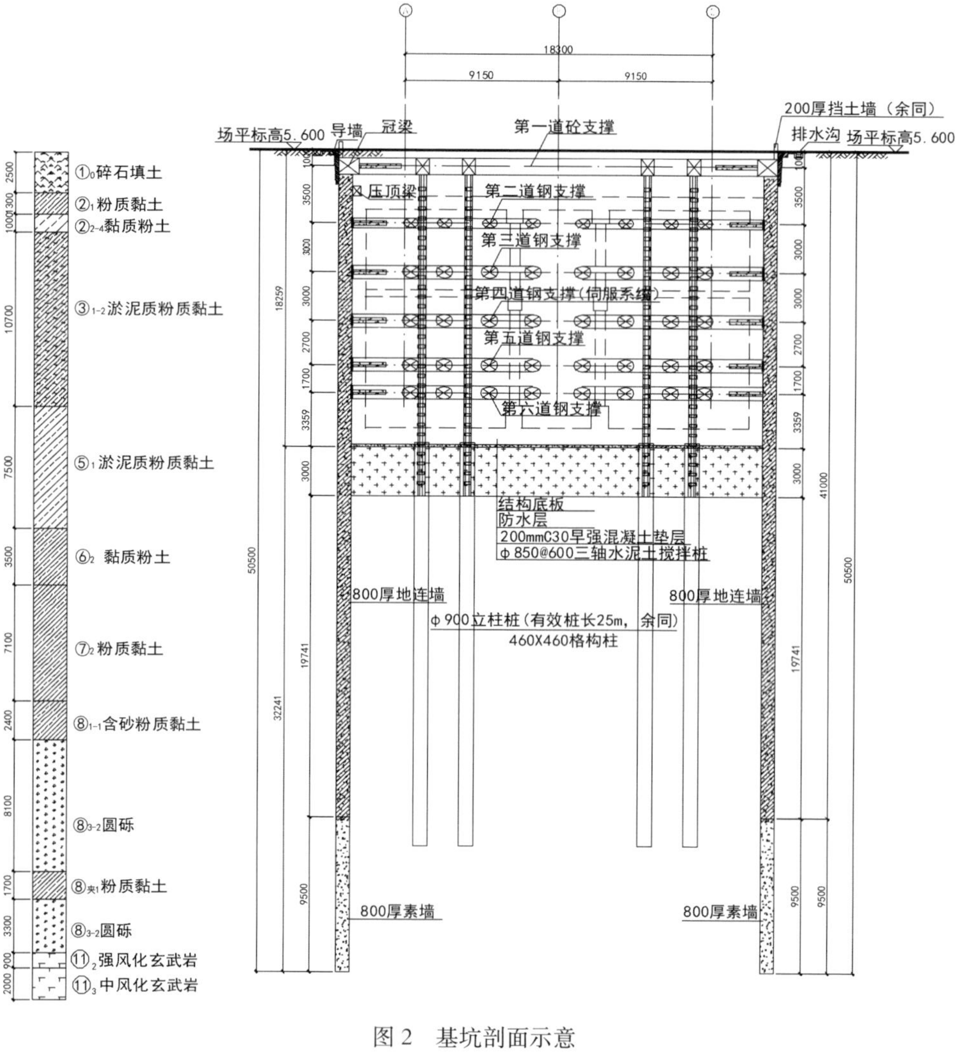

图 2 基坑剖面示意

3 工程地质情况

根据勘探孔揭露的地层结构、岩性特征、埋藏条件及物理力学性质，场地勘探深度以内可分为①、②、③、⑤、⑥、⑦、⑧、⑪8个大层，细分为20个亚层。各岩土层分别按岩土层代号、岩土名、时代成因、岩性描述。勘察深度和范围内的岩土组成、地层时代、厚度及标高见表2，典型地质剖面见图3。

表2　　　　　　　　地基土层划分

层号	土层名称	地层时代	层顶高程（m）	层顶埋深（m）	层厚（m）	分布情况
①$_0$	碎石填土	mlQ_4	0.00～0.00	5.33～5.91	1.00～3.60	部分分布
①$_2$	素填土		0.00～1.70	4.11～7.97	1.70～4.80	
②$_1$	粉质黏土	h-lQ_4^3	2.00～4.80	1.97～3.56	0.70～2.40	少量分布
②$_{2-4}$	黏质粉土		1.10～-3.80	1.57～4.81	0.80～4.40	部分分布
②$_{3-1}$	砂质粉土	al-mQ_4^3	1.50～6.50	-0.91～4.07	1.50～5.70	
③$_{1-2}$	淤泥质粉质黏土	mQ_4^2	3.10～8.50	-2.61～2.33	6.20～14.60	全场分布
⑤$_1$	淤泥质粉质黏土	mQ_4^1	12.70～18.40	-12.40～-7.03	5.20～11.20	
⑤$_2$	粉质黏土		21.20～22.70	-17.27～-15.52	1.90～2.90	少量分布
⑥$_2$	黏质粉土	al-mQ_3^2	22.40～26.20	-19.91～-16.81	1.30～6.60	全场分布
⑦$_2$	粉质黏土	mQ_3^2	24.70～30.10	-24.62～-19.29	2.90～9.10	
⑧$_{1-1}$	含砂粉质黏土		31.60～36.90	-28.98～-26.09	0.70～4.10	部分分布
⑧$_{1-2}$	含黏性土粉砂		32.40～-35.50	-30.10～-26.83	0.40～4.10	
⑧$_{2-1}$	粉质黏土		34.00～-35.40	-30.02～-28.49	0.90～1.80	少量分布
⑧$_{2-2}$	粉质黏土	al-plQ_3^1	33.30～35.00	-29.40～-27.80	1.30～3.50	
⑧$_{3-1}$	含砾中细砂		33.40～36.60	-30.77～-27.99	2.60～4.60	个别分布
⑧$_{3-2}$	圆砾		35.10～46.90	-41.51～-29.10	0.20～13.10	全场分布
⑧$_夹$	粉质黏土		35.90～45.90	-40.11～-30.28	0.50～2.60	部分分布
⑪$_1$	全风化玄武岩		47.10～49.00	-43.40～-41.59	0.60～0.90	个别分布
⑪$_2$	强风化玄武岩	N_{2S}	47.60～49.60	-44.00～-41.77	0.40～2.40	少量分布
⑪$_3$	中风化玄武岩		47.60～52.00	-46.40～-42.00	6.00～9.40	部分分布

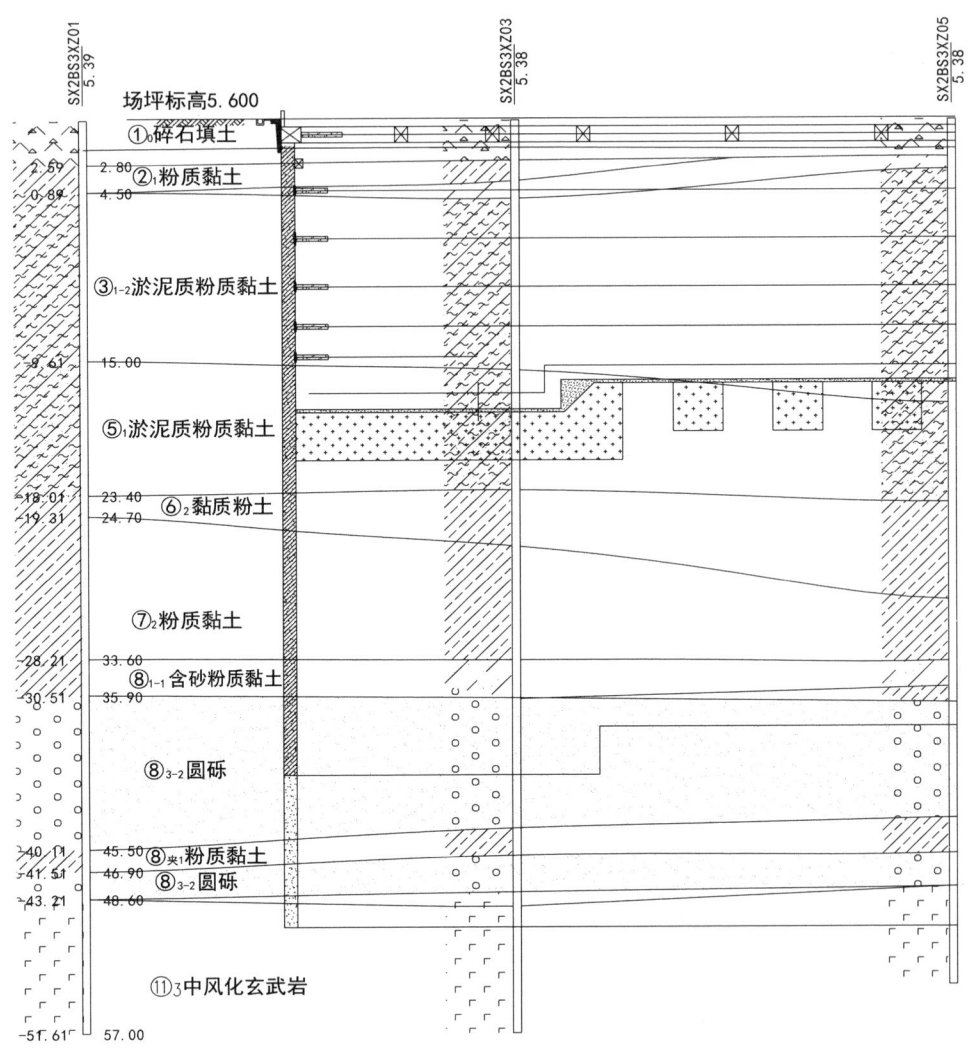

图 3 典型地质剖面

4 水文地质情况

本场地车站场地附近未见有地表河流。

根据地下水含水空间介质和水理、水动力特征及赋存条件，本场地地下水可分为第四系松散岩类孔隙潜水、孔隙承压水、基岩裂隙水。

4.1 第四系松散岩类孔隙潜水

孔隙潜水主要赋存于场区表部①$_0$层碎石填土、①$_2$层素填土、②$_{2-4}$层黏质粉土、②$_{3-1}$层砂质粉土、③$_{1-2}$层淤泥质粉质黏土中。其中填土富水性和透水性因黏性土含量不同而具明显各向异性，一般上部透水性较好，水量较大，往下透水性变差，水量较小；②$_{2-4}$层黏质粉土、②$_{3-1}$层砂质粉土相对透水性较好，水量中等；赋存于淤泥质黏土层的孔隙潜水因地层渗透性微弱，富水性、透水性均差，水量贫乏，主要接受大气降水和地势高的河水补给，以蒸发排泄和向地势低的河流排泄为主，单井出水量一般小于 5 m^3/d。浅层孔隙潜水水位变化受气候环境影响显著，经调查，水位季节性变化幅度为 1.00～2.00 m，勘察期间测量潜水位埋深为 0.70～3.60 m，高程为 3.58～5.09 m。

4.2 孔隙承压水

根据场地勘察资料，本场地承压水主要赋存于中部⑧$_{1-2}$层含黏性土粉砂、⑧$_{3-1}$层含砾中细砂、⑧$_{3-2}$层圆砾中。⑧$_{1-2}$层含黏性土粉砂、⑧$_{3-1}$层含砾中细砂、⑧$_{3-2}$层圆砾相互连通，含水层厚度较大，水量丰富，隔水层为上部的淤泥质软土和黏性土层。承压水主要接受地表水和含水土层越流补给，径流补给，地下水流速较慢，受大气降水垂直渗入等的影响较小，排泄方式主要为侧向径流排泄与向下越流排泄。根据地区经验及周边收集资料，承压水水头呈季节性变化，变化幅度为 1.0～2.0 m。

4.3 基岩裂隙水

基岩裂隙水分布于深部基岩中，地下水主要沿岩土交界面和基岩节理面入渗，地下水赋存主要受岩性、构造、地貌、气候及风化强度等因素控制，主要为风化裂隙水，主要受上部⑧$_{1-2}$层含黏性土粉砂、⑧$_{3-1}$层含砾中细砂、⑧$_{3-2}$层圆砾水的补给。其中⑪$_2$层强风化玄武岩、⑪$_3$层中风化玄武岩因岩体较破碎，节理裂隙发育，有一定的赋水量，径流缓慢。

各含水层水文地质参数见表3。

表 3　　　　　　　　　　各含水层水文地质参数

岩土分层	岩土名称	渗透系数（m/d）	透水性类别
①$_0$	碎石填土	12.960 0	强透水
①$_2$	素填土	0.561 6	弱透水
②$_1$	粉质黏土	0.000 8	微透水
②$_{2-4}$	黏质粉土	0.086 4	弱透水
②$_{3-1}$	砂质粉土	0.172 8	弱透水
③$_{1-2}$	淤泥质粉质黏土	0.001 3	微透水
⑤$_1$	淤泥质粉质黏土	0.001 3	微不透水
⑤$_2$	粉质黏土	0.004 8	不透水
⑥$_2$	黏质粉土	0.000 5	不透水
⑦$_2$	粉质黏土	0.002 2	微透水
⑧$_{1-1}$	含砂粉质黏土	2.160 0	中等透水
⑧$_{1-2}$	含黏性土粉砂	0.001 3	微透水
⑧$_{2-1}$	粉质黏土	0.001 7	微透水
⑧$_{2-2}$	粉质黏土	12.960 0	强透水
⑧$_{3-1}$	含砾中细砂	172.800 0	强透水
⑧$_{3-2}$	圆砾	0.000 9	微透水
⑧$_{夹1}$	粉质黏土	0.003 5	微透水
⑪$_1$	全风化玄武岩	0.006 9	弱透水
⑪$_2$	强风化玄武岩	0.006 9	微透水
⑪$_3$	中风化玄武岩	12.960 0	强透水

5　降水重难点

⑧$_{1-2}$层基坑开挖深度与安全水位埋深对应关系见表4。

表 4　　基坑开挖深度与⑧$_{1-2}$层安全水头埋深对应关系

开挖区域	顶板埋深 (m)	开挖深度 (m)	临界开挖深度 (m)	安全水位埋深 (m)	水位降深 (m)	抗突涌安全系数
标准段	SX2BS3CZ02 33.1	临界状态	15.10	3.64	不需降压	1.10
		3～9轴底板	16.50	5.94	2.30	1.01
大里程端	SX2BS3XZ12 33.7	临界状态	15.33	3.64	不需降压	1.10
		底板	18.55	8.91	5.27	0.91

根据计算结果得出，兴业路站基坑在开挖过程中标准段第3～9轴及大里程端需要对⑧$_{1-2}$层承压水进行减压降水，减压幅度较大，标准段第3～9轴减压幅度为2.30 m；大里程端减压幅度为5.27 m。

⑧$_{3-2}$层基坑开挖深度与安全水位埋深对应关系见表5。

表 5　　基坑开挖深度与第⑧$_{3-2}$层安全水头埋深对应关系

开挖区域	顶板埋深 (m)	开挖深度 (m)	临界开挖深度 (m)	安全水位埋深 (m)	水位降深 (m)	抗突涌安全系数
小里程端	SX2BSXZ01 35.9	临界状态	16.70	3.64	不需降压	1.10
		底板	18.26	6.23	2.59	1.01
标准段	SX2BS3CZ02 35.4	临界状态	16.52	3.64	不需降压	1.10
		3～12轴底板	16.64	3.85	0.21	1.09
		12～16轴底板	17.20	4.79	1.15	1.06
大里程端	SX2BS3XZ12 35.6	临界状态	16.60	3.64	不需降压	1.10
		底板	18.55	6.93	3.29	0.99

根据计算结果得出，兴业路站基坑需针对⑧$_{3-2}$层进行减压降水，其中小里程端减压幅度为2.59 m；标准段减压幅度为0.21～1.15 m；大里程端减压幅度为3.29 m。

降水重难点分析如下。

(1) 为确保基坑顺利开挖，需降低基坑开挖深度范围内的土体含水量，本基坑开挖深度大，开挖范围分布透水性较好的②$_{2-4}$层黏质粉土、②$_{3-1}$层砂质粉土；也分布有较厚的淤泥质软土层（②$_1$层粉质黏土、③$_{1-2}$层淤泥质粉质黏土、

⑤$_1$ 层淤泥质粉质黏土),这些土层土质软弱,高压缩性,具有高灵敏度、低强度的特点,疏干难度大。

(2) ⑧$_{1-2}$ 层含黏性土粉砂、⑧$_{3-1}$ 层含砾中细砂、⑧$_{3-2}$ 层圆砾相互连通,含水层厚度较大,水量丰富,根据岩勘报告,⑧$_{3-2}$ 层圆砾推荐渗透系数为 172.8 m/d,渗透系数巨大,降水难度很大,风险较高。

(3) 基坑开挖深度大,基坑面积较小支撑结构复杂,施工延续时间较长,实际施工时降水井需要根据现场实际情况对坑底加固、支撑、结构、桩等进行有效避让。施工过程中降水井维护要求较高,需要加强对降水井的保护。

6 降水设计

6.1 减压井设计

本项目地连墙已完全隔断⑧$_{1-2}$、⑧$_{3-2}$ 层承压水,⑧$_{1-2}$ 层层厚较小,仅 1～2 m,且距离⑧$_{3-2}$ 层较近,故不单独布置⑧$_{1-2}$ 层减压井,⑧$_{1-2}$、⑧$_{3-2}$ 层采用混合降水井。成井完成后进行验证试验,检验降水设计的合理性,在后续降水施工过程中优化调整降水设计,保证坑内达到设计安全水位埋深,保障基坑安全。在坑内布置 4 口⑧层减压井,井深为 42 m。

经过计算,开启减压井,降水运行后预测基坑水位降深等值线见图 4。

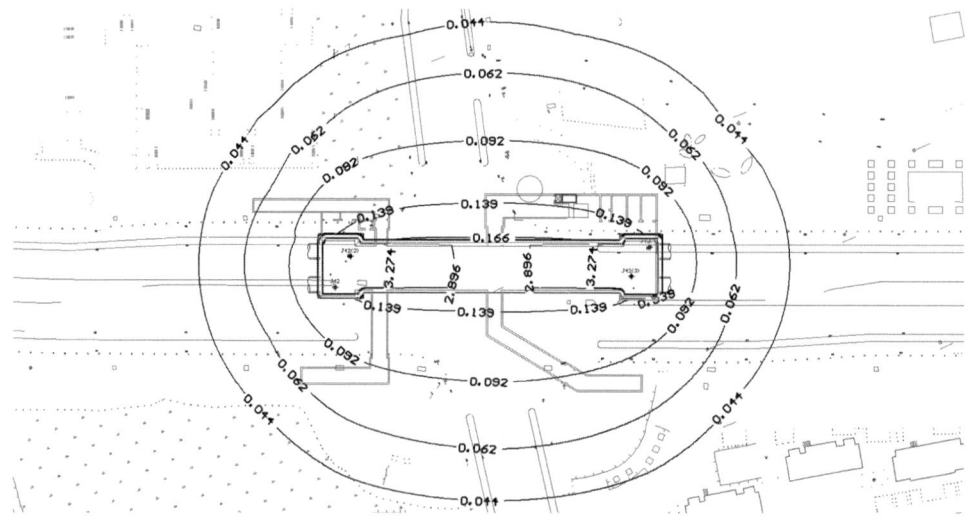

图 4 基坑内减压降水运行后预测水位降深等值线(单位:m)

6.2 坑内疏干井设计

针对本基坑开挖范围内富存于②$_{2-4}$层黏质粉土、②$_{3-1}$层砂质粉土、②$_1$层粉质黏土、③$_{1-2}$层淤泥质粉质黏土、⑤$_1$层淤泥质粉质黏土中的潜水，在坑内布置真空疏干深井进行疏干处理。疏干井按照 210 m²/口布置。在降水井平面布置时控制井管轴心间距为 10~20 m，共布置 13 口疏干井井深 24~25 m。

6.3 坑外观测井设计

在坑外共布置 4 口第⑧层水位观测兼应急备用井井深 42 m。

7 项目总结

（1）场地地层存在圆砾，本项目成井设备宜选用反循环设备成井，且钻杆直径应根据地层圆砾粒径相匹配。

（2）本项目开挖深度较深，⑧层承压水水量大，渗透系数为 172.8 m/d，需做好井外壁止水措施，回填黏土球后可采用注水泥浆的方式进行井周加固，降低井周冒水的风险。

（3）本项目配置数字降水系统，实施自动水位监测、降水井自启动、异常情况自动报警三位一体，在基坑开挖施工中保障降水运行过程的安全可靠。

台州市轨道交通及水文地质概况

2009年台州市始启动编制《台州市城市轨道交通线网规划》，2016年台州市域铁路S1线一期工程开工建设，2022年12月台州市域铁路S1线一期开通运营。截至2022年12月，台州轨道交通共有台州市域铁路S1线1条线路开通运营，运营里程为52.4 km，共设车站15座。截至2023年2月，台州轨道交通共有台州市域铁路S2线1条线路开工在建，运营里程为66.57 km，共设车站20座。台州市轨道交通线路见图1。

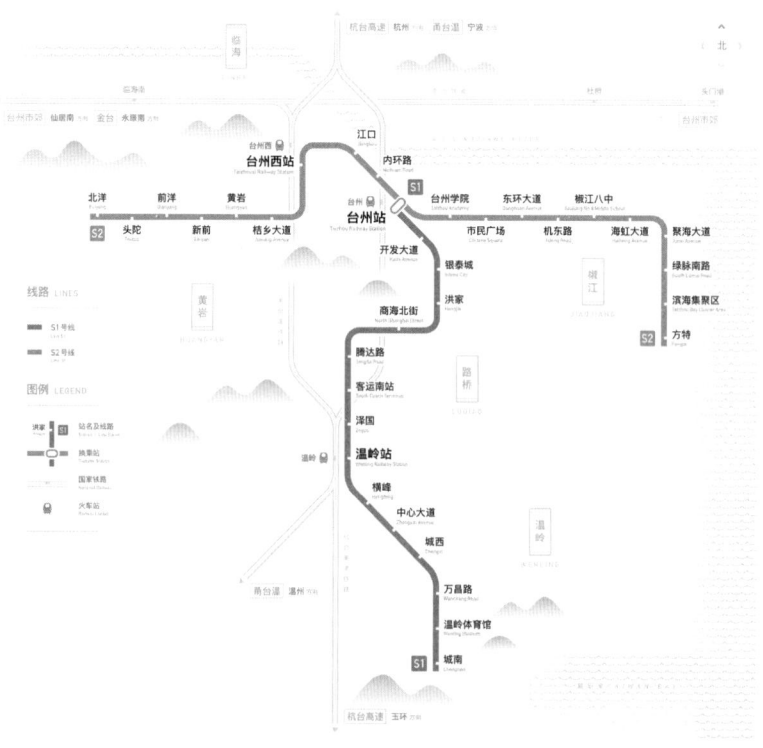

图1 台州市轨道交通线路

台州市地处浙江省中部沿海，南邻温州市，西与金华市和丽水市毗邻，北与绍兴市、宁波市两市接壤，介于东经 $120°17′\sim121°56′$，北纬 $28°01′\sim29°20′$，全市陆域总面积 $9\,411\ km^2$，领海和内水面积约 $6\,910\ km^2$。

台州市构造单元属于华南加里东褶皱系、浙东南褶皱带的温州—临海凹陷内。丘陵山区地层主要为中生代陆相火山—沉积岩系为主，燕山期侵入岩体发育，地质构造以北东向温州—镇海大断裂和北东向泰顺—黄岩大断裂为主，其次为东西断裂和北西向断裂，规模相对较小，由此形成了丘陵山区广泛分布的火山岩地貌景观。

台州市属浙东东南沿海丘陵平原区，地貌形态深受地壳运动、构造、岩性、气候水流、海流和潮汐等诸因素的影响。基岩的岩性特征及抗蚀能力的不同，不同的地貌景观在区内差异较为明显。火山岩分布地区，岩石坚硬，抗风化能力强形成尖棱状山峰，而岩性相对较易风化的白垩系陆相沉积岩地层与侵入岩裸露区，则多出现山顶浑圆状。区内改变地貌形态的外营力主要为流水作用，山前沟谷出口处通常出现大小不等的洪积扇形堆积地貌。根据地貌成因类型不同将区内划分为：堆积地貌、侵蚀剥蚀地貌。

台州市水文地质条件受地层岩性、构造、地貌等诸因素的影响。台州市地下水分为松散岩类孔隙水、松散岩类孔隙承压水、基岩裂隙水。

一是松散岩类孔隙水。

（1）山麓沟谷孔隙潜水河谷孔隙潜水，主要分布于各大小河谷谷地及其主要支流河谷的中上游地段，呈条带状分布，组成河漫滩或心滩。含水层岩性主要由全新统冲积砂砾石、砂和砂砾石含少量黏性土组成。含水层颗粒从上游至下游逐渐由粗变细，厚度则由薄变厚，结构松散，常具二元结构，透水性良好。地下水埋深 $1\sim2\ m$。

（2）全新统海积孔隙潜水含水岩组，广泛分布于平原表部，含水层岩性为青灰色淤泥质亚黏土，间夹薄层粉细砂，颗粒细，透水性差，地下水埋深 $1\sim2\ m$，动态随季节变化明显。

二是松散岩类孔隙承压水。含水层由中、上更新统砂砾石组成，地下水主要赋存于区内的滨海及河口、海湾平原的深部。根据埋藏条件、成因时代与富水性的差异，可分为第Ⅰ孔隙承压含水层（组）和第Ⅱ孔隙承压含水层（组）。

（1）第Ⅰ孔隙承压含水层（组），广泛分布在平原区，含水层岩性主要为上更新统灰、灰黄色砂砾石层或砂砾石含黏性土、局部地段为砂砾石夹薄层黏性土和粉细砂层组成。含水层顶板埋深自上游向下游逐渐加深，厚度逐渐增厚，顶板埋深 60~90 m，黄岩、院桥一带 20~45 m，至金清镇以南一带顶板埋深在 95 m 以上，厚度一般为 5~25 m。含水层富水性受古河道规模及展布所控制，位于古河道中心部位，富水性好，古河道边缘及近山麓地段，水量相对贫乏。是主要开采层之一。在温黄平原北部及中部该层中间有黏性土层分布，将含水层分隔成上下两个含水层，二者有水力联系。

（2）第Ⅱ孔隙承压含水层（组），由中更新统冲积砂砾石含黏性土组成的含水层，平原区均有分布，顶板埋深 85~145 m，西部黄岩区一带 20~60 m，含水层厚度在平原区中心部位较厚，向两侧逐渐变薄，厚度一般 5~40 m。

三是基岩裂隙水。主要分布于北部、西部及西南部广大山区，并赋存于上侏罗纪火山岩构造裂隙中。含水岩组岩性主要为流纹质晶屑熔结凝灰岩为主，岩石呈巨厚块状，致密坚硬，节理裂隙不甚发育，地下水主要埋藏在流纹质晶屑熔结凝灰岩的构造裂隙中及断裂破碎带中，在地形切割强烈的山坡坡脚多以下降泉的形式出露地表。

台州市轨道交通 S1 线万昌路站降水工程

1 工程概况

万昌路站为台州市域铁路 S1 线中间站，地下车站为二层，位于中北路与万昌中路交会处，车站概况一览见表 1。

表 1　　　　　　　　　车站概况

车站形式	开挖深度（m）	止水帷幕	施工方式	备注
地下二层	20.00（标准段）	标准段地下连续墙 47 m	明挖顺作法	S1 线中间站
	22.50（端头井）	端头井地下连续墙 48～52 m		

2 基坑围护概况

围护结构标准段选用 1 000 mm 厚地下连续墙，采用五道支撑，其中第一、三道为砼支撑，其余均为钢支撑；端头井选用 1 200 mm 厚地下连续墙，采用五道支撑，其中第一、三、四道为砼支撑，其余均为钢支撑。车站地下连续墙墙深 47～52 m。

基坑面积 5 466 m²，全长 220 m。基坑安全等级为一级，基坑环境保护等级为二级，基坑平面及剖面示意见图 1、图 2。

图 1 基坑平面

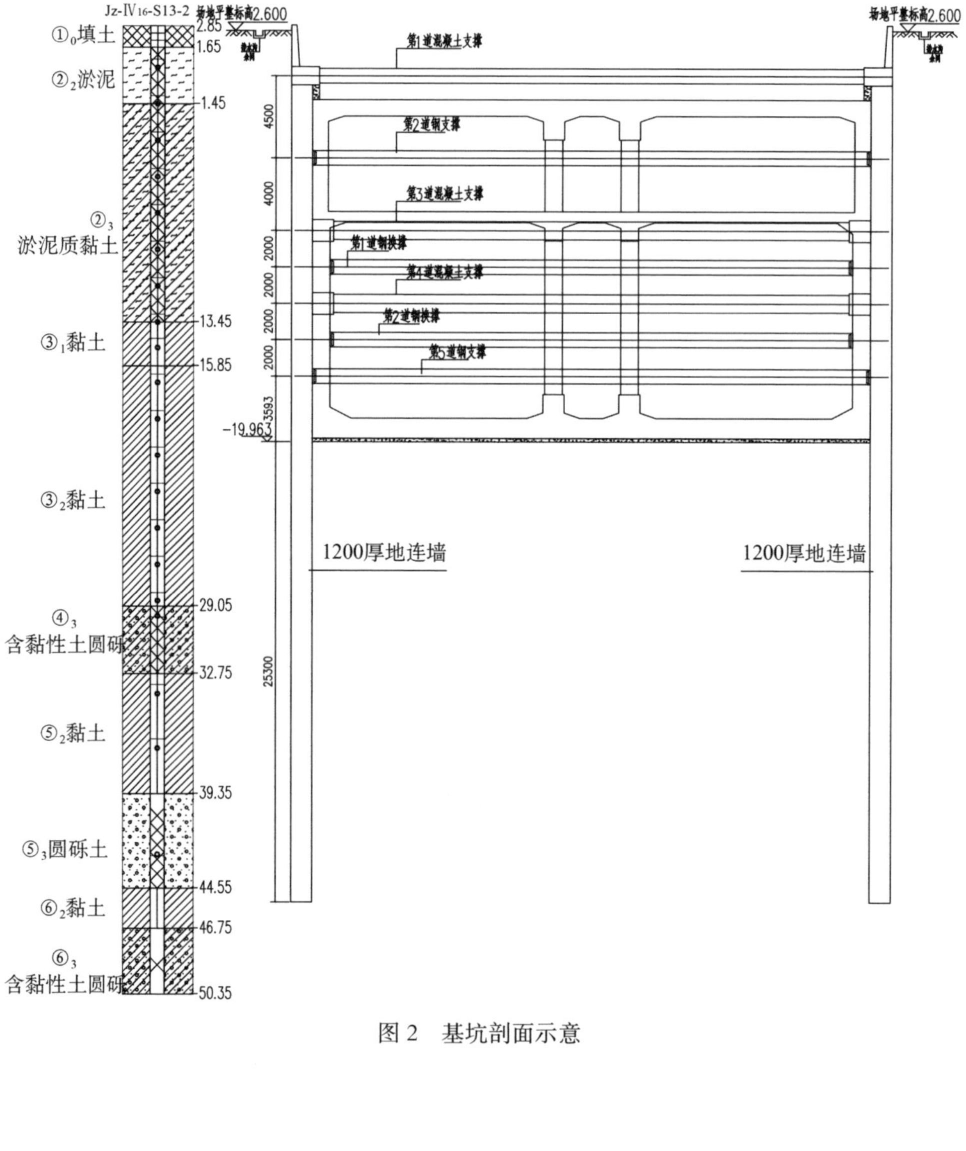

图 2 基坑剖面示意

3 工程地质情况

在建场区地貌为海积平原。勘探深度 95 m 范围内自上而下划分为 7 个工程地质单元层、20 个亚层。

①$_0$ 层填土（mlQ4），杂色，松散—稍密，成分杂，主要由黏性土、碎块石等组成，大小混杂，均一性差。

②$_2$ 层淤泥（mQ42），灰色，流塑，以黏粒为主，土质较均匀，局部相变为淤泥质粉质黏土。物理力学性质很差，具高压缩性。

②$_3$ 层淤泥质黏土（mQ42），灰色，流塑，可见层理，局部粉质含量高，局部相变为淤泥质粉质黏土，物理力学性质很差，具高压缩性。

③$_1$ 层黏土（al+lQ41），黄褐色，可塑，厚层状，韧性中等，干强度中等，无摇振反应。物理力学性质较好，具中压缩性。

③$_2$ 层黏土（mQ41），灰色，软塑，细鳞片状构造，含少量植物碎屑，土面有光泽，韧性高，干强度高，无摇振反应，物理力学性质一般，具高压缩性。

③$_{2-1}$ 层砾砂（al+plQ41），灰色，中密状，饱和，以砾砂为主，磨圆度较好，级配较差，局部夹有粉砂、黏性土薄层。

④$_1$ 层黏土（mQ32-2），青灰色、黄褐色，可塑，不均匀，物理力学性质较好，具中压缩性。

④$_2$ 层黏土（mQ32-2），灰色，可塑，厚层状构造，土质均一，土面有光泽，韧性高，干强度高，无摇振反应。含少量半碳化物，黏塑性较好，物理力学性质较差，具中—高压缩性。

④$_3$ 层含黏性土圆砾（al+plQ32-2），黄灰色，中密，饱和，砾径最大见4 cm 左右，以亚圆形为主，局部棱角状，黏性土含量较高，物理力学性质较好。

⑤$_1$ 层黏土（al+lQ32-1），黄灰色、青灰色，可塑，含有少量铁锰质斑点，局部含有少量砾石，物理力学性质较好，具中压缩性。

⑤$_2$ 层黏土（mQ32-1），灰色，可塑，厚层状构造，土质均一，土面有光泽，韧性高，干强度高，无摇振反应。含少量半碳化物，黏塑性较好，物理力学性质较差，具中等压缩性，局部高压缩性。

⑤$_3$ 层圆砾土（al+plQ32-1），灰色，中密，饱和，砾径一般 10~20 mm 最

大见 4 cm 左右，浑圆状为主，黏性土含量较高，物理力学性质较好。

⑥$_1$ 层黏土（al+lQ31），青灰—灰色，可塑，较均匀，切面稍有光滑。物理力学性质较好，具中压缩性。

⑥$_2$ 层黏土（mQ31），灰色，可塑，厚层状构造，土质均一，土面有光泽，韧性高，干强度高，无摇振反应。含少量有机质，黏塑性较好，物理力学性质一般，具中压缩性。

⑥$_{2-1}$ 层细砂（al+plQ31），灰黄，含云母片，饱和，密实，主要成分由长石、石英、云母等组成，磨圆度好、分选性好。

⑥$_3$ 层含黏性土圆砾（al+plQ31），黄灰色，中密，饱和，含砾量 40%～50%，砾径最大见 4 cm 左右，以亚圆形为主，局部棱角状，黏性土含量较高，物理力学性质较好，具中压缩性。

⑦$_2$ 层黏土（lQ22），灰色，可塑，厚层状构造，土质均一，土面有光泽，韧性高，干强度高，无摇振反应。局部相变粉质黏土，含少量半朽木屑，黏塑性较好，物理力学性质一般，具中压缩性。

⑦$_3$ 层含砾粉质黏土（al+plQ22），灰黄色，可塑，含砾，砾径一般 10～20 mm，个别大于 30 mm，亚圆形，砾石含量 10%～20%，土质组成不均，物理力学性质较好。

⑦$_{3-1}$ 层细砂（al+plQ22），灰黄，含云母片，饱和，密实，主要成分由长石、石英、云母等组成，磨圆度好、分选性好。

⑦$_4$ 层含黏性土圆砾（al+plQ22），灰黄色，饱和，中密，砾径一般 10～20 mm，个别大于 40 mm，亚圆形，土质组成土质不均，砾石含量 45%～50%，其余为砾砂及黏性土，物理力学性质较好。

典型地质剖面见图 3。

4 水文地质情况

潜水主要分布于平原表部，含水层岩性为青灰色淤泥质粉质黏土，局部间夹薄层粉土、粉砂，颗粒细，透水性差，地下水埋深 1.00～2.10 m，相应标高 0.36～1.66 m，动态随季节变化明显，水位在 3～6 月和 8～10 月最高，1 月和 7 月最低，年变幅在 1.00 m 左右。

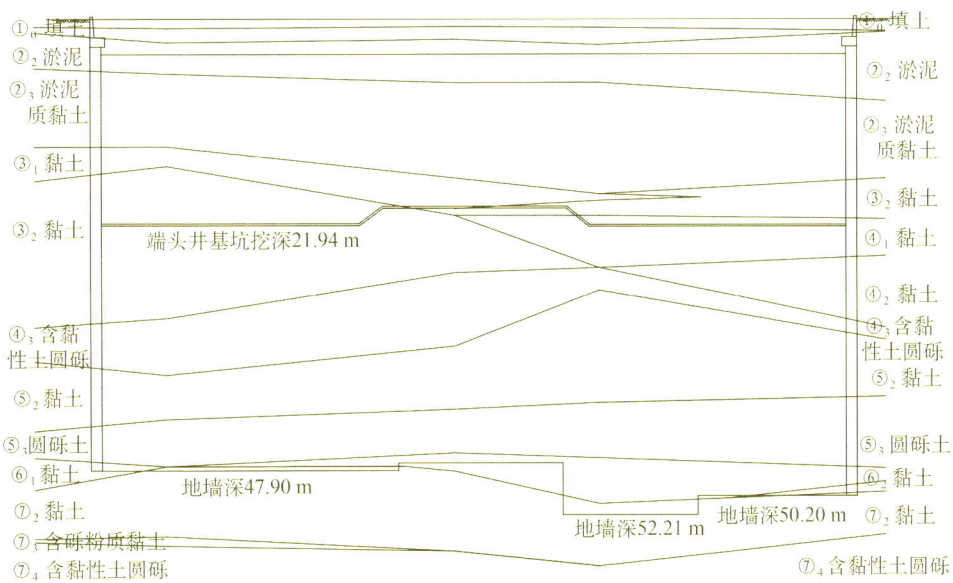

图 3 典型地质剖面

承压水主要赋存于④₃层含黏性土圆砾、⑤₁圆砾土、⑥₃层含黏性土圆砾、⑦₁层含黏性土圆砾中，⑤层、⑥₃层、⑦₄层含黏性土圆砾分布不稳定及厚度不均，总体厚度较薄，黏粒含量较大，富水性一般，渗透性一般。根据测量承压水含水层埋深一般 30～45 m，根据现场⑤₃层的抽水试验所测，承压水头埋深为地表以下 3.5 m。承压含水层主要接受上部含水层的越流或侧向补给，通过人工抽汲或越流等方式排泄，地下水位动态随季节变化较小。各含水层水文地质参数见表 2。

表 2　　　　　　　　各含水层水文地质参数

地层编号	岩土名称	室内渗透试验		综合建议值	
		水平渗透系数（m/d）	垂直渗透系数（m/d）	水平渗透系数（m/d）	垂直渗透系数（m/d）
②₂	淤泥	$<10^{-4}$	$<10^{-4}$	$<10^{-4}$	$<10^{-4}$
②₃	淤泥质黏土	$<10^{-4}$	$<10^{-4}$	$<10^{-4}$	$<10^{-4}$
③₁	黏土	$<10^{-4}$	$<10^{-4}$	$<10^{-4}$	$<10^{-4}$
③₂		$<10^{-4}$	$<10^{-4}$	$<10^{-4}$	$<10^{-4}$
③₂₋₁	砾砂	$<10^{-4}$	—	3.5	

(续表)

地层编号	岩土名称	室内渗透试验		综合建议值	
		水平渗透系数（m/d）	垂直渗透系数（m/d）	水平渗透系数（m/d）	垂直渗透系数（m/d）
④₁	黏土	$<10^{-4}$	$<10^{-4}$	$<10^{-4}$	$<10^{-4}$
④₂	黏土	$<10^{-4}$	$<10^{-4}$	$<10^{-4}$	$<10^{-4}$
④₃	含黏性土圆砾	—	—	4.0	
⑤₁	黏土	$<10^{-4}$		$<10^{-4}$	
⑤₂	黏土		$<10^{-4}$		$<10^{-4}$
⑤₃	圆砾土	—	—	6.08	
⑥₁	黏土	$<10^{-4}$		$<10^{-4}$	
⑥₂	黏土		$<10^{-4}$		$<10^{-4}$
⑥₂₋₁	细砂	—	—	2.0	
⑥₃	含黏性土圆砾	—	—	6.5	
⑦₃	含砾粉质黏土	—	—	1.2	
⑦₄	含黏性土圆砾	—	—	6.5	

5 降水重难点

基坑突涌稳定性分析，基坑开挖深度与安全水头埋深对应关系见表3。

表3　　　　基坑开挖深度与安全水头埋深对应关系

土层	区域	开挖深度（m）	安全承压水头埋深（m）	水位降深（m）
④₃层含黏性土圆砾	临界状态	12.09	3.50	—
	大里程端头井	21.65	18.50	15.00
	标准段	20.00	16.44	12.94
	小里程端头井	21.94	15.60	12.10
⑤₃层圆砾	临界状态	17.81	3.50	—
	大里程端头井	21.65	9.78	6.28
⑤₃层圆砾	标准段	20.00	7.08	3.58
	小里程端头井	21.94	9.05	5.55

降水重难点分析如下。

（1）基坑潜水主要赋存于浅层的淤泥质黏土及黏土层中，根据当地经验及已开挖部分区域的开挖情况看，坑内可采取施做排水沟及集水井的明排方式对潜水进行处理，明排效果不佳时建议在坑内适当增加轻型井点等疏干降水措施。

（2）基坑开挖过程承压含水层$④_3$、$⑤_3$层均有突涌风险，坑内布置减压井降低承压水水头。

（3）$⑤_3$、$⑥_3$、$⑦_4$承压水层之间的天然隔水层不连续且厚度较小（最小仅2 m），同时$⑦_3$尽管勘察未提示为承压水层，但渗透系数与承压水层接近，因此，应将$⑤_3$层下部土层（包括$⑥_1$、$⑥_2$、$⑥_3$、$⑦_2$、$⑦_3$和$⑦_4$层）综合考虑为一个水平渗透系数较大，垂直渗透系数稍小的圆砾夹黏土层。

（4）本工程基坑周边环境较复杂，基坑工程面临承压水的地下水处理问题，基坑需要长时间、大幅度、大范围地抽水，基坑降水对周边敏感环境有一定的不利影响。由于$④_3$层已被地连墙隔断且厚度较薄，因此坑外针对$④_3$层主要布置承压水观测井。$⑤_3$层未被地连墙隔断，坑内降水将对坑外造成不利降深影响，为保证邻近建筑物的安全，在基坑外布置第$⑤_3$层的回灌兼观测井。必要时利用回灌井人为抬升地下水水位，减缓沉降变形。

（5）开挖过程坑内降低承压水水头时，需要对承压水进行"按需降水"，控制水位，使基坑免于承压水突涌威胁，同时减少对坑外周边环境的不利影响。

（6）为保证基坑安全，在坑内布置适量的备用观测井，平时作为水位观测井观测基坑中的水位，指导基坑降水运行，同时可兼作备用井抽水。

6 降水设计

6.1 坑内减压井设计

$④_3$层减压井布置6口，井深27~34 m，孔径650 mm，井径273 mm。

$⑤_3$层减压井布置5口，井深44~47 m，孔径650 mm，井径273 mm。

经过计算，开启降压井，降水运行预测基坑水位降深等值线见图4。

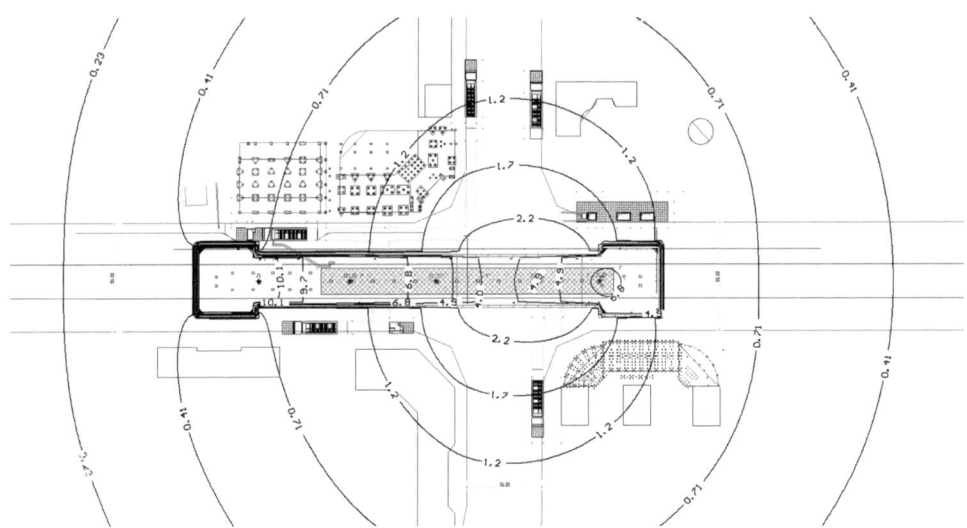

图 4 基坑内减压降水运行后预测⑤₃层水位降深等值线（单位：m）

6.2 坑内水位观测兼备用井设计

在坑内针对④₃层布置 2 口承压水观测兼备用井，1 口布置在标准段靠近封底区域的位置，另 1 口布置在靠近小里程端头井的标准段区域，井深 30～32 m；针对⑤₃层布置 3 口承压水观测兼备用井，其中 1 口为大里程端头井备用应急井，另外 2 口在标准段内布置，井深 44～52 m。

6.3 坑外水位观测及回灌井设计

坑外④₃、⑤₃层承压水位观测井需分层单独布置，以分别监测坑内减压降水对坑外的水位变化影响。④₃层已被地连墙隔断，因此坑外按照 50 m/口间距布置水位观测井，共布置 10 口，井深 30～37 m。⑤₃层为悬挂式降水，且周边建筑物形式和距离不同，因此进行区别布置：在太宇大厦保护范围内坑外回灌兼观测井按照 10 m/口布置，在其他邻近建筑物范围按 20 m/口布置，其余区域按 50 m/口布置，并根据现场施工条件调整位置，⑤₃层共布置 15 口回灌兼观测井，井深 47 m。

7　现场降水情况

针对潜水根据当地经验土方开挖期间采用集水明排的处理方式，开挖过程中存在明水的现象，特别是下雨天气坑内明水较明显。针对承压水根据开挖深度分层按需降水。基坑顺利施工完成，周边环境安全可控，基坑开挖施工见图5。

图5　基坑开挖施工

8　项目总结

（1）场地地层存在圆砾，成井设备宜选用反循环设备成井，且钻杆直径应与地层圆砾粒径相匹配。

（2）根据本项目现场施工情况，上部潜水采用集水明排的处理方式，开挖过程中存在明水的现象，特别是下雨天气坑内明水较明显，容易影响出土效率。对于施工进度快且土体含水量要求较高的项目建议采用疏干管井处理。

（3）对于悬挂式减压降水，针对承压水应根据基坑开挖深度，分层按需降水，降水最小化，满足基坑安全的同时减小对周边环境的影响。

合肥市轨道交通及水文地质概况

合肥市轨道交通的第一条线路于 2016 年 12 月 26 日正式开通运营。截至 2023 年 12 月，合肥市轨道交通运营线路共有 5 条，包括 1 号线、2 号线、3 号线、4 号线、5 号线，线网覆盖合肥瑶海区、包河区、蜀山区、庐阳区、肥西县、肥东县，运营线路总长 201.95 km，全线共设 154 座站点。合肥市轨道交通线路见图 1。

合肥市地处江淮丘陵中部，江淮分水岭横卧西北，总体地势表现为西北高、东南低。地貌主要为丘陵和平原，平原又分为风积波状平原、冲积平坦平原。波状平原广泛分布；巢湖沿岸以及南淝河、派河、丰乐河、杭埠河等河流下游两侧为冲积平坦平原；东南和西南有少量低山残丘。全市海拔多在 15～80 m，平均海拔 20～40 m。

根据合肥市目前地下空间开发利用深度和城市发展需要，地下空间开发利用的下限一般在地面以下 40 m 深度。该空间内的物质载体有新太古代—古元古代片麻岩、片岩、侏罗纪—古近纪沉积的陆相碎屑岩（红色砂岩、泥岩）、新近纪喷出的玄武岩以及第四纪以来堆积的各类松散土体。

平原区上部分布第四系松散土体，下部为红层。波状平原区第四系厚度 5～50 m，其中，西北部以及低山丘陵外围，第四系厚度一般小于 10 m。冲积平坦平原区第四系厚度 15～60 m，南河、派河、丰乐河、杭埠河等河流上游第四系厚度 15～20 m，往下游至巢湖边逐渐增厚。丘陵山区分布新太古代—古元古代片麻岩、片岩、红层、古近纪玄武岩。

合肥市地下水有松散岩类孔隙水、红层裂隙孔隙水、基岩裂隙水三大类型。地下水主要赋存于漫滩相和河床相的砂层、含砾砂层、砾石层的孔隙中。

红层裂隙孔隙水、基岩裂隙水水位埋深较深水量贫乏—极贫乏级；波状平原中的松散岩类孔隙水水量极贫乏级，对地下空间开发影响较小。河谷平坦平

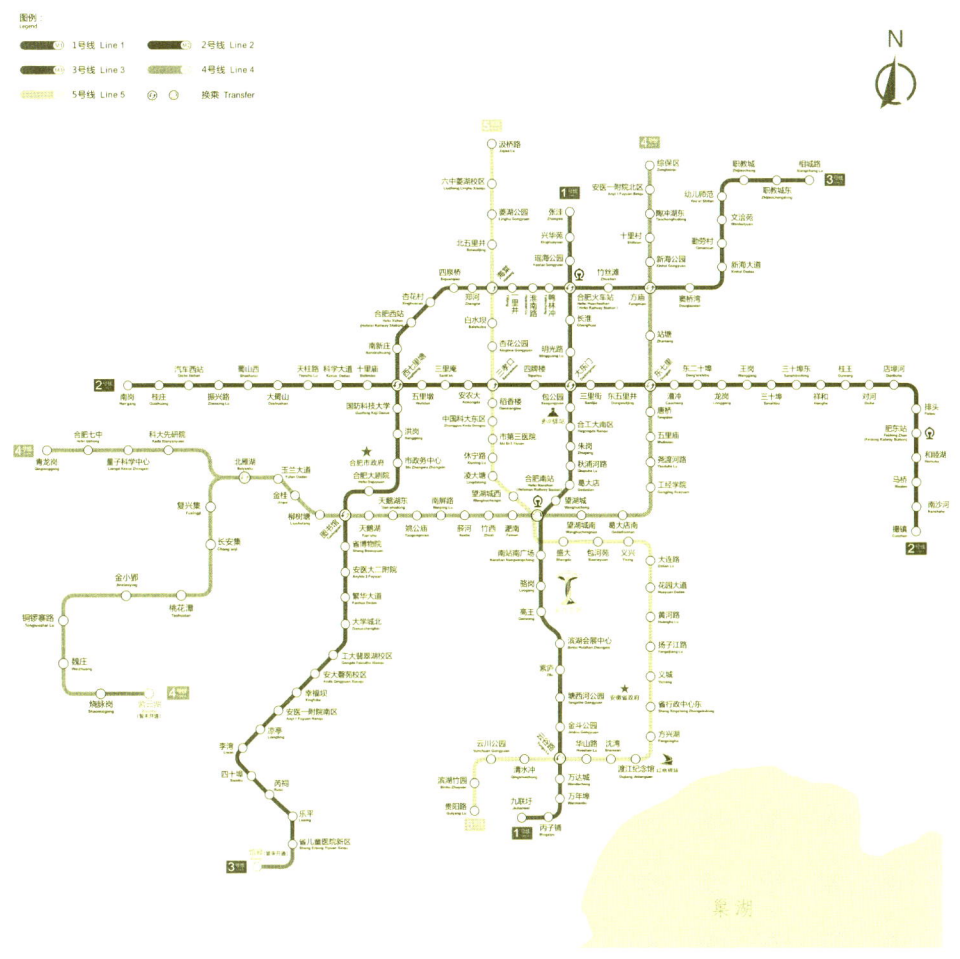

图 1　合肥市轨道交通线路

原中的松散岩类孔隙水，水位埋深较浅，地下水位埋深 1～2 m，水量中等，且赋存于早更新世砂砾层中的地下水往往具有承压性，且承压含水层的顶板埋深一般为 20～30 m，是本区地下空间最不利的水文地质条件区。承压水由于其压力影响，若地基内存在承压水，开挖基坑时可能会使坑底土层产生隆起现象甚至破坏。承压水头高、水量大，施工中若揭穿了承压含水层后再实施排水将十分困难。开挖隧道将形成临空面低水位区改变了原有地下水径流，使周围地下水向临空面内汇集，威胁施工作业人员的安全，增加地下工程建设的难度。

合肥市轨道交通 5 号线
北二环路站降水工程

1 工程概况

北二环路站为带双停车线的地下二层岛式车站,位于蒙城北路和北二环路交叉口,跨北二环路沿蒙城北路呈南北向敷设。车站概况见表1。

表1　　　　　　　　车站概况

车站形式	开挖深度（m）	止水帷幕	施工方式
地下二层	16.5~20.85（标准段） 18.2（小里程端） 22.5（大里程端）	$\phi 800@1100$ 钻孔灌注桩	明挖法 + 局部顶板逆作法

2 基坑围护概况

本站主体主要采用钻孔桩＋内支撑支护体系（车站主体局部顶板逆作,车站附属局部通道采用暗挖法）。主体结构采用钢筋混凝土箱形框架结构,纵向标准柱跨为9 m。主体结构外侧设全外包防水层。

根据《城市轨道交通岩土工程勘察规范》的划分标准,本工程重要性等级为一级,场地复杂程度等级为二级（中等复杂场地）,工程周边环境风险等级为二级。基坑平面及剖面示意见图1、图2。

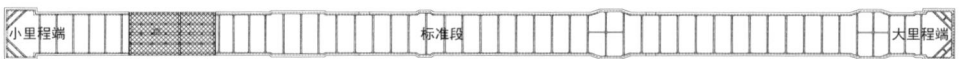

图1　基坑平面示意

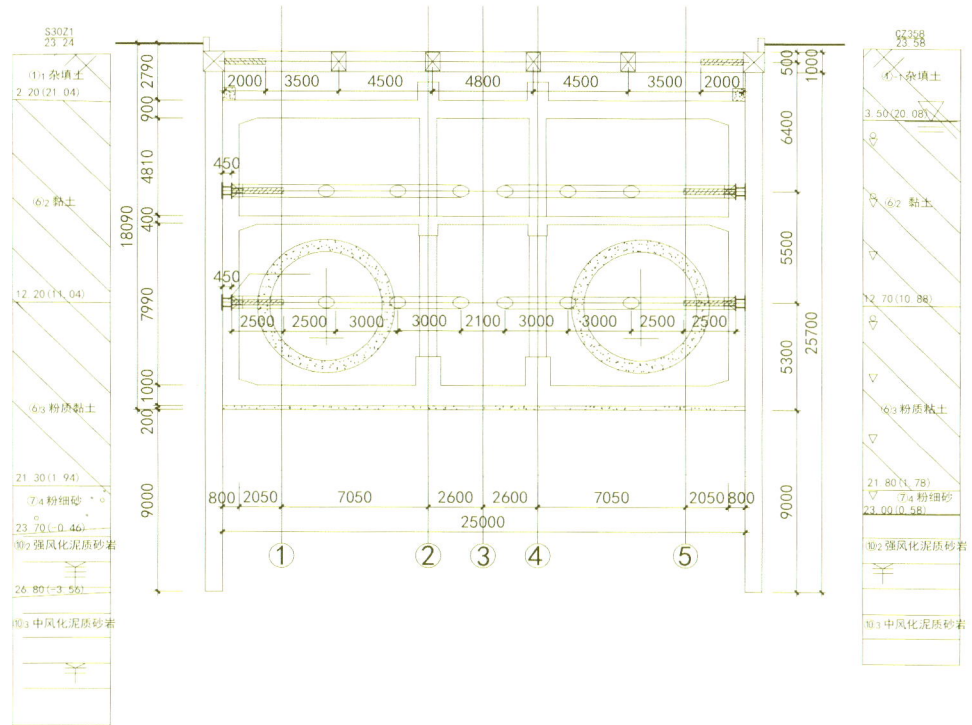

图 2　基坑剖面示意

3　工程地质情况

　　本场地在标高 -21.42 m 范围内覆盖层由第四纪人工填土（Q_4^{ml}）、第四纪晚更新世冲洪积层（Q_3^{al+pl}）和残积地层（Q_3^{el}）砂土组成，下伏基岩为白垩纪下统新壬组地层（K_{1x}）泥质砂岩，根据野外钻探及室内土工、岩石试验成果，结合标贯试验等原位测试成果，场地内地层按其地质时代、成因类型、结构及性状特征可划分为4个主要单元层，各岩土层按物理力学性质不同，又可分为若干亚层。拟建场地地层分布较稳定，层面略有起伏。对各土层的埋藏特征、土性描述自上而下概况如下。

3.1　人工堆积层（Q_4^{ml}）

　　①₁层杂填土：杂色、灰褐色、局部灰黑、黄褐色，湿，松散，土质不均。

以黏性土为主，含大量建筑垃圾、砖渣、生活垃圾等。局部表层为混凝土地面或沥青路面。

3.2 第四纪晚更新世冲洪积层（Q_3^{al+pl}）

⑥$_2$层黏土，褐黄、灰黄色，偶为褐红色，硬塑—坚硬，尚均匀，中偏低压缩性；均有分布；含氧化铁、铁锰结核和高岭土，局部为粉质黏土。有光泽，无摇振反应，干强度高，韧性高。

⑥$_3$层粉质黏土，褐黄、灰黄色，可塑—硬塑，中偏压缩性。均有分布。含氧化铁、铁锰结核和高岭土，局部为黏土。稍有光泽，无摇振反应，干强度中，韧性中。

3.3 第四纪晚更新世残积地层（Q_3^{el}）

⑦$_4$层粉细砂，灰白、灰黄、褐黄、紫红色，饱和，中密—密实，中偏低压缩性，不均匀。含石英、长石，颗粒不均，局部为中砂或粗砂，夹黏性土。

3.4 白垩纪下统新主组地层（K_{1x}）

⑩$_1$层全风化泥质砂岩，棕红、紫红色，风化剧烈，呈黏土状，原岩结构基本被破坏，但尚可辨认，夹较多高岭土团块；

⑩$_2$层强风化泥质砂岩，棕红、紫红色，层状结构，半胶结—胶结状态，结构疏松，局部夹强风化泥岩；

⑩$_3$层中风化泥质砂岩，棕红、紫红色，层状结构，泥质胶结，局部夹中风化泥岩。

本工程典型地质剖面见图 3。

4 水文地质情况

浅部地下水主要赋存于人工填土中，以上层滞水为主，水量微弱。勘探期间测得水位埋深为 1.10～3.60 m（绝对标高为 19.98～27.51 m），平均埋深为 1.91 m（平均标高为 25.37 m）。上层滞水水量贫乏，单井涌水量一般小于

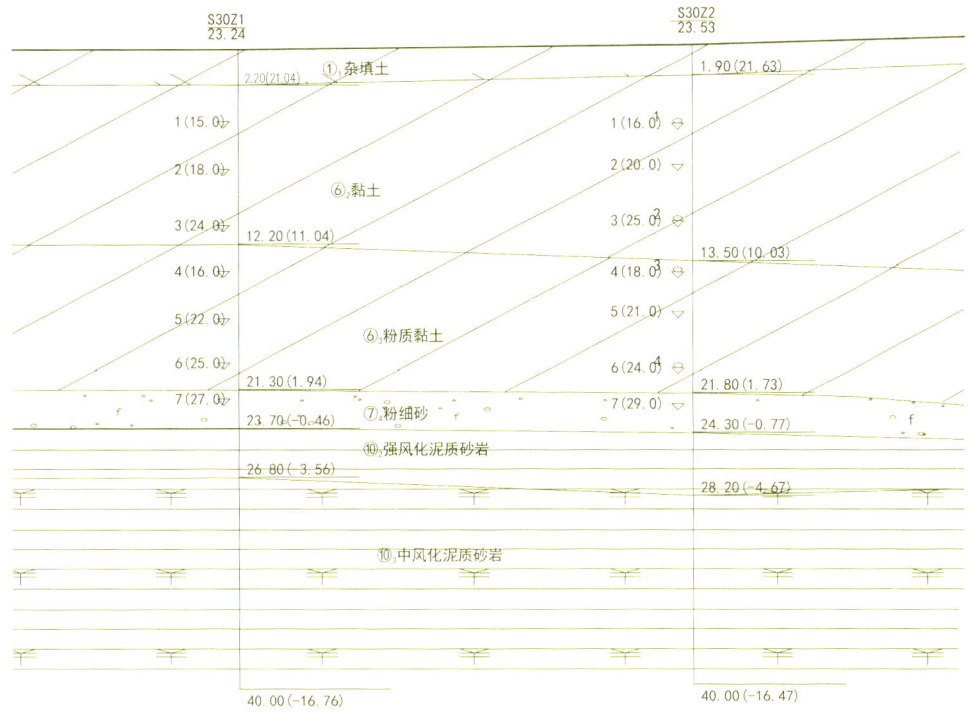

图3 典型地质剖面

100 m³/d，主要接受大气降水、灌溉水、生活废水、地下管线漏水等渗漏补给。排泄方式为蒸发、向下补给和人工抽降地下水。水位受季节及气候条件等影响，水位年动态变幅一般在1~3 m。

基岩孔隙水主要赋存于残积层和岩石全风化带中，当风化产物以粗颗粒的砂性土为主时，其富水性和透水性较好。本车站主要分布在残积⑦层粉细砂和⑩₁层全风化泥质砂岩中，其中⑩₁层富水性和透水性一般，⑦₄层富水性和透水性较好。根据勘察揭示，⑦₄层层顶埋深为20.30~21.20 m。

基岩裂隙水主要赋存于岩石强、中风化带⑩₂和⑩₃层中，强风化基岩层顶埋深21.80~29.10 m、层顶高程-2.27~1.78 m。基岩的含水性、透水性受岩体的结构、构造、裂隙发育程度等的控制，由于岩体的各向异性，加之局部岩体破碎、节理裂隙发育，导致岩体富水程度与渗透性也不尽相同。岩体的节理、裂隙发育地带，地下水相对富集，透水性也相对较好。拟建工程区内基岩为泥质砂岩，富水性及透水性均较弱，基岩裂隙水总体贫乏，局部岩层接触带及强风化层岩体破碎区域水量可能较富。基岩孔隙水一般均具有承压性，根据勘察揭示，⑦$_4$层承压水水头埋深 6.89 m。

各含水层的水文地质参数见表 2。

表 2　　　　　各含水层水文地质参数

层号	土层名称	渗透系数平均值（m/d）		导水系数 (m²/d)	贮水率 (1/m)
		水平	垂直		
③$_2$	粉砂	3.80	1.25	62.70	2.5×10^{-4}
③$_3$	粉砂夹粉土	2.95	0.56	17.70	6.0×10^{-5}
④$_{2t}$	砂质粉土夹粉质黏土	2.80	0.23	25.20	2.7×10^{-4}
④$_2$	粉质黏土夹粉土	0.03	0.063	0.24	6.0×10^{-5}
⑤$_3$	粉砂夹粉土	4.72	2.23	19.82	1.0×10^{-3}
⑥	粉砂	15.45	6.31	174.59	5.5×10^{-3}

5　降水重难点分析

基坑突涌稳定性分析计算结果见表 3。

表 3　　　基坑开挖深度与⑦$_4$层安全水头埋深对应关系

区域	基坑开挖深度 (m)	对应绝对标高 (m)	安全水位标高 (m)	水位降深 (m)	安全系数
临界挖深	—	4.36	21.20	不需降压	1.05
标准段	16.50～20.85	7.21	9.08	12.12	0.29
端头井	22.5	5.40	5.85	15.35	0.07

从表 3 得出，基坑开挖绝对标高大于 4.36 m 时需要考虑降低⑦$_4$层含水层水位。

降水重难点分析如下。

（1）根据详勘资料及围护资料，车站主体范围内坑底位于⑥$_3$层粉质黏土，其下层为⑦$_4$层粉细砂（厚度 2.2～3.5 m），⑦$_4$层粉细砂层顶距离基坑底距离为 2.55～6.8 m 且该层基岩孔隙水具承压性，承压水水头埋深 6.89 m，水头标高

21.20 m，经验算安全系数 0.07～0.29＜1.1 会发生突涌危险。考虑在该层布设降水井。

（2）本工程开挖深度范围内均为黏土、粉质黏土等硬土层。含水量小、透水性差，暂不考虑疏干井的布设。

（3）考虑本工程围护采用钻孔桩，不具备止水性能，以坑内降水为主，在坑外布设⑦₄层水位观测井兼备用抽水井，必要时可开启坑外井辅助抽水。

6 降水设计

6.1 坑内减压井设计

坑内⑦₄层减压井按照 15 m/口布置，井深 26～30 m，共 31 口，成孔孔径 650 mm，井管及过滤器外径 273 mm。

经过计算，开启降压井，降水运行后预测基坑水位降深等值线见图 4。

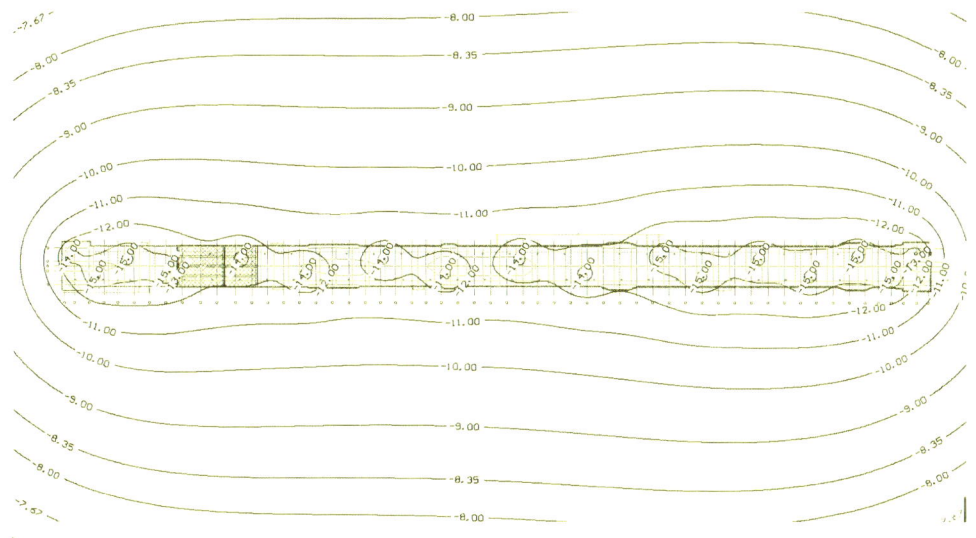

图 4　基坑内减压降水运行后预测⑤₃层水位降深等值线（单位：m）

6.2 坑外观测井设计

本工程基坑外两侧共按 50 m/口间距布置⑦₄层坑外观测井 20 口，井深 26～30 m。坑外水位观测兼应急备用井孔径 700 mm，井管采用外径 300 mm 无砂水泥管。

7 项目总结

（1）本项目开挖范围内均为黏土、粉质黏土等硬土层。含水量小、透水性差，不考虑布置疏干降水井。

（2）本项目车站主体范围内坑底位于⑥₃层粉质黏土，其下层为⑦₄层粉细砂距离基坑坑底距离为 2.55～6.8 m，且该层基岩孔隙水具承压性。经基坑突涌稳定性分析，会发生突涌危险。考虑在该层布设减压降水井，在基坑减压降水运行时将动水位降至开挖面以下 1 m。

（3）本项目围护采用钻孔桩不具备止水性能，主要以坑内降水为主，在坑外布设⑦₄层水位观测井兼应急备用抽水井，必要时可开启坑外井进行辅助抽水。

青岛市轨道交通及水文地质概况

青岛市轨道交通首条线路青岛地铁3号线于2015年12月16日开通试运营。截至2024年4月,青岛地铁运营里程为348 km,共设车站169座。截至2024年4月,青岛地铁开通运营线路共有8条,分别为青岛地铁1号线(含7号线一期),共设车站41座,全长60.0 km;青岛地铁2号线一期,共设车站22座,全长25.2 km;青岛地铁3号线,共设车站22座,全长24.8 km;青岛地铁4号线,共设车站25座,全长30.7 km;青岛地铁6号线(一期),共设车站21座,全长30.8 km;青岛地铁8号线北段,共设车站11座,全长48.3 km;青岛地铁蓝谷快线,共设车站22座,全长58.4 km;青岛地铁西海岸快线,共设车站23座,全长70.0 km。青岛市轨道交通线路见图1。

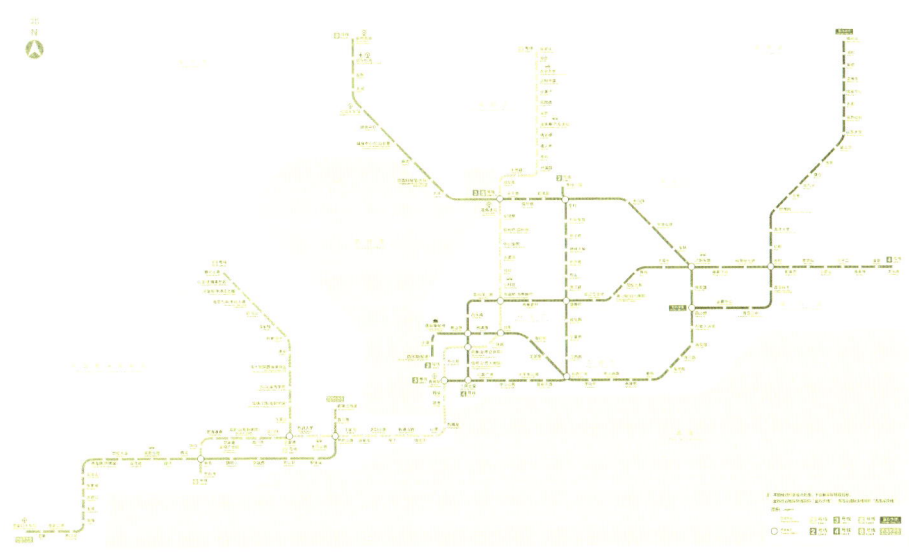

图1 青岛市轨道交通路线

青岛市工作区含水岩组主要是按照含水层岩性及地下水类型把本区划分为四大类型含水岩组。

一是松散岩类孔隙水含水岩组。

（1）山间河谷、山前倾斜平原冲积、冲洪积粗砂卵砾石孔隙含水亚组。该含水岩组颗粒相对较粗，厚度薄，通常厚度为 3～7 m，单井出水量一般在 100～500 m³/d。中、下游含水层岩性主要是以中粗砂为主，厚度 5～15 m，单井出水量一般在 500～1 000 m³/d。古河道地段含水层的厚度相对较大，一般为 10 m 左右，颗粒较粗，局部单井出水量大于 3 000 m³/d。其主要位于现代河床附近地段，单井出水量一般为 1 000～3 000 m³/d，地下水埋深 1～3 m，以重碳酸型水为主，矿化度一般为 0.5 g/l 左右。

（2）坡麓、谷缘洪坡积层孔隙水含水亚组。该含水岩组岩性多半为黏质砂土夹卵砾石，含水层厚度 5 m 左右，富水性较弱，单井出水量小于 500 m³/d，地下水位埋深 2～5 m，地下水属重碳酸型水，矿化度不足 1.0 g/l。

（3）滨海平原海积粉细砂、粗砂砾石孔隙水含水岩组。该含水岩组表层岩性相对较为单一，以粉细砂为主，厚度相对较为稳定，一般 10 m 左右。地下水位埋深浅，多在 0.5～2 m，富水性较弱，单井出水量 100～200 m³/d，因粉细砂易产生淤井，一般井孔都是采用套管隔住该层。局部厚度 10～20 m，富水性强，单井出水量 1 000～3 000 m³/d。地下水水化学类型为氯化物型或氯化物重碳酸型水，矿化度 1.0～2.0 g/l。

二是碎屑岩类孔隙裂隙水含水岩组。

该含水岩组岩性一般主要有侏罗系和白垩系砂岩、砾岩及火山碎屑岩，近地表风化并呈砂状，地下水主要有孔隙—裂隙水，地下水主要是赋存在风化带中，富水性弱，单井出水量小于 100 m³/d。在断裂带周边富水性有一定的增长，单井出水量 500 m³/d。地下水位埋深较浅，为 2～4 m。水化学类型为重碳酸氯化物型水。矿化度小于 0.5 g/l。

三是变质岩类裂隙水含水岩组。

（1）片岩类裂隙水含水亚组。该含水亚组含水层岩性一般主要为片岩、片麻岩、变粒岩、长石石英岩等。地下水则是赋存于风化裂隙之中，一般含水层厚度 1～30 m，弱富水，单井出水量小于 100 m³/d，地下水位埋深 2～5 m，矿化度小于 1.0 g/l。

(2）碳酸盐岩类裂隙岩溶水含水岩组。该岩组岩性只有大理岩及灰岩。地表及断裂带附近及在河谷两岸出露的大理岩，岩溶裂隙得以发育，含水层为 $10\sim50$ m，富水性强，单井出水量可达 $1\,000\sim3\,000$ m³/d。其他地区单井出水量皆小于 500 m³/d，随地形起伏地下水深变化较大，一般 $5\sim30$ m，矿化度小于 0.5 g/l。

四是岩浆岩类裂隙水含水岩组。

（1）喷出岩类孔洞裂隙水含水岩组。含水岩组岩性为下白垩系、上第三系及第四系玄武岩、安山岩及凝灰岩，单井出水量小于 500 m³/d，地下水多富集于构造及低洼地带，地下水埋深浅，一般 $2\sim4$ m，矿化度小于 0.5 g/l。

（2）侵入岩类裂隙水含水亚组。该含水亚组岩性以花岗岩、正长岩、闪长岩为主，地下水主要赋存在风化裂隙较发育的风化带和构造带附近。风化裂隙含水带厚度一般为 $10\sim25$ m，地下水埋深随地形起伏较大，一般 $3\sim10$ m，富水性弱，单井出水量小于 100 m³/d，矿化度小于 0.5 g/l。

区内地下水补给、径流及排泄受地形地貌及岩性构造因素等各方面的约束，是典型的山地丘陵及滨海平原区结构。现对其特点分述如下。

一是山地丘陵区地下水补给、径流及排泄条件的特点。

区内大多数为花岗岩、变质岩及火山岩，构成了中低山丘陵区及准平原区。大面积赋存基岩裂隙水，松散层分布零星、狭窄且薄层，故本区内的地下水的特点为基岩裂隙水。

基岩出露处地势相对较高，基岩裂隙水直接接受大气降水补给，大面积以大气降水为补给。在低处受松散层孔隙水和地表水补给。其补给程度则多半是和地形地貌、裂隙发育程度等因素有一定的关联。上述基岩裂隙一般发育相对较细微，且呈现较大的变化，大部分降水以片流形式向外发散，仅部分大气降水直接沿裂隙发育方向直接进入地下，并形成径流。

二是谷地平原区地下水补给、径流、排泄条件的特点。

在山间河谷、山间盆地及山前等冲洪积平原区和滨海海积平原区，其主要为松散层孔隙水，基岩多被覆盖，而且基岩裂隙水富水性和松散层孔隙水富水性相比较弱。

孔隙水一般是通过大气降水，同时还要通过地表水及基岩裂隙水的补给。除此之外，地表蓄水工程及农灌水的渗漏也是孔隙水一大来源。近海岸、河口地带，海潮开始有所上涨时，海水沿河口向陆地海积粉、细砂层侧向补给地下水，在近海岸地带，局部由于出现超采地下水，使附近形成地下水降落漏斗负值区，由此而造成海咸水入侵，并最终促成海咸水补给地下水。

三是平原地区地下水补给、径流及排泄条件的特点。

从平原区来看，河流两岸松散层发育，岩性多半是以中粗砂夹砾石为主，向上游地形相对较陡峭，河流源短且较急，其颗粒变粗，松散含水层岩性多半为砂卵砾石，而由于其含水层变薄，厚度为 $5\sim10$ m，且有一定的透水性。向下游地势相对平坦，延伸到近海地带，颗粒变细，岩性一般有中细砂及粉细砂，含水层厚度增厚，一般为 $20\sim30$ m。

青岛市轨道交通 8 号线少海北站降水工程

1 工程概况

少海北站长 268.1 m，标准段宽度 20.1 m，基坑深度 19.5~20.1 m，地下两层结构，车站共设置共设 3 个出入口、2 个风道、1 个安全出口，其中安全出口与消防水池及泵房合建，均设置于路侧空地内。车站主体结构及附属均采用明挖法施工，车站小里程端为接收井、大里程为始发井。基坑平面示意见图 1。

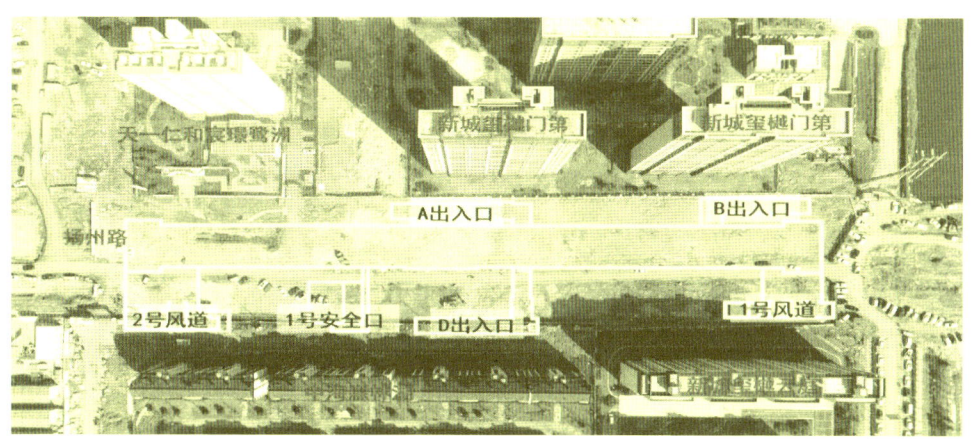

图 1 基坑平面示意

2 基坑围护概况

基坑面积 5 550 m²，采用明挖顺作法施工，车站主体围护结构采用 800 mm

厚地下连续墙施工,总计102幅,基坑设1道混凝土支撑+3道钢支撑,其中标准段第二道钢支撑为φ609 mm(壁厚16 mm)钢管支撑,端头井第二道钢支撑为φ800 mm(壁厚20 mm)钢管支撑;第三、四道钢支撑为φ800 mm(壁厚20 mm)钢管支撑。本车站参与抗浮的围护结构(地连墙、压顶梁),设计使用年限为100年,安全等级为一级。基坑围护平面及剖面见图2、图3。

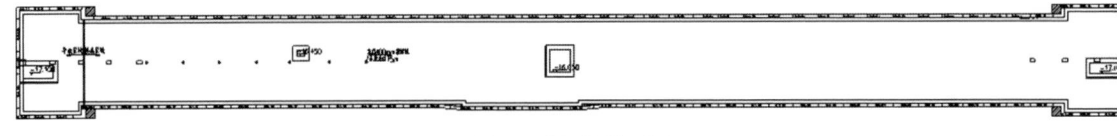

图2 基坑围护平面

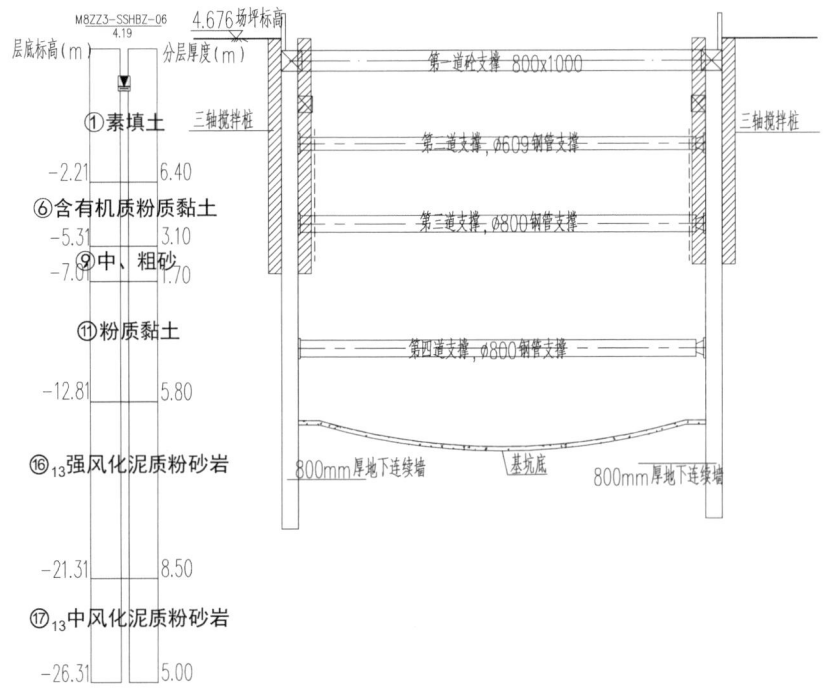

图3 基坑围护剖面

3 工程地质情况

地下连续墙开挖地层从上至下依次为素填土、含有机质粉质黏土、粉质黏土、中、粗砂、全风化泥质粉砂岩/泥岩、强风化泥质粉砂岩/泥岩、中风化泥质粉砂岩/泥岩。地连墙入中风化最深为 3.9 m，单轴极限抗压强度 2.3 MPa，其余全风化和强风化无强度。工程地质概况见表 1，典型地质剖面见图 4。

表 1　　　　　　　　　　　　工程地质概况

地层编号	地层名称	岩性特点
		第四系全新统人工堆积层（Q_4^{ml}）
①	素填土	灰褐色、黄褐色，稍湿—湿，松散，成分以黏性土、砂砾、碎石等为主，局部夹有少量碎砖、混凝土块等。层厚 1.80～6.80 m，平均厚度 4.23 m，层底标高 -2.21～2.41 m，层底深度 1.80～6.80 m
		第四系全新统陆相冲洪积层（Q_4^{al+pl}）
③	粉质黏土	黄褐色，软塑—可塑，干强度中等，韧性中等，切面稍光滑，含少量砂粒，见铁锰质浸染。层厚 0.70～2.80 m，平均厚度 1.47 m，层底标高 -0.98～0.18 m，层底深度 3.10～5.50 m
		第四系全新统陆海相沼泽化层（Q_4^{mh}）
⑥	含有机质粉质黏土	灰黑色，流塑—软塑状，稍有腥臭味，含少量有机质及贝壳，切面稍有光泽，干强度较低，韧性中等，无摇振反应，表现为淤泥质粉质黏土、粉质黏土、黏土等。层厚 3.10～6.00 m，平均厚度 4.70 m，层底标高 -2.21～1.04 m，层底深度 7.50～11.20 m
		第四系全新统陆相冲洪积层（Q_4^{al+pl}）
⑦	粉质黏土	褐黄色，软塑—硬塑，切面稍有光泽，见有铁锰氧化物条纹，干强度中等，韧性中等，无摇振反应，局部含少量砂粒或相变为黏土等。层厚 0.60～1.40 m，平均厚度 0.87 m，层底标高 -6.49～-5.42 m，层底深度 8.90～11.00 m
⑨	中、粗砂	黄褐色，饱和，稍密—中密，矿物成分以长石、石英为主，分选性与磨圆度较好，砂质较纯，局部含 10% 左右黏性土。层厚 0.50～2.50 m，平均厚度 1.33 m，层底标高 -7.51～-4.45 m，层底深度 8.50～12.00 m
		第四系上更新统陆相冲洪积层（Q_3^{al+pl}）
⑪	粉质黏土	黄褐色，可塑—硬塑，切面稍有光泽，干强度中等—高，韧性高，无摇振反应，见有铁锰氧化物及结核，局部夹有灰白色高岭土条带或少量姜石，姜石粒径 1.00～3.00 cm。层厚 1.10～7.30 m，平均厚度 4.18 m，层底标高 -12.81～-8.85 m，层底深度 12.90～17.00 m

(续表)

地层编号	地层名称	岩性特点
⑪$_1$	粗砂	黄褐色，饱和，中密，砂质较纯，矿物成分以长石、石英为主，分选性一般，磨圆度较差，局部含少量黏性土。层厚 0.40～2.10 m，平均厚度 1.06 m，层底标高 -13.34～-9.69 m，层底深度 14.50～17.60 m
基岩		
⑮$_{13}$	全风化泥质粉砂岩	灰黄色、灰褐色，原岩结构、构造已完全破坏，矿物蚀变极强烈，岩芯呈土—土柱状，裂隙极发育，手搓稍有黏性，极易碎，干钻易钻进，岩芯采取率为70%～80%，岩芯在干燥前后没有明显的体积变化。层厚 1.50～5.50 m，平均厚度 2.68 m，层底标高 -17.11～-12.06 m，层底深度 16.50～21.50 m
⑮$_{14}$	全风化泥岩	灰黄色、灰褐色，原岩结构、构造已全部破坏，矿物蚀变强烈，岩芯呈块—土柱状，节理裂隙很发育，手掰易碎，干钻易钻进，岩芯采取率为75%～85%，岩芯在干燥前后没有明显的体积变化。层厚 2.70～4.10 m，平均厚度 3.50 m，层底标高 -14.83～-12.60 m，层底深度 16.30～18.60 m
⑯$_{13}$	强风化泥质粉砂岩	灰黄色、浅灰色，原岩结构、构造大部分已破坏，矿物蚀变强烈，岩芯呈土柱—碎块状，具水平层理，裂隙很发育，手掰易碎，干钻较易钻进，岩芯采取率为75%～85%，岩芯在干燥前后没有明显的体积变化。层厚 0.50～14.30 m，平均厚度 5.21 m，层底标高 -24.81～-12.23 m，层底深度 16.50～29.60 m
⑯$_{14}$	强风化泥岩	褐红色、灰褐色，结构构造大部分已破坏，矿物蚀变强烈，岩芯呈土柱状，具水平层理，节理裂隙很发育，手掰易碎，采取率75%～85%。施工中采用合金钻进工艺，钻进平稳，进尺较快，岩芯在干燥前后没有明显的体积变化。层厚 0.90～18.80 m，平均厚度 8.44 m，层底标高 -28.02～-13.11 m，层底深度 17.50～32.00 m
⑰$_{13}$	中风化泥质粉砂岩	灰黄色、浅灰色，砂质结构，层状构造，矿物成分以长石、石英和黏土矿物为主，具水平层理，矿物蚀变中等，节理裂隙较发育，岩芯呈块状—短柱状，锤击易碎，岩芯采取率80%～90%。层厚 1.00～23.50 m，平均厚度 8.99 m，层底标高 -40.89～-15.34 m，层底深度 18.70～45.00 m
⑰$_{14}$	中风化泥岩	灰黑色、深灰色，泥质结构，层状构造，矿物成分以黏土矿物为主，含泥屑、重矿物、云母等矿物碎屑，矿物蚀变中等，具水平层理，节理裂隙较发育，岩芯呈块状—短柱状，锤击易碎，岩芯采取率为80%～90%。层厚 1.40～22.40 m，平均厚度 8.05 m，层底标高 -42.61～-16.61 m，层底深度 21.00～47.00 m

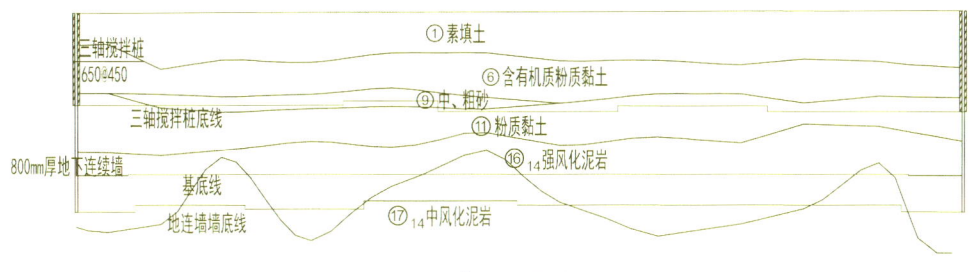

图 4 典型地质剖面

4 水文地质情况

根据地勘钻探钻孔揭露地层和钻孔抽水试验成果资料，结合场区的地形地貌、地下水赋存介质及埋藏条件的差异，场区内地下水可划分为两大类：第四系孔隙水、基岩裂隙水。

4.1 第四系孔隙水（微承压水）

主要分布在滨海堆积区和河流侵蚀堆积区，主要含水地层为①层素填土、⑨层中、粗砂。

4.2 基岩裂隙水

赋存于基岩强风化—中风化带及构造岩中，岩石呈砂土状、角砾状及碎块状，裂隙发育，风化裂隙发育，呈似层状分布于地形相对低洼地带。

4.3 地下水的补给、排泄条件

地下水水位及水量年内受降水制约，季节性变化较明显，7—9月为丰水期，地下水位回升呈波峰，之后随降水减少及径流和蒸发排泄，水位缓慢下降进入平水期。至翌年3—6月，降雨稀少，蒸发量加大，地下水位呈现持续下降趋势，一般至6月底，地下水位下降呈最低谷。年际间变化是遇丰水年水位回升，枯水年水位下降。

由于青岛地区位于丘陵区，地铁线路通过地段地下水类型多且分布不均匀，不是主要的水源地，周边没有系统性的、准确的地下水观测资料，无法取得场区的历史最高水位及近3~5年的历史最高水位准确值。根据勘察期间本工程水文地质条件，结合周边工程经验及场区环境条件分析，场区3~5年的最高水位较勘察期间水位变幅不超过2m。各含水层水文地质参数见表2。

表2 各含水层水文地质参数

层号及名称	简要水文地质特征	抽水试验渗透系数（m/d）	渗透系数建议值（m/d）	透水性分级
①素填土	孔隙度大，透水性强，含水量大，地面部分混凝土路面补给条件较差（部分填土与地表水连通）	7.44~9.94	15.00	强透水
③粉质黏土，⑥含有机质粉质黏土，⑦粉质黏土，⑪粉质黏土	厚度不均，混含粉粒、黏粒，受大气降水垂直入渗和侧向径流补给，含水量一般，透水性弱	—	0.02	弱透水
⑨中、粗砂，⑪₁粗砂	受大气降水垂直入渗和侧向径流补给，水量较丰富，透水性强	9.74~11.84	15.00	强透水
⑮₃全风化泥质粉砂岩、⑮₄全风化泥岩	裂隙发育，透水性稍好	—	0.50	弱透水

5 降水重难点

（1）坑内降水井采用钢管井，便于井的保护，过程中加强井的保护。

（2）每一土层开挖前建议加长预降水时间，在中风化岩层位置适当辅以明排措施，达到降水效果。

（3）降水井施工结束后，通过降水试验，制订合理的后期降水运行方案。

（4）降水运行过程中，密切关注坑内降水井运行状况。对坑内外各井内水位、出水量进行观测，若发现降水井出水量及水位异常，及时进行分析。

（5）基坑降水运行，应结合基坑开挖分区严格执行分区降水、分层降水、按需降水。

（6）降水过程中加强监测，通过监测数据及时调整基坑降水运行情况。

6 降水设计

根据青岛地区经验，单井有效疏干面积按 300 m² 考虑，少海北站基坑开挖面积 5 550 m²，经计算，基坑内共布置 18 口降水井。结合地层分布、围护结构深度等，设置井深宜设置在基底以下约 5 m，考虑到中风化地层成井难度较大，且中风化岩层的透水性差，富水性差，所以中风化出露较高的位置，降水井的深度适当减小，约至基底以下 2 m，开挖至基底辅以明排措施。结合基坑开挖深度和中风化泥质粉砂岩层的出露情况，降水井深度设置为 22 m 和 25 m。

7 现场降水及周边情况

为判断止水帷幕绕流效果，验证降水方案的可行性，止水帷幕和降水井完成后，进行验证性抽水试验。

试验期间选取坑内 2 口降水井作为观测井，启动其他所有井抽水，通过对群井试验的数据分析，坑内疏干井观测井水位降至埋深 20.53～20.64 m，满足基坑开挖要求。

8 项目总结

场地基坑开挖范围内存在较厚的粉质黏土、粗砾砂等土层，疏干井按照 300 m²/口布置，并尽可能增加预抽水时间能够有效对潜水含水层进行疏干。整个基坑开挖过程中严格按照分区降水，降水效果良好，止水帷幕没有明显渗漏。

济南市轨道交通及水文地质概况

济南市是山东省的省会，位于东经 $116°54'\sim117°02'$，北纬 $36°35'\sim36°40'$，南依泰山，北临黄河，南部为低山丘陵地貌，北部为冲洪积平原地貌。济南具有重要的政治、经济地位，是全省科技和文化中心，也是一座历史文化名城。济南城内百泉争涌，享有名泉七十二之说，仅市区就有大小泉池百余处，趵突泉、黑虎泉、珍珠泉、五龙潭、百脉泉五大泉群是济南72泉的主要组成部分。

济南市城市轨道交通沿线下伏地层从上至下分布①$_1$层素填土、①$_2$层杂填土、③$_1$层粉质黏土、③$_2$层粉土、③$_3$层淤泥质粉质黏土、⑦$_1$层粉质黏土、⑦$_2$层粉土、⑧层黄土、⑨$_1$层粉质黏土、⑩$_1$层粉质黏土、⑩$_5$层卵石、⑭$_1$层粉质黏土、⑯$_3$层含碎石粉质黏土、⑯$_4$层碎石、⑯$_8$层胶结砾岩、⑰$_1$层碎石、⑰$_2$层胶结砾岩、⑰$_3$层含碎石粉质黏土、⑰$_5$层粉质黏土、⑱层残积土、⑲$_1$层全风化闪长岩、⑲$_2$层强风化闪长岩、⑲$_3$层中风化闪长岩等。

对济南市城市轨道交通沿线下伏地层进行分析，呈如下特征。

③$_1$层粉质黏土、③$_2$层粉土、③$_3$层淤泥质粉质黏土、⑦$_1$层粉质黏土、⑦$_2$层粉土、⑧层黄土、⑨$_1$层粉质黏土、⑩$_1$层粉质黏土、⑭$_1$层粉质黏土、⑰$_5$层粉质黏土为潜水含水层，全线分布相对稳定。潜水含水层深度一般在3~5 m，局部与承压含水层相连。

③$_1$层粉质黏土、③$_2$层粉土、③$_3$层淤泥质粉质黏土、⑦$_1$层粉质黏土、⑦$_2$层粉土、⑧层黄土、⑨$_1$层粉质黏土、⑩$_1$层粉质黏土、⑭$_1$层粉质黏土、⑭$_5$层粉质黏土，均存在较为明显的竖向通道，总体上透水性较好，为中等以上透水性，除部分站点缺失，全线均有分布，但埋藏深度、厚度有较大差异。

⑩$_5$层卵石、⑭$_1$层粉质黏土、⑯$_3$层含碎石粉质黏土、⑯$_4$层碎石、⑯$_8$层胶结砾岩、⑰$_1$层碎石、⑰$_2$层胶结砾岩、⑰$_3$层含碎石粉质黏土具有承压性，为承压含水层。全线分布差异较大（分布范围、埋藏深度、含水层厚度均有较大

差异）。

整体而言，济南市城市轨道交通沿线全线各土层土质情况与水文地质情况存在着一定差异，济南市西部地区以潜水+强透水承压水层为主，中部地区以风化岩层基岩裂隙水为主，东部地区以粉质黏土、粉土层潜水含水层为主。

由于济南地区粉质黏土层均存在较为明显的竖向通道，总体上透水性较好，但是水平向渗透系数与垂直向渗透系数差异较大，需要在设计、施工过程中引起注意。

济南地区基岩裂隙水较发育，主要基岩有闪长岩、大理岩、石灰岩、辉长岩等，灰岩呈现较为明显的溶蚀性。

根据济南地区已有勘察成果所揭示的地层情况，结合地貌特征、地层年代、岩性特征与物理力学性质的差异性，将济南市轨道交通沿线主要划分为3个工程地质单元。

工程地质Ⅲ单元：低山丘陵地貌，第四系地层较薄，部分岩石出露。第四系地层主要为人工堆积层，局部为受坡积、洪积影响的粉质黏土和碎石层、胶结砾岩层，第四系地层下伏奥陶系的泥质灰岩及石灰岩。

工程地质Ⅳ单元：山前冲洪积平原地貌，第四系地层主要以冲洪积形成的粉质黏土、碎石及含碎石粉质黏土为主，第四系上部地层主要受冲洪积影响而成，下部地层受坡积、洪积影响形成。第四系地层下伏燕山期侵入的闪长岩为主，局部为奥陶系的石灰岩。

工程地质Ⅴ单元：黄河小清河冲洪积平原地貌，第四系地层主要以冲洪积形成的粉质黏土、碎石及含碎石粉质黏土为主，第四系上部地层主要受黄河小清河冲积影响而成，下部地层主要受冲洪积影响而成，第四系厚度较大。在第四系地层以下基岩埋深一般较大。

济南轨道交通规划的12条线路主要位于济南市趵突泉泉域和白泉泉域。因此，在济南地铁基坑降水施工过程中对泉水的保护非常重要。济南市城市轨道交通第一、二期规划线路见图1。

根据"济南城市轨道交通线路的重点路段要落实分期实施的要求，并采取盾构施工、封闭降水、原位回灌等保泉措施，同步开展对泉水影响的监测"；济南市人民政府办公厅发布《关于成立济南轨道交通泉水保护工作专班的通知》，要求"定期调度轨道交通项目推进和泉水保护工作情况，做好全过程监督、指导工

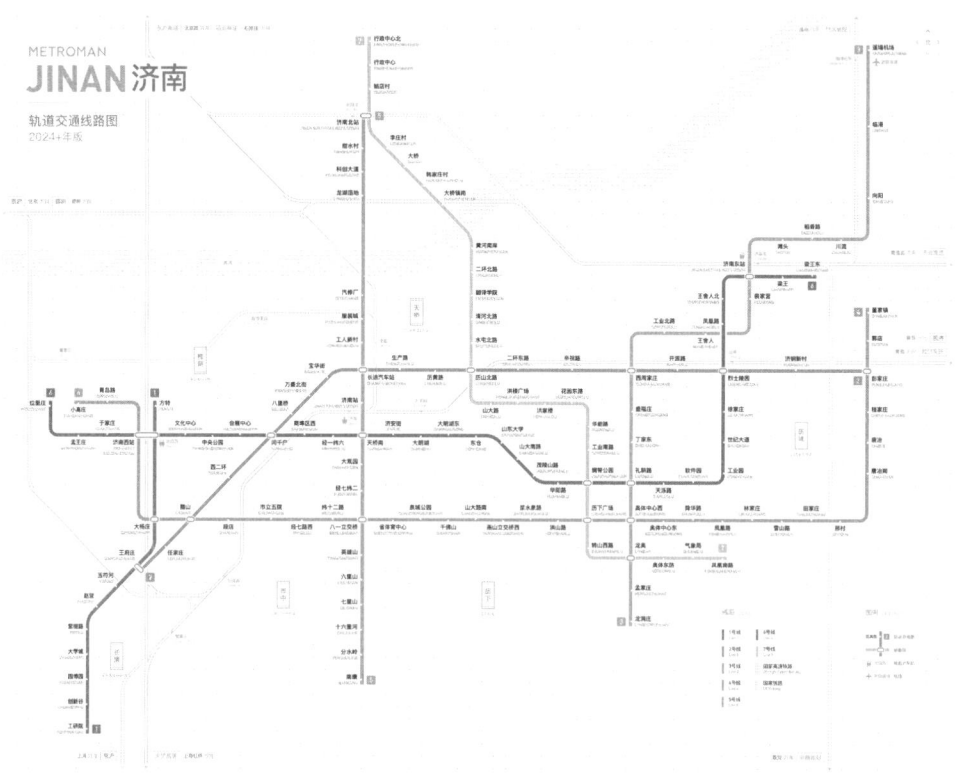

图 1　济南市城市轨道交通第一、二期规划线路

作,确保泉水保护措施落实到位";济南市建筑工程质量监督站发布《关于在建筑基坑工程中进一步加强截水帷幕和回灌等技术应用工作的通知》(济建质安站字〔2013〕1号),明确建筑基坑施工中需要采用地下水回灌等技术应用以保护泉水。

济南地区的回灌主要是资源保护性回灌,基坑总抽排水90%以上需原位回灌。我司开发的具有自主知识产权的"抽灌一体化技术",能够实现保泉的目标,成为济南地铁建设过程中的保泉的重要举措。凭借在地下水处理方面的专业技术,我司成为济南地铁建设泉水保护的主要实施单位之一。

抽灌一体化系统由抽水井、回灌井、水质处理系统、压力控制、回灌自动控制、抽水井自动化控制组成,达到抽灌动态平衡,维持抽灌水100%回灌。在保证回灌率的基础上,实现了对水质的高效处理,整套系统自动化程度高,处理高效。我司的技术发明"富水地层深基坑降水回灌关键技术及设备研创"获得2017年济南市科学技术奖一等奖。

济南市轨道交通 6 号线梁王站降水工程

1 工程概况

济南市城市轨道交通 6 号线梁王站位于规划舜城大街与规划檀公西路交叉口，沿规划舜城大街东西向布置，为岛式站台地下两层车站，车站长度 344.10 m（结构墙外皮）。根据规划路面标高，顶板覆土 2.40～4.10 m，标准段宽 20.90 m，配线段宽 20.60～36.70 m，结构底板埋深 17.28～19.81 m。小里程端头井宽 24.80 m，结构底板埋深 18.54 m；大里程端头井宽 40.01～43.65 m，结构底板埋深 21.80 m。车站北侧为在建济青高铁和石济客专桥梁，与车站基坑最小水平净距约 55.50 m。车站概况见表 1，基坑平面示意见图 1。

表 1　　　　　　　　车站概况

车站形式	开挖深度（m）	止水帷幕	施工方式	备注
地下二层	17.28～19.81（标准段）	标准段地下连续墙 32.4～35.43 m	明挖顺作法	线路邻近济青高铁
	18.54～21.80（端头井）	端头井地下连续墙 35.9～42.9 m		

2 基坑围护概况

基坑采用地下连续墙+内支撑的围护形式，地下连续墙设计厚度 800 mm，标准段地下连续墙深度 32.40～35.43 m，端头井地下连续墙深度 35.9～42.9 m

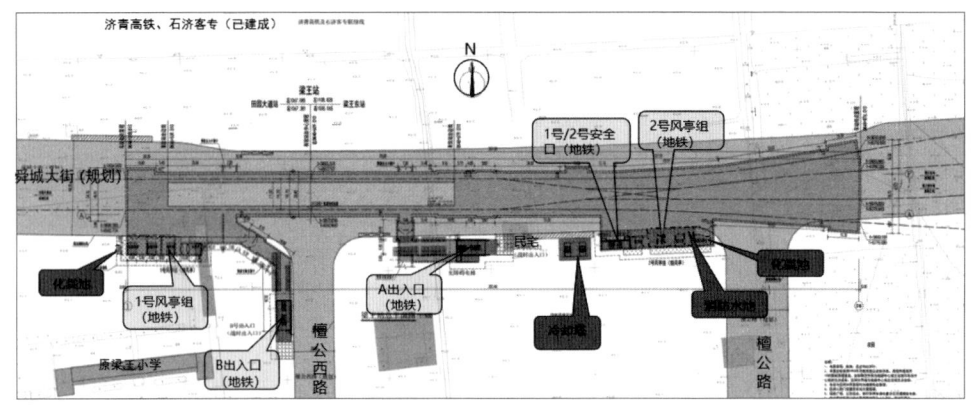

图 1 基坑平面示意

（底部 3~6 m 为素墙），采用 C35、P8 水下混凝土。

西端头井基坑开挖深度约为 18.54 m，东端头井基坑开挖深度约为 21.8 m。地连墙厚 800 mm。地连墙底部设置 3 m 厚 MJS 工法桩封底隔水。沿基坑深度方向设置三道支撑。第一道为钢筋混凝土支撑，截面 800 mm×800 mm；第二道为 $\phi 800×16$ mm 钢管支撑，第三道为 $\phi 800×16$ mm 钢管支撑。

标准段基坑开挖深度为 17.28~19.81 m，标准段基坑开挖深度为 17.28~19.81 m，地连墙厚 800 mm。墙底底部插入碎石层，且墙底设置 3 m 厚 MJS 工法桩封底隔水。沿基坑深度方向设置三道支撑。第一道为钢筋混凝土支撑，截面 800 mm×800 mm；第二道为 $\phi 800×16$ mm 钢管支撑，第三道为 $\phi 800×16$ mm 钢管支撑。

MJS 封底厚度 3 m（地连墙以上 1 m，以下 2 m）。

梁王站主体基坑按照分仓墙划分为 6 个单独的基坑进行开挖，基坑分仓示意见图 2，基坑断面示意见图 3。

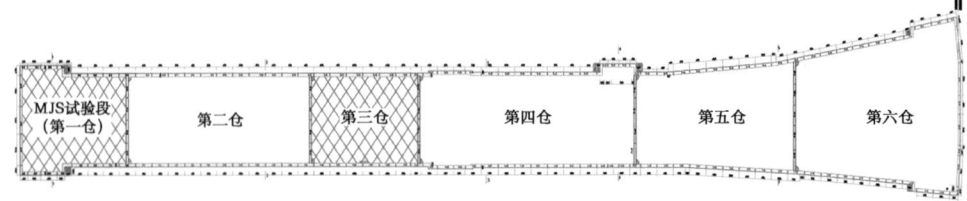

图 2 基坑分仓示意

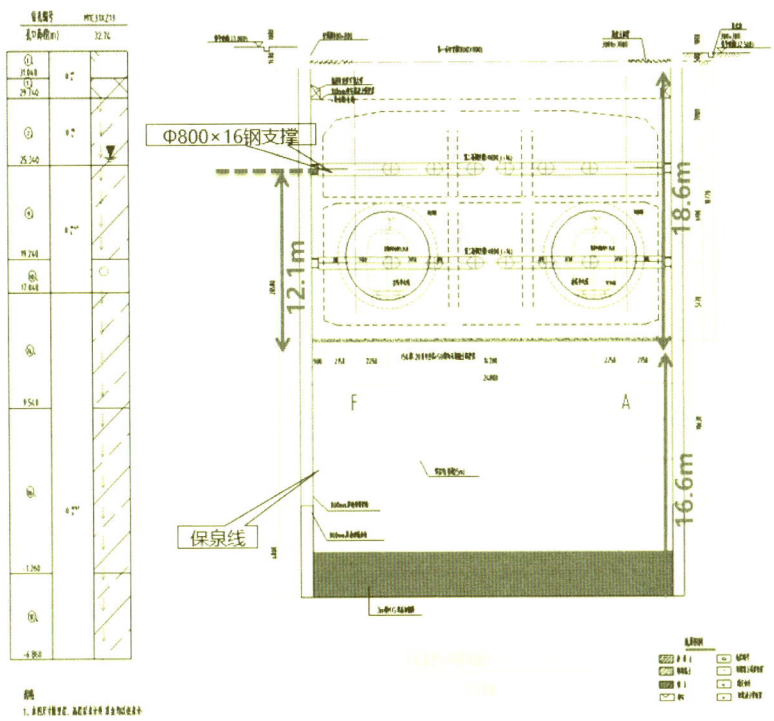

图 3　基坑断面示意

3　工程地质情况

根据《济南市轨道交通 6 号线一期工程岩土工程详勘—梁王站岩土工程勘察报告》，根据野外勘探鉴别、原位测试，结合室内岩土试验资料综合分析，钻探深度范围内揭露第四系地层以人工填土层、粉质黏土、卵石、含碎石粉质黏土、碎石、残积土为主，局部揭露粉土、胶结砾岩。

①层人工填土，遍布，土质不均、结构松散、强度不均，上部为素填土，主要成分为黏性土及少量碎石。该层厚度 0.40～4.00 m，平均厚度 1.92 m；下部为杂填土，主要成分为碎石块、混凝土块、砖块、灰土、建筑垃圾，充填黏性土该层厚度 1.00～3.20 m，平均厚度 1.77 m。

⑦₁ 层粉质黏土，褐灰色—黄灰色，可塑，土质均匀，切面稍光滑，局部夹粉土薄层，局部偶见姜石、小碎石、铁锰氧化物，存在孔隙裂隙。连续分布，该

层厚度 1.30～8.30 m，平均厚度 4.75 m，为浅部潜水含水层。

⑦$_6$ 层粉土，褐灰色—黄灰色，密实，土质均匀，切面粗糙，摇振反应不明显，局部偶见姜石，存在孔隙裂隙。局部分布，该层厚度：2.00～4.60 m，平均厚度 3.49 m，为浅部潜水含水层。

⑨$_1$ 层粉质黏土，褐黄色—灰黄色，可塑，土质均匀，切面稍光滑，局部夹粉土薄层，局部偶见姜石、小碎石、铁锰氧化物，存在孔隙裂隙。连续分布，该层厚度 2.80～8.60 m，平均厚度 5.79 m。

⑩$_5$ 层卵石，杂色，密实，饱和，母岩以灰岩为主，呈亚圆形及次棱角状，一般粒径为 20～40 mm，最大为 70 mm，含量约占 70%，充填黏性土，局部分布。该层厚度 0.40～6.20 m，平均厚度 3.40 m。

⑭$_1$ 层粉质黏土，棕黄色—浅棕红色，可塑—硬塑，土质均匀，切面光滑，含有少量铁质氧化物及钙质结核、姜石，局部含角砾，存在孔隙裂隙。连续分布，该层厚度 3.90～12.50 m，平均厚度 7.89 m。

⑯$_3$ 层含碎石粉质黏土，杂色，可塑，土质不均匀，成分以粉质黏土为主，含铁锰氧化物，碎石含量约占 30%，一般砾径 30～40 mm，最大粒径不小于 80 mm。该层厚度 0.50～6.80 m，平均厚度 2.75 m、

⑯$_4$ 层碎石，杂色，饱和，密实，成分为灰岩，呈棱角状及次棱角状，级配一般，一般粒径 20～50 mm，最大粒径不小于 110 mm，大于 20 mm 的碎石含量约占 60%，充填黏性土。该层厚度 0.80～6.80 m，平均厚度 2.65 m。

⑯$_8$ 层胶结砾岩，杂色，密实，钙质中等胶结，成分以灰岩碎石为主，岩芯呈短柱状，一般柱长 5～9 cm，锤击易碎，局部揭露。该层厚度：0.10～0.30 m，平均厚度 0.20 m。

⑰$_1$ 层碎石，杂色，密实，饱和，成分为灰岩，呈棱角状及次棱角状，级配一般，一般粒径 20～50 mm，最大粒径不小于 110 mm，大于 20 mm 的碎石含量约占 60%，充填黏性土。局部分布，该层厚度 0.50～6.50 m，平均厚度 2.93 m。

⑰$_2$ 层胶结砾岩，杂色，密实，成分以灰岩碎石为主，岩芯呈柱状及短柱状，中等钙泥质胶结，岩芯呈块状和柱状，柱长 5～15 cm，锤击不易碎。局部分布，该层厚度 0.10～2.50 m，平均厚度 1.13 m。

⑰$_3$ 层含碎石粉质黏土，杂色，硬塑，土质不均匀，含少量铁锰氧化物，含碎石，一般粒径 30～40 mm，最大粒径不小于 60 mm，约占 30%。该层厚

度 0.40～8.30 m，平均厚度 3.15 m。

⑰₅层粉质黏土，棕红色，可塑—硬塑，土质均匀，切面稍光滑，含有少量姜石和铁锰结核，干强度韧性中等，存在孔隙裂隙。该层厚度 1.00～10.50 m，平均厚度 4.50 m。

⑱层残积土，灰黄色，原岩为闪长岩，岩芯风化呈砂土状，断面致密，局部夹杂少量强风化岩碎块。

典型地质剖面见图 4。

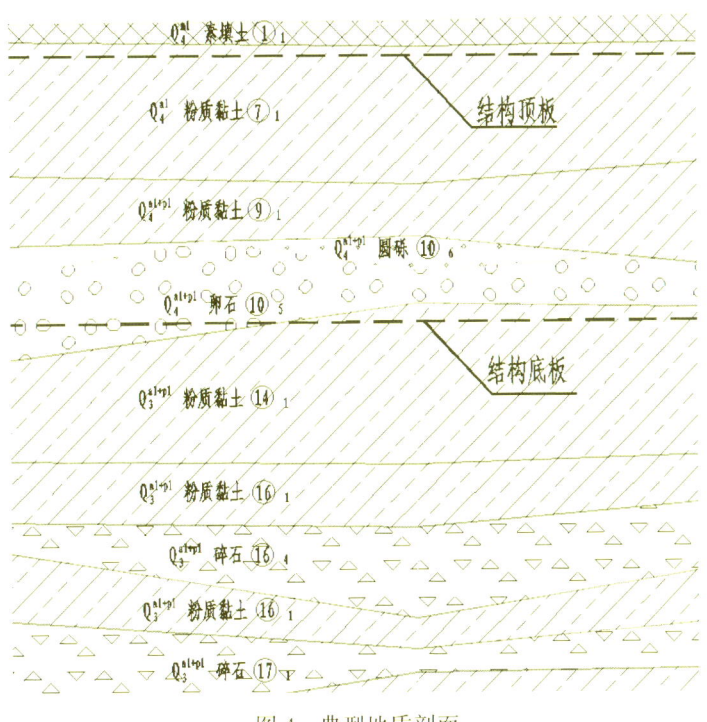

图 4　典型地质剖面

4　水文地质情况

梁王站车站基坑影响范围内无地表水系，根据勘察报告，本车站区域沿线地下水类型为第四系松散层孔隙水及灰岩岩溶水，本次钻探深度内仅揭露第四系松散层孔隙水。根据区域水文地质资料显示，该区域第四系孔隙水含水层水量丰富,第四系含水层以碎石、卵石、含碎石粉质黏土等为主,裂隙发育的粉质黏土、粉土具有一定的渗透性,地下水主要受大气降水补给和下部岩溶承压水顶托补给,第四系孔隙水具承压特性。

梁王站水位埋深 3.60~8.10 m,水位标高 25.23~26.40 m,观测时间为 2020 年 3—9 月,主要接受大气降水补给、下部岩溶承压水顶托补给,以侧向径流、人工开采方式排泄。在丰水期及枯水期地下水位有所变化。含水层为粉质黏土层、碎石层及含碎石粉质黏土层,其中粉质黏土层具透水性,补给速度快;碎石层及含碎石粉质黏土层含水量丰富,具承压性,顶托补给上部含水层。梁王站影响范围内的地下水主要为上层滞水(一)、潜水(二)、承压水(三)。

为查明车站范围内的卵石层的水文地质参数,在梁王站西北侧布置抽水试验,针对⑩$_5$层卵石,设置一口抽水井带 2 口观测井进行稳定流抽水试验。根据抽水试验计算成果,⑩$_5$层综合渗透系数平均值为 200.0 m/d,影响半径平均值为 530.0 m。

根据抽水试验计算成果,含水层⑦$_1$层粉质黏土、⑨$_1$层粉质黏土、⑩$_1$层粉质黏土、⑭$_1$层粉质黏土综合渗透系数平均值为 2.0 m/d,影响半径平均值为 65.0 m;含水层⑯$_1$层粉质黏土、⑰$_5$层粉质黏土,综合渗透系数平均值为 0.18 m/d,影响半径平均值为 60.0 m;⑰$_1$层碎石、⑰$_3$层含碎石粉质黏土、⑰$_2$层胶结砾岩,综合渗透系数平均值为 3.0 m/d,影响半径平均值为 680.0 m。

根据抽水时观测各相邻不同含水层的观测井水位动态变化,对比同一时间段各抽水试验观测孔的数据可见:上部粉质黏土中第四系松散层孔隙水与下部卵石、碎石、含碎石粉质黏土中第四系松散层孔隙水力联系紧密。梁王站地质岩土参数见表 2。

表 2　　　　　　　　梁王站地质岩土参数

岩土分类	岩土名称	渗透系数（m/d）	
		垂直	水平
①$_1$	素填土	—	—
①$_2$	杂填土	—	—
⑦$_1$	粉质黏土	2.0	3.5

(续表)

岩土分类	岩土名称	渗透系数（m/d）	
		垂直	水平
⑦₆	粉土	0.5	1.0
⑨₁	粉质黏土	2.0	3.5
⑩₅	卵石	160.0	160.0
⑩₆	圆砾	160.0	160.0
⑭₁	粉质黏土	1.5	3.0
⑯₁	粉质黏土	0.5	1.0
⑯₃	含碎石粉质黏土	3.0	3.0
⑯₄	碎石	60.0	60.0
⑯₄	胶结砾岩	5.0	5.0
⑰₁	碎石	15.0	20.0
⑰₂	胶结砾岩	5.0	5.0
⑰₃	含碎石粉质黏土	0.6	1.0
⑰₅	粉质黏土	0.4	0.5

5 降水重难点

（1）该站为地下二层结构，开挖深度最深约21.8 m，开挖范围内涉及潜水含水层和承压含水层，承压含水层呈层状分布，同时考虑到该地区土层存在孔隙和裂隙，竖向补给大。总体上，含水层富水性强，水量大，降水深度较大，如何降低坑内水位至基底以下为本工程的重点。

（2）梁王站涉及封底施工方案选择的问题，基坑周边环境比较复杂，如何控制长时间降水对周边环境的影响为本工程重点和难点，车站北侧为在济青高铁和石济客专桥梁，与车站基坑最小水平净距约55.5 m，高铁对沉降相当敏感，如何在降水的同时保护高铁线路成为本工程最大的问题。

（3）基坑围护结构对应孔隙潜水和孔隙承压水含水层位置所发生的渗漏风险，是本工程的最重大的风险源，如何有效发现并应对基坑围护结构对应含水层位置的渗漏，是本工程降水控制的重点。

（4）由于基坑下伏承压水层分布层位较多，在大面积降水的情况下周边环境会难以承受，故采用"分层降水，按需降水"的原则进行降水设计。

（5）为保证基坑安全，在坑内布置适量的备用观测井，平时作为水位观测井观测基坑中的水位，指导基坑降水运行，同时可兼作备用井抽水。

（6）对基坑内是否存在勘察孔进行排查，封堵不当容易导致潜水与深层承压水串通，加大了后期基坑降水施工及运行控制难度。

6 降水设计

进场施工前，梁王站第一仓已施工 MJS 工法桩封底，第三仓未施工 MJS 工法桩封底，为验证 MJS 工法桩封底的有效性，按照总包单位要求，分别在第一仓和第三仓设计降水井，并进行降水试验，为后续各分仓封底设计提供设计依据。

6.1 第一仓坑内降水井设计

第一仓基坑内共设置降水井 8 口（孔径 650 mm，井径 273 mm，深度 26～29 m），备用坑内降水井兼作坑内观测井 2 口（孔径 650 mm，井径 273 mm，深度 26 m），设置坑内观测 8 口，坑外观测井 7 口（其中坑内 8 口孔径 120 mm，井径 50 mm，深度 26 m；坑外 7 口孔径 120 mm，井径 50 mm，深度 26 m）。第一仓基坑内降水井平面布置见图 5。

第一仓降水井主要穿越①$_2$ 层杂填土、⑦$_1$ 层粉质黏土、⑨$_1$ 层粉质黏土、⑩$_5$ 层卵石、⑭$_1$ 层粉质黏土、⑯$_1$ 层粉质黏土、碎石层。其中 JS1-1 井底落于碎石层中，其余井底落于粉质黏土层，第一仓基坑内降水井纵剖面布置见图 6。

6.2 第三仓坑内降水井设计

第三仓基坑内共设置降水井 7 口（孔径 650 mm，井径 273 mm，深度 26～29 m），设置坑内观测井 1 口，坑外观测井 2 口（其中坑内观测井 1 口孔径 120 mm，井径 50 mm，深度 26 m；坑外 2 口孔径 120 mm，井径 50 mm，深度 26 m）。第三仓基坑内降水井平面布置见图 7。

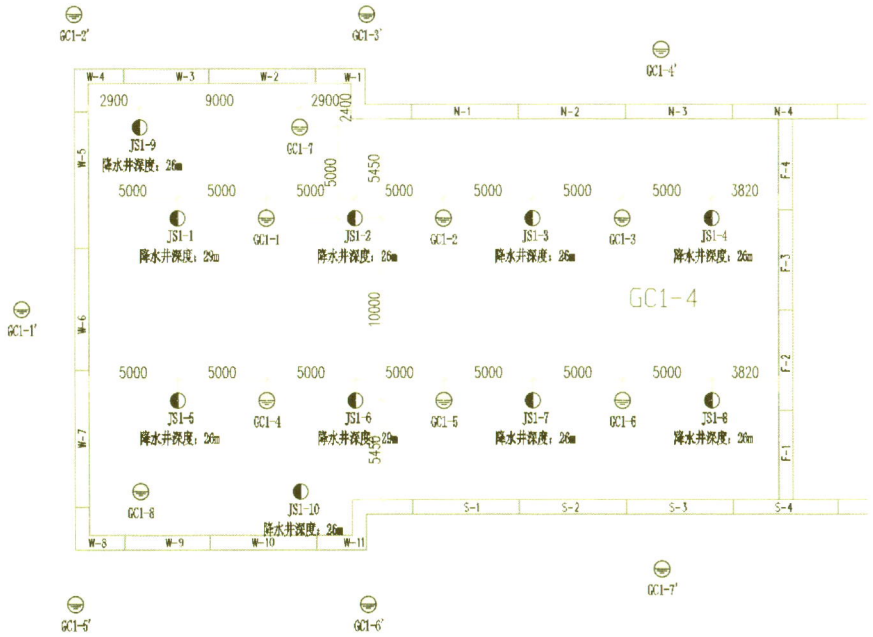

图 5　第一仓基坑内降水井平面布置

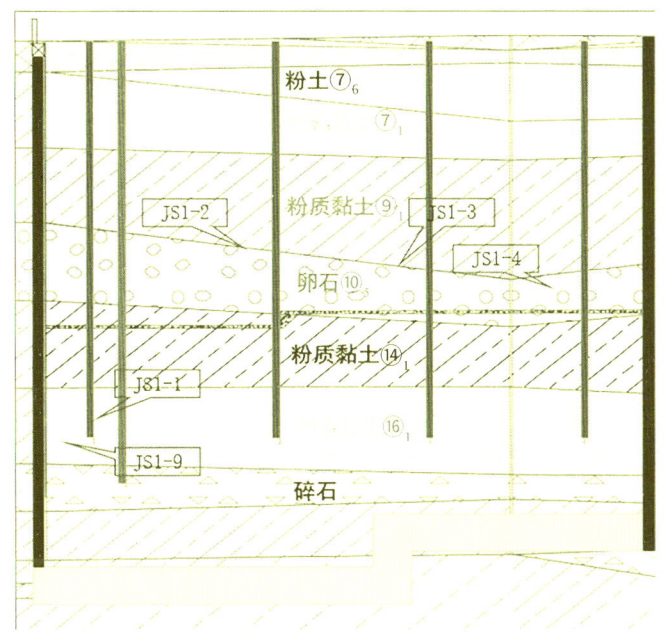

图 6　第一仓基坑内降水井纵剖面布置

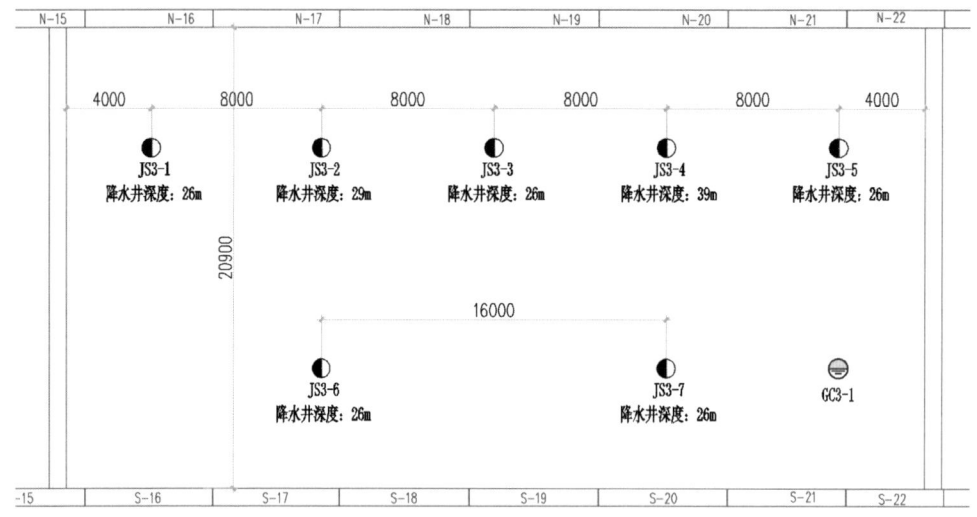

图 7　第三仓基坑内降水井平面布置

第三仓降水井主要穿越⑦₁层粉质黏土、⑨₁层粉质黏土、⑩₅层卵石、⑭₁层粉质黏土、⑯₁层粉质黏土、碎石层。其中JS3-2井底落于碎石层⑯中，JS3-4井底落于碎石层⑰中，其余井落于粉质黏土层，主要分析在不施工MJS工法桩封底情况下基坑出水量情况，第三仓基坑内降水井纵剖面布置见图8。

7　抽水试验

按照总包单位的要求，我司分别在梁王站第一仓基坑和第三仓基坑内开展了降水试验，分别采集两基坑内水位及出水量数据，并对试验数据进行了分析。

7.1　第一仓基坑降水试验

7.1.1　单井试验

选取基坑内1口降水井JS1-2进行单井试验，坑内其余降水井作为坑内观测

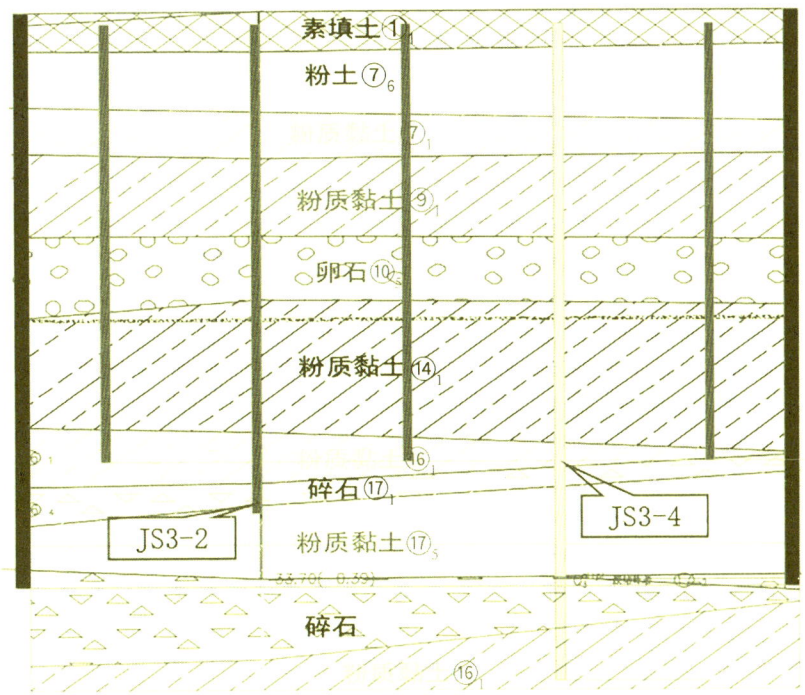

图 8 第三仓基坑内降水井纵剖面布置

井,试验期间将抽水井水位降至井底,同步观测坑内外井的水位变化情况并记录出水方量。单井试验时间为 2022 年 4 月 7 日 15:00 至 4 月 9 日 18:00,抽水持续时间 1 天,恢复水位观测 1 天。

单井降水选用 JS1-2 作为抽水井,水泵采用流量 30 m³/h 的水泵,降水 15 h 后降水井动水位维持在埋深 25.1 m 水泵位置,24 h 后结束单井试验,单井试验期间水位降深曲线示意见图 9。

坑内观测井水位变化:随着单井降水,坑内水位均匀下降,15 h 后静水位趋于稳定,下降速率变缓,观测井降深 7.58~8.36 m,平均降深 7.98 m。

坑外水位变化:本次单井降水坑外观测井无明显变化,最大变化为下降 2 cm。

降水期间总出水量 360 m³。前 6 h 出水量为 27 m³/h,后 18 h 平均每小时出水量为 9 m³/h,总平均每小时出水量 15 m³/h,停泵前出水量仅 3 m³/h,第一仓单井试验期间出水量变化曲线见图 10。

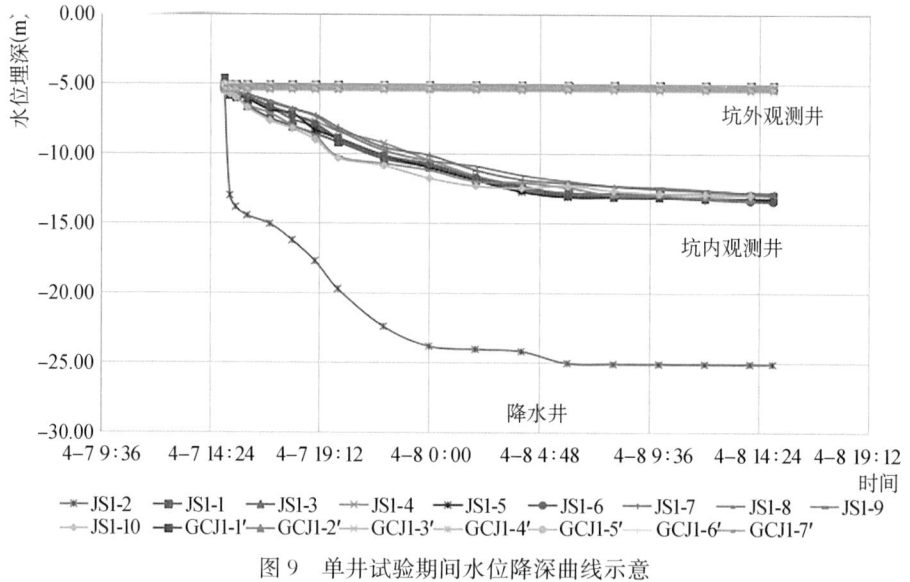

图 9 单井试验期间水位降深曲线示意

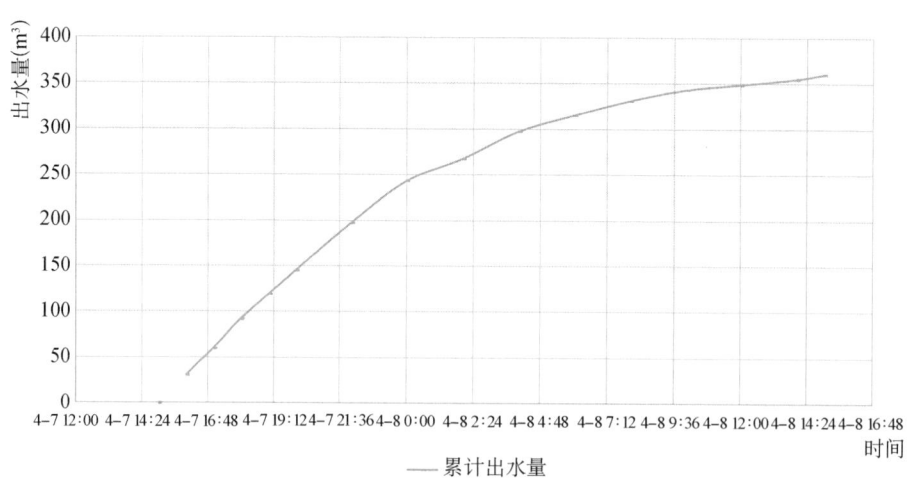

图 10 第一仓单井试验期间出水量变化曲线

4月8日15:00停止抽水开始进行水位恢复情况监测,抽水井开始回升较快,随后与其余坑内观测井回升趋势相同,本次单井水位恢复试验24 h后结束观测,第一仓单井水位恢复试验期间水位变化曲线见图11。

坑内观测井水位变化:停泵后开始缓慢回升,前4 h平均回升0.72 m,平均回升速率0.18 m/h,回升率为9.2%;24 h后平均回升1.03 m,平均回升速率0.04 m/h,回升率为12.7%。

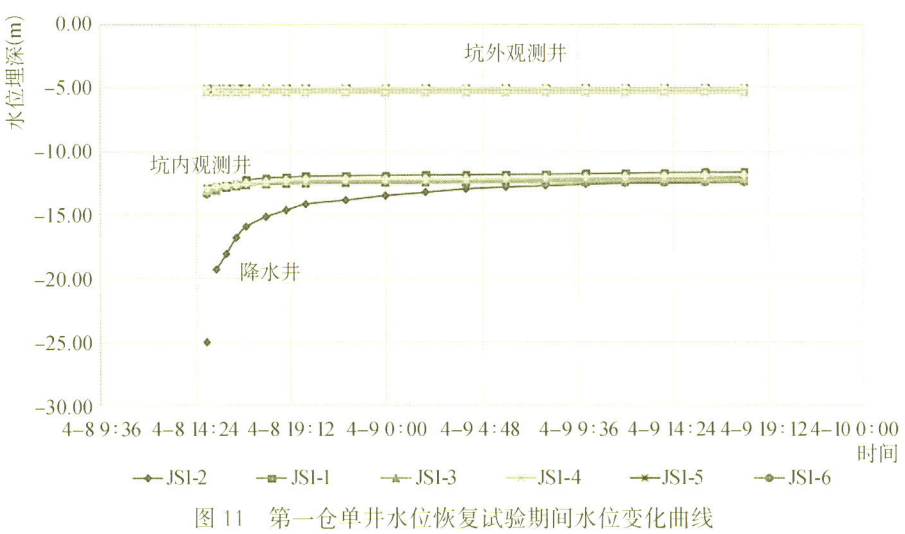

图 11 第一仓单井水位恢复试验期间水位变化曲线

坑外水位变化：本次单井降水坑外观测井无明显变化，最大变化为回升 1 cm。

通过对单井抽水试验的数据分析，验证降水井成井质量良好，降水井的设置满足要求，单井降水效果明显，单井降水期间坑外水位稳定，没有明显变化，单井降水出水量较小。单井水位恢复阶段，坑内静水位回升率很低，24 h 后回升率仅为 12.7%，基坑内水量补给缓慢，单井水位恢复期间坑外水位稳定，无明显变化。

7.1.2 群井试验

坑内（JS1-1—JS1-8）8 口降水井作为抽水井，JS1-9、JS1-10 作为观测井进行群井试验，试验期间启动抽水井，同步观测坑内外井的水位变化情况并记录出水方量。群井试验时间为 2022 年 4 月 9 日 18:00 至 4 月 23 日 18:00，抽水持续时间 14 天，恢复水位观测 2 天。

群井降水期间启动 8 口降水井，水泵采用流量 30 m³/h 的水泵，降水 15 min 后降水井动水位稳定在井底水泵位置，持续 14 天后结束群井试验，第一仓群井试验期间坑内水位变化曲线见图 12。

坑外观测井变化：群井降水期间，坑外水位有一定的起伏，截至 4 月 23 日，观测井水位普遍呈现水位上升趋势，最大上升 0.3 m，平均上升 0.18 m。水位上升以突然变化为主。第一仓群井试验期间坑外水位变化曲线见图 13。

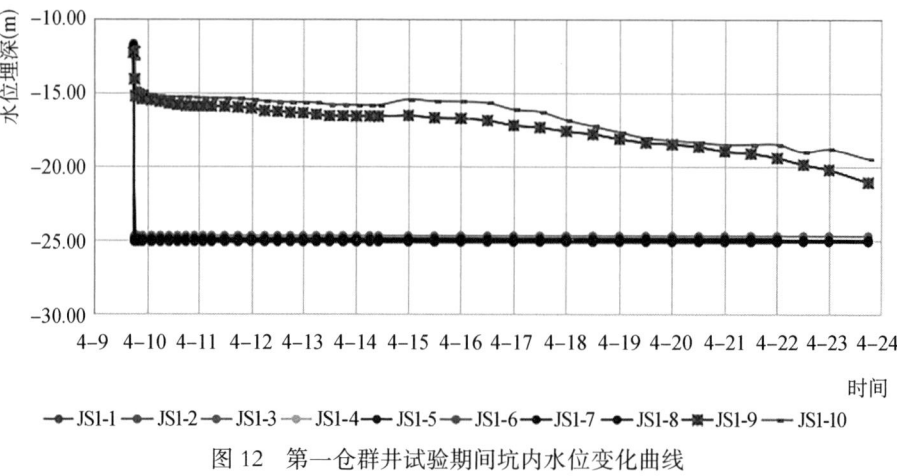

图 12 第一仓群井试验期间坑内水位变化曲线

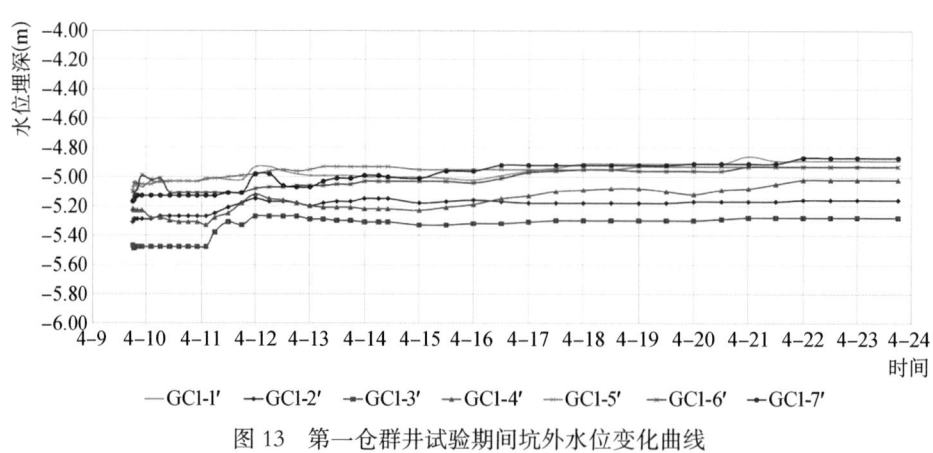

图 13 第一仓群井试验期间坑外水位变化曲线

4月9—23日历时14天，总出水量 276.75 m³，平均每口降水井每日出水量 2.47 m³/d，每天出水量逐渐降低，停泵前平均每口降水井每日出水量仅 0.37~0.87 m³/d。第一仓群井试验期间出水量变化曲线见图14。

4月23日18:00停止抽水开始进行水位恢复情况监测，降水井开始回升较快，随后缓慢回升，群井水位恢复试验持续观测48 h，第一仓群井恢复试验期间抽水井动水位变化曲线见图15，第一仓群井恢复试验期间坑内观测井静水位变化曲线见图16，第一仓群井恢复试验期间坑外观测井水位变化曲线见图17。

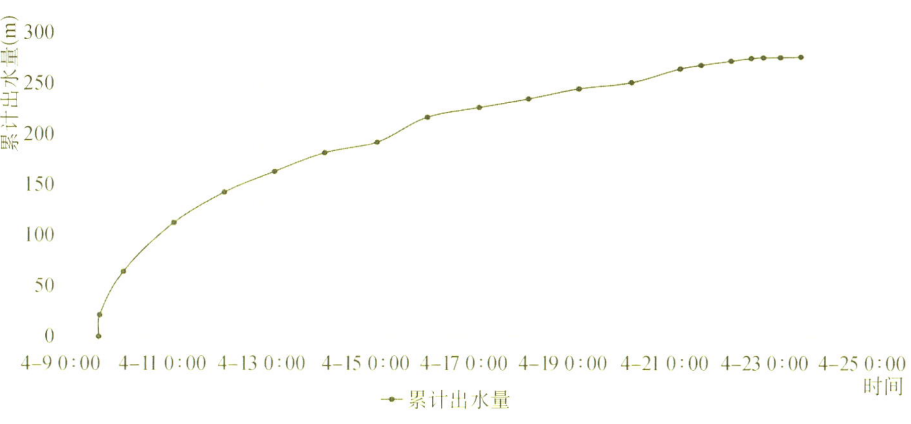

图14 第一仓群井试验期间出水量变化曲线

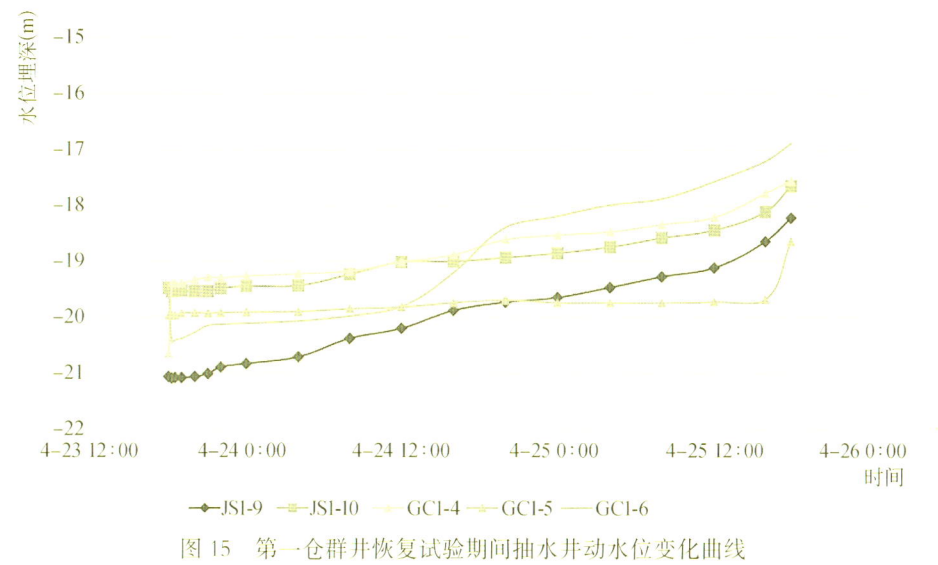

图15 第一仓群井恢复试验期间抽水井动水位变化曲线

坑内观测井水位变化：停泵后JS1-9/10，GC1-4/5/6开始水位回升，48 h后水位回升1.33~3.09 m，平均回升2.33 m，平均回升速率1.17 m/d，总的回升率为20%。

坑外水位变化：群井水位恢复期间水位坑外水位无明显变化，最大变化值为下降2 cm。

通过对群井试验的数据分析，基坑总的涌水量较小，平均每口降水井每日出

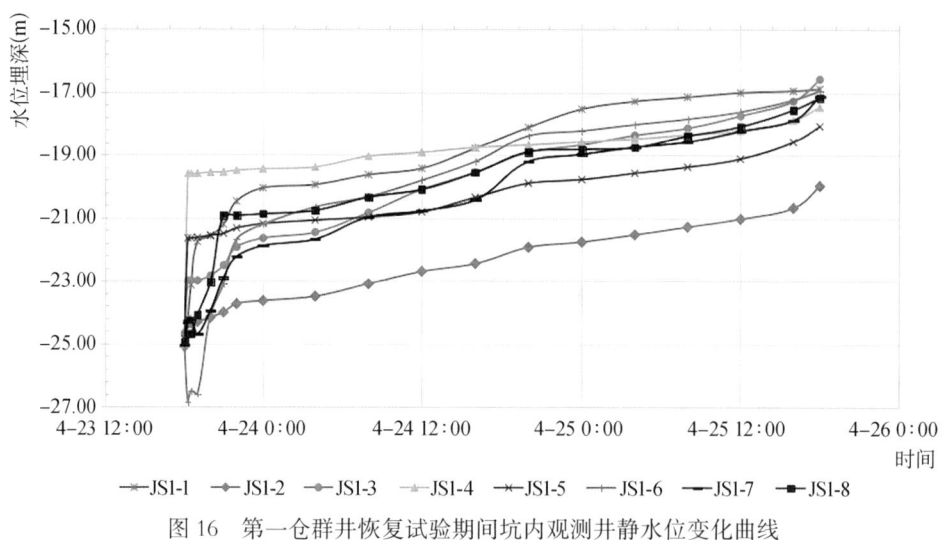

图 16　第一仓群井恢复试验期间坑内观测井静水位变化曲线

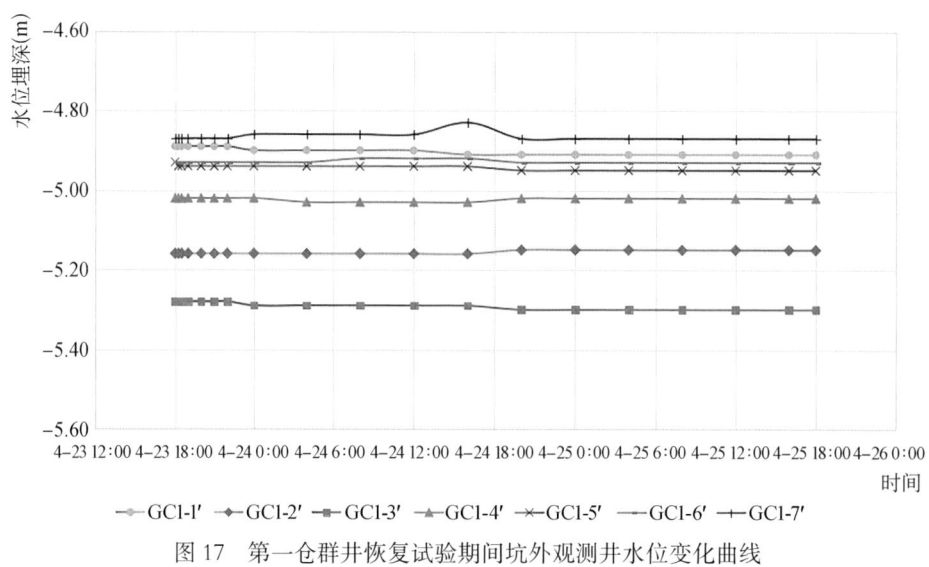

图 17　第一仓群井恢复试验期间坑外观测井水位变化曲线

水量 2.47 m^3/d，坑内观测井水位降至基坑底部 1 m 以下，满足基坑开挖条件，降水井的设置满足降水要求，降水效果明显。群井降水效果较好，基坑内降水对坑外水位无明显影响。水位恢复阶段，群井水位恢复阶段，回升率较低，总回升率为 20%，基坑内水量补给缓慢，群井水位恢复期间坑外水位稳定，无明显变化。

7.2 第三仓基坑降水试验

7.2.1 单井试验

选取基坑内 1 口降水井 JS3-2 进行单井试验，坑内其余降水井作为坑内观测井，试验期间将抽水井水位降至井底，同步观测坑内外井的水位变化情况并记录出水方量。单井试验时间为 2022 年 3 月 28 日 15:00 至 3 月 30 日 20:00，抽水持续时间 1 天，恢复水位观测 1 天。

单井降水选用 JS3-2 作为抽水井，水泵采用流量 30 m³/h 的水泵，降水 20 h 后降水井动水位维持在埋深 19.75 m，24 h 后结束单井试验，单井试验期间水位降深曲线示意见图 18。

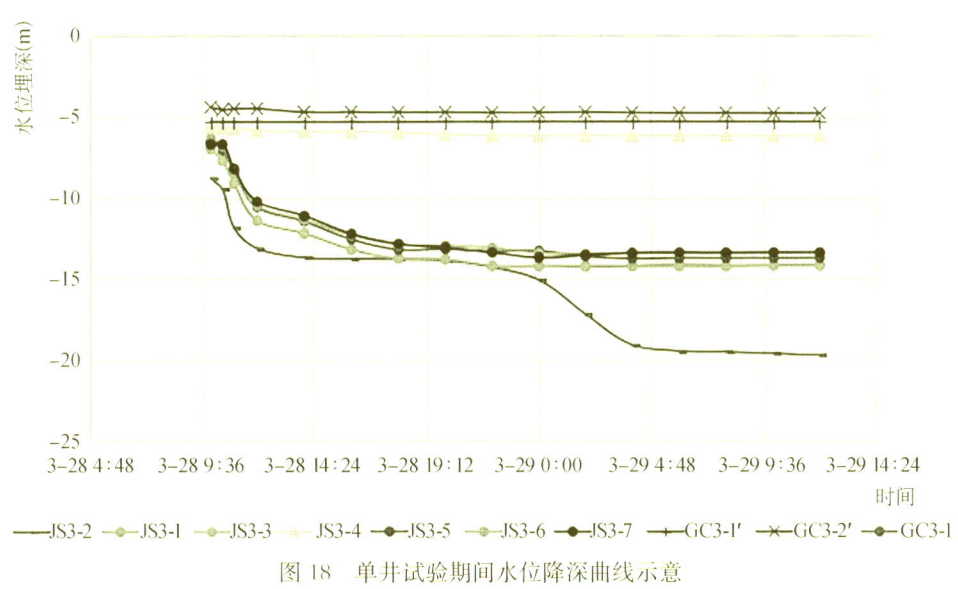

图 18　单井试验期间水位降深曲线示意

坑内观测井水位变化：随着单井降水，坑内水位均匀下降，10 h 后静水位趋于稳定，下降速率变缓，观测井降深 8.56～9 m，平均降深 8.79 m。

坑外水位变化：本次单井降水坑外观测井变化明显，最大降深（GC3-2）为 10 cm。单井抽水试验降水期间总出水量 665 m³，平均每小时出水量 27.7 m³/h。第三仓单井试验期间出水量变化曲线见图 19。

3 月 29 日 14:00 停止抽水开始进行水位恢复情况监测，降水井开始回升较快，随后与其余坑内观测井回升趋势相同，本次单井水位恢复试验 24 h 后结束

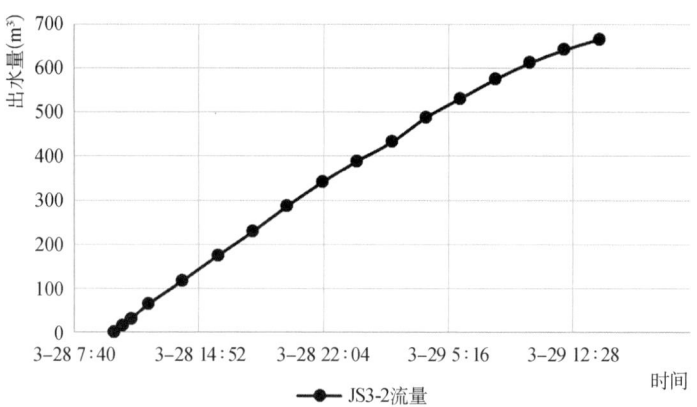

图 19　第三仓单井试验期间出水量变化曲线

观测，第三仓单井水位恢复试验期间水位变化曲线见图 20。

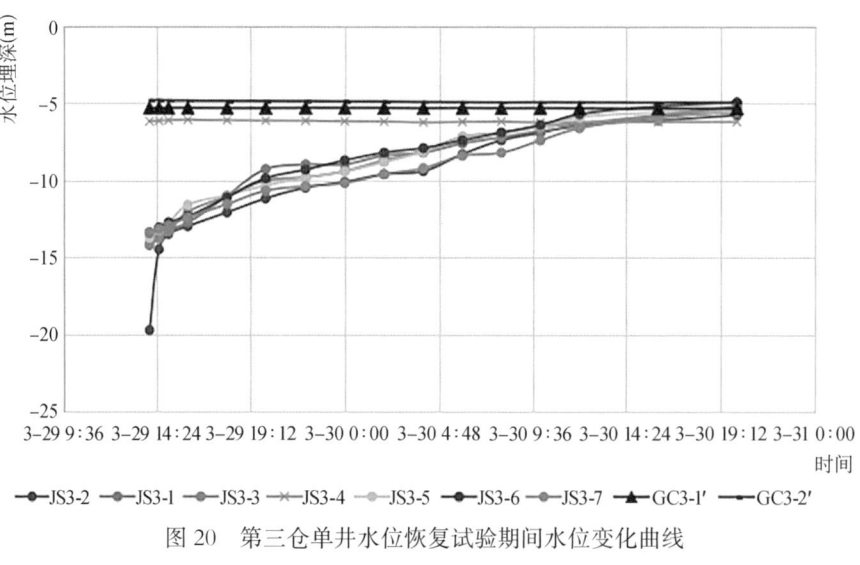

图 20　第三仓单井水位恢复试验期间水位变化曲线

坑内观测井水位变化：停泵后开始缓慢回升，4 h 后平均回升 2.64 m，平均回升速率 0.66 m/h；24 h 后平均回升 8.474 m，平均回升速率 0.35 m/h，平均水位回升率为 96.4%。

坑外水位变化：坑外水位随基坑内降水井水位回升而回升，其中 GC3-2 回升 11 cm。

7.2.2　群井试验

坑内（JS3-1—JS3-7）7 口降水井作为抽水井，GC3-1 作为坑内观测井进行群井试验，试验期间启动抽水井，同步观测坑内外井的水位变化情况并记录出水方量。群井试验时间为 2022 年 4 月 4 日 11:00 至 4 月 20 日 8:00，抽水持续时间 13 天，恢复水位观测 2 天。

群井降水期间启动 7 口降水井，水泵采用流量 30 m³/h 的水泵，JSJ3-2 在 5 h 后动水位降至水泵放置深度（27 m），其余坑内降水井动水位抽水 2 h 后降至埋深水泵放置深度（25 m），本次群井试验于 4 月 4 日开始，持续 13 天后结束群试验。

坑内观测井水位变化：井内水位随降水井抽水下降，截至 4 月 17 日，水位已下降至 15.56 m，基坑最大开挖深度 18.07 m，水位位于基坑底部以上 2.51 m，第三仓群井试验期间坑内动水位变化曲线见图 21，第三仓群井试验期间坑内静水位变化曲线见图 22。

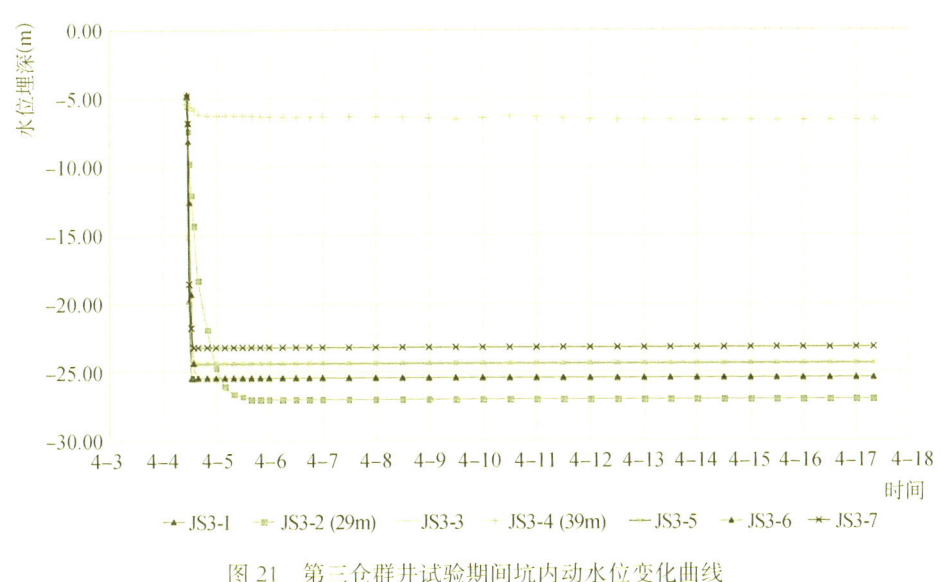

图 21 第三仓群井试验期间坑内动水位变化曲线

坑外观测井水位变化：降水期间，坑外水位下降明显，截至 4 月 17 日，两口观测井水位分别下降 0.36 m、0.34 m，第三仓群井试验期间坑外水位变化曲线见图 23。

通过对群井试验水位数据分析，基坑内静水位距离基坑底部 2.51 m，水位无法下降至基坑底部以下，不满足基坑开挖要求，降水难度大。坑内降水对坑外

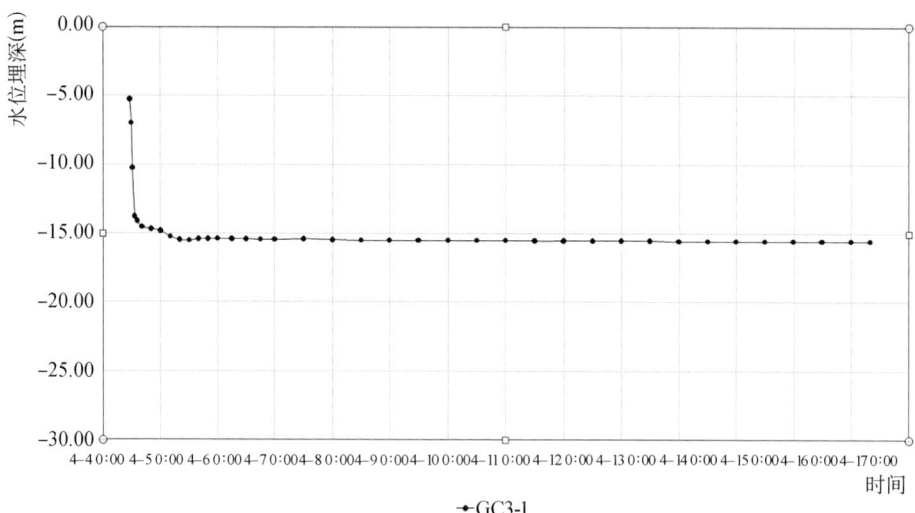

图 22　第三仓群井试验期间坑内静水位变化曲线

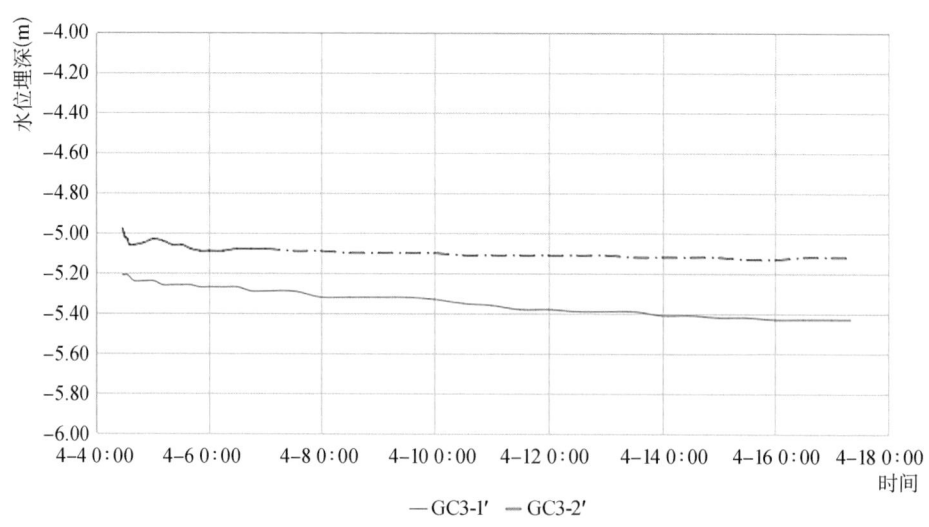

图 23　第三仓群井试验期间坑外水位变化曲线

水位有明显的影响。

4月4—17日历时13天，总出水量4 931.8 m³，平均每日出水量为379.4 m³/d。停泵前每日出水稳定在270 m³/d。第三仓群井试验期间出水量变化曲线见图24。

4月17日8:00停止抽水开始进行水位恢复情况监测，降水井开始回升较快，

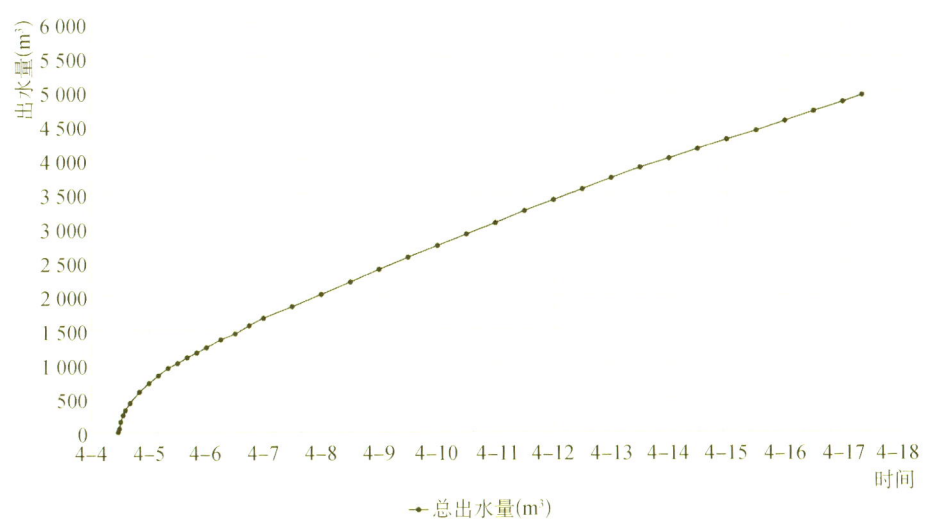

图 24 第三仓群井试验期间出水量变化曲线

随后缓慢回升,群井水位恢复试验持续观测 48 h,第三仓群井恢复试验期间坑内及坑外观测井水位变化曲线见图 25。

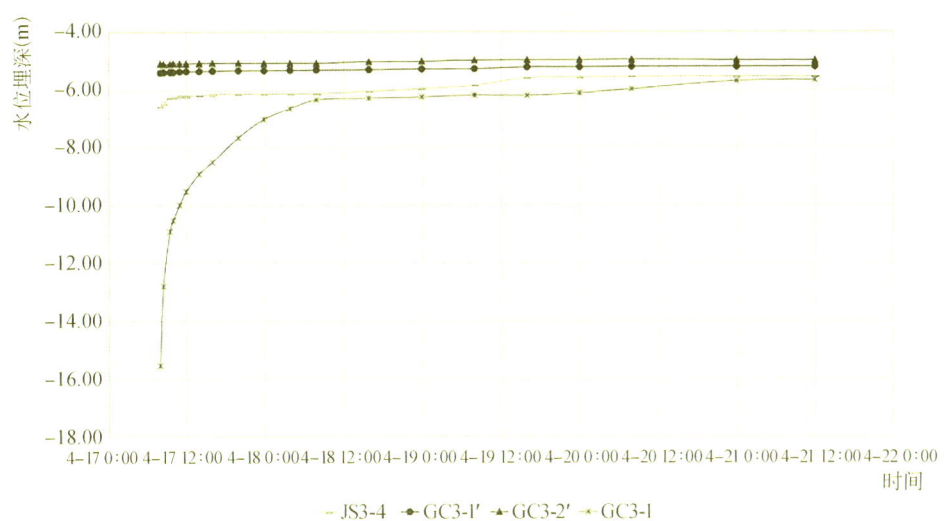

图 25 第三仓群井恢复试验期间坑内及坑外观测井水位变化曲线

坑内观测井水位变化:停泵后开始水位回升,48 h 后水位回升 9.57 m,回升速率 4.79 m/d (0.2 m/h),水位回升率为 92.6%。

坑外水位变化：坑外水位随基坑内降水井水位回升而回升，两口观测井分别回升 36 cm 和 29 cm。

通过对群井恢复试验的数据分析，水位恢复阶段，基坑内水位恢复速度较快，基坑外水位有明显变化，基坑内外存在明显水力联系，基坑外对基坑内存在明显水量补给。

7.3 两仓数据对比

出水量对比分析见表 3。

表 3　　　　　　　　　出水量对比分析

序号	试验项目	第一仓数据	第三仓数据	对比情况
1	单井试验 每小时出水量	15.00 m^3/h	27.70 m^3/h	第一仓及第三仓在基坑面积相同和地质情况相同的情况下，第一仓基坑内出水量远小于第三仓基坑内出水量，说明第三仓明显受到坑外水量补给，说明第一仓的 MJS 封底加固隔水效果明显。第三仓水位无法降至基坑底部
2	单井试验 总出水量	360.00 m^3	665.00 m^3	
3	群井平均 每天出水量	19.77 m^3/d	379.40 m^3/d	
4	群井出水总量	276.75 m^3	4 931.80 m^3	

观测井水位降深对比分析见表 4。

表 4　　　　　　　　观测井水位降深对比分析

序号	试验项目	第一仓数据	第三仓数据	对比情况
1	单井试验 坑内水位降深	平均降深 7.98 m	平均降深 8.79 m	第一仓及第三仓在降水试验时间相同的情况下，按目前的降水试验方案，第一仓能有效将水位降至基坑底部 1.00 m，第三仓降水效果不理想，无法将基坑水位降至基坑底部
2	群井降水水位 与基坑底标高关系	基坑底部以下 1.10～2.27 m	基坑底部以上 2.50 m	

观测井水位降深对比分析见表 5。

表5　　　　　　　　　观测井水位降深对比分析

序号	试验项目	第一仓数据	第三仓数据	对比情况
1	单井试验水位恢复速率	0.04 m/h	0.35 m/h	水位恢复阶段，第一仓及第三仓在水位恢复试验时间相同的情况下，第一仓水位恢复的速率及恢复率远小于第三仓，说明第一仓水位恢复慢，恢复至原水位需要时间长，第三仓水位恢复快，恢复至原水位需要时间短，能很快恢复至原水位
2	24 h单井试验水位恢复率	1.03 m/7.98 m×100% = 12.90%	8.474 m/8.79 m×100% = 96.40%	
3	群井试验水位恢复速率	0.048 m/h	0.200 m/h	群将第三仓48 h恢复至原始水位
4	48 h群井试验水位恢复率	2.330/11.415 m×100% = 20%	9.570 m/10.330 m×100% = 92.6%	

注：水位恢复率 = 水位恢复试验回升高度（h）/降水试验降深高度（H）

坑外观测井水位变化情况对比分析见表6。

表6　　　　　　　　　坑外观测井水位变化情况对比分析

序号	试验项目	第一仓数据	第三仓数据	对比情况
1	单井降水试验期间水位变化	−2 cm（为平均值）	−10 cm	降水试验期间，第一仓坑内试验对坑外水位变化无明显关系，第三仓坑内试验对坑外水位变化有直接影响，坑内外存在明显水力联系
2	单井水位恢复试验期间水位变化	+1 cm	+11 cm	
3	群井降水试验期间水位变化	+18 cm	−0.35 cm	
4	群井水位恢复试验期间水位变化	−2 cm	+32 cm	

8　地下水原位回灌

梁王站施工降排水进行了原位回灌，在基坑外侧下游设置了回灌井，结合基坑围护结构深度和回灌井设置位置，回灌井深度设置不超过止水帷幕底。

回灌流程：基坑降水井抽出的地下水通过降水管线输送至三级沉淀箱，将地下水中的大颗粒杂质进行沉淀过滤，并通过水处理装置净化后，机械加压装置进行加压，再通过回灌管线进行加压回灌。回灌水源要求水质符合地下水标准。

梁王站现场共实施了 34 口回灌井，由于基坑采用 MJS 隔断，结合基坑围护结构特征及地层分布，井深设置为 27 m，回灌井深入 ⑩$_5$ 层卵石、⑯$_4$ 层碎石、⑰$_1$ 层碎石，深度可根据地质情况设置，且不小于基坑深度。

回灌井均采用钢管井，内径 273 mm、孔径 650 mm，孔隙率 $\geqslant 15\%$，缠丝过滤器；滤水管底部设置长度为 1 m 的沉淀管，防止井内沉砂堵塞而影响进水。回灌井井口采用注混凝土的方式进行封堵，混凝土深度设置为 5 m。

9　项目总结

经过对梁王站第一仓基坑和第三仓基坑的降水试验对比分析，可以得出如下结论。

（1）梁王站第一仓基坑 MJS 封底后，基坑涌水量小，降水试验期间单井试验总出水量为 360 m³，群井试验出水量为 276.8 m³，总出水量仅 636.8 m³，封底效果明显。

（2）根据单井试验数据分析，降水井成井质量良好，渗透性良好，单井降水效果较明显，单井降水期间坑外水位无明显变化，单井降水出水量较小。

（3）根据对群井试验的数据分析，第一仓基坑内静水位降到基坑底部 1 m 以下，水位满足基坑开挖要求，目前降水方案满足施工要求。第三仓基坑内静水位距离基坑底部 2.51 m，水位无法下降至基坑底部以下，不满足基坑开挖要求，降水难度大，坑内降水对坑外水位有明显的影响。

（4）通过试验期间坑外监测数据分析，第一仓基坑内降水和水位恢复试验期间坑外水位稳定，无明显变化，基坑降水对坑外水位无明显影响，地表无沉降变化。基坑降水对周边环境无明显的影响。第三仓基坑降水对周边环境有较为明显的影响。

（5）通过单井及群井的水位恢复试验数据分析，第一仓基坑降水试验中水位恢复速率低、水位总回升率低，单井试验中水位恢复速率为 0.04 m/h，24 h 后水位总回升率仅为 12.9%，群井试验中水位恢复速率为 1.13 m/d，48 h 后水位总回升率为 20%。第三仓基坑坑外对坑内存在明显的水量补给，基坑内外存在明显的水力联系。

(6) 通过群井试验，验证了目前基坑周边排水系统通畅及用电系统良好，基本满足基坑降水要求。

(7) 综合各项试验数据分析，梁王站第一仓 MJS 封底加固效果明显，能有效隔断基坑内外水力联系，切断坑外对坑内水量补给，确保基坑开挖安全，确保基坑降水不对坑外水位产生影响，保证坑外建构筑物的安全。

通过对数据的分析，经总包单位上报业主单位同意，对梁王站第二仓到第六仓基坑均参照第一仓对第三仓及周边类似地层基坑采用 MJS 工法桩封底措施隔断基坑内外水力联系，切断坑外对坑内水量补给，确保基坑开挖安全，以及基坑降水不对坑外水位产生影响，有效保证了坑外高铁线路的安全。

济南市轨道交通1号线王府庄站降水及回灌工程

1 工程概况

王府庄站是R1线地下换乘车站，预留与R2线车站连接通道。位于山东省邮电学校前方偏西的刘长山路中绿化带下方，主体结构沿刘长山路中绿化带呈东西向敷设，位于王府庄村南侧。刘长山路规划道路红线宽50 m，基本实现规划，车流量不大。车站周边区域南侧规划为商业和商务用地，尚未实施规划，北侧为教育用地，北侧现状为山东省邮电学校，南侧为果园。车站中心里程为K28+642.209，车站起点里程为K28+409.409，终点里程为K28+750.359，车站主体全长340.95 m，为地下双层双跨岛式车站，主体结构为双层双跨框架结构，车站有效站台宽度为12 m，有效站台长度为120 m。

基坑西侧距离车站西端头井约470 m与基坑垂直方向为京沪普通铁路线，基坑东侧距离基坑东端头井约420 m、650 m与基坑垂直方向分别为京福高速公路和京沪高速铁路线。均在基坑降水影响范围内。车站概况见表1，基坑平面示意见图1。

表1　　　　车站概况

车站形式	开挖深度（m）	止水帷幕	施工方式	备注
地下二层	17.40（标准段）	套管咬合桩，标准段桩长30 m，端头井位置桩长32 m	明挖顺作法	线路邻近京沪高速铁路线及京沪普通铁路线
	19.40（端头井）			

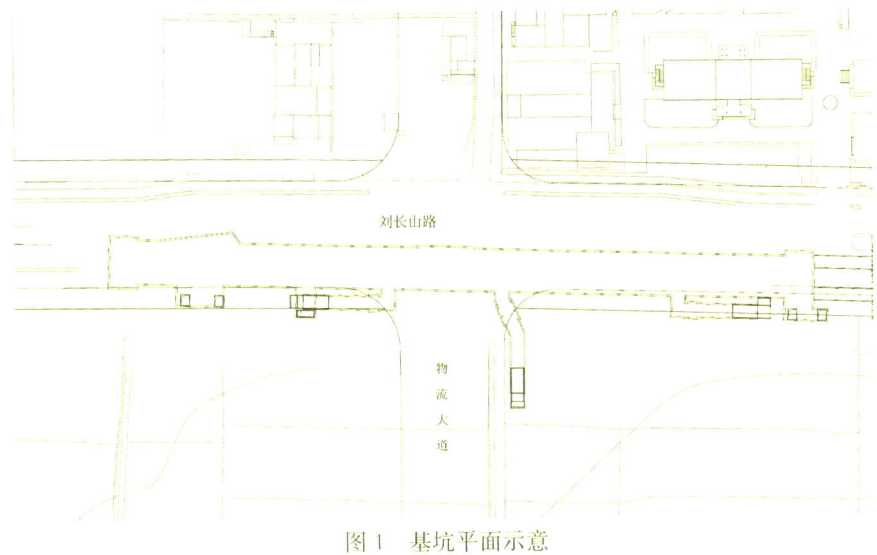

图 1　基坑平面示意

2　基坑围护概况

车站主体结构总长 340.95 m，标准段宽度 20.7 m，端头井段宽度 25 m。车站结构标准段高度 13.9 m，顶板覆土厚度约为 3.5 m，标准段底板埋深约 17.4 m，端头井段底板埋深约 19.4 m。

车站附属结构共设置 3 个出入口、2 个风亭。附属结构埋深和展厅一致，9～10 m。风亭和冷却塔均位于路侧绿化带内。

车站采用明挖法施工，支护结构采用套管咬合钻孔灌注桩＋内支撑体系。车站附属结构采用明挖法施工，支护结构主要采用钻孔灌注桩＋内支撑体系。

本工程自然地面±0.00 相当于绝对高程为 40.74 m，基坑端头井开挖深度 19.40 m，标准段开挖深度 17.40 m。本工程安全等级为一级。

本工程围护结构采用套管咬合桩，标准段桩长 30 m，端头井位置桩长 32 m。此外针对基地以下存在的⑪层粉质黏土厚度小于 3 m 的范围，均采取了加固措施。

3　工程地质情况

根据《济南市轨道交通 6 号线一期工程岩土工程详勘—梁王站岩土工程勘察报告》，根据野外勘探鉴别、原位测试，结合室内岩土试验资料综合分析，钻探深度范围内揭露第四系地层以人工填土层、粉质黏土、卵石、含碎石粉质黏土、碎石、残积土为主，局部揭露粉土、胶结砾岩。

$①_1$ 层杂填土，杂色，稍湿，松散—稍密，主要成分为碎石块、混凝土块、砖块、灰土、建筑垃圾，含植物根系及生活垃圾。该层厚度 1.2~4.0 m，平均 2.3 m，层底标高 36.99~39.96 m。

⑦层黄土，黄褐色—褐黄色，可塑—硬塑，土质较均匀，针孔结构，垂直纹理，含少量铁锰结核及钙质菌丝，韧性一般，连续分布。该层厚度 5.5~9.8 m，平均 7.6 m，层面标高 36.99~39.96 m，层底标高 29.39~33.97 m。

⑧层粉质黏土，黄褐色—褐黄色，可塑—硬塑，土质较均匀，切面较光滑，含少量铁锰氧化物及锈斑，偶见姜石，韧性一般，连续分布。该层厚度 3.9~11.2 m，平均 6.0 m，层面标高 27.27~33.97 m，层底标高 22.21~31.24 m。

$⑧_1$ 层卵石，杂色，稍湿—湿，密实，成分以灰岩、砂岩为主，呈圆棱状，一般粒径 30~60 mm，最大粒径不小于 100 mm，大于 30 mm 的卵石含量约占总质量的 60%，夹砂土及少量黏性土，连续分布。该层厚度 1.8~5.7 m，平均 3.6 m，层面标高 22.21~27.44 m，层底标高 20.36~21.7 m。

$⑧_2$ 层细砂，黄褐—棕褐色，中密—密实，成分以石英、长石为主，含少量云母粉，砂质不纯，偶见碎石，仅 WFZ018 揭露。该层厚度 0.9 m，层面标高 28.17 m，层底标高：27.27 m。

$⑩_1$ 层卵石，杂色，稍湿—湿，密实，成分以灰岩、砂岩为主，呈圆棱状，一般粒径 20~60 mm，最大粒径不小于 100 mm，大于 20 mm 的卵石含量约占总质量的 65%，夹砂土及少量黏性土，连续分布。该层厚度 2.3~8.7 m，平均 6.4 m，层面标高 17.77~21.74 m，层底标高 12.50~19.2 m。

$⑩_2$ 层中砂，棕褐色，湿，密实，成分以石英、长石为主，砂质不纯，含少量黏性土，仅 WFZ018 揭露。该层厚度 1.5 m，层面标高 19.27 m，层底标高 17.77 m。

⑪层粉质黏土，棕褐—棕红，可塑—硬塑，土质稍均，切面光滑，含铁锰氧化物及结核，局部含碎石，连续分布。该层厚度 0.5~13.7 m，平均 3.4 m，层面标高 5.52~17.32 m，层底标高 0.54~15.02 m。

$⑪_1$ 层卵石，杂色，湿，密实，成分灰岩和砂岩，呈亚圆状，一般粒径 30~60 mm，最大粒径不小于 90 mm，大于 30 mm 的卵石含量约占总量的 55%，夹砂土及少量黏性土，局部分布。该层厚度 3.6~13.3 m，平均 8.3 m，层面标高

4.62~15.02 m，层底标高 -0.03~5.52 m。

⑪₂层中砂，棕褐色，饱和，密实，成分以石英、长石为主，砂质不纯，局部夹卵石碎块，局部分布。该层厚度 0.9~5.6 m，平均 2.4 m，层面标高 3.92~15.02 m，层底标高 2.42~13.32 m。

⑫层粉质黏土，棕红色，可塑，土质较均匀，含铁锰氧化物，局部夹少量碎石，局部分布。该层厚度 0.8~2.2 m，平均 1.2 m，层面标高 -9.08~1.50 m，层底标高 -11.28~0.70 m。

⑫₁层卵石，杂色，饱和，密实，成分以灰岩为主，浑圆状，一般粒径 20~60 mm，最大粒径不小于 90 mm，大于 20 mm 的卵石含量约占总量的 60%，充填砂质土，局部分布。该层厚度 4.8~11.5 m，平均 7.8 m，层面标高 -11.28~2.42 m。

⑫₂层中砂，棕红色，饱和，密实，成分石英、长石为主，砂质不净，局部夹卵石碎块及少量黏性土，仅 WFZ021 揭露。该层厚度 2.2 m，层面标高 -3.47 m，层底标高 -5.67 m。

典型地质剖面见图 2。

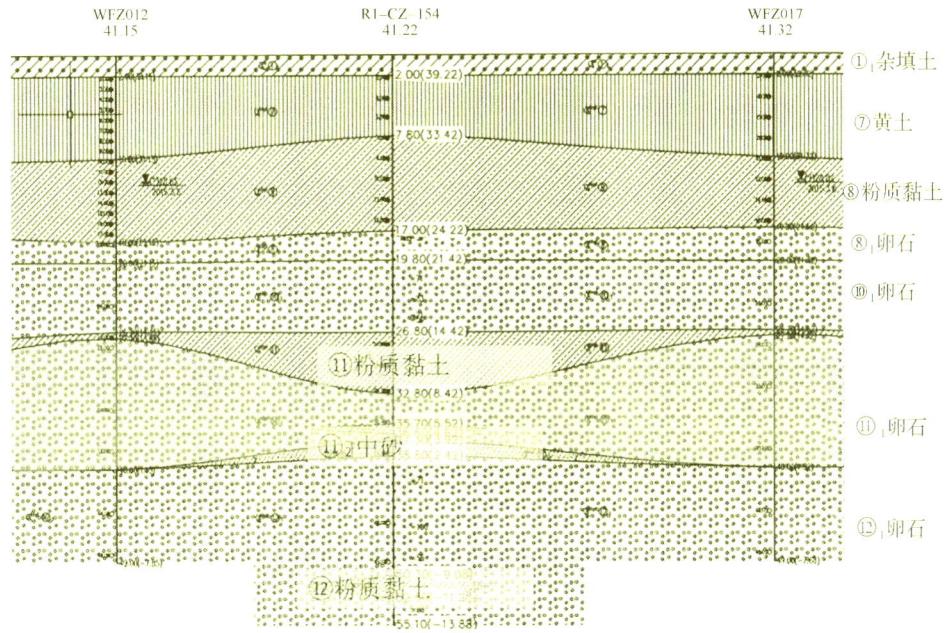

图 2　典型地质剖面

4 水文地质情况

4.1 地下水概况

王府庄站车站基坑影响范围内无地表水系,根据勘察报告,勘察观测到两层地下水,分别为第四系松散层孔隙潜水(二)、承压水(三)。

潜水(二):水位埋深 11.70～13.00 m,水位标高 27.99～29.57 m,观测时间为 2015 年 2—3 月,含水层主要为⑧层粉质黏土。主要接受降水补给和山区地下水径流补给,以侧向径流、人工方式排泄。受年变幅的影响,在丰水期及枯水期地下水位有所变化。

承压水(三):静止水头埋深 12.20～13.58 m,静止水头标高 27.85～28.76 m,观测时间为 2014 年 6 月,含水层主要为卵石⑧$_1$、⑩$_1$、⑪$_1$ 层卵石。主要接受大气降水入渗补给及第四系松散岩类孔隙水渗透补给,排泄以人工开采为主。

勘察未发现上层滞水,但在施工过程中可能遇到靠大气降水、人工灌溉渗透补给,以蒸发、人工开采方式排泄的上层滞水,应考虑上层滞水对该工程的影响。

4.2 抽水试验

4.2.1 井位布置

根据本次勘察揭露地层,本场地布置 1 组抽水试验,针对冲洪积层⑧$_1$、⑩$_1$ 层卵石进行抽水试验。共布置抽水井 1 口(WFCS1),井深为 27.0 m,孔径 600 mm,为承压水完整井;观测井共 2 口(P1-1、P1-2),P1-1 井深 28.0 m,孔径 300 mm、P1-2 井深 27.0 m,孔径 300 mm。

4.2.2 抽水试验结果

根据钻探资料及勘察资料,卵石含水层具承压性,地下水运动为层流,符合裘布依方程的适用条件。从 q-s 曲线可以看出为承压水曲线,因此,计算采用了承压水稳定流完整井公式。

依据现场抽水试验结果,利用上述公式计算出含水层渗透系数和影响半径,含水层水文地质参数计算结果见表 2。

表 2　　　　　　　　　　含水层水文地质参数计算结果

降深（m）	渗透系数（m/d）	影响半径（m）
1.98	205.6	85.6
2.89	217.2	285.5
4.03	212.9	516.0

根据计算结果，推荐降水施工使用水文地质参数：渗透系数 $K = 250$ m/d，影响半径与降深、抽水量等有关系，施工降水影响半径应根据实际抽水量、降深情况进行核算。

5　工程重难点及应对措施

5.1　工程重难点分析

根据本工程围护结构特征和拟建场地的水文地质特征，本基坑工程的安全极大程度上依赖基坑降水的成功与否，这使降水设计的可靠性十分重要，本降水工程的特点及难点分析如下。

（1）基坑范围内存在多层厚度较大的砂卵石层，渗透系数大，富水性极强，基地已经进入⑧₁层卵石，需将坑内水位降至基底下 1 m，基坑降水存在较大难度。

（2）基底以下⑧₁、⑩₁层卵石连通厚度达 12 m 左右，⑩₁层下存在⑪₁层粉质黏土，但厚度变化较大，最小厚度只有 0.5 m，因此⑩₁层与⑪₁层存在极大的连通可能。从而导致连通卵石含水层厚度达 30 m 以上，极大增加了基坑降水的难度。施工过程中针对此层土厚度小于 3 m 的范围进行注浆加固措施，起到封底的作用，基坑水量大幅减少。但在卵石层中注浆可能会出现局部渗漏的风险。

（3）基坑围护结构采用桩径 1 100 mm 的钻孔咬合桩，此施工工艺在济南地区属于新型工艺。围护结构进入卵石含水层成桩质量如果得不到保障，极有可能导致围护结构发生侧向渗漏。

（4）基坑降水量巨大，结合前期降水试验单井涌水量达到 130 m³/h，基坑总涌水量接近 15 000 m³/d，长时间保持如此大量的抽水，势必会对这站附近的地下水造成不利影响，特别是对济南泉系造成极大破坏。

（5）基坑西侧距离车站西端头井约 470 m 与基坑垂直方向为京沪普通铁路

线，基坑东侧距离基坑东端头井约420 m、650 m与基坑垂直方向分别为京福高速公路和京沪高速铁路线。由于基坑砂卵石渗透性极强，长时间进行大面积的基坑降水势必会对铁路和高速公路附近的地下水位产生一定影响，进而对铁路和高速公路造成不利影响。

(6) 结合勘察报告，水文地质勘察所提供的砂卵石含水层相关的水文地质参数，较为单一，为后期基坑降水设计增加了一定难度。同时考虑降水期间对坑外地下水的保护，特别是对济南泉系的保护，需要有针对性的地下水回灌，回灌率需达到80%以上，如此大量的地下水回灌在济南地区尚属首例，无可借鉴的相关经验，增大了回灌实施的难度。同时由于回灌处理不当、回灌井位置设置不当、回灌压力选取不当，会增大对坑内的水量补给，增大基坑降水的难度，同时会增大对围护结构的侧向压力，加大围护结构的变形，从而增加围护结构渗漏的风险。回灌不均匀会导致局部回灌量加大，水位回升明显，使局部土体出现隆起。

(7) 济南地区泉系较为发达，地下水与泉系相连通，地下水呈现流动性，但对于本工程地区的地下水流向、流速尚不明确，这将成为制约回灌方案制订和实施的一个重要因素。

(8) 结合勘察报告，基坑范围内存在一定厚度的砂卵石层，最大粒径达到100 mm以上，在此类地层中进行降水井成井施工，选取合适的机械设备和成井工艺是本工程降水能否成功的又一关键因素。

5.2 应对措施

针对本工程特点，充分利用我司在类似地质条件地区的相关经验，以及与本工程水文地质条件或围护特征、开挖工况等较为类似的专业降水设计及地下水控制经验，采用以下措施解决本基坑降水工程中的难点与风险。

(1) 为了能够更准确掌握本工程的水文地质参数，为基坑降水设计提供可靠的依据，确保本工程降水的顺利实施，需针对本工程进行更加深入的、详细的、有针对性的抽水试验。

(2) 为了能够实现在基坑大量抽降地下水情况下对于地下水的保护，以及基坑周边高铁、普铁以及高速公路的保护，需要针对基坑实施原位的地下水回灌工作，确保坑外地下水位稳定，进而减小降水带来的不利影响。

(3) 为了能够有效地开展坑外地下水的回灌工作,需要针对本工程进行有针对性的回灌试验,通过回灌试验确定回灌井施工工艺以及回灌实施工艺,为后期回灌的正式实施方案的制订,提供可靠依据。

(4) 结合基坑抽水试验、回灌试验结果,制订切实可行的基坑降水方案、坑外原位地下水回灌实施方案。

(5) 在每个基坑内布置基坑内水位观测兼应急备用井,根据地下水位监测结果指导降水运行,做到"按需抽水",同时在应急突发情况下启动坑内的观测井进行辅助抽水。

(6) 为确保坑内降水井的不间断工作,施工现场应有双电源保证措施,应配置备用发电机组。

(7) 针对本工程场地的地质与水文地质条件以及本基坑工程特点,坑内外成井施工完成后,建议降水正式运行前及时进行群井抽水试验,应同步观测坑内和坑外水位变化情况,以判断围护结构施工质量、降水效果和现场降水管路、排水情况,对所提出的基坑降水方案进行调整或优化。如坑外水位异常下降,则需查明原因,并采取有效措施后方可开挖基坑。

6 降水设计方案

6.1 基坑降水形式

本工程基坑开挖深度范围内主要为潜水含水层和⑧$_1$层卵石承压含水层,基底坐落于⑧$_1$层承压水层中,⑧$_1$层下存在⑩$_1$层,二者连通为一层。⑧$_1$层、⑩$_1$层承压含水层下存在⑪$_1$层承压含水层。根据已实施的大量基坑工程的成功实践经验,类似基坑工程的降水设计施工一般采用疏干减压混合深井进行针对性降水。

6.2 降水方案形式

基坑的隔水帷幕穿过⑧$_1$、⑩$_1$层承压含水层,进入其下的⑪层粉质黏土隔水层,在含水层内部形成了一个人为的侧向不透水边界,由于插入深度不同,在降水井群抽水的影响下,地下水渗流场发生不同的变化,地下水运动不再是平面流或以平面流为主的运动,而是形成三维流或以垂直流为主的绕流形式,地下水计算时应考虑含水层的各向异性,有些情况下用解析解无法求解,必须借助三维数值模型。

本工程基坑隔水帷幕隔断降水目的含水层，采用疏干减压混合深井坑内降水更为优先，疏干减压混合深井的底部不进入⑪层，群井抽水后含水层的地下水通过隔水帷幕底部绕流以及通过⑪层越流等方式进入井内，由于地下水流程增加，水力坡度变小，大大减小了基坑的总涌水量。同时也减少了坑外含水层水的流失，含水层水头下降小，对坑外因降水引起的环境影响小，坑内降水的优点得到充分发挥。

6.3 降水井布置原则

疏干减压混合深井的布置原则为：井深控制以不进入⑪层隔水层中；井平面位置最终施工时应避开坑内支撑、格构柱、工程桩、坑内加固等位置，过滤器以分断面过滤器为主。

成井施工结束后，降水管井内及时下入泵、铺设排水管道、电缆线等，电缆与管道系统在设置时应注意避免在抽水过程中被挖土机、吊车等碾压、碰撞损坏，因此，现场要在这些设备上进行标识。抽水与排水系统安装完毕，即可开始试抽水。根据施工进度计划。

6.4 基坑降水井设计

根据计算，基坑内共布置22口疏干井，疏干井深度进入基底下5~6 m，滤水管从基底以下0.5 m设置。坑外设置20口⑧$_1$、⑩层观测井，8口⑪$_1$层观测井，降水井信息统计见表3。

表3　　　　　　　　　降水井信息统计

井类型	数量（口）	孔径（mm）	井径（mm）	滤管埋深（m）	井深（m）
坑内疏干降水井	18	800	425	19~25	26
坑内疏干减压混合降水井	4	800	425	20~25	26
坑外⑧$_1$、⑩层承压水观测井兼应急备用井	20	800	325	20~25	26
坑外⑪$_1$层承压水观测井兼应急备用井	8	800	325	20~25	40

7 基坑回灌方案

回灌采用基坑外群井回灌，回灌井在基坑外侧沿基坑纵向设置，回灌井设置应远离基坑，避免加压回灌对于基坑围护结构以及基坑自身的不利影响。回灌井间距暂按间距 25 m 布置。本次回灌目的层暂按针对⑧$_1$、⑩层承压水进行，具体回灌井设置深度应根据回灌试验结果最终确定。回灌井深度 26 m，回灌井过滤器采用双层缠丝过滤器，外径 425 mm，内径 325 mm。

基坑回灌井设置与抽水井设置比例暂按 1∶1 设置，结合坑内抽水井设置数量基坑外共布置 29 口回灌井。回灌井设置远离基坑，避免回灌过程中对基坑围护结构造成不利影响。回灌井信息见表 4，王府庄站基坑降水及回灌布置见图 3。

表 4　　回灌井信息

井类型	数量（口）	孔径（mm）	井径（mm）	滤管埋深（m）	井深（m）	备注
坑外回灌井	28	800	325/425	15～25	26	双层缠丝过滤器

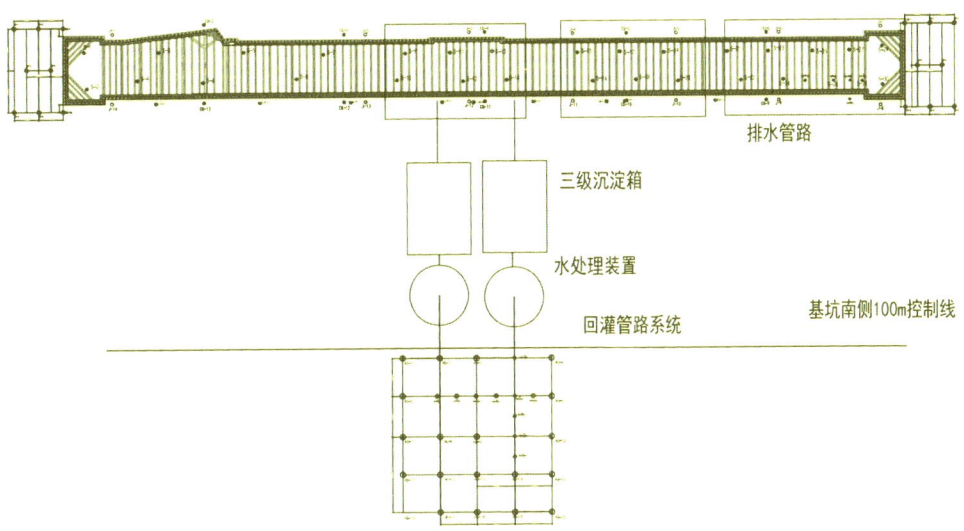

图 3　王府庄站基坑降水及回灌布置

8　地下水原位回灌试验

为了验证济南市西郊富水卵石层的地质条件下回灌的可行性，2016 年 11 月，我司在 R1 线王府庄站及玉—王区间明挖段进行了一系列的回灌试验，目的主要如下。

(1) 了解适合济南市地层条件下的回灌成井工艺。

(2) 研究单井回灌量，明确单井回灌量与地层的对应关系。

(3) 研究回灌影响半径，明确回灌量、回灌压力与影响半径的对应关系。

(4) 研究回灌压力与回灌量、回灌率之间的对应关系。

(5) 研究回灌量与水位之间的对应关系。

(6) 研究不同井结构的回灌效率，为后期回灌方案选型提供依据。

(7) 回灌试验内容示意见图 4，回灌试验平面布置见图 5，回灌试验井统计见表 5。

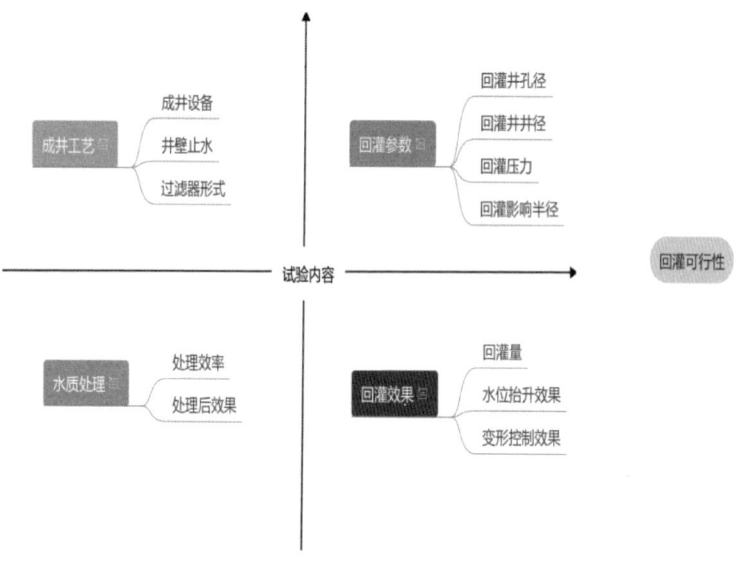

图 4　回灌试验内容示意

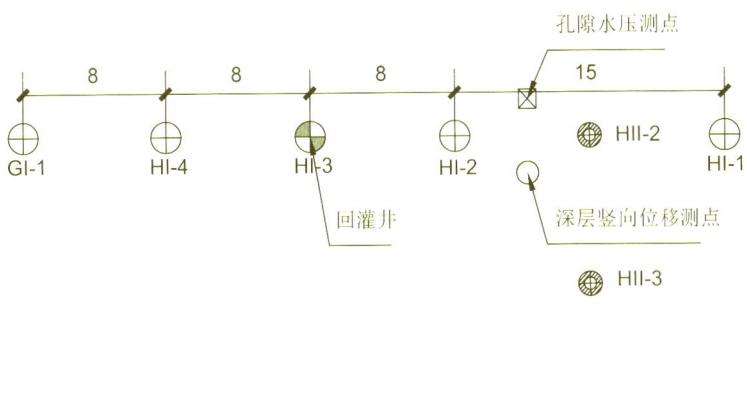

图 5 回灌试验平面布置

表 5				回灌试验井统计			
试验层位	井数（口）	井深（m）	井径（mm）	滤水管直径（mm）	滤管埋深（m）	备注	
第一含水层组	1	22	800	273/325	16～21	双层缠丝过滤器	
	1	27	800	273/325	16～26		
	1	27	850	325/425	16～26		
	2	27	600	273	16～26	桥式过滤器	
第二含水层组	1	42	800	273/325	34～41	双层缠丝过滤器	
	1	47	800	273/325	34～46		
	1	42	850	325/425	34～41		
	2	42	600	273	34～41	桥式过滤器	

8.1 回灌井成井工艺研究

受场地条件限制,降水井成井施工工艺选用了适合现有场地条件的反循环和冲击钻两种。

8.1.1 成井效率对比

反循环成井工艺受限于地层中卵石粒径的影响,需根据卵石粒径大小选择尺寸适宜的反循环机械,以深度20 m降水井为例,反循环钻机1天可施工2口。

对比冲击钻成井,不受地层卵石粒径的影响,但成井效率较低,深度20 m降水井,1天施工1口。

8.1.2 成井质量对比

反循环钻机成井质量可以保证,降水井出水量正常,深度20 m降水井最大出水量可达70 m³/h。对比冲击钻成井,深度20 m降水井,单井出水量只能达到25 m³/h,明显小于反循环成井。

基于以上对比研究,砂卵石地层成井施工应优先采用反循环成井工艺。

8.2 回灌井井壁止水研究

基于以上井壁止水试验,可采用注浆止水法或直接回灌井上部止水段浇筑混凝土进行止水。回灌井井壁止水方法见图6。

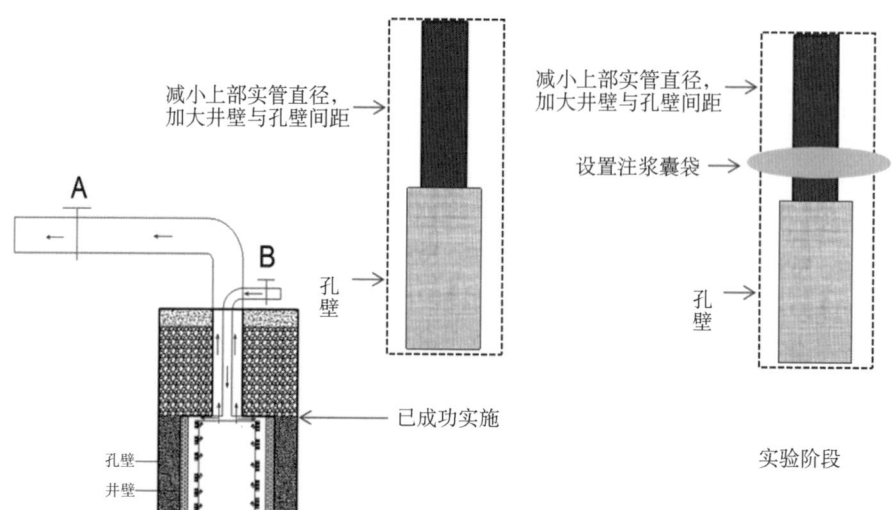

图6 回灌井井壁止水方法

8.3 回灌井结构及压力研究

根据试验，对于承压性相对高的含水层大井径的回灌井单井回灌量较大；对于承压性相对低的含水层，小井径回灌量相对较大；井径较小者加压回灌效果相对较好。回灌试验压力与回灌量见表6。

表6　　　　　　　　　回灌试验压力与回灌量

计算条件		回灌量计算值（t/h）	
井径	井口压力（MPa）	含水层组Ⅰ	含水层组Ⅱ
2rw = 273 mm	0.00	56	77
	0.02	64	89
	0.05	76	105
2rw = 325 mm	0.00	58	80
	0.02	66	91
	0.05	78	108
2rw = 425 mm	0.00	60	83
	0.02	69	95
	0.05	81	113

在类似地层情况下，回灌目的层的承压水头在10.0 m以下建议井径为273 mm；承压水头在20.0 m以上建议井径为425 mm。

同等井结构情况下，回灌井单井回灌量与抽水量基本一致，分别为50～120 m³/h。加压回灌对于提高回灌井的工作效率具有显著效果。随着回灌井口压力增加，回灌影响范围也相应扩大。

试验及工程实践表明，加压回灌适用于济南西郊强透水卵石层，回灌过程中，含水层能很快实现新的稳定渗流状态，回灌量大，效率高，能有效补偿由于基坑降水引起的地下水资源的流失，对于"护泉"具有重要意义。

9　项目总结

经过对王府庄站基坑降水及回灌试验对比分析、试验及工程实践可见，加压回灌适用于济南地区各地层，回灌过程中，含水层能很快实现新的稳定渗流状态，回灌量大，效率高，能有效补偿由于基坑降水引起的地下水资源的流失，对于"护泉"具有重要意义，总结如下。

（1）建立了济南强富水地层条件下，基坑降水和回灌补源相结合的关键技术体系，成功解决了济南泉域地区轨道交通建设中泉水保护的难题。

（2）解决了加压回灌条件下，井壁止水效果广泛不佳的难题，在现场实践中提高了回灌压力，从而提高了回灌率。

（3）研发生产了一套适用于济南强富水地层条件下的基坑降水＋回灌一体化设备，提高了回灌控制的精度，也提高了回灌水质处理的强度。

（4）形成了一整套适用于济南泉域地区的回灌保泉设计方法和回灌施工工艺，为有效助推济南轨道交通建设快速发展作出贡献。

济南市轨道交通 6 号线王舍人站降水及回灌工程

1 工程概况

王舍人站是济南市轨道交通 6 号线工程的第 28 座地下车站,车站有效站台中心里程为 K41+642.256,位于工业北路与凤凰路交口北侧,沿凤凰路东侧南北向布置。凤凰路道路红线宽 60 m,工业北路道路红线宽 80 m。场地地势南高北低,地面标高 33.2~31.5 m。基坑平面示意见图 1。

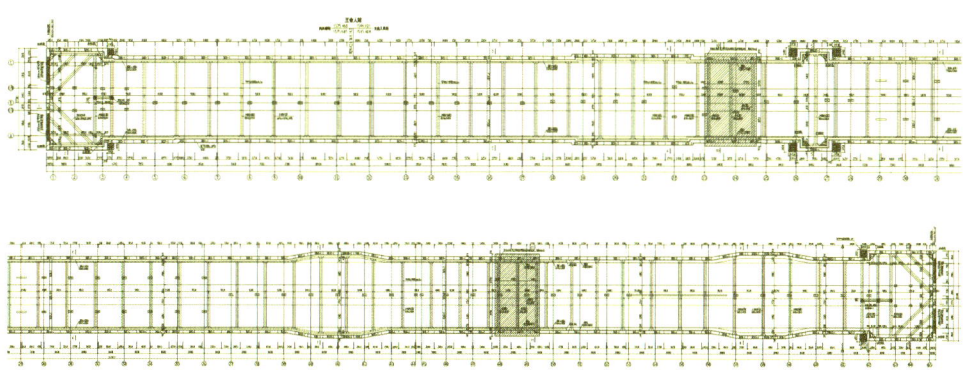

图 1 基坑平面示意

王舍人站车站主体总长度为 515.5 m,标准段总宽度为 21.3 m,车站端头井段总宽度为 25.4 m,标准段基坑深度为 17.74~18.69 m(端头井基坑深度为 19.19~19.74 m),覆土厚度为 3.00~3.45 m。本站主体所处地层从上至下依次为杂填土、素填土、粉质黏土、卵石,底板以下为粉质黏土、碎石、含碎石粉质黏土、全风化闪长岩、强风化闪长岩、中风化闪长岩。

本站主体采用明挖法施工，围护结构采用地下连续墙＋内支撑的支护体系。车站采用地下两层岛式站台形式，主体结构采用单柱两跨形式，箱形框架结构。车站概况见表1。

表1　　　　　　　　　　　车站概况一览

车站形式	开挖深度（m）	止水帷幕	施工方式
地下二层	17.74～18.69（标准段）	标准段地下连续墙45.85～51.18 m	明挖顺作法
	19.19～19.74（端头井）	端头井地下连续墙48.61～58.44 m	

2　基坑围护概况

本站结构主体采用明挖顺作法及局部盖挖逆作法施工，王舍人站主体基坑标准段宽度约21.3 m，盾构扩大段宽度25.4 m，深度为17.74～18.69 m。

根据车站所处的环境、工程地质、水文地质及水文资料条件以及基坑深度，车站主体围护结构采用地下连续墙＋内支撑支护体系，地下连续墙厚度为800 mm，基坑竖向设置1道混凝土支撑＋2道钢支撑。第一道支撑为混凝土支撑，第二、三道为钢支撑，钢支撑采用$\phi 800\times 16$ mm。地下水控制方案为基坑内降水，基坑外侧止水。

标准段地连墙嵌固深度为14 m；端头井段嵌固深度为16～17 m，其下素墙插入完整中风化岩层1 m，基坑插入比为0.88～0.75。

3　工程地质情况

根据《济南市轨道交通6号线一期工程岩土工程详勘—王舍人站岩土工程勘察报告》，根据野外勘探鉴别、原位测试，结合室内岩土试验资料综合分析，钻探深度范围内揭露第四系地层以人工填土层、粉质黏土、卵石、粉土、碎石、含碎石粉质黏土、残积土为主，局部揭露胶结砾岩。

①$_1$层素填土，黄褐色，稍湿，松散—稍密，主要成分为黏性土及少量碎石。该层厚度：0.30～3.10 m，平均厚度1.31 m。

①$_2$层杂填土，杂色，稍湿，松散—稍密，主要成分为碎石块、混凝土块、

砖块、灰土、建筑垃圾，含植物根系及生活垃圾。该层厚度：0.10～5.70 m，平均厚度 1.77 m。

⑦层粉质黏土，褐黄色－黄灰色，可塑，土质均匀，切面稍光滑，局部夹粉土薄层，局部偶见姜石、小碎石、铁锰氧化物。连续分布，该层厚度：0.80～6.10 m，平均厚度 3.21 m。

⑨层粉质黏土，褐黄色－灰黄色，可塑，土质均匀，切面稍光滑，局部夹粉土薄层，局部偶见姜石、小碎石、铁锰氧化物。连续分布，该层厚度：0.90～10.40 m，平均厚度 4.16 m。

⑩层粉质黏土，褐黄色－黄褐色，可塑，土质均匀，切面光滑，局部夹粉土薄层，局部偶见姜石、小碎石、铁锰氧化物。连续分布，该层厚度：0.40～9.40 m，平均厚度 4.76 m。

⑭层粉质黏土，杂色，土质不均匀，含碎石，母岩成分以灰岩为主，一般粒径 20～30 mm，最大不小于 90 mm，约占 40%。局部揭露，该层厚度：0.20～6.00 m，平均厚度 1.76 m。

⑯层粉质黏土，棕红色，可塑，土质较均，切面光滑，含铁锰氧化物及结核、碎石，偶见风岩碎屑。连续分布，该层厚度：0.80～15.40 m，平均厚度 6.44 m。

⑯$_3$层含碎石粉质黏土，杂色，可塑，土质不均匀，成分以粉质黏土为主，含铁锰氧化物，碎石含量约占 30%，一般砾径 30～40 mm，最大粒径不小于 80 mm。局部分布，该层厚度：0.30～11.10 m，平均厚度 2.72 m。

⑯$_4$层碎石，杂色，中密，饱和，主要成分以灰岩为主，呈亚圆形及棱角状，颗粒级配一般，一般砾径 4～5 mm，最大砾径为 90 mm，充填物为中粗砂约占 25%，局部分布，该层厚度：0.8～8.50 m，平均厚度 3.21 m。

⑰层碎石，杂色，密实，饱和，成分为灰岩，呈棱角状及次棱角状，级配一般，一般粒径 20～50 mm，最大粒径不小于 110 mm，大于 20 mm 的卵石含量约占 60%，充填黏性土。

⑰$_2$层胶结砾岩，杂色，密实，成分以灰岩碎石为主，岩芯呈柱状及短柱状，中等泥质胶结，一般柱长 10～15 cm，最大柱长 25 cm，锤击不易碎。局部分布。

⑰$_3$层含碎石粉质黏土，杂色，硬塑，土质不均匀，含少量铁锰氧化物，含碎石，一般粒径 2～20 mm，最大粒径不小于 60 mm，约占 30%，局部分布。

⑰₅层粉质黏土，棕红色，可塑—硬塑，土质均匀，切面稍光滑，含有少量姜石和铁锰结核，干强度韧性中等。

⑱层残积土，灰黄色，原岩为闪长岩，岩芯风化呈砂土状，断面致密，局部夹杂少量强风化闪长岩碎块，原岩结构构造已破坏，岩芯采取率80%～90%，局部分布。

⑲₁层全风化闪长岩，灰黄色—灰绿色，岩芯风化呈砂土状，原岩结构清晰，母岩成分已基本蚀变，易捏碎。本次勘察揭露范围内个别钻孔揭露。

⑲₂层强风化闪长岩，灰黄色—灰绿色，原岩结构构造部分风化破坏，岩芯呈短柱状及柱状，一般块径为2～10 cm，最大 10 cm，柱长一般 10～25 cm，最长 60 cm，锤击声闷易碎，采取率70%，局部分布。

典型地质剖面见图 2。

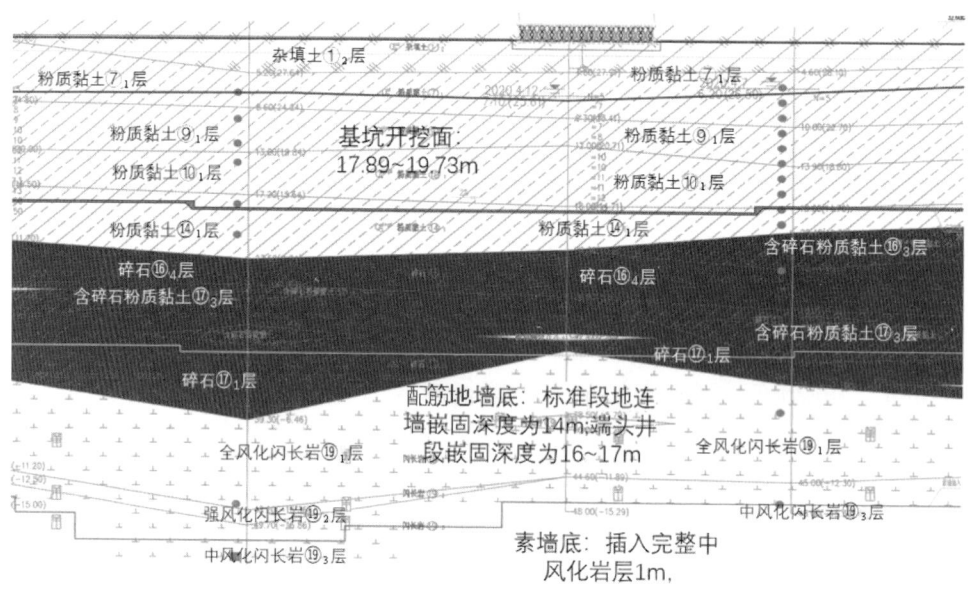

图 2　典型地质剖面

4　水文地质情况

本段线路水文地质Ⅲ单元勘察期间揭露地下水为上层滞水（一）、潜水（二）、承压水（三）。

上层滞水（一）：水位埋深 1.9～5.2 m，水位标高 25.12～31.10 m，观测时间为 2017 年 7 月。主要接受大气降水补给和管道渗漏补给，以侧向径流、人工开方式排泄。水位变化明显，埋深变化较大。受降雨量及周边环境影响较大。

潜水（二）：水位埋深 1.9～10.5 m，水位标高 17.36～31.09 m，观测时间为 2017 年 7 月。主要接受大气降水补给和山区地下水径流补给，以侧向径流、人工方式排泄。在丰水期及枯水期地下水位有所变化。

承压水（三）：水位埋深 2.7～7.1 m，水位标高 19.21～27.12 m，观测时间为 2017 年 8 月。主要接受大气降水补给和地下水径流补给，以侧向径流、人工方式排泄。该承压含水层主要为⑩$_5$层卵石、⑰$_1$层碎石、⑰$_3$层含碎石粉质黏土。

5 工程重难点及应对措施

5.1 工程重难点分析

根据本工程围护结构特征和拟建场地的水文地质特征，本降水工程的特点及难点分析如下。

（1）基坑范围内存在多层厚度较大的碎石层及含碎石粉质黏土层，渗透系数大，富水性极强。

（2）基坑降水量巨大，长时间保持大量的抽水，势必会对车站附近的地下水造成不利影响，特别是对济南泉系造成极大破坏。

（3）根据现场调查及收集资料，王舍人站至王舍人北站区间以西约 100 m 处为苏家庄铁矿区，苏家庄铁矿因大量抽水已发生地面塌陷，塌陷坑呈椭圆形，南北宽约 85 m，东西长约 95 m，深约 6.12 m（水面以上），塌陷区平面面积约 5 866 m^2，塌陷坑底面积约为 4 528 m^2，矿坑塌陷坑总体积约为 58 665.8 m^3。长时间进行大面积的基坑降水可能会引起塌陷区与基坑发生水力联系，进而对基坑安全造成不利影响。

（4）考虑降水期间对坑外地下水的保护，特别是对济南泉系的保护，需要有针对性地进行地下水回灌，回灌率需达到 80% 以上。

（5）结合勘察报告，基坑范围内存在一定厚度的碎石层及胶结砾岩层，碎石层最大粒径达到 100 mm 以上，胶结砾岩板结后成井难度大，在此类地层中进行降水井成井施工，合适的机械设备和成井工艺是本工程降水能否成功的又一关键因素。

5.2 应对措施

针对本工程特点，充分利用我司在类似地质条件地区的相关经验，与本工程水文地质条件或围护特征、开挖工况等较为类似的专业降水设计及地下水控制经验，采用以下措施解决本基坑降水工程中的难点与风险。

（1）为了能够更准确地掌握本工程的水文地质参数，为基坑降水设计提供可靠依据，确保本工程降水的顺利实施，需针对本工程进行更加深入的、详细的、有针对性的抽水试验。

（2）为了能够实现在基坑大量抽降地下水情况下对于地下水的保护，需要针对基坑实施原位的地下水回灌工作，确保坑外地下水位稳定，进而减小降水带来的不利影响。

（3）在每个基坑内布置基坑内水位观测兼应急备用井，根据地下水位监测结果指导降水运行，做到"按需抽水"，同时在应急突发情况下启动坑内的观测井进行辅助抽水。

（4）针对本工程场地的地质与水文地质条件以及本基坑工程特点，坑内外成井施工完成后，建议降水正式运行前及时进行群井抽水试验，应同步观测坑内和坑外水位变化情况，以判断围护结构施工质量、降水效果和现场降水管路、排水情况，对所提出的基坑降水方案进行调整或优化。如坑外水位异常下降，则需查明原因，并采取有效措施后方可开挖基坑。

6 降水设计方案

6.1 基坑降水形式

本工程基坑开挖深度范围内主要为潜水含水层和承压含水层碎石层、含碎石粉质黏土层及胶结砾岩层。止水帷幕深入中风化岩层 1 m，基本隔断了基坑内外水力联系，根据已实施的大量基坑工程的成功实践经验，类似基坑工程的降水设计施工一般采用基坑内疏干井进行疏干降水。

6.2 降水方案形式

针对本工程特点,充分与本工程水文地质条件、止水帷幕结构及深度、开挖工况等较为类似的专业降水设计及地下水控制经验,降水方案形式如下。

坑内设置疏干降水井,单井有效疏干控制面积约为 200 m^2,并设置 20% 的应急备用井,确保基坑降水安全可靠。正常情况下根据动态水位监测结果指导降水运行,做到"按需降水",同时在应急突发情况下启动坑内的备用井进行辅助抽水。为确保坑内降水井的不间断工作,施工现场必须有双电源保证措施,配置备用发电机组,满足降水井的降水需求用电量。针对本工程场地的地质与水文地质条件以及本基坑工程特点,坑内外成井施工完成后,降水正式运行前及时进行抽水试验,以判断降水效果和现场降水电路、排水情况,对所提出的基坑降水方案进行调整或优化。降水井施工过程中应加强降水井成井质量的控制,严格控制降水井的质量。

6.3 降水井布置原则

基坑内疏干降水井的布置原则为:井底进入强透水层碎石层及含碎石粉质黏土层中;井平面位置最终施工时应避开坑内支撑、格构柱、工程桩、坑内加固等位置。

成井施工结束后,降水管井内及时下入泵、铺设排水管道、电缆线等,电缆与管道系统在设置时应注意避免在抽水过程中被挖土机、吊车等碾压、碰撞损坏,因此,现场要在这些设备上进行标识。抽水与排水系统安装完毕,即可开始试抽水。

6.4 基坑降水井设计

根据计算,基坑内共布置 71 口疏干井,疏干井进入基底下 7~8 m,疏干降水井信息见表 2。

表 2   降水井信息

	降水井编号	数目(口)	孔径(mm)	井径(mm)	井深(m)	滤管埋深(m)	备注
王舍人站基坑	S1—S2、S69—S71	5	650	273	30	0~29	钢管+桥式滤管

(续表)

基坑	降水井编号	数目（口）	孔径（mm）	井径（mm）	井深（m）	滤管埋深（m）	备注
王舍人站基坑	S3—S21、S30—S68	58	650	273	28	0～27	钢管+桥式滤管
	S22—S29	8	650	273	29	0～28	钢管+桥式滤管

7 基坑回灌方案

回灌采用基坑外群井回灌，回灌井在基坑外侧沿基坑纵向设置，回灌井设置远离基坑，避免加压回灌对于基坑围护结构以及基坑自身的不利影响。回灌井间距按照 8 m 布置。工程所在地层中碎石层、含姜石粉质黏土层渗透系数较大，考虑到地下水补偿以及周边环境影响两方面因素，以及基坑降水来源主要为下部地下水的竖向补给，地下水的流失也主要为下部地层的地下水，因此本次回灌目的层则根据含水层分布及地下水补给方式等综合确定，作为目标回灌地层。

该站在 20～45 m 深度的位置存在碎石层、含碎石粉质黏土层；结合基坑围护结构深度和回灌井设置位置，井深设置为 30 m，滤水段 17～29 m。

回灌井均采用钢管井，内径 273 mm、孔径 650 mm，采用孔隙率≥15%的单层钢缠丝过滤器；滤水管底部设置长度为 1 m 的沉淀管，防止井内沉砂堵塞而影响进水。回灌井井口由地面至下 5 m 采用混凝土进行封堵。回灌井信息见表 3，王舍人站基坑降水及回灌布置见图 3。

表 3　　　　　　　　　回灌井信息

基坑	回灌井编号	数目（口）	孔径（mm）	井径（mm）	井深（mm）	滤管埋深（m）	备注
王舍人站	HG1～HG58	58	650	273	30	17～29	缠丝过滤器

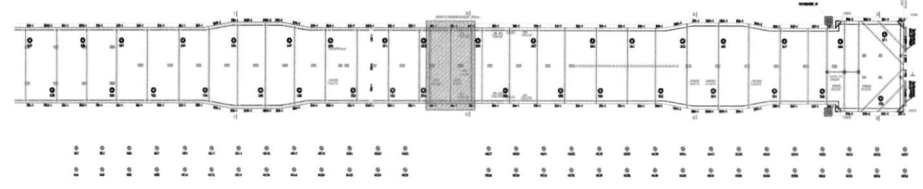

图 3　王舍人站基坑降水及回灌布置

8　项目总结

经过对王舍人站主体基坑降水及回灌工程实践，王舍人站基坑降水及回灌的方案能满足现场降水及回灌的施工要求，降水及回灌的效果较好，总结如下。

（1）在王舍人站基坑降水及开挖过程中降水水位按方案控制，处于受控状态，水位满足开挖要求。

（2）在基坑止水帷幕隔断基坑内外水力联系的情况下，基坑内疏干降水井单井有效疏干面积按照 200 m^2 有效可行。

（3）端头井、集水坑、电梯井位置管井宜加深处理，井深度按开挖深度以下 8 m 控制。

（4）底板浇筑前封井数量控制在总井数的 50% 左右，剩余降水井需满足结构抗浮要求后封井。

（5）回灌井设置需尽量远离基坑，加压回灌可能会对基坑产生不利影响。

济南市轨道交通9号线路家站降水及回灌工程

1 工程概况

路家站系济南城市轨道交通9号线的第10个站,位于规划路与凤箫路交叉口,为地下两层岛式站,站台宽度14 m,站台长度140 m,设置4个出入口、1组风亭,主体结构沿钢化路东西向布置。站址周边均为待建设用地。路家站平面位置示意见图1。

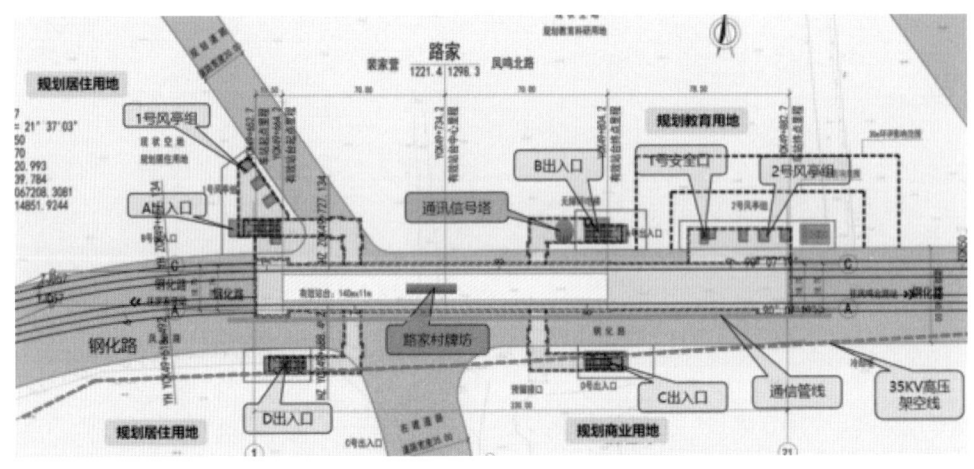

图1 路家站平面位置示意

车站有效站台中心里程为DK49+617.403,设计起点里程为DK49+535.103,设计终点里程为DK49+764.703,标准段宽19.7 m(内净宽),顶板覆土3.5 m。车站主体采用明挖顺作法施工,标准段围护结构选用800 mm厚地下连续墙,竖向设置1道砼支撑+2道钢支撑;端头井段围护结构选用800 mm

厚地下连续墙、竖向设置 2 道砼支撑 + 2 道钢支撑。车站概况见表 1，路家站平面示意见图 2。

表 1　　　　　　　　　车站概况

车站形式	开挖深度（m）	止水帷幕	施工方式
地下二层	16.16～16.56（标准段）	标准段地下连续墙 28.37～28.76 m	明挖顺作法
	17.93～18.31（端头井）	端头井地下连续墙 31.39～31.93 m	

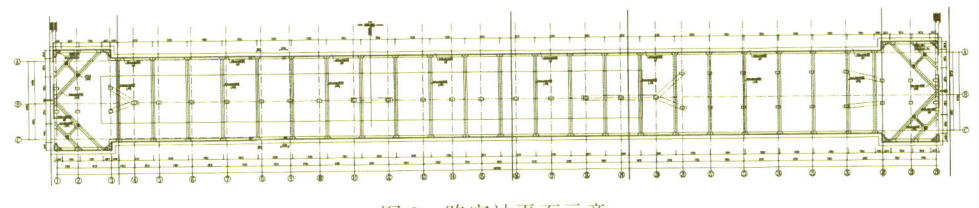

图 2　路家站平面示意

2　基坑围护概况

车站主体基坑采用地连墙 + 内支撑体系。

标准段基坑深度 16.16～16.56 m，坑底位于⑫₁层粉质黏土中。围护结构选用 800 mm 厚地下连续墙时，沿基坑深度方向设置 3 道支撑，明挖范围内第一道为 800 mm×1 000 mm 砼支撑，其余范围内第二、三道钢支撑均为 ϕ800×16 mm 钢支撑。

端头井段基坑深度 17.93～18.31 m，坑底位于⑫₁层粉质黏土中。围护结构选用 800 mm 厚地下连续墙时，沿基坑深度方向设置 4 道支撑，明挖范围内第一道为 800 mm×1 000 mm 砼支撑、第二道为 800 mm×1 000 mm 砼支撑，其余范围内第三、四道钢支撑均为 ϕ800×16 mm 钢支撑。

3　工程地质情况

根据野外勘探鉴别、原位测试，结合室内岩土试验资料综合分析，钻探深度范围内揭露第四系地层以人工填土层、粉质黏土、卵石、粉土、碎石、含碎石粉质黏土、残积土为主，局部揭露胶结砾岩。

①$_2$ 层素填土，黄褐色，稍湿，稍密，以黏性土为主，可塑，含少量碎石、砖屑等，最大块径在 15~30 cm 以上，成分较杂，该层堆填年代 5~8 年，稳定性和均匀性差，部分分布，层厚 0.7~2.10 m，层顶埋深 0.0~2.5 m。

①$_1$ 层杂填土，杂色，稍湿，稍密—中密，含大量砖块、碎石、砼块、灰渣、水泥块等建筑垃圾，最大块径在 30~50 cm 以上；充填黏性土，表层多为路面结构层，成分较杂，稳定性和均匀性差，全场分布，层厚 0.5~4.3 m。

⑧层黄土，黄褐色，可塑，无摇振反应，稍具光泽反应，干强度及韧性中等，具大孔结构，含少量钙质条纹，偶见姜石及碎石，粒径 1.0~3.0 cm，局部相变为黄土状粉土；全场分布，层厚 1.9~7.5 m，层顶埋深 0.5~4.3 m。

⑨$_2$ 层粉质黏土，黄褐色—褐黄色，软塑—可塑，无摇振反应，稍具光泽反应，干强度及韧性中等，含少量铁锰氧化物，局部孔段混 3%~10% 碎石或姜石，粒径一般 0.2~3.0 cm，局部大于 7 cm；全场分布，层厚 2.0~6.5 m，层顶埋深 4.9~10.5 m。

⑫$_1$ 层粉质黏土，浅棕黄色—浅棕红色，可塑—硬塑，无摇振反应，稍具光泽反应，干强度及韧性中等，含铁锰氧化物，局部孔段混 5%~10% 碎石或姜石，粒径一般 0.2~3.0 cm，局部大于 7 cm；见垂直孔洞，全场分布，层厚 2.2~14.8 m，层顶埋深 10.5~21.4 m。

⑫$_6$ 层碎石，杂色，饱和，中密—密实，成分为石灰岩，呈次棱角形，粒径一般 3~6 cm，最大粒径 15 cm 以上，含量 55%~75%，余为黏性土及砂土填充，偶见胶结，部分分布，层厚 0.3~7.1 m，层顶埋深 19.5~26.2 m，层顶标高 8.01~15.16 m。

⑬$_1$ 层粉质黏土，棕黄色—棕红色，可塑—硬塑，无摇振反应，稍具光泽反应，干强度及韧性中等，含铁锰氧化物，局部孔段混 5%~10% 碎石或姜石，粒径一般 0.2~4.0 cm，局部大于 7 cm；偶见垂直孔洞，全场分布，层厚 1.2~13.9 m，层顶埋深 20.0~29.9 m。

⑬$_6$ 层胶结碎石，杂色，密实，泥质、钙质胶结，岩芯多呈短柱状，局部碎块状，块径 2~10 cm，柱长 4~20 cm，胶结较差，锤击易碎，大部分布，层厚 0.9~5.4 m，层顶埋深 28.2~36.6 m。

⑯$_1$ 层残积土，灰黄、黄绿、灰白色，可塑—硬塑，土质不均，以闪长岩风

化物碎屑为主,混粉质黏土,多夹杂高岭土团块,局部可见原岩强风化岩硬块,部分分布,层厚 3.4~6.4 m,层顶埋深 32.7~38.4 m。

典型地质剖面见图 3。

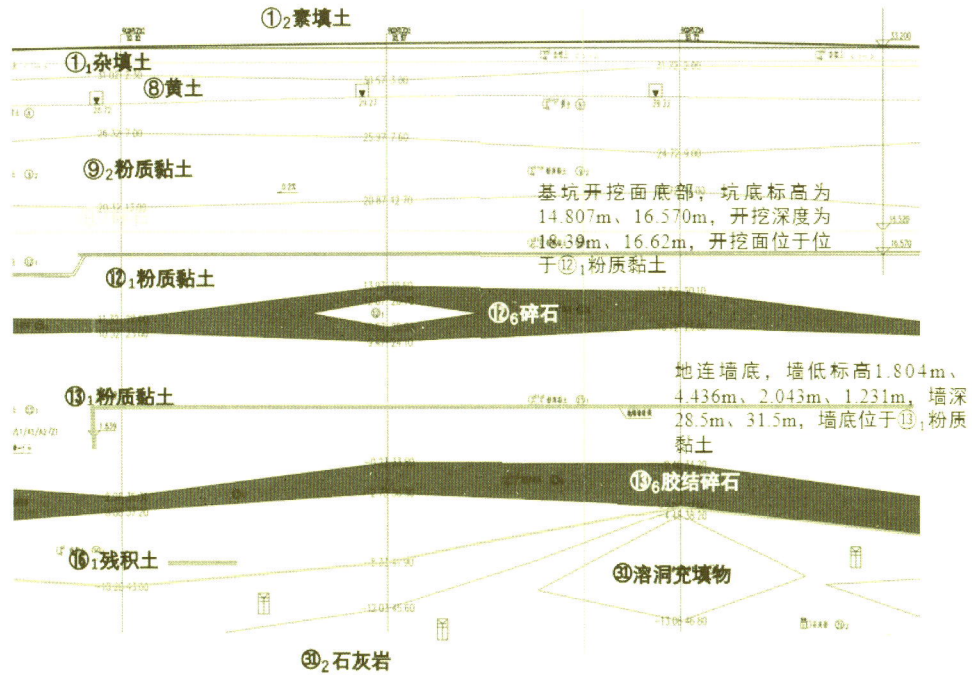

图 3 典型地质剖面

4 水文地质情况

4.1 地下水概况

路家站地下水类型主要为松散岩类孔隙水与碳酸盐岩裂隙岩溶水。

4.1.1 松散岩类孔隙水

根据区域水文地质条件及本场地岩性特征,本场地 65.0 m 勘察深度范围内发现有 2 层孔隙水含水层。分别为潜水(一)含水层和承压水含水层(二)。

根据初勘、详勘钻机揭露情况,潜水(一)水位埋深 3.80~4.30 m,水位标高 28.55~30.33 m,含水层层厚 20.00~29.00 m,土层为⑨$_2$、⑫$_1$ 层粉质黏土与⑨$_7$、⑫$_6$ 层碎石。

根据同一水文地质单元的 3 号线裴家营站抽水试验成果，承压水（二）水位埋深 2.85～4.49 m，水头标高 25.53～27.98 m，该含水层层厚 10.00～15.00 m，位于相对隔水层⑬$_1$层粉质黏土之下，含水层为⑬$_6$层胶结碎石，承压水按不利考虑即按本次抽水试验观测成果资料埋深 2.85 m，高程 27.98 m。

4.1.2 碳酸盐岩裂隙岩溶水

该含水岩组主要分布于拟建场区中部下伏奥陶系石灰岩区，地下水主要来源为南部、东南部山区的大气降水入渗补给，沿途上部第四系松散岩类孔隙水下渗也是其补给方式之一。地下水总体流向为东南向西北径流，人工开采或垂直向上顶托补给第四系孔隙水排泄，局部以泉的形式穿透上覆岩土层集中排泄。

场区岩溶水含水层顶板埋深为 40～90 m，具有较强的承压性特征。揭露该层后，单井涌水量一般在 1 000～10 000 m³/d，如根据收集的济南新东站附近水文试验资料，试验井深 121 m 的自流井，出水量大于 5 000 m³/d。

根据收集周边工程地质资料，基岩溶水水位埋深为 4.71 m。承压水头标高 25.428 m；根据本站抽水试验岩溶水水位埋深 3.26～3.94 m，相应的水头标高 29.305～30.627 m。

4.2 抽水试验

本站在充分利用同一水文地质单元的裴家营站抽水试验的基础上布置 1 组抽水试验。根据抽水试验结果分析，⑨$_2$层粉质黏土综合渗透系数为 12.274 m/d，属强透水；⑨$_7$层碎石土综合渗透系数为 40.325 m/d，属强透水；⑫$_1$层粉质黏土综合渗透系数为 8.198～28.51 m/d，属中等—强透水；⑬$_1$层粉质黏土综合渗透系数为 0.467 m/d，属弱透水；⑬$_3$层碎石综合渗透系数为 34.701 m/d，属强透水；⑯$_1$层残积土综合渗透系数为 5.021 m/d，属中等透水；㉛层溶洞充填物综合渗透系数为 2.05 m/d，属中等透水。

车站主要岩土层渗透系数见表 2。

表 2　　　　　　　　　　主要岩土层渗透系数

岩土代号及名称	综合渗透系数建议值（m/d）	透水性
⑨$_2$层粉质黏土	12.27	强透水
⑨$_7$层碎石土	40.33	强透水

(续表)

岩土代号及名称	综合渗透系数建议值（m/d）	透水性
⑫₁层粉质黏土	18.35	强透水
⑬₁层粉质黏土	0.46	弱透水
⑬₆层胶结碎石	5.00	中等透水
⑯₁层残积土	5.02	中等透水
㉛层溶洞充填物	2.05	

5 工程重难点及应对措施

5.1 工程重难点分析

根据本工程围护结构特征和拟建场地的水文地质特征，本降水工程的特点及难点分析如下。

（1）基坑范围内存在多层厚度较大的碎石层及胶结碎石层，渗透系数大，富水性极强。

（2）基坑降水量巨大，长时间保持大量的抽水，势必会对车站附近的地下水造成不利影响，特别是对济南泉系造成极大的破坏。

（3）考虑降水期间对坑外地下水的保护，特别是对济南泉系的保护，需要有针对性地进行地下水回灌，回灌率需达到80%以上。

（4）结合勘察报告，基坑范围内存在一定厚度的碎石层及胶结砾岩层，碎石层最大粒径达到100 mm以上，胶结砾岩板结后成井难度大，在此类地层中进行降水井成井施工，选取合适的机械设备和成井工艺是本工程降水能否成功的又一关键因素。

（5）本站基坑范围内碎石层及胶结碎石层承压水水头较高，基坑开挖期间基坑底板存在突涌风险。

（6）本站粉质黏土层竖向渗透系数大，为中等—强透水层。

5.2 应对措施

针对本工程特点，充分利用我司在类似地质条件地区的相关经验，与本工程水文地质条件或围护特征、井挖工况等较为类似的专业降水设计及地下水控制经验，采用以下措施解决本基坑降水工程中的难点与风险。

（1）为了能够更准确地掌握本工程的水文地质参数，为基坑降水设计提供可靠的依据，确保本工程降水的顺利实施，结合车站详勘期间的抽水试验数据，需针对本工程进行更加深入、详细、有针对性的抽水试验。

（2）为了能够实现在基坑大量抽降地下水情况下对于地下水的保护，需要针对基坑实施原位的地下水回灌工作，确保坑外地下水位稳定，进而减小降水带来的不利影响。

（3）在每个基坑内布置基坑内水位观测兼应急备用井，根据地下水位监测结果指导降水运行，做到"按需抽水"，同时在应急突发情况下启动坑内的观测井进行辅助抽水。

（4）坑外设置减压井，减压井在基坑两侧针对下部承压含水层布设，依据开挖深度及承压水水位埋深制订减压井启动条件，通过控制承压水压力水头调整承压水压力，防止其对基坑造成突涌风险。

针对本工程场地的地质与水文地质条件以及本基坑工程特点，坑内外成井施工完成后，建议降水正式运行前及时进行群井抽水试验，应同步观测坑内和坑外水位变化情况，以判断围护结构施工质量、降水效果和现场降水管路、排水情况，对所提出的基坑降水方案进行调整或优化。如坑外水位异常下降，则需查明原因，并采取有效措施后方可开挖基坑。

6 降水设计方案

6.1 基坑降水形式

本工程基坑开挖深度范围内主要为潜水含水层和承压含水层碎石层、胶结砾岩层，根据已实施的大量基坑工程的成功实践经验，类似基坑工程的降水设计施工一般采用基坑内疏干井进行疏干降水，基坑外设置减压井，减压井在基坑两侧针对下部承压含水层布设，依据开挖深度及承压水水位埋深制订减压井启动条件，通过控制承压水压力水头调整承压水压力，防止其对基坑造成突涌风险。

6.2 降水方案形式

针对本工程特点,结合与本工程水文地质条件、止水帷幕结构及深度、开挖工况等较为类似的专业降水设计及地下水控制的经验,降水方案形式如下。

坑内设置疏干降水井,单井有效疏干控制面积约为 150 m²,并设置 20% 的应急备用井,确保基坑降水安全可靠。正常情况下根据动态水位监测结果指导降水运行,做到"按需降水",同时在应急突发情况下启动坑内的备用井进行辅助抽水。

基坑外设置减压井,减压井在基坑两侧针对下部承压含水层布设,依据开挖深度及承压水水位埋深制订减压井启动条件,通过控制承压水压力水头调整承压水压力,防止其对基坑造成突涌风险。

为确保坑内降水井的不间断工作,施工现场必须有双电源保证措施,配置备用发电机组,满足降水井的降水需求用电量。针对本工程场地的地质与水文地质条件以及本基坑工程特点,坑内外成井施工完成后,降水正式运行前及时进行抽水试验,以判断降水效果和现场降水电路、排水情况,对所提出的基坑降水方案进行调整或优化。降水井施工过程中应加强降水井成井质量的控制,严格控制降水井的质量。

6.3 降水井布置原则

基坑内疏干降水井的布置原则为:井底进入强透水层碎石层中;井平面位置最终施工时应避开坑内支撑、格构柱、工程桩、坑内加固等位置。

基坑外减压降水井的布置原则为:井底进入强透水层胶结碎石层中,滤管埋深根据地层情况调整。

成井施工结束后,降水管井内及时下入泵、铺设排水管道、电缆线等,电缆与管道系统在设置时应注意避免在抽水过程中被挖土机、吊车等碾压、碰撞损坏,因此,现场要在这些设备上进行标识。抽水与排水系统安装完毕,即可开始试抽水。根据施工进度计划。

6.4 基坑降水井设计

根据计算,基坑内共布置 50 口疏干井,疏干井深度进入基底下 9~10 m,基坑外共布置20口减压井,减压井针对下部承压含水层⑬₆碎石层进行布设,进入⑬₆碎石层,疏干降水井及减压井工作量见表3。

表3　　　　　　　　　　　　降水井信息统计

井类型	数目（口）	孔径（mm）	井径（mm）	井深（m）	滤管埋深（m）	备注
疏干井	37	650	273	27	0～26	
	13	650	273	28	0～28	
减压井	2	650	273	32	25～31	钢管+桥式滤管
	7	650	273	33	26～32	
	4	650	273	37	30～36	
	2	650	273	38	31～37	
	5	650	273	39	32～38	

7　基坑回灌方案

回灌采用基坑外群井回灌,回灌井在基坑外侧沿基坑纵向设置,回灌井设置远离基坑,避免加压回灌对于基坑围护结构以及基坑自身的不利影响。回灌井间距按照8 m布置。工程所在地层中碎石层渗透系数较大,考虑到基坑降水来源主要为下部地下水的竖向补给,地下水的流失也主要为下部地层的地下水,因此本次回灌目的层则根据含水层分布及地下水补给方式等综合确定为下部地层,作为目标回灌地层。

该站在19～24 m深度的位置存在碎石层,结合基坑围护结构深度和回灌井设置位置,井深设置为26 m,滤水段16～25 m。

回灌井均采用钢管井,内径273 mm、孔径650 mm,采用孔隙率≥15%的单层钢缠丝过滤器;滤水管底部设置长度为1 m的沉淀管,防止井内沉砂堵塞而影响进水。回灌井井口由地面至下5 m采用混凝土进行封堵。回灌井信息见表4。路家站基坑降水及回灌布置见图4。

表 4　　　　　　　　　　　回灌井信息

基坑	回灌井编号	数目（口）	孔径（mm）	井径（mm）	井深（m）	滤管埋深（m）	备注
路家站	HG1～HG47	47	650	273	26	16～25	缠丝过滤器

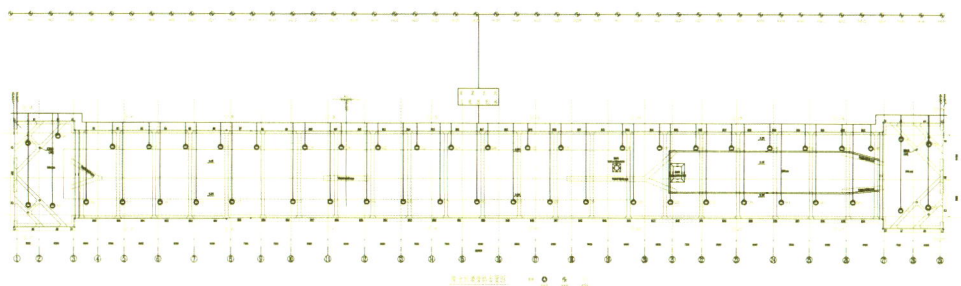

图 4　路家站基坑降水及回灌布置

8　项目总结

经过对路家站主体基坑降水及回灌工程实践，路家站基坑降水及回灌的方案能满足现场降水及回灌的施工要求，降水及回灌的效果较好，项目总结如下。

（1）本次在路家站基坑降水及开挖过程中降水水位按方案控制，处于受控状态，水位满足开挖要求。

（2）在基坑止水帷幕未有效隔断基坑内外水力联系的情况下，基坑内疏干降水井单井有效疏干面积按照 150 m^2 有效可行。

（3）端头井、集水坑、电梯井位置管井宜加深处理，井深按开挖深度以下 9～10 m 控制。

（4）底板浇筑前封井数量控制在总井数的 50% 左右，剩余降水井需满足结构抗浮要求后封井。

（5）回灌井设置需尽量远离基坑，加压回灌可能会对基坑产生不利影响。

南昌市轨道交通及水文地质概况

1999年南昌筹划城市快速轨道交通地铁工程，2011年地铁1号线开始施工，2015年首条线路开通载客试运营。截至2023年3月，南昌地铁已开通运营4条线路，分别是南昌地铁1号线、南昌地铁2号线、南昌地铁3号线和南昌地铁4号线，共设车站94座（含换乘站9座，不重复计算），运营线路总长128.45 km。南昌市轨道交通线路见图1。

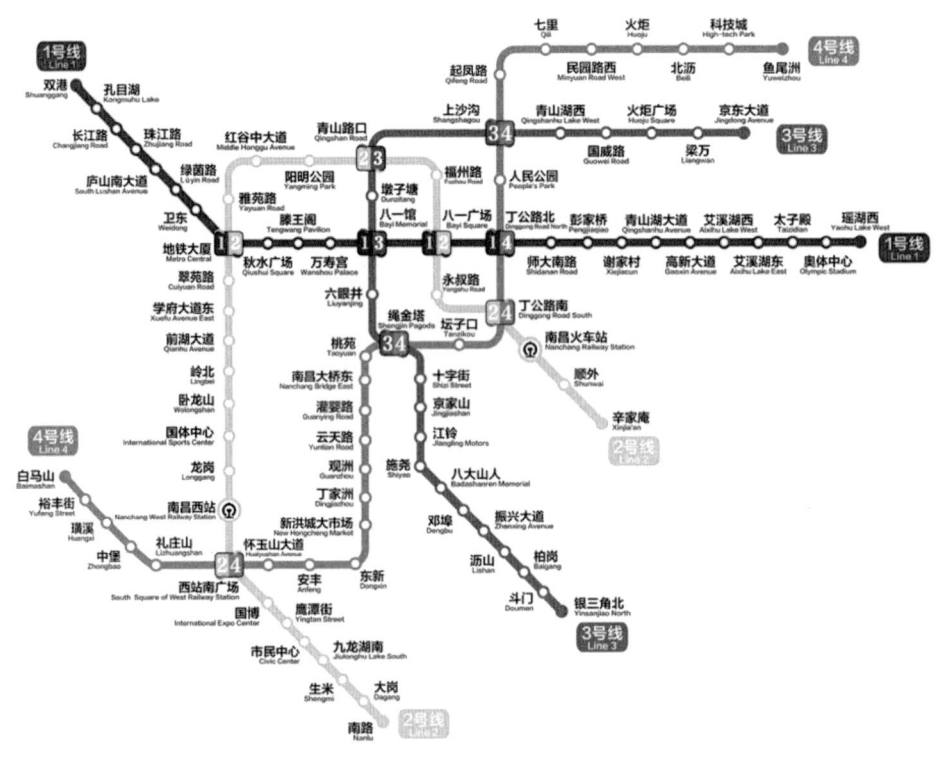

图1 南昌市轨道交通线路

南昌市地处江西省中部偏北、赣江、抚河下游冲积平原，东北濒临鄱阳湖。全境以平原为主，东南平坦，西北丘陵起伏。地势总体西北高、东南低，依次发育低山丘陵、岗地、平原，呈现层状地貌特征。以赣江为界，赣江西北部为构造剥蚀低丘岗地，赣江以东为河流侵蚀堆积平原。构造剥蚀低丘岗地分布于西北部的梅岭一带，呈北东向展布。主要由花岗岩、片麻岩组成。由于受多期地质构造运动的影响，导致地势起伏，沟谷纵横。风化剥蚀岗地分布于新建县、乐化一带，呈北东向展布，在区域构造上位于南昌断陷盆地的西北边缘。主要由残坡积红土、上白垩系紫红色砂岩、砂砾岩和前震旦系千枚岩、板岩组成。侵蚀堆积平原分布于赣江以东的广大地区，由全新统、中上更新统冲积层组成，地势平坦。区内发育有漫滩、Ⅰ级堆积阶地和Ⅱ级堆积阶地。

南昌市轨道交通沿线出露地层有前震旦系、白垩系、第三系、第四系以及晋宁期、喜山期岩浆岩，其中以第四系分布最广。前震旦系分布于南昌西北部，长陵—麦园一带以千枚岩、千枚状板岩为主，风坡陵—新界袁家一带以糜棱片麻岩为主。白垩系和第三系普遍被第四系覆盖。向塘—莲塘邓家埠—八一桥一线，以西为白垩系，以砂砾岩、砂岩、粉砂岩为主；以东为第三系，以含钙砂岩、泥质粉砂岩为主。第四系，从老到新均有分布。下、中更新统零星分布于昌北及尤口、罗家集等；上更新统分布在莲塘以及富山、邓家埠一带；全新统分布于赣江、抚河沿岸地带；残坡积层广泛分布于赣江以西的新建、生米等地。

南昌地区水文地质条件可分为上层滞水、松散岩类孔隙水和基岩裂隙水三种类型。上层滞水主要赋存于浅部填土层中，纯原始地面无上部隔水层，下部粉质黏土层为其隔水层。雨水通过地下渗流形成上层滞水，连通性较差，无连续的水位面，水量一般较小。总体表现为枯水季节没有明显的上层滞水，丰水季节上层滞水局部明显。松散岩类孔隙水主要赋存于全新统、上更新统和中更新统冲击砂砾卵石层中，广泛分布于赣江及抚河冲积平原区。全新统与上更新统二者呈内叠接触，各含水层的顶、底板高差相近，水力联系密切，构成统一含水层。赣江东岸地区第四系广泛分布，厚度 30 m 左右，多为二元结构，各时期砂砾卵石含水层连通性好，水力联系密切，富水性好，大部分属潜水，局部有微承压性，地下水主要接受相邻含水层的径流补给。地下水位埋深 4~20 m，地下水位年变化幅度 3 m 左右，雨季水位上升，枯季水位下降。地下水的补给、径流、排泄分区不够明显。基岩裂隙水包括红层（第三系、白垩纪）碎屑岩类裂隙溶隙水、变质岩裂隙水和岩浆岩裂隙水。红层碎屑岩类裂隙溶隙水主要赋存在第四系松散岩类孔隙含水层之下，赣江以东沿线和赣江以西沿江地段为第三系新余群泥质粉砂岩，望城地区为白垩系南雄组泥质粉砂岩，二者均属河畔紫红色碎屑岩构造。该含水层富水性极不均匀，影响的因素主要有风化网状裂隙和节理裂隙的发育程度，节理裂隙多呈闭合状，富水性较差。该层地下水通过节理裂隙与上部孔隙水存在一定的水力联系，具有微承压性，含水层厚度为 2~5 m。变质岩裂隙水主要分布于赣江西北部的丘陵和岗地地区，岩性以混合片麻岩和千枚岩为主，岩层裂隙较为发育，地下水赋存于基岩裂隙中。岩浆岩裂隙水分布于西北部的低山丘陵梅岭一带，岩性为富斜花岗岩，构造裂隙和风化裂隙较为发育，地下水以大气降水补给为主。

南昌市轨道交通 2 号线沈桥站降水工程

1 工程概况

沈桥站为 2 号线东延工程地铁站,地下车站为二层,位于解放东路和东升大道交会处。车站概况见表 1。

表 1　　车站概况

车站形式	开挖深度（m）	止水帷幕	施工方式
地下二层	17.80（标准段） 19.00～20.00（端头井）	标准段、端头井地下连续墙 30 m（进入中风化岩不少于 1 m）	明挖顺作法 +局部盖挖

2 基坑围护概况

围护结构选用 800 mm 厚地下连续墙,标准段采用三道支撑,其中第一道为砼支撑,其余均为钢支撑。车站地下连续墙墙深约 30 m。基坑面积 6 605.31 m^2,基坑长 285 m,宽 22.7 m。

基坑安全等级为一级,依据基坑与周边环境、地下管线距离关系,基坑环境保护等级为二级。基坑平面及剖面示意见图 1、图 2。

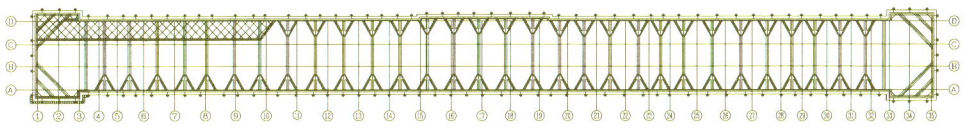

图 1　基坑平面示意

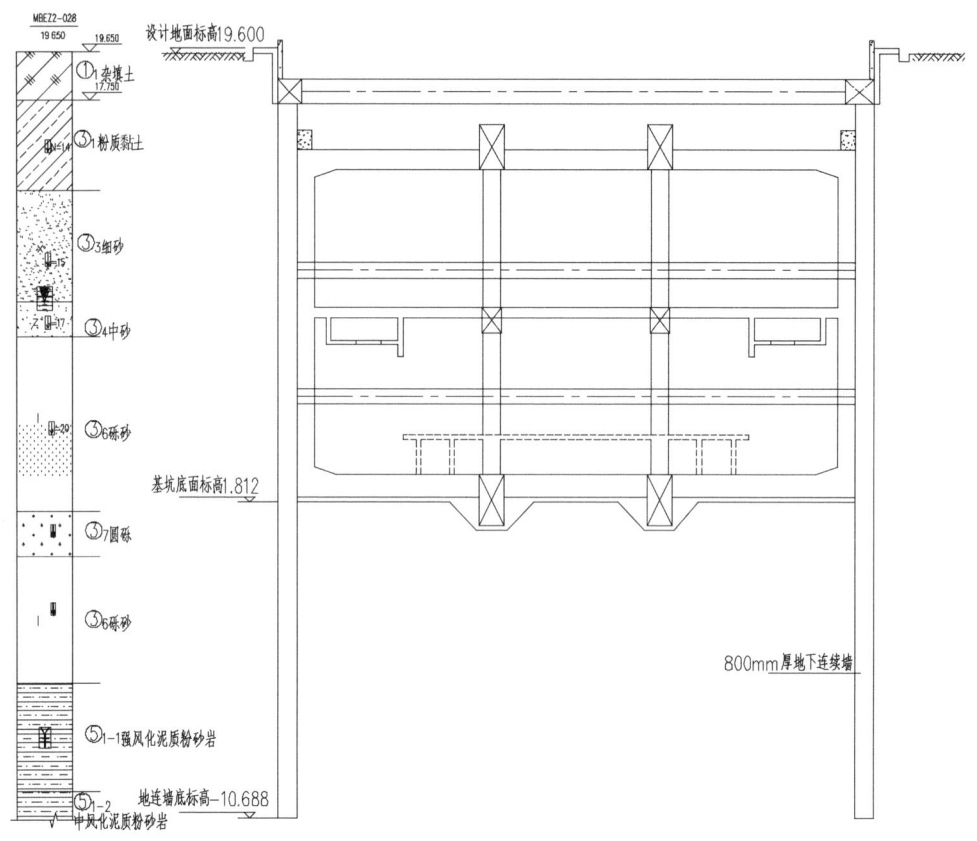

图 2 基坑剖面示意

3 工程地质情况

在建场区地貌为赣抚冲积平原区二级阶地。勘探深度范围内自上而下划分为 3 个工程地质单元层、10 个亚层。土体类型较复杂，性质差异较大，成因类型较多等。

$①_1$ 层杂填土，杂色，稍湿，松散，堆填年限为 1～3 年，尚未完成自重固结，主要由黏性土、砂、黏砖、瓦片等建筑垃圾、少量的碎石及生活垃圾组成，粒径 1～10 cm，含量约占 20%。成分复杂，疏密不均，分布不均。

$①_2$ 层素填土，灰黄色，稍湿，松散，堆填年限为 1～10 年，尚未完成自重固结，主要由黏性土、砂土及碎块石组成，以既有道路铺筑的路基为主，在工点范围内局部分布。

③₁层粉质黏土，黄褐、灰黄色，可塑为主，局部硬塑，干强度高，韧性中等，摇振反应无，切面有光泽。

③₃层细砂，灰黄色，稍湿，稍密，局部中密，颗粒矿物成分以石英为主，级配不良，局部含黏性土。

③₄层中砂，灰黄色，稍湿—饱和，稍密—中密，颗粒矿物成分以石英为主，长石次之，颗粒磨圆度较好，级配不良，局部含黏性土。

③₅层粗砂，灰黄色，饱和，中密，颗粒矿物成分以石英为主，长石次之，颗粒磨圆度较好，级配不良，局部含黏性土。

③₆层砾砂，灰黄色、黄色，饱和，中密为主，母岩成分为石英、云母及长石，颗粒磨圆度较好，级配不良，局部含圆砾。

③₇层圆砾，灰黄色、杂色，饱和，中密，母岩成分以石英、云母、长石为主，颗粒磨圆度较好，呈圆形、亚圆形为主，级配不良，局部含卵石。

⑤₁₋₁层强风化泥质粉砂岩，紫红色，岩石风化强烈，节理裂隙极发育，岩芯多呈碎块状和短柱状，遇水易软化、崩解，用手可掰断，局部夹有少量中风化碎块，属极软岩，岩体完整程度分类为破碎，岩体基本质量等级为Ⅴ级，无洞穴、临空面、构造破碎带及更软弱岩体。

⑤₁₋₂层中风化泥质粉砂岩，暗红、紫红色，粉砂质结构，层状构造，泥质胶结，节理裂隙发育，岩芯以短柱状、柱状、长柱状为主，少量碎块状，锤击声闷，岩石遇水软化、风干易裂，属软质岩，岩体完整程度分类为较完整，岩体基本质量等级为Ⅳ级。

典型地质剖面见图3。

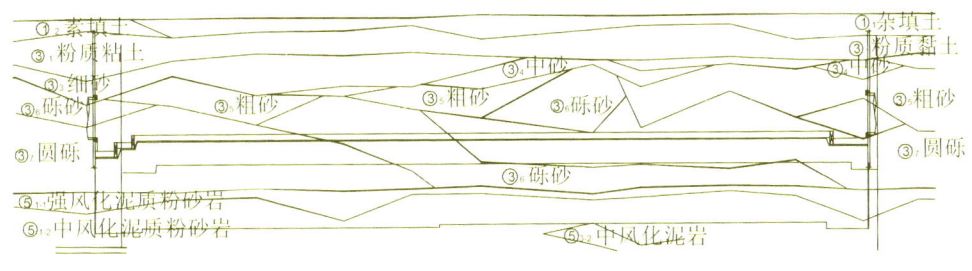

图3 典型地质剖面

4 水文地质情况

上层滞水赋存于填土层之中，主要接受降雨入渗补给及城区下水管的渗漏补给。水位随气候变化大，无连续的水位面，水量一般较小，初见地下水位埋深一般为 0.70~1.50 m，而雨季持续降雨水位可平地面。

松散岩类孔隙潜水赋存于第四系冲积层的砂砾石层中。含水层结构单一，上部为黏性土层为相对隔水层。下部为砂砾石层，地下水位埋深较大，强透水，富水性等级为丰富至极丰富。孔隙潜水稳定水位埋深 8.40~11.30 m（标高 8.58~10.97 m）。

碎屑岩类裂隙水属于松散岩类孔隙水与基岩风化带网状裂隙水混合类型，主要受风化裂隙和构造裂隙（节理）控制，裂隙（节理）多呈闭合状，一般富水性极差。该层地下水与上覆孔隙水有一定的水力联系，二者之间存在互补关系，一般无统一的地下水位面。地层参数见表 2。

表 2　　　　　　　　　地层参数

岩土编号及名称	天然密度 $\rho(g/cm^3)$	孔隙比 e	凝聚力 $c(kPa)$	内摩擦角 $\varphi(°)$	变形模量 $E_0(MPa)$	渗透系数 $K(m/d)$
①层填土	—	—	10.00	10.00	—	5.000
③$_1$层粉质黏土	1.99	0.71	35.38	20.48	—	0.035*
③$_3$层细砂	1.95	0.65	0.00	25	18	80.000
③$_4$层中砂	1.96	0.63	0.00	28	28	
③$_5$层粗砂	1.97	0.62	0.00	31	30	
③$_6$层砾砂	1.98	0.60	0.00	32	35	
③$_7$层圆砾	2.00	0.50	0.00	36	35	
⑤$_{1-1}$层强风化泥质粉砂岩	2.00	—	40.00	25	40	0.800
⑤$_{1-2}$层中风化泥质粉砂岩	2.25	—	400.00	40	—	0.100
⑤$_{3-2}$层中风化泥岩	2.34	—	—	—	—	0.600

5 降水重难点

降水重难点分析如下。

(1) 基坑开挖范围内主要为富水砂层和圆砾层，含水层厚度较厚，含水量较丰富，渗透系数较大，开挖过程中易出现流砂、管涌现象。

(2) 由于季节性水位变化和地层的局域性分布易发生上层滞水或夹层水的现象，需做好应急处理的措施。

(3) 止水帷幕隔断含水层，属于封闭式疏干降水，止水帷幕一旦渗漏，会引起水平渗涌，危害基坑及周边环境安全。

(4) 基坑开挖范围内砂层、圆砾层渗透系数较大，现场需配备大功率水泵作为应急储备。

(5) 基坑周边分布有临街建筑和复杂的管线。为减少降水对周边环境的影响，坑外需布置观测井，观测坑外水位变化，发现异常及时预警。

6 降水设计

6.1 坑内疏干井设计

疏干管井单井有效疏干面积按约 250 m^2 布置，考虑 10%的备用井。标准段区域布置 26 口 24 m 的疏干井。端头井区域布置 2 口深 25 m 和 2 口深 26 m 的疏干井。孔径 600 mm，井径 273 mm，井管采用钢管材质。

6.2 坑外观测井设计

坑外水位观测井按照约 35 m/口布置，共布置 18 口坑外水位观测井，井深 22 m。孔径 700 mm，井径 300 mm，井管采用波纹管材质。

7 现场降水及周边情况

现场降水井成井完成后，开挖期间始终将坑内水位控制在开挖面以下，土体得以有效疏干。抽水期间，疏干井平均出水量为 2~5 m^3/h。开挖期间疏干效果见图 4。

图 4 基坑开挖土体疏干效果

基坑开挖过程中，坑内抽水，坑外水位无明显变化。基坑大底板浇筑完成，基坑及周边环境监测数据见表 3。

表 3　　　　　　　　　　监测数据

项目	本次最大变化量（mm）			累计最大变化量（mm）		控制值（mm）	
	点号	数值	速率(mm/d)	点号	数值	日变量	累计值
建筑物沉降	JGC1-1	-0.10	-0.03	JGC1-6	-6.00	±2	±10
管线沉降	GXC04-14	0.26	0.09	GXC01-19	-6.76	±1.5	±15
地表沉降	DBC06-03	-0.15	-0.05	DBC07-02	-12.19	±3	±30
墙顶竖向位移	ZQC13-1	-0.15	-0.05	ZQC17	-7.91	±3	±30
墙顶水平位移	ZQS7	-0.30	-0.10	ZQS4	6.80	±3	±30
地下水位	DSW11	30.00	10	DSW2	990.00	±500	±2 000
支撑轴力	ZCL2-1	95.70	—	ZCL9-1	-2 695.80	—	—
测斜管	ZQT3/9 m	-0.08	-0.03	ZQT22/16.5 m	22.80	±3	±30

8 项目总结

（1）场地基坑开挖范围内存在较厚的砂层、圆砾等土层，止水帷幕隔断含水层的情况下，疏干井按照 250 m^2/口布置，能够有效对含水层进行疏干。开挖过程中，疏干效果较好。

（2）本基坑采用地墙作为止水帷幕且进入中风化岩层不少于 1 m，具有良好的隔水效果。坑内抽水期间，坑外水位无明显变化。

（3）根据本项目坑外端头试抽水情况，在无止水帷幕的情况下进行敞开式抽水，水力补给较强，单井出水量可达到 200 m^3/h。对于端头加固效果不理想的情况下，需设置足够的应急备用井。

（4）根据邻近车站基坑施工经验，若主体基坑止水帷幕施工工程中存在缺陷导致渗水的情况下，坑内降水压力将增大，现场需配置大功率备用水泵，必要时补打降水井进行应急抽水，并及时进行注浆堵漏处理。

福州市轨道交通及水文地质概况

福州市轨道交通系统第一条线路于 2016 年 5 月 18 日开通初期运营。截至 2023 年 8 月，福州地铁运营线路共有 5 条，分别为福州地铁 1 号线、福州地铁 2 号线、福州地铁 4 号线一期首通段（凤凰池站至帝封江站）、福州地铁 5 号线及福州地铁 6 号线，运营里程 140 km，共设车站 92 座（换乘站按 1 座车站计）。福州市轨道交通线路见图 1。

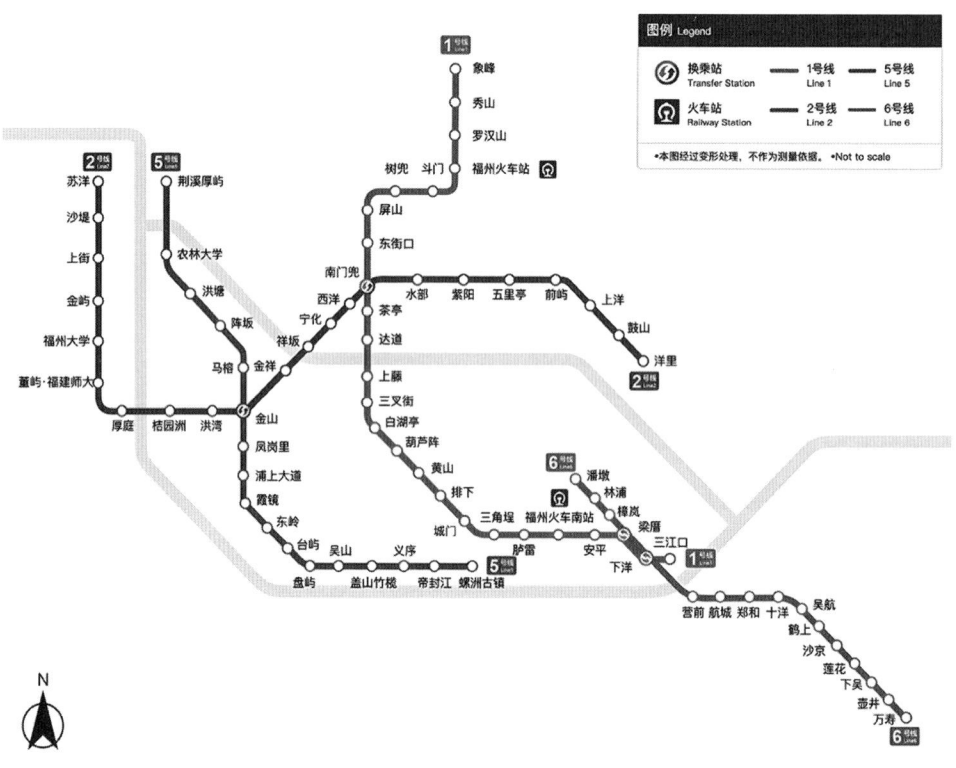

图 1　福州市轨道交通线路

福建省沿海三市地下水类型主要以松散岩类孔隙水和基岩裂隙水为主。

一是松散岩类孔隙水。

松散岩类孔隙水赋存于第四系砂层、粒卵石层中，其成因包括冲积、冲洪积、海积和风积等。整个第四系沉积厚度薄，一般厚10 m有余，大者单孔厚度不超过100 m。含水层厚度最大20～30 m。其分布面积小，分布于河流两岸，在河口形成平原面积相对较大，最大的漳州平原约500 km^2，或在山区盆地零星分布。沿海河口平原在内河口区以淡水为主，外河口区多为咸水，或上淡水下咸水，或下淡水上咸水。在面积较大的平原区单孔出水量500～1 000 m^3/d。岛屿、半岛的海积～风积砂层区，含水层较均一，直接受大气降水补给。单孔出水量100～300 m^3/d，局部富水处可达500～1 000 m^3/d。海湾平原区出水量多小于100 m^3/d。

二是基岩裂隙水。

基岩裂隙水包括侵入岩、火山岩、变质岩及各类碎岩等。出露面积约11.2万km^2，占全省面积的92.4%。地下水主要赋存于基岩裂隙中，其出水量大小与大气降水、基岩岩性、裂隙发育程度、地貌汇水条件和构造发育程度等因素密切相关。侵入岩类基岩裂隙水包括各期次侵入岩，岩性主要以燕山期侵入的花岗岩类为主，分布广泛。地下水赋存于风化裂隙和构造裂隙、破碎带中，其富水性差异很大，一般均较贫乏，如沿海地区80%的泉流量均小于0.3 L/s，其中5%为0.01～0.1 L/s，泉流量大于1L/s的仅占3%左右。单孔出水量一般均小于100 m^3/d，局部构造断裂发育带，则相对富水，出水量可达100～500 m^3/d，在一些汇水面积较大的盆地沟谷、构造断裂带、后期脉岩侵入接触带为富水，单孔出水量可达500 m^3/d，甚至更大。

火山岩类基岩裂隙水包括上侏罗系南园组、下白垩系石帽山群、上侏罗系—下白垩系次火山岩及上第三系佛昙群等。分布广泛，主要分布于福建省东部，出露面积约占全省面积的1/3。岩性主要以凝灰熔岩、凝灰岩和流纹岩等中酸—酸性火山岩为主。其富水条件与侵入岩类同，地下水富存于构造断裂破碎带中，但总体上其富水性比侵入岩类稍差。其本身相对而言，南组火山岩较为富水。泉流量大多为0.02～0.3 L/s，单孔出水量一般小于100 m^3/d，一些构造破碎带富水段，也可揭露大于500 m^3/d的出水量。如福清宏路、溪头单孔出水量都曾达800 m^3/d左右。变质岩类基岩裂隙水，包括前震旦系至上泥盆系各类变质岩及沿海上三叠系至下侏罗系的动力变质岩类。岩性以变粒岩、变质石英砂岩等块状变质岩及片岩、千枚岩等层状变质岩为主。沿海动力变质岩主要出露于莆田—厦门一带。其富水条件与侵入岩类同，但富水性比花岗岩类差。单孔出水量一般也小于 100 m^3/d，局部富水段可达 100～500 m^3/d。

福州市长乐机场城际铁路及福州6号线滨海新城站降水工程

1 工程概况

福州—长乐机场城际铁路工程（以下简称"滨海快线"）线路起于福州火车站，经福州老城区、滨海新城、福州长乐机场，至大鹤车辆段，线路总长约62.4 km。

滨海新城站位于福州市长乐区沙尾村，为福州—长乐机场城际铁路工程第13个站，是滨海快线与6号线东调段的换乘车站。滨海快线车站沿规划路东南向敷设，为地下3层岛式车站；6号线车站沿漳江路西北向敷设，为地下4层岛式车站。两线"T"形换乘。两线车站总建筑面积为54 076 m²，其中，快线部分面积为37 822 m²，6号线部分面积为16 254 m²。

6号线滨海新城站车站总长190 m，为地下四层车站，框架结构，实体基础。设计地面标高7.88 m，标准段宽为23.7 m，设计底板底标高约为-26.33 m，结构顶板覆土约3 m。6号线东调段车站设置2个出入口，2组风亭，1个紧急疏散口。

滨海快线车站及6号线东调段车站主体、出入口、风亭等附属结构均与滨海新城CBD核心区输配环区域工程地下空间均合建，快线的站台层位于地下空间的地下三层，站厅层位于地下二层，地铁6号线位于地下空间的地下四层，计划先施工CBD项目地下空间，后施工地铁范围。车站主体及附属结构基坑拟采用明挖法施工，区间拟采用盾构法施工。车站主体结构基坑支护拟采用地下连续墙+内支撑或排桩+水平支撑的支护方案，CBD项目地下空间拟采用SMW工法桩+可回收大直径水泥土拉锚体系，附属结构与CBD项目地下空间同时开挖。车站概况见表1。

表1 车站概况

位置	基坑型式	开挖深度（m）	止水帷幕	施工方式
滨海快线	地下三层	24.60（西端头井）	西端头井地下连续墙52.046 m	明挖顺作法
		23.30（标准段）	标准段CSM等厚水泥土搅拌墙33～53 m	
		26.15（东端头井）	东端头井地下连续墙50 m	
6号线	地下四层	34.47端头井	端头井地下连续墙56 m	
		34.79标准段	标准段地下连续墙37.53～56 m	

2 基坑围护概况

主体基坑采用地下墙、灌注桩、CSM等厚水泥土搅拌墙作为围护结构。

拟建场地位于长乐区漳港街道沙尾村，属海陆交互原地貌。现场地周边多为拆迁地、果园及鱼塘。对于整个场地而言，地势总体上较平坦开阔，局部地段地势起伏较大，勘探孔地面高程变化为-1.88～10.14 m，大部分地段地面高程变化为4.50～6.32 m。基坑平面及剖面示意见图1—图5。

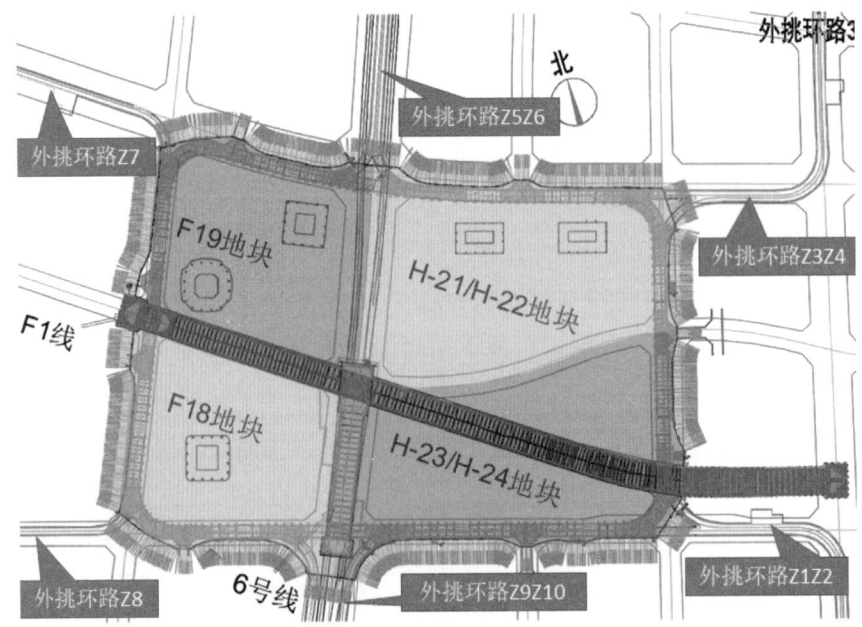

图1 基坑平面示意

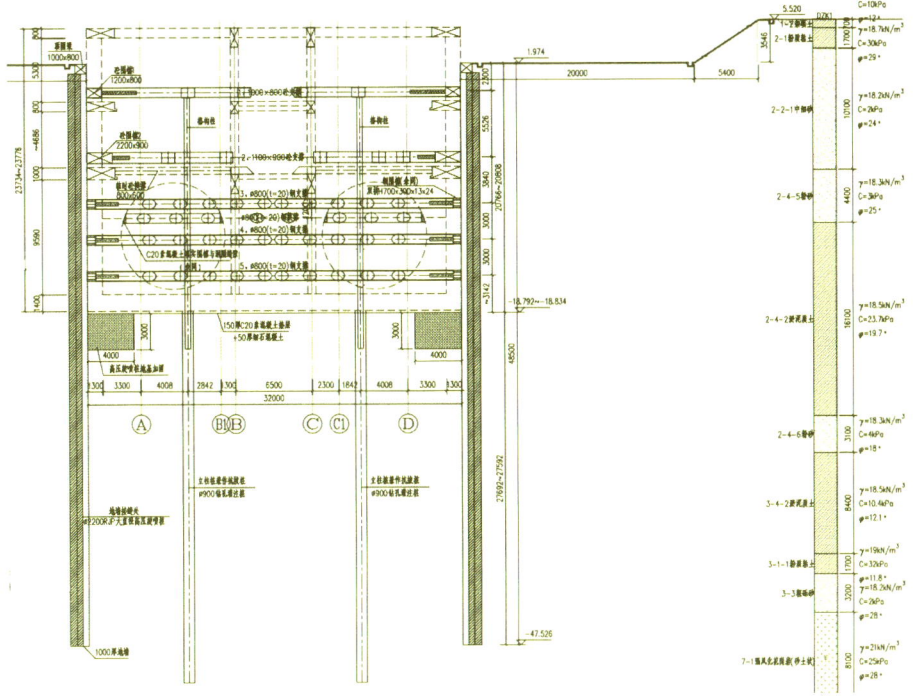

图 2 西端头井基坑剖面示意

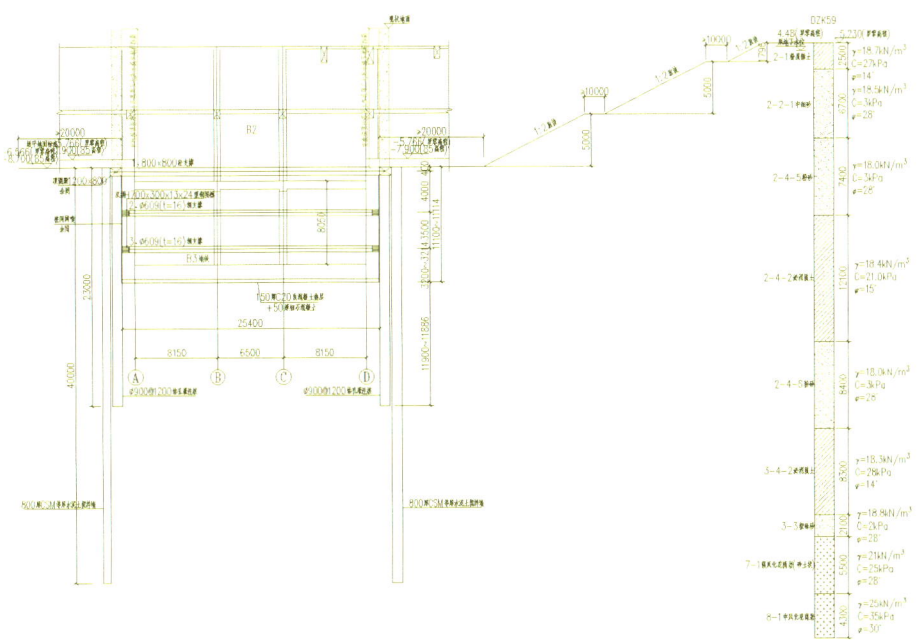

图 3 滨海快线标准段基坑剖面示意

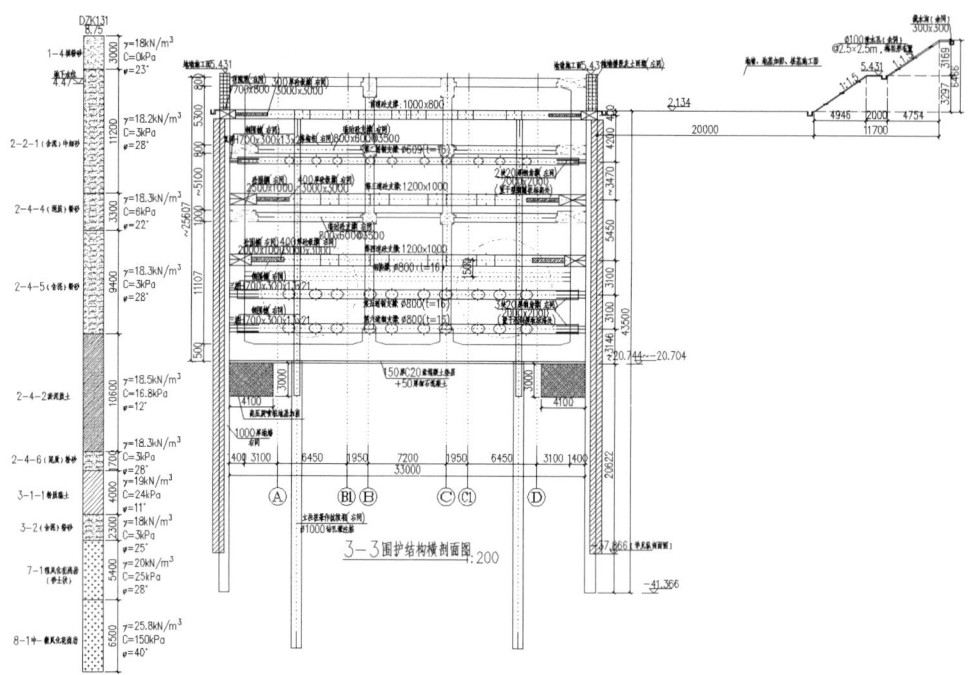

图 4 滨海快线东端头井基坑剖面示意

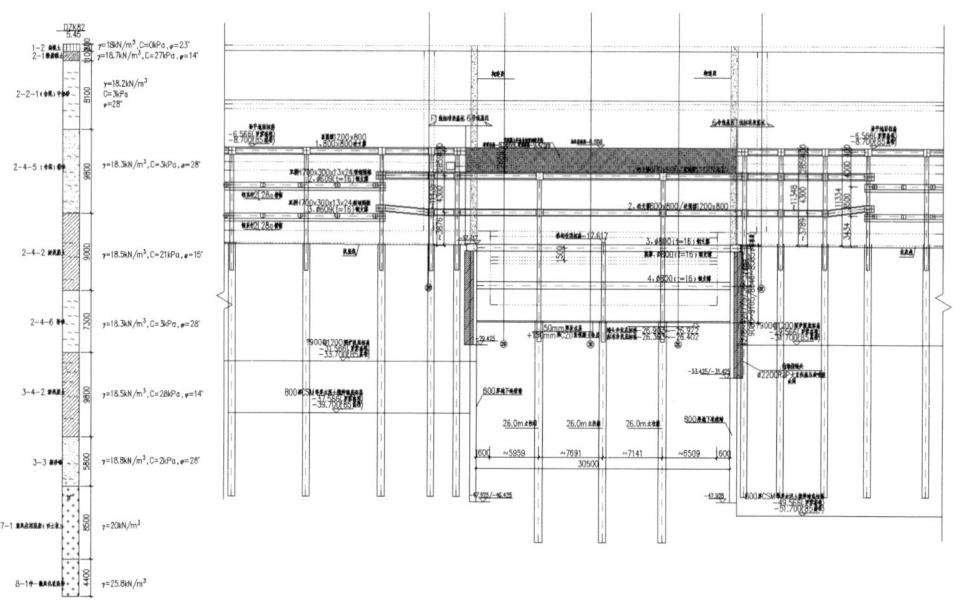

图 5 6 号线基坑剖面示意

3 工程地质情况

场地主要土层的岩性定名、分布特征及物理性质如下。

3.1 填土层（Q_4^{ml}）

1-2 层杂填土，颜色较杂，呈灰黄、灰褐等色，松散为主，局部稍密，湿—饱和，主要为人工回填的黏性土，局部见碎石、砖块、砼块等建筑垃圾。

1-4 层填粉砂，灰褐—黄褐色，湿—饱和，松散—稍密，表层多见植物根系，颗粒成分以石英为主，砂粒呈次棱角状，颗粒分选性较好，级配差。

3.2 长乐组海陆交互相层、风积层、海相沉积层（$Q_4^{mc}/Q_4^{eol}/Q_4^{m}$）

2-1 粉质黏土，灰黄、灰褐色，软—可塑，湿—饱和，含铁锰结核等氧化物，含有少量粉细砂，有黏性，捻面略有砂感，稍有光泽，干强度、韧性中等，无摇振反应。

2-1-1 淤泥质土，灰褐色，流塑，饱和，含有腐殖质及少量贝壳碎屑，略具臭味。有黏性，捻面较光滑，稍有光泽，干强度、韧性中等，摇振反应慢。

2-2-1（含泥）中细砂，风积层，灰黄色，中密—密实，局部稍密，饱和，以中砂和细砂为主，矿物成分以石英为主，含有少量贝壳。

2-4-4（泥质）粉砂，深灰色、灰黑色，稍密—中密，局部密实，饱和，矿物成分以石英为主，贝壳含量多。

2-4-5（含泥）粉砂，灰色，中密—密实，局部稍密，饱和，以粉砂为主，矿物成分以石英为主，含有少量贝壳，局部地段夹有单层厚 1～2 cm 的薄层淤泥。

2-4-2 淤泥质土，深灰色，流塑—软塑，饱和，含有腐殖质及少量贝壳碎屑，略具臭味，局部地段不均匀夹有薄层粉细砂，单层厚度为 1～5 mm，含量约占 20%。有黏性，捻面有砂感，稍有光泽，干强度、韧性中等，无摇振反应。本层对应标准地层上的 2-4-2 层淤泥质土，现已固结。

2-4-6（泥质）粉砂，灰黑、灰色等，中密—密实，局部稍密，饱和，矿物成分以石英为主，局部夹薄层淤泥，多见贝壳等，砂粒磨圆度较好，分选性较好，级配较差。

3.3 东山组海积层（Q_3^m/Q_3^{al}）

3-4-2 淤泥质土，深灰色，软塑—可塑，饱和，含有腐殖质及少量贝壳碎屑，略具臭味，局部地段不均匀夹有薄层粉细砂。有黏性，捻面有砂感，稍有光泽，干强度、韧性中等，无摇振反应。

3-1-1 粉质黏土，浅灰色、灰绿色，可塑，饱和，捻面较光滑，有光泽，无摇振反应，干强度与韧性中等，黏性较好。

3-2（含泥）粉砂，灰色、浅灰色，饱和，密实为主，局部中密和稍密，以中砂和粉砂为主，矿物成分以石英为主，局部夹薄层淤泥，多见贝壳等，砂粒磨圆度较好，分选性较好，级配较差。

3-3（含泥）粗砾砂，灰黄色，饱和，密实为主，局部中密，矿物成分以石英为主，砂粒磨圆度较好，分选性较好，级配较差。

3-7（含砂）圆砾，灰色、褐红色，中密，饱和，粗颗粒粒径一般为30~50 mm，个别可达 150 mm 以上。颗粒磨圆度较好，呈磨圆状为主，颗粒排列无规律，级配较好，粗颗粒母岩成分为中风化凝灰熔岩，充填物以砂为主，次为少量的黏性土。据颗粒分析成果，粒径大于 2 mm 颗粒平均含量占 63.3%。

3.4 岩石强风化带（γ^{53}）

7-1 砂土状强风化花岗岩，灰黄—灰褐色，密实。成分主要由长石、石英、云母等矿物组成，岩石强烈风化，原岩组织结构已大部分破坏。岩芯呈砂土状，手捏易散，干钻较困难，岩芯浸水易软化崩解。该层强度具有随深度由浅至深呈逐渐增强趋势。岩石为极软岩，岩体极破碎，岩体基本质量等级为Ⅴ级，岩芯采取率为 72%~88%。

7-2 碎块状强风化花岗岩，灰褐—青灰色，稍硬，成分主要由长石、石英、云母等矿物组成，结构已大部分破坏，干钻不进尺，钻进过程有拨钻声。

3.5 岩石中—微风化带（γ^{53}/β）

8-1 中—微风化花岗岩，灰白色、青灰色，坚硬。花岗结构，块状构造。岩石矿物主要由长石、石英和云母组成，风化中等，长石有风化蚀变的迹象，风化裂隙（闭合状）稍发育，岩芯柱面光滑，为短～长柱状，锤击岩芯声脆，不易击碎。

8-3 中—微风化辉绿岩，灰绿色，辉绿结构，块状构造，矿物成分主要是辉石和基性斜长石等，岩芯多呈短柱状，局部呈长柱状，岩石质量指标为 50～90，岩芯采取率为 80%～90%，锤击声脆，不易击碎。

典型地质剖面见图 6。

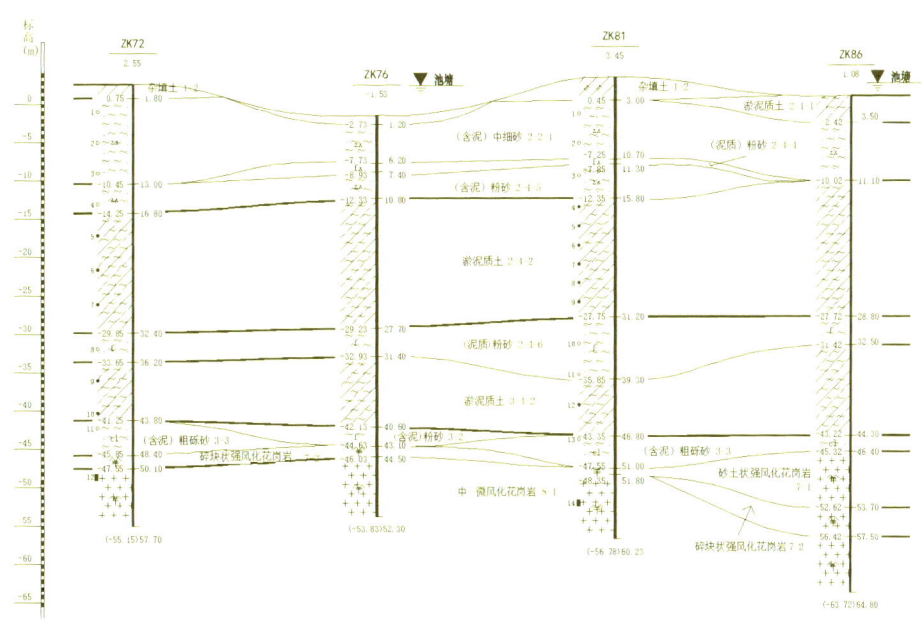

图 6 典型地质剖面

4 水文地质情况

4.1 上层滞水

第四系表层的人工填土中地下水主要为上层滞水，其透水性一般，填土层由于物质组成变化较大，渗透性变化大，当填土层以碎块石为主时，富水性、渗透性较好；当填土成分主要为黏性土混少量碎石时，富水性、透水性及渗透性相对较差。上层滞水的水位和水量随季节变化较大，雨季上层滞水水量较丰富，枯季水量变小。该层与地表水水力联系密切，对工程和环境的影响一般。

4.2 孔隙潜水

孔隙潜水分布范围比较大，主要赋存于风积层2-2-1层（含泥）中细砂、2-4-4层（泥质）粉砂、2-4-5层（含泥）粉砂中，以上含水层赋水介质孔隙连通性较好，透水性中等，富水性强。这三层地下水存在直接的水力联系，其上部为填土层，部分为粉质黏土或淤泥质土层，具有统一地下水位。其补给主要靠大气降水、地表水以及地下水层间补给，以径流、补充地下水及蒸发方式排泄，其水位受季节影响明显，水位变幅一般为2~3 m。

4.3 承压水

4.3.1 孔隙承压水

孔隙承压水主要赋存于2-4-6层（泥质）粉砂、3-2层（含泥）粉砂、3-3层（含泥）粗砾砂、3-7层（含砂）圆砾层中。赋水介质结构松散，孔隙连通性较好，其透水性中等—强，2-4-6层（泥质）粉砂仅局部分布，富水性弱，3-2层（含泥）粉砂、3-3层（含泥）粗砾砂、3-7层（含砂）圆砾层含水层分布不连续，厚度亦较薄，富水性弱—中等。地下水主要接受含水层侧向径流补给，层间排泄，水位受季节影响不大，年水位变幅1~2 m。

4.3.2 孔隙裂隙承压水

赋存于砂土状强风化岩、碎块状强风化岩和中风化岩层内，赋水介质砂土状强风化花岗岩以黏性土为主，孔隙裂隙欠发育且多为黏性土充填，孔隙、裂隙连通性差，其透水性弱，富水性弱；碎块状强风化岩及中风化岩层裂隙较发育，连通性较好，透水性中等，富水性弱—中等。本含水层段大部分与上覆3-2层（含泥）粉砂、3-3层（含泥）粗砾砂和3-7层（含砂）圆砾含水层具直接水力联系。地下水补给径流为含水层侧向径流补给，水位受季节影响不大，年水位变幅一般小于1~2 m。各含水层抽水试验成果见表2。

表 2　　　　　　　　各含水层抽水试验成果

含水层名称	孔号	降深（m）	出水量（m³/h）	渗透系数（m/d）	影响半径（m）
1-2层杂填土 2-2-1层（含泥）中细砂 2-4-4层（泥质）粉砂 2-4-5层（含泥）粉砂	CK1	14.10	70.24	10.24	427.08
	CK6	14.00	72.45	8.71	418.90
	CK9	11.70	38.84	11.34	302.09
	CK11	8.46	53.05	11.39	258.81
	CK12	14.20	80.76	6.98	429.83
	CK14	12.25	44.13	7.07	325.69
2-4-6层（泥质）粉砂	CK3	13.30	16.70	7.39	361.43
	CK7	16.58	21.67	5.18	377.43
	CK8	18.15	21.68	5.09	409.64
	CK13	15.75	18.13	6.63	405.52
3-2层（含泥）粉砂 3-3层（含泥）粗砾砂 3-7层（含砂）圆砾	CK4	12.30	26.90	11.66	419.94
	CK5	12.00	25.52	11.28	403.05

由以上抽水试验结果分析可知，1-2层杂填土、2-2-1层（含泥）中细砂、2-4-4层（泥质）粉砂、2-4-5层（含泥）粉砂含水层透水性中等—强，富水性强；2-4-6层（泥质）粉砂含水层透水性中等，富水性中等；3-2层（含泥）粉砂、3-3层（含泥）粗砾砂、3-7层（含砂）圆砾含水层透水性强，富水性中等。各含水层厚薄不一，空间分布连续性差，赋水介质中孔隙发育率差异较大，造成不同地段的富水性与透水性均有所不同。

5　降水重难点

各含水层基坑突涌稳定性分析结果见表3、表4。

表 3　　　　　　基坑开挖深度与2-4-6层安全水头埋深对应关系

位置	区域	挖深（m）	安全水位（m）	水位降深（m）	勘探孔
滨海快线	临界状态	13.33	2.14	不需降压	DZK2 30.66 m
	1~8轴	23.07~24.35	18.17~20.28	16.03~18.14	

(续表)

位置	区域	挖深（m）	安全水位（m）	水位降深（m）	勘探孔
滨海快线	64～80轴	24.23～26.15	16.96～20.12	14.82～17.98	DZK33 30.66 m
	8～24轴	23.01～24.30	19.20～21.33	17.06～19.19	DZK10（8～24轴）28.90 m
	24～28轴	23.01～24.30	21.25～23.38	19.11～21.24	DZK17（24～28轴）25.72 m
	36～39轴	23.01	22.41	20.27	Z3-22-70（36～39轴）25.72 m
	32～36轴、39～45轴	23.01～24.30	21.25～23.38	19.11～21.24	（32～36轴、39～45轴）26.45 m
	61～64轴	23.01～25.15	16.99～20.52	14.85～18.38	DZK17（61～64轴）32.32 m
	临界状态	10.77	2.14	不需降压	DZK67 23.59 m
	1～2轴	34.47	35.47	33.33	
	2～20轴	34.79	35.79	33.65	

表4　基坑开挖深度与3-2、3-3层安全水头埋深对应关系

位置	区域	挖深（m）	安全水位（m）	水位降深（m）	勘探孔
滨海快线	临界状态	20.14	3.90	不需降压	DZK3 45.31 m
	1～8轴	23.07～24.35	8.72～10.83	4.82～6.93	
	临界状态	18.57	3.90	不需降压	DZK163 41.30 m
	64～80轴	24.23～26.15	13.21～16.37	9.31～12.47	
	临界状态	19.52	3.90	不需降压	DZK5（8～28轴）43.72 m
	8～28轴	23.01～24.30	9.64～11.76	5.74～7.86	
	临界状态	18.19	3.90	不需降压	DZK17（32～39轴）40.33 m
	32～39轴	23.41～23.56	12.49～12.74	8.59～8.84	
6号线	临界状态	19.91	3.90	不需降压	DZK69（1～5轴）43.71 m
	1～2轴	34.47	28.25	24.35	
	2～5轴	34.79	28.78	24.88	
	临界状态	21.68	3.90	不需降压	DZK68（5～8轴）48.10 m
	5～8轴	34.47	25.29	21.39	

降水重难点分析如下。

(1) 基坑开挖范围内存在较厚的中细砂、粉砂等土层，土质不均匀，渗透性及含水量较大，基坑开挖时易产生流砂、坍塌等现象。

(2) 6号线基坑开挖深度已揭穿2-4-6层，为保证基坑安全，需将该层承压水水位降低至开挖面以下1 m。

(3) 本项目地铁主体基坑为坑中坑开挖，主体基坑坑外井布置在地块基坑内，在地块基坑开挖至底板位置时，坑外观测井将暴露出来，且地块基坑无支撑进行搭设平台，对降水井进行有效的保护难度较大。

(4) 根据抗突涌验算结果得知，主体基坑开挖需针对2-4-6、3-2、3-3层承压水进行减压降水。止水帷幕已隔断承压含水层，基坑减压形式为封闭式减压降水。

(5) 为保证基坑安全，在坑内布置适量的备用观测井，平时作为水位观测井观测基坑中的水位，指导基坑降水运行，同时可兼作备用井抽水。

(6) 该地区台风天气居多，台风形成的暴雨容易造成基坑坑内积水现象，给基坑降水带来困难。

6 降水设计

6.1 坑内减压井设计

减压降水深井孔径650 mm，井管及过滤器外径273 mm。2-4-6层减压井井深35~38 m，共布置19口，3-2、3-3层减压井井深37~53 m，共布置36口。

经过计算，开启降压井，降水运行预测基坑水位埋深等值线见图7—图11。

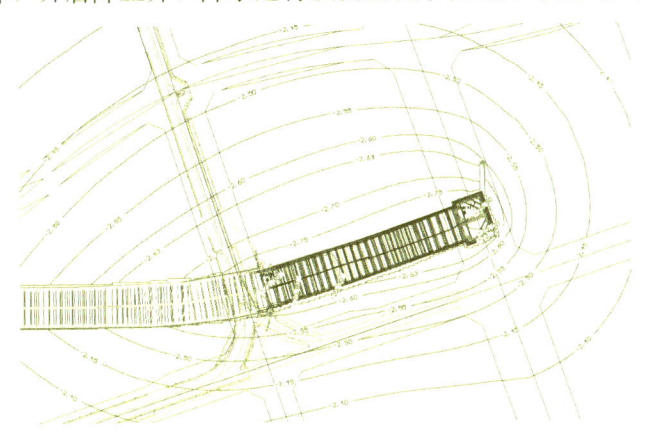

图7　东端头2-4-6层（单位：m）

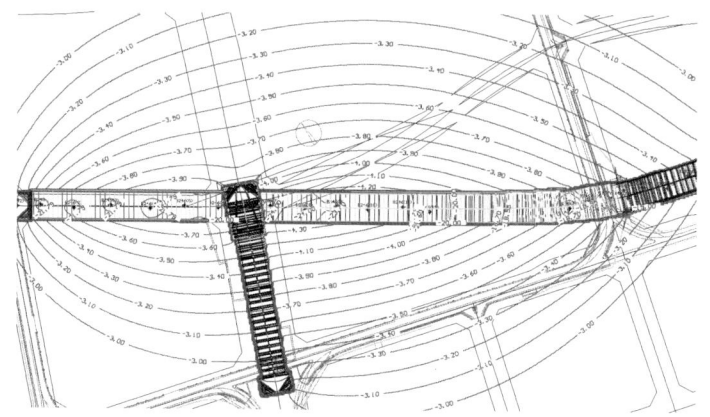

图 8 标准段 2-4-6 层（单位：m）

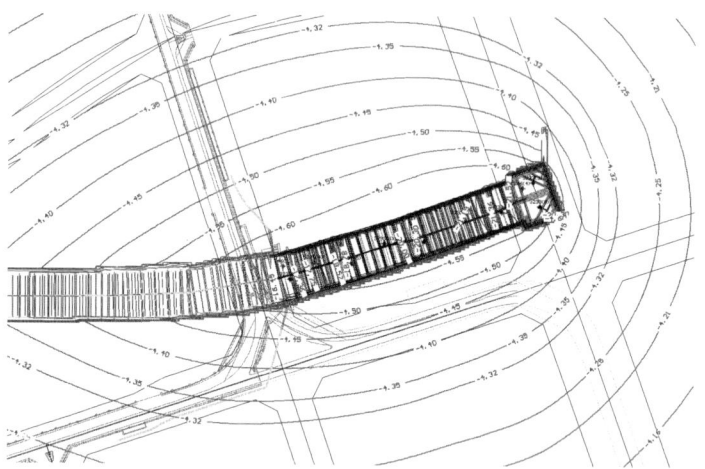

图 9 东端头 3-2、3-3 层（单位：m）

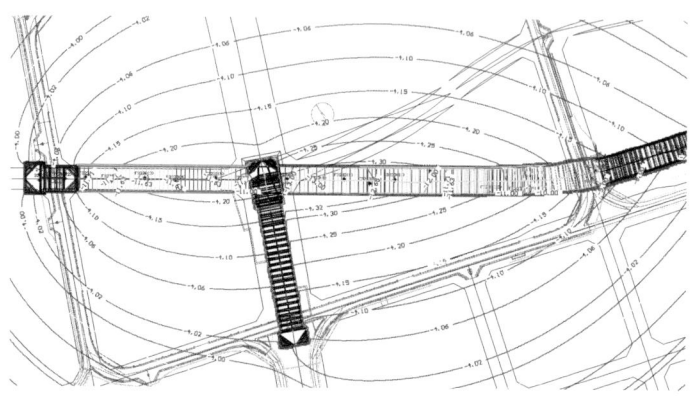

图 10 标准段 3-2、3-3 层（单位：m）

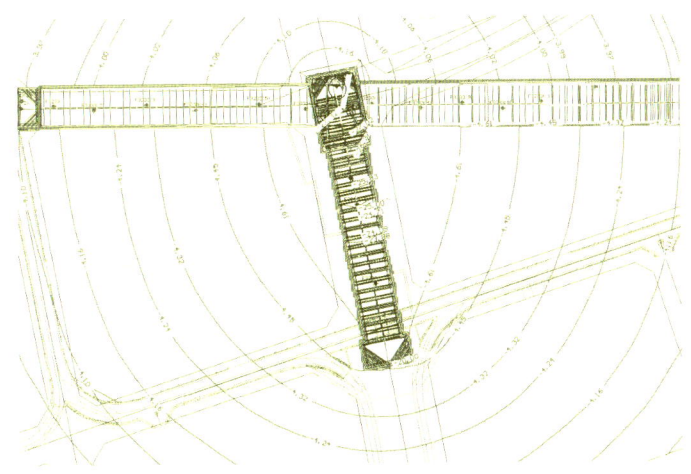

图 11 6 号线 3-2、3-3 层（单位：m）

6.2 坑内疏干井设计

由于主体基坑为狭长形基坑，疏干管井按照井间距 15 m 布置。基坑内共布置 90 口疏干井，井深 23～40 m。井深设置为开挖面以下 5～6 m，6 号线由于开挖已揭穿 2-4-6 层，且围护已隔断该层承压含水层，因此 6 号线坑内设置为与 2-4-6 层的联合降水井。

6.3 坑外观测井设计

坑外水位观测井按照约 50 m/口布置，坑外共布置 26 口 2-4-6 层观测井，共布置 40 口 3-2、3-3 层观测井。

7 降水运行

7.1 疏干降水运行

浅层土层 15 m 范围内主要为砂层，含水量丰富，渗透系数大，15 m 以下分布有黏土层。降水抽水时间不同于其他软土地层区域。预抽水时间 7 天，便可开挖。在开挖期间始终将坑内水位控制在开挖面以下，土体得以有效地疏干。开挖期间开挖效果见图 12、图 13。

图 12　地铁外地块基坑开挖效果展示

图 13　地铁基坑开挖效果展示

7.2　减压降水运行

降水运行期间，2-4-6 层最浅水位埋深为 3.30 m，3-2、3-3 层最浅水位埋深为 2.26 m。（整平地面标高为 +3.30 m）。

实际运行时，按照水设计思路，开启坑内减压井，可满足基坑最大开挖深度安全水位降深需求，观测得在群井抽水期间流量 2-4-6 层为 5～6 m³/h，3-2、3-3 层为 25～30 m³/h。基坑开挖及降水期间周边建筑物变形监测数据见表 5、表 6，监测布置点平面见图 14。

表 5　　　　　　　　周边建筑物竖向位移监测数据

测点编号	测点位置	初始测量值（m）	本次测量值（m）	累计变形量（mm）	变形速率（mm/d）	控制值（mm）	
						速率（mm/d）	累计变形值（mm）
1CZWY1	F1 西标	5.076 62	5.073 85	-2.77	-0.02	3.00	20.00
1CZWY2		5.064 52	5.060 68	-3.84	0.22	3.00	20.00

(续表)

测点编号	测点位置	初始测量值（m）	本次测量值（m）	累计变形量（mm）	变形速率（mm/d）	控制值（mm）	
						速率（mm/d）	累计变形值（mm）
1CZWY3	F1西标	5.075 08	5.071 26	-3.82	1.02	3.00	20.00
1CZWY4		5.059 15	5.055 19	-3.96	0.28	3.00	20.00
1CZWY59		5.058 02	5.054 55	-3.47	-0.31	3.00	20.00
1CZWY60		5.071 23	5.068 71	-2.52	1.42	3.00	20.00
1CZWY61		5.905 87	5.903 99	-1.88	-0.82	3.00	20.00
1CZWY62		5.902 21	5.898 50	-3.71	0.12	3.00	20.00

表6　　　　　　周边建筑物水平位移监测数据

测点编号	测点位置	坐标（m）	初始测量值（m）	本次测量值（m）	累计向基坑内偏移量（mm）	变形速率（mm/d）	控制值（mm）	
							速率（mm/d）	累计变形值（mm）
1CSPZWY	F1西标	X	2 864 608.782 7	2 864 608.781 2	1.40	-0.20	3.00	20.00
		Y	460 184.503 3	460 184.496 6				
1CSPZWY2		X	2 864 605.161 7	2 864 605.157 5	4.10	-0.30	3.00	20.00
		Y	460 182.964 1	460 183.040 3				
1CSPZWY3		X	2 864 596.836 2	2 864 596.832 7	3.40	-0.20	3.00	20.00
		Y	460 194.879 9	460 194.961 8				
1CSPZWY4		X	2 864 587.269 8	2 864 587.265 8	3.90	-0.90	3.00	20.00
		Y	460 208.317 7	460 208.320 9				
1CSPZWY59		X	2 864 567.549 1	2 864 567.551 1	1.90	0.30	3.00	20.00
		Y	460 194.842 1	460 194.819 4				
1CSPZWY60		X	2 864 575.361 9	2 864 575.364 7	2.70	0.10	3.00	20.00
		Y	460 184.054 3	460 184.070 0				
1CSPZWY61		X	2 864 583.496	2 864 583.499 2	3.00	-0.80	3.00	20.00
		Y	460 169.301 8	460 169.298 6				
1CSPZWY62		X	2 864 581.525 4	2 864 581.526 7	1.20	-0.60	3.00	20.00
		Y	460 167.002 4	460 167.044 3				

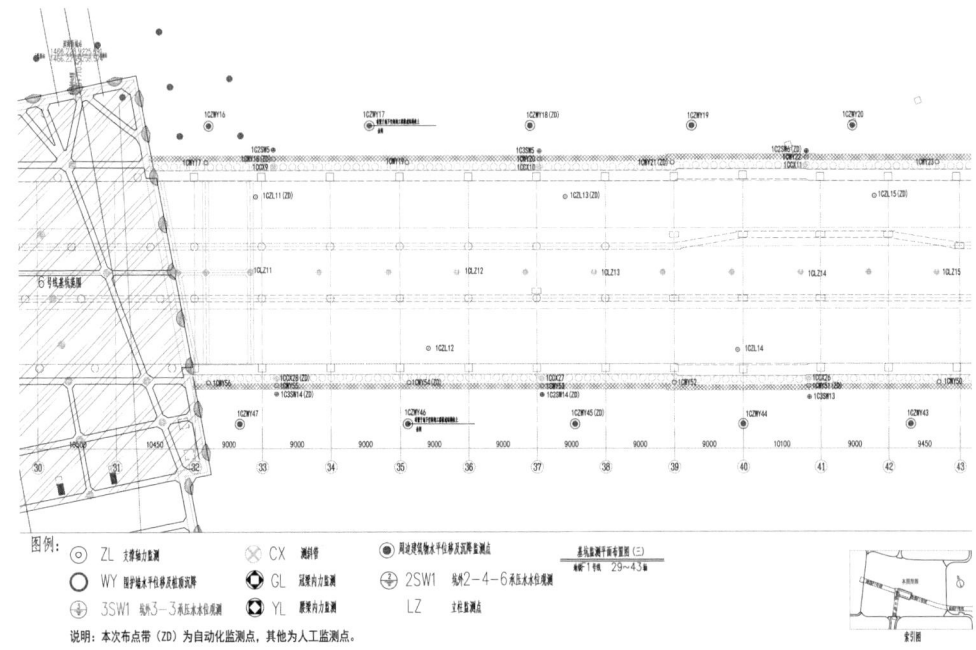

图 14 监测布置点平面

8 项目总结

（1）3-3 层为（含泥）粗砾砂，成井设备宜选用反循环设备成井，且钻杆直径应与地层圆砾粒径相匹配。

（2）场地分布多个承压含水层，对于减压降水，应根据基坑开挖深度，分层按需降水，降水最小化，满足基坑安全的同时减小对周边环境的影响。

（3）场地基坑开挖范围内 15 m 以内主要土层为砂层，15 m 以下分布有黏土层。浅层砂层渗透系数大，含水量丰富，在地铁狭长形基坑内按照井间距 15 m 布置疏干深井，预抽水时间 7 天，可有效对潜水层进行疏干。

（4）场地在降水设计施工前进行了抽水试验，根据试验数据求取水文地质参数，为降水设计及围护设计提供了数据支撑。

（5）降水运行初期疏干井平均出水量为 10～15 m^3/h，在砂土层开挖结束后，疏干井平均出水量减少至 3 m^3/h。

福州市轨道交通 2 号线
金祥站降水工程

1 工程概况

金祥站位于福州市金山新区，车站处于金榕南路与闽江大道之间，金山文体中心北侧，沿金祥路东、西向设置，站位地形较平坦，地面标高为 7.10~8.41 m。金祥路道路红线宽 20~32 m，金榕路道路红线宽 32 m，闽江大道道路红线宽 50 m。环境北侧为金山生活区友兰苑；东侧为三迪凯旋枫丹及金汇豪庭小区；南侧为金山文体中心；西侧为金山中学、金山生活区风荷苑。

2 基坑围护概况

金祥站为地下两层车站，车站全长约 2 m，起止桩号为 YCK23+345.55—YCK23+548.13，标准段宽为 19.7 m。标准段主体基坑深度约为 18.55 m，竖向设置一道砼支撑及四道钢支撑，主体围护结构拟采用厚度 800 mm 连续墙；端头段主体基坑深度约为 19.70 m，设置两道砼支撑、两道钢支撑及一道换撑，主体围护结构拟采用厚度 1 000 mm 连续墙；地下连续墙深 40.43~45.93 m。

基坑内第一道支撑底至坑底以下 3.2 m 采用 $\phi 850$ 三轴水泥土搅拌桩抽条加固。

本工程±0.000 为绝对标高+7.900 m。基坑平面及剖面示意见图 1、图 2。

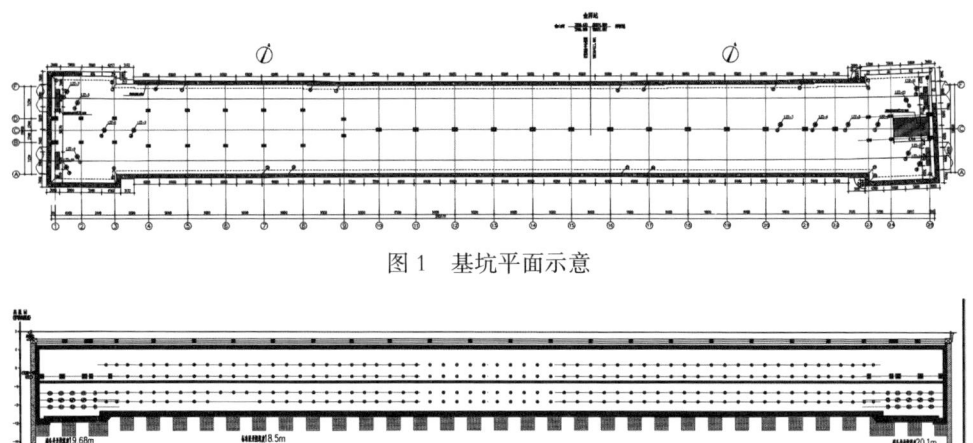

图 1　基坑平面示意

图 2　基坑剖面示意

3　工程地质情况

福州市轨道交通 2 号线 2 标沿线穿越的主要地层有全新统第四系地层长乐组、上更新统东山组和龙海组地层、燕山晚期花岗岩（γ_5^3）地层，现由新到老简述如下。

3.1　第四系全新统（Q_4）

第四系长乐组共包括上段（Q_4^3）和下段（Q_4^{1-2}），其中上段成因为冲积、冲洪积，主要为人工填土和近期冲积淤积层，包括作为硬壳层的表层褐黄色黏土层 1，下段成因为海积、海陆交互相地层，主要为淤泥质黏土及淤泥 1，淤泥及粉、细、中砂夹层或互层沉积，含泥或泥质中细砂层，细中砂层。

第四系地层在 2 标段整个范围均有分布，其中金祥站—祥坂站普遍厚度较大，为 30~40 m，其成因与古地理、闽江河道变迁密切相关，祥坂站—五一广场站该地层厚度逐步减少，局部厚度小于 10 m，五一广场之后至终点站厚度主要分布在 15~25 m。

3.2 第四系上更新统（Q_3）

线路范围分布的第四系上更新统地层主要为东山组（Q_3^d）和龙海组（Q_3^{l1}/Q_3^{l2}）地层。

（1）东山组（Q_3^{m}、Q_3^{al}、Q_3^{al+pl}）。该组上段属冲积、海积、湖积，主要地层有黏土2、粉质黏土2、砂质黏土和粉土、淤泥2、淤泥质土、中细砂、中粗砂及其含泥层、细中砂、中砂或粗砂；下部为含泥卵石和含砂卵石，其中带灰的黄、绿、黑色黏土层2和粉质黏土层2在场区内多数钻孔均有揭示（少量钻孔缺失），为标志性地层。

（2）龙海组（Q_3^{al+pl}）。该组分为上下段，两段地质成因均以冲洪积为主，其中上段（Q_3^{l2}）为灰黄、褐黄、灰绿色黏性土及粉土层、泥质砾砂、碎卵石层、淤泥3、淤泥质土；下段（Q_3^{l1}）为灰黄、灰白色黏性土及粉性土、黄色砂砾卵石层。

该地层主要分布在店前部分山前地区，在本勘中未揭露到该地层。

3.3 燕山晚期花岗岩（γ53）

福州地区侵入岩分布广泛，岩体百余个，露布面积约占福州市陆域面积的30%。主要呈岩基、岩株、岩瘤和岩枝状产出。岩石类型多，岩性复杂，有基性、中性、中酸性和酸性等岩类。根据碱性氧化物含量，尚有碱性花岗岩。其中以酸性、中酸性岩类为主。这些侵入岩均属中生代燕山期多次侵入活动而形成，它们与具有同源、准同生关系的同期火山岩，都是环太平洋中、新生代岩浆活动的组成部分。按侵入活动时间顺序分为早、晚两期，其中以燕山晚期第三、四次活动最强烈、规模最大。较大的酸性、中酸性岩体有丹阳岩体、魁岐岩体、福州岩体、笔架山岩体、埔前岩体和三山岩体，中性岩体有莲花山岩体，基性岩体有官山岩体。典型地质剖面见图3。

4 水文地质情况

地下水按赋存方式分为上层滞水、松散岩类孔隙水（潜水或承压水）和基岩孔隙—裂隙水三种类型。

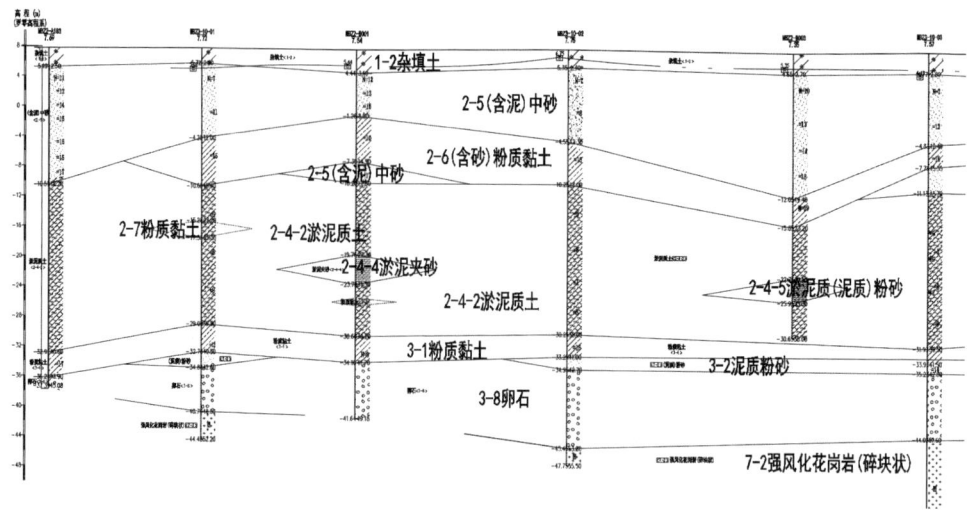

图 3 典型地质剖面

4.1 上层滞水

第四系表层的人工填土中地下水主要为上层滞水,其透水性一般,填土层由于物质组成变化较大,渗透性变化大,填土层以碎块石为主时,富水性、渗透性较好;当填土成分主要为黏性土混少量碎石时,富水性、透水性及渗透性相对较差。上层滞水的水位和水量随季节变化较大,雨季上层滞水水量较丰富,枯季水量变小。

4.2 松散岩类孔隙水

松散岩类孔隙水主要位于第四系松散沉积物的孔隙中。工程区的主要相对隔水层包括 2-4-2 层淤泥质土和 3-1 层粉质黏土,其富水性差,不透水—微透水。

根据含水层和隔水层的空间分布不同,可将松散岩类孔隙水根据可分为孔隙潜水和孔隙承压水两种。根据场地钻孔资料,松散岩类孔隙潜水主要赋存于 2-5 层(含泥)中砂中,局部由于弱透水层 2-6 层(含砂)粉质黏土的存在使该层地下水具有一定的承压性,2-5 层(含泥)中砂的水位标高约 4.00 m。松散岩类孔隙承压水主要赋存于 3-2 层(泥质)粉砂和 3-8 层卵石中,承压水位标高约 1.75 m(埋深约 6 m)。2-4-4 层淤泥夹砂、2-4-5 层淤泥质粉细砂和 2-6 层(含砂)粉质黏土中也赋存少量承压水。含水层的含水性能与砂的形状、大小、颗粒级配及黏粒含量等有密切关系，2-4-5、2-5、3-2 层和 3-8 层属中等—强透水层，〈2-4-4〉和〈2-6〉属弱透水层。

4.3 基岩孔隙—裂隙水

基岩孔隙—裂隙水赋存于深部花岗岩的碎块状强风化及中等风化带中，由于裂隙张开和密集程度、连通及充填情况都很不均匀，所以裂隙水的埋藏、分布及水动力特征非常不均匀，主要受岩性和地质构造控制，透水性及富水性一般较弱，补给来源主要为含水层侧向补给和上部含水层垂直补给，具弱承压性。

本站点的基岩裂隙水均埋藏较深，对本工程影响较小。本次勘察未在强风化基岩区布置抽水试验孔，根据本地勘察经验，基岩含水层水量不大。

勘察范围内所有钻孔均遇见地下水。勘察时测得钻孔中初见水位埋深为 $0.65 \sim 3.40$ m，初见水位标高为 $4.33 \sim 7.00$ m；混合稳定水位埋深为 $1.00 \sim 3.40$ m，稳定水位标高为 $3.93 \sim 6.75$ m；2-5 层（含泥）中砂组成的承压含水层稳定水位埋深为 3.74 m，水位标高为 4.04 m。

勘察区内，地下水位变化主要受气候的控制，每年 4 月至 7 月为雨季，大气降水丰沛，是地下水的补给期，其水位会明显上升，而 10 月至次年 3 月为地下水的消耗期，地下水位随之下降，年变化幅度 $2.50 \sim 3.00$ m，福州市内河附近的上层滞水水位会随内河水位的变化而变化，在闽江附近地下水亦会随闽江潮汐水位涨落而起伏变化。

场地近 3 年至 5 年最高地下水位标高为 6.80 m，历年地下水最高地下水位标高为 7.50 m。各含水层水文地质参数见表 1。

表 1　　　　　　　　各含水层水文地质参数

层号	岩土名称	时代成因	抽水试验 K(m/d)	室内试验（竖向）K(m/d)	建议值 K(m/d)	透水性
1-2	杂填土	Q_4^{ml}	—	—	8.60	中等透水
2-4-2	淤泥质土	Q_4^m	—	1.00×10^{-3}	1.00×10^{-3}	微透水
2-4-4	淤泥夹砂	Q_4^m	—	—	5.00×10^{-1}	弱透水

(续表)

层号	岩土名称	时代成因	抽水试验 K(m/d)	室内试验（竖向）K(m/d)	建议值 K(m/d)	透水性
2-4-5	淤泥质粉细砂	Q_4^m	—	—	5.00	中等透水
2-5	（含泥）中砂	Q_4^m	4.52×10^{-1}	—	3.00×10^{-1}	强透水
2-6	（含砂）粉质黏土	Q_4^m	—	3.90×10^{-1}	3.90×10^{-1}	弱透水
3-1	粉质黏土	Q_3^m	—	7.00×10^{-4}	7.00×10^{-4}	不透水
3-2	（泥质）粉砂	Q_3^m	—	—	1.00×10^{-1}	强透水
3-8	卵石	Q_3^{al+pl}	—	—	2.50×10^{-1}	强透水
7-2	强风化花岗岩（碎块状）	γ_5^3	—	—	1.00	中等透水
8	中风化花岗岩	γ_5^3	—	—	3.00	中等透水

5 降水重难点

5.1 降水特点及难点

根据本工程围护结构特征和拟建场地的水文地质特征，本基坑工程的安全极大程度上依赖于基坑降水的成功与否，这使降水设计的可靠性十分重要，本降水工程的特点及难点分析如下。

（1）本工程基坑开挖深度 18.552～20.107 m；基坑普遍开挖底面基本位于 2-4-2 层淤泥质土中。

（2）基坑下伏的赋存于 3-2 层（泥质）粉砂和 3-8 层卵石孔隙承压水对本基坑开挖存在影响，降水幅度较小，降水必须做到按需降水。应加大监测地下水水位的力度，掌握准确的地下水位信息，尽量少抽水或者不降水。

（3）车站施工可能影响的建构筑物主要是金祥路北侧友兰苑临街的 4 栋 6～8 层的居民住宅。在坑内进行降水对周边的影响难以避免时，需要通过在坑外北侧（邻近地铁侧）布设回灌井，减少基坑内减压降水时坑外水位当坑外地面沉降变形过大时，开启回灌井进行回灌。

（4）前期勘探孔最深达 65 m 左右，已进入承压含水层中，若前期勘探孔未进行有效封堵，则在基坑开挖过程中，承压水将会在高水头压力作用下沿勘探孔孔壁上涌至基坑开挖面，影响基坑正常开挖施工。

5.2 降水分析与对策

针对本工程特点，充分利用我司在福州地区的已完成或在建的，与本工程水文地质条件或围护特征、开挖工况等较为类似的专业降水设计及地下水控制经验。采用以下措施解决本基坑降水工程中的难点。

（1）基坑开挖深度以内围护结构已经完全隔断，开挖范围内的浅部潜水，采用疏干深井形式进行处理，并尽可能增加预抽水时间。

（2）对于影响基坑安全的3-2层（泥质）粉砂和3-8层卵石孔隙承压水，采用坑外布设减压深井方式，降低承压水水头，对承压水进行"按需降水"，承压水降深幅度较小，本基坑应主要以水位观测为主，必要时开启降水井进行抽水控制水位，使基坑免于承压水突涌威胁。

（3）鉴于地下连续墙等止水帷幕效果仍存不确定性，基坑北侧四周有建筑物等，施工期间需要保护，环境保护要求较高，需要在坑外布置的水位观测井加强日常监测，通过前期预抽水一定时间后在基坑开挖前判断该层位围护的止水效果。后期在基坑开挖深度很大，止水帷幕深部出现渗漏时，通过坑外的水位观测井的水位变化及时进行指导施工，进行注浆堵漏等应急措施。

（4）为确保坑内减压降水井的不间断工作，施工现场应有双电源保证措施，应配置备用发电机组。

（5）针对本工程场地的地质与水文地质条件以及本基坑工程特点，坑内外成井施工完成后，建议降水正式运行前及时做群井抽水试验，应同步观测坑内和坑外承压水水位变化情况，以判断围护结构施工质量、降水效果和现场降水电路、排水情况，对所提出的基坑降水方案进行调整或优化。如坑外承压水位异常下降，则需查明原因，并采取有效措施后方可开挖基坑。

5.3 基坑突涌稳定性分析

基坑承压水突涌稳定性分析计算结果见表2。

表 2　　　　　　基坑开挖深度与安全水头埋深对应关系

序号	开挖区域		基坑开挖深度（m）	层顶最浅埋深（m）	安全水位埋深（m）	水位降深（m）
1	临界状态		18.540	36.10（MBZ3-10-08）	6.00	—
2	标准段	3～6轴	18.552～18.606		6.02～6.11	0.02～0.11
3		6～22轴	18.606～18.893	38.90（MBZ3-10-10）	4.28	—
4	西端头井（1～3轴）		19.729	40.50（MBZ3-10-07）	4.89	—
5	东端头井（22～25轴）		20.107	37.70（MBZ3-10-06）	7.54	1.54

3-2层（泥质）粉砂最浅埋深 36.10 m（钻孔 MBZ3-10-08），由于该区域内地层起伏较大，需分段分别考虑。承压水位标高约 1.75 m（埋深约 6 m），安全系数取 1.05 时，从表 2 得出，基坑开挖深度大于 18.54 m，需要考虑降低承压含水层水位。因此本工程整体减压降水幅度不大，应加强监测地下水水位的力度，掌握准确的地下水位信息，尽量少抽水或者不降水。

6 降水设计

6.1 坑内疏干深井设计

根据我司的降水施工经验，在以淤泥夹砂、粉细砂为主的潜水含水层中，单井有效疏干面积一般为 100～150 m^2，因基坑内进行了抽条加固处理，在布置疏干深井时尽可能避开加固区，综合考虑单井有效疏干面积按 130 m^2 布置，基坑总面积约 4 700 m^2，拟布置 37 口疏干深井。

经过综合比较按基坑总涌水量及基坑面积计算所得的降水井数量，两种方法计算结果较为接近。考虑基坑局部有坑中坑，为保证疏干效果，局部深坑区域需适当增加或加密疏干井。因此，端头井段井深 25 m，滤管 4～9 m、11～19 m、21～25 m；标准段井深 24 m，滤管 5～9 m、11～17 m、19～23 m。

6.2 坑外回灌兼观测井设计

本站点场地地面条件较为简单，站址一半位于金山文体中心的绿化带内，一半位于金祥路上。车站周边较重要且车站施工可能影响的建构筑物主要是金祥路北侧友兰苑临街的4栋6~8层的居民住宅。因此，在坑内进行降水时，对周边的影响难以避免，故需要通过在坑外北侧布设回灌井，减少基坑减压降水对坑外水位持续大幅度下降，进而引起坑外地面沉降变形过大时，开启回灌井施以回灌措施，人为抬升地下水水位，保持坑外水土平衡状态，减缓沉降变形。

基坑北侧回灌井的布设按照间距10 m，共布置21口回灌井；基坑南侧场地环境较好回灌井的布设按照间距30 m，共布置8口回灌井；井深22 m，过滤器为5~21 m，孔径800 mm，井径273 mm。

为了保证坑外回灌效果，成孔的过滤器采用特殊缠丝过滤器，通过后期回灌试验确定并调整回灌压力、回灌量、回灌时间等相关参数。当坑外承压水位变化幅度超过1 m时，回灌井宜启用。

7 降水及周边情况

7.1 生产性降水试验

为判断止水帷幕绕流效果，验证降水方案的可行性，止水帷幕和降水井完成后，进行验证性抽水试验。

抽水试验前测得坑内与坑外观测井的静止水位埋深为3.46~9.77 m。各观测井静止水位数据见表3。

表3　　　　　　　　各观测井静止水位数据

项目	坑内观测井			坑外观测井		
	S3	S12	S19	H2	H3	H4
初始水位（m）	9.77	9.04	8.53	3.70	3.46	3.54

对疏干井进行了群井抽水试验，试验时间从2015年7月5日13:00至2013年7月7日10:00，随后水位开始恢复。

抽水试验过程中，总计出水量约900 m³，抽水时间约45 h；抽水过程中，出水能力并无衰减。单井平均出水量为1.7 m³/h。

抽水过程中坑内外观测井水位变化，见下表。坑外最大水位下降为0.13 m。群井试验结束时各观测井水位降深数据见表4，群井试验观测井水位降深历时曲线见图4。

表 4　　　　　　　群井试验结束时各观测井水位降深数据

项目	坑内观测井			坑外观测井		
	S3	S12	S19	H2	H3	H4
水位降深（m）	0.36	0.32	0.26	-0.05	0.13	0.03

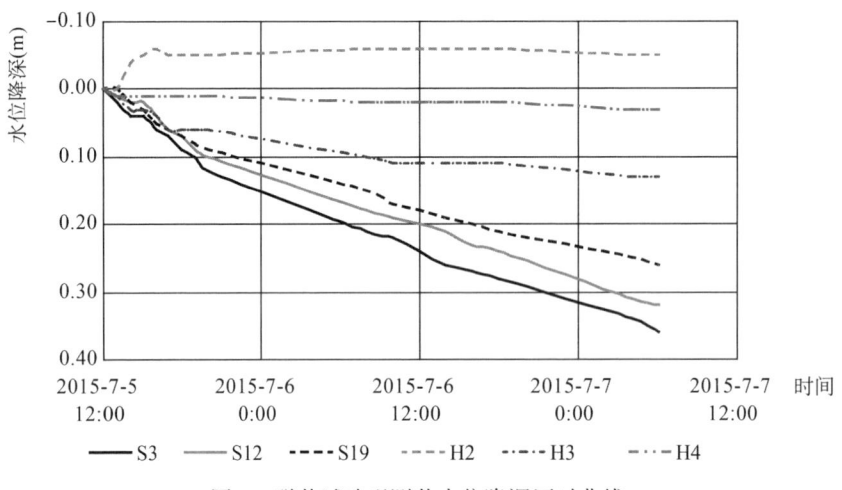

图 4　群井试验观测井水位降深历时曲线

7.2　过程突涌事故处理

7.2.1　问题出现过程

土方开挖至基坑南侧 7～8 轴坑底（开挖深度 18.3 m）时，在减压井 BG4 井管周边出现冒水现象，当时井内安装 3 m³/h 流量的水泵，井内动水位维持在 25 m 以下。施工单位认为是减压井管焊接不当或沙眼导致漏水，遂对该减压井周边采取下挖 50 cm 后使用快干水泥进行封堵，井管外侧焊接外止水钢板等措施。

后续施工单位在开挖反梁沟槽（BG4 周边）时，沟槽内开始出现冒水现象，立刻进行了引流排水处理。在得到有效控制后，快速铺设防水卷材和浇筑垫层混凝土，并进行底板钢筋的绑扎。但随后在防水卷材垫层与地墙边出现冒水现象，且夹带灰色地层砂，涌水量和返砂量越来越大，施工单位在地墙边采取了大量引流管排水，在地墙外侧进行了注浆封堵，效果不太明显。为保证施工进度施工单位进行抢浇大底板,快速绑扎钢筋。后来此处涌水冒砂点已经无法控制,每小时的冒水涌砂量达到几十立方米每小时,为了保证基坑的安全,施工单位连夜对该处进行混凝土反压和土方的回填,并引用基坑周边的河水往坑内大量灌水。

针对以上情况,施工单位组织各方对原因进行讨论和分析,制订了在基坑南侧外侧施工降水井的方案,其中在漏水点附近施工 2 口深 25 m 的浅层降水井,观测 2～5 层地下水水位;在坑外南侧,结合现场条件,施工 5 口深 45 m 的降水井,下水泵适当抽水,减少 3～8 层地下水水头压力,同时,进一步判断坑内冒水来源。

在现场方案讨论并落实实施过程中,对坑内现有的所有减压深井进行重新洗井,并根据洗井的效果调整放置深井潜水泵。

在基坑 7～8 轴出现险情时,基坑东端头井同步也进行基坑开挖到底板,在 BG5 周边同样出现 BG4 的情况,在井周边出现冒水现象,施工单位及时进行引流,我司也及时在坑内现有的减压深井更换大流量的潜水泵。施工单位对该块底板采取 24 h 不同作业,分两次浇筑混凝土,在底板进行浇筑过程中,井壁周边的引流管和局部底板存在冒水情况,混凝土浇筑完成后,涌水点从尚未浇筑底板下的防水卷材流出。

7.2.2　突涌事故原因分析

(1) 基坑两次发生从减压井周边涌水的问题,尤其是东侧更为明显,在更换至大流量的潜水泵抽水运行后涌水冒砂现象减少,基本不冒水,但是一旦停抽或者水泵出水量减少时,井壁周边包括格构柱均出现大面积涌水冒砂现象。从上述情况来看,本次造成基坑突涌主要是井壁四周冒水,后期未能及时进行有效的补救措施等导致。

(2) 因现场采用的钻机设备型号、成井工艺等原因导致的减压井深度不够,实际施工时井深为 44.5～45 m,仅进入卵石层 2～3 m。在成井的回填砾料上,因为福州无法采购到粗砂,坑内回填砾料采用瓜子片,过滤器顶部也未用优质黏土进行回填封孔隔水。

(3) 整个基坑降水运行过程中,坑内没有承压水的观测水位与数据。从前期西端头井开挖过程来看,基坑开挖到底,减压幅度较小,且底板没有出现任何问题,导致项目部在后期标准段开挖时忽视了深层承压水的突涌。

(4) 从现场原完成的坑内 6 口减压深井的抽水情况,尤其是经过重新洗井并放置合适的潜水泵后，整个出水量情况如下。BG1，放置 6 t 水泵，基本清水，未含砂。BG2，放置 3 t 水泵断流，清水，现作为坑内水位观测井，水位为自然地面以下 6.4 m，无法满足原设计降水至 9.5 m 的要求。BG3，放置 3 t 水泵，含砂，井内动水位约 20 m。BG4，放置 6 t 水泵，基本清水，动水位在 30 m 以下。BG5，放置 25 t 水泵和 3 t 水泵，混水含有少量泥沙，动水位在 30 m 以下。BG6，放置 6 t 水泵，混水含有大量泥沙，实际出水量约 3 t，动水位在 30 m 以下。

7.2.3 突涌事故解决方案及措施

（1）在制订坑外补井措施后，施工单位与我司配合施工，调集 3 t 成井陶土粉，50 m³ 粗砂（与瓜子片掺和使用），若干黏土和瓜子片用于成井施工，井管采用当地采购的 6 mm 螺旋管。

（2）现场原有的 1 台设备完成坑外 2 口深 25 m 的浅层降水井，观测 2-5 层地下水水位。GPS-10 型钻机进行坑外减压深井的成井施工，因为卵石层钻进困难，施工过程中钻杆仍旧打断 2 次，最终钻孔至 47.5 m 深度。

（3）随后施工单位需要对东端头井以及标准段 21～23 轴的底板进行浇筑，我司迅速完成了坑外的减压深井成井并进行减压抽水，为后续施工单位在底板漏水点开孔进行注浆处理提供了保障。

（4）对于基坑其他区域的底板，施工单位从东侧标准往西开始开挖并随挖随浇筑底板，在坑外的新增减压深井完成并进行抽水后，在 BG4 漏水的井壁四周 1 m 范围内、10 m 深度内采取压浆封堵。因为坑内已经回灌了 3～4 m 的水，施工单位调集了专业队伍以及水下作业的蛙人进行处理，同时在基坑内支撑上搭设平台等措施。BG4 进行有效封堵并且坑外的减压深井正常降水减压后，施工单位进行了该施工段的抽清水、清除底部淤泥和反压混凝土，大底板的浇筑等工作。

8 项目总结

（1）坑内浅层孔隙潜水采用疏干深井，按照单井控制 24～26 m，采用多滤头。坑内深层孔隙承压水采用减压深井，根据抗突涌稳定性验算需布置水位观测兼应急备用井，井深 49 m。

（2）根据实际效果看，坑内疏干效果较好，尤其是上部含泥中砂，基本处于无水作业。

（3）按照勘察给出的水位，本工程承压水降深不大，按照设计要求可以少抽或不抽。

（4）本工程出现了坑内承压含水突涌的情况，从后期原因分析来看，主要是因为降水井周边封闭不严，滤料选择不正确导致的，其他项目应引以为戒，加强施工降水井施工质量。

（5）在成井施工时，应充分考虑当地地层条件，选择合适的成井机械，确保成井质量。

（6）在实施过程中，坑外沉降变化较小，坑外回灌井一直未启用，说明福州土层相对较硬，降水对周边环境影响较小。

参考文献

［1］厉艳君. 广州市地下水脆弱性评价［D］. 广州：广州大学，2008.

［2］刘国彬，王卫东. 基坑工程手册［M］. 2版. 北京：中国建筑工业出版社，2009.

［3］陆志坚. 上海地区水文地质条件简介［J］. 上海地质，1980（2）：1-9.

［4］上海市住房和城乡建设管理委员会. 降水工程技术标准：DG/TJ 08—2186—2023［S］. 上海：同济大学出版社，2023.

［5］上海市住房和城乡建设管理委员会. 岩土工程勘察标准：DG/TJ 08—37—2023［S］. 上海：同济大学出版社，2023.

［6］沈海滨. 苏州市城市规划区浅层地下水水质水量初步研究［D］. 南京：河海大学，2007.

［7］吴振祥. 福州温泉区地下热水三维有限元数值模拟与地面沉降研究［D］. 福州：福州大学，2004.

［8］姚天强，石振华，曹惠宾. 基坑降水手册［M］. 北京：中国建筑工业出版社，2006.

［9］中华人民共和国住房和城乡建设部，国家市场监督管理总局. 城市轨道交通工程项目规范：GB 55033—2022［S］. 北京：中国建筑工业出版社，2022.

［10］中华人民共和国住房和城乡建设部，中华人民共和国国家质量监督检验检疫总局. 地铁设计规范：GB 50157—2013［S］. 北京：中国建筑工业出版社，2013.

［11］中华人民共和国住房和城乡建设部，中华人民共和国国家质量监督检验检疫总局. 管井技术规范：GB 50296—2014［S］. 北京：中国计划出版社，2014.

［12］中华人民共和国住房和城乡建设部. 建筑基坑支护技术规程：JGJ 120—2012［S］. 北京：中国建筑工业出版社，2012.

［13］中华人民共和国住房和城乡建设部. 建筑与市政工程地下水控制技术规范：JGJ 111—2016［S］. 北京：中国建筑工业出版社，2016.